新编21世纪新闻传播学系列教材

· 基础课程系列 ·

新闻传播伦理与法规教程

Media Ethics & Media Law

陈 绚 著

中国人民大学出版社
· 北京 ·

作者简介

陈　绚　中国人民大学新闻学院教授、博士生导师，中国人民大学新闻与社会发展研究中心研究员、新闻伦理与媒介法研究所所长。

从事新闻传播学领域教学研究30余年。近20多年来一直从事新闻伦理与媒介法的研究教学工作。已在核心学术刊物上发表60多篇学术论文，出版学术专著2部、教材7部，主持国家社会科学基金重点项目1项、教育部人文社会科学重点研究基地重大项目1项，主持校级、院级以及省市级横向课题7项。主持编写《新闻传播学大辞典》。自2013年起，主持编写《新闻传播与媒介法治年度研究报告》，为“新闻伦理与媒介法”课程编写了多本教材。

内容简介

本书分“新闻传播伦理”和“新闻传播法”两大部分，分别讲解新闻传播伦理规范与新闻传播法的基本理论，辨析新闻传播伦理行为选择的判断思路与过程，概述传播法知识，力求反映国际、国内新闻传播伦理与法律规范研究的最新成果，以使读者形成对现实传播实践问题的理性观察和认识。

表达权保护是新闻伦理与媒介法的核心价值，本书尤其强调互联网时代表达权的保护，列举了近几年出现的最新案例。

《新闻传播伦理与法规教程》可作为高等学校新闻传播学一级学科下属各专业本科生或研究生的教材，也可作为新闻传播从业人员的工作手册或参考读物。

总　　序

中国人民大学出版社策划出版的"新编21世纪新闻传播学系列教材"，是一套在新闻传播学领域内密切联系新闻传播工作的实际，广泛吸收新闻传播学的最新研究成果，供新世纪的高等院校新闻传播院系教学使用的系列教材。

20世纪初以来的100年，是世界新闻传播事业飞速发展的100年。这100年来，随着科学技术的不断发展，继报纸、期刊、通讯社之后，广播、电视、网络和多种新媒体相继问世，新闻传播的媒介日趋多元化，新闻传播的手段日趋现代化，"地球村"变得越来越小，新闻传播事业对世界政治、经济和文化的影响则变得越来越大。

这100年，也是中国新闻事业飞速发展的100年。其中最近的30年，即中国改革开放以来的30年，发展得尤为迅猛。

进入新世纪以后，中国新闻事业发展的势头更为迅猛。报纸、期刊、通讯社、广播电台、电视台的数量在宏观调控下，虽无大变化，但软硬件的实力都有了很大的提高。据2011年12月出版的《中国新闻年鉴》的最新统计数字，2010年全国共出版报纸1 939种，平均期印数2.14亿份。共出版期刊9 884种，平均期印数1.63亿份。全国共有广播电台227座，电视台247家，广播电视台2 130家，教育电视台44家。广播综合人口覆盖率为96.78%，电视综合人口覆盖率为97.62%。

另外2012年1月中国互联网络信息中心（CNNIC）发布的《第29次中国互联网络发展状况统计报告》显示，截至2011年12月底，中国网民规模已达到5.13亿，互联网普及率达到38.3%。其中，手机用户数量为3.56亿，博客和个人空间用户数量为3.19亿，微博用户数量为2.5亿，社交网站用户数量为2.44亿，网络视频用户数量为3.25亿。中国居民中具备上网条件和技能的人已经基本转化为网民，大专及以上学历人群中互联网使用率已达96.1%。中国网站总数为230万个，网页数量为866亿个。

这样大的发展规模，这样快的发展速度，在世界和中国新闻事业史上都是空前的。回顾既往，盱衡未来，新闻传播事业在21世纪还将会保持旺盛的发展势头。新闻传播，作为上层建筑中意识形态的一个重要组成部分，在全面准确地宣传党的基本理论、基本路线和基本方针以及各项决策，反映人民群众的伟大业绩和精神风貌，以及推动改革开放和社会主义现代化建设等方面，必将继续发挥重要的作用。

与新闻传播事业的发展相配合，这100年来，为中国的新闻战线培养和输送人才的中国新闻教育，也有了相应的发展。中国的新闻教育起始于20世纪初，迄今有近百年的历史。新中国成立前的30年，虽然先后在个别院校中设立了新闻系或新闻专科，但规模都不大，设备也不够完善，在校学生人数，最多的时候不超过400人，30年间累计培养出来的毕业生还不到3 000人。新中国成立后，为了给新中国的新闻事业培养人才，新闻教育有了新的发展，但到20世纪60年代中期为止，全国的新闻教育机构也还只有14家。当时全国只有343家报社、78座广播电台和13家电视台，革命老区来的新闻工作骨干正当盛年，足以支撑大局，新闻系和新闻专业的学生统招统分，基本上能够满足中央和省市以上新闻单位梯队建设方面的需要。"文化大革命"爆发后，新闻事业进入低谷，新闻人才的培养也被迫中辍。拨乱反正之后，新闻事业有了飞速的发展，但新闻工作的人才却出现了断层，明显供不应求，因而极大地推动了新闻教育的发展。中国的新闻教育得以重振旗鼓并得到空前迅猛的发展，主要是改革开放以来的这30多年的事情。30多年来，中国新闻教育和中国新闻事业同步发展。截至2011年，全国设有新闻传播学类院、系、专业的高校已由改革开放之初的两三所增加到800所以上，各种类型和层次的专业教学点已不下1 000个。新闻专业的教学已从单一的大学本科教育，发展到博士生、硕士生、本科生、大专生、成人教育、函授教育等多层次的格局，不少院系还设置了新闻传播学方向的博士后流动站。改革开放之初，全国在校新闻系科学生总共只有500来人，现在仅在校本科生就有16万人左右，硕士和博士研究生3万人左右，办学层次、办学规模、办学水平都有了很大的提高。进入新世纪以后，随着新闻传播事业的加速发展和新闻战线人才需求的不断增加，中国的新闻教育还将会有更大幅度的发展。

一般说来，新闻教育质量的高低，起决定作用的主要是两个因素：一个是师资，一个是教材。两者之间，教材的作用更大。这是因为，师资的多少和良窳，往往受办学主客观条件的限制，而教材一旦完成，就可以直接嘉惠于学子，风行四海，无远弗届。进一步说，一部好的教材，不仅可以满足教学的需要，培养出一大批人才，而且还可以同时拥有一定的学术含量，推动新闻传播学研究的发展。1919年出版的徐宝璜的《新闻学》，1927年出版的戈公振的《中国报学史》，就是这方面的很好的例子。这两本书都是作者在高等学校从事新闻学理论和新闻史教学时作为教材编写出来的，出版之后，立即引起世人的关注和推崇，一再重版，历久不衰，至今仍然是公认的新闻学理论和新闻史方面的传世之作和经典之作。正因为这样，新闻教育的前辈们，历来十分重视教材的建设。新中国成立初期的十来年，坊间出版的新闻学方面的书籍，绝大部分都是教材。改革开放以后，新闻传播学研究空前繁荣，新闻学方面的书籍大量问世，但教材仍然在其中占了很大的比重。这些教材，覆盖了新闻传播学的方方面面，经过出版家和众多作者们的长期努力，门类和品种基本配套齐全，曾经为同时期的新闻教学做出过重要的贡献。但是，随着时间的推移和新闻工作实际的飞速发展，这些教材的体例日显陈旧，观点和内容也亟待调整和更新。一些属于学科前沿和科技含量较高的新开课程的教材尚付阙如，使现有的教材出现了不少缺口。在新世纪已经到来之际，集聚力量，重新编写出一套体系完整，门类齐全，能够为新世纪的新闻教育和新闻人才培养服务的新闻传播学的系列教材，已经成为人们的共识和新闻业界与新闻教育界的迫切需求。

呈现在读者面前的，就是应这样的需求产生的一套系列教材，它将涵盖新闻学、传播学两个二级学科的方方面面内容，满足新闻、广播、电视、广告、媒体经济、新媒体等多个专业的教学需要。负责这些教材编写工作的，是中国人民大学、复旦大学、北京大学、清华大学、中国传媒大学、中国青年政治学院等多所著名院校长期从事新闻传播学方面教学与研究工作的专家学者，其中有相当大的一部分编写者都是相关学科的国家级的学术带头人，堪称一时之选。收入本系列的教材中，既有国家级重点教材，也有部级重点教材，其他的也都是经过严格筛选的精品，所以，本套系列教材的质量是有保证的，其权威性也将会得到社会的认同。

21 世纪是一个高度信息化的时代，是信息经济和知识经济占主导地位的时代。信息经济和知识经济有两大支柱，一是以高科技为代表的传播技术产业，二是从事新闻和信息产品生产的媒体产业。新闻传播学作为将这两大领域有机联结的桥梁，在今后的国家建设和社会发展中必将发挥越来越重要的作用。中国人民大学出版社经过精心策划，隆重推出这套系列教材，是具有高度的前瞻性和战略眼光的。在这里，我谨代表编委会和全体作者向中国人民大学出版社表示由衷的感谢。

这套系列教材开始策划于 20 世纪的最后一年，21 世纪初起陆续问世，迄今已编写出版了 50 余种。在体例和内容的创新和开拓等方面，远远超过同时期出版的同类教材。其中的有些教材，还根据整个新闻传播理论与实践的发展和新闻传播学教学与研究的发展，陆续作了必要的补充和修订，重新出版，实现了内容的与时俱进。

这批教材的问世，将会为新闻传播事业和新闻教育事业的发展和繁荣、为新世纪新闻传播人才的培养做出它应有的贡献。这是出版者和全体作者共同的一点希望。是为序。

方汉奇

2012 年 3 月

于中国人民大学宜园

前　言

这是一个网络媒介普及与技术变革不断发生的时代，我们站在新闻伦理与传媒法这个前沿平台上学习和掌握专业知识，并在探索和追求真理的道路上时刻关注和推动着社会的进步。

2014年，政府强调推动新兴媒体融合发展要遵循新闻传播规律和新兴媒体发展规律，强化互联网思维，坚持媒体的优势互补，以先进技术为支撑、内容建设为根本，推动媒体在内容、渠道、平台、经营、管理等方面的深度融合，形成立体多样、融合发展的现代传播体系。十八大报告中提出，党和政府的政策方针包括要健全民主制度，丰富民主形式，拓宽民主渠道，依法实行民主选举、民主决策、民主管理、民主监督，保障人民的知情权、参与权、表达权、监督权。这也是党在新时期建设社会主义民主政治的重要指标和要求，对中国法治社会建设具有重大意义。

真实、理性、建设性的表达始终是我们所追求的，因此，表达权保护是新闻伦理与传媒法的核心价值。互联网时代，围绕表达权的保护研究可以丰富宪法法律实施的理论。全面贯彻实施宪法是建设社会主义法治国家的首要任务和基础性工作。宪法法律的生命在于实施，宪法法律的权威也在于实施。中国特色社会主义法治体系的基石是宪法，坚持依法治国首先要坚持依宪治国，坚持依法执政的关键是坚持依宪执政。

网民本身在互联网的发展过程中变得越来越主动，传播的主体性正日益增强。过去，人们只能坐在固定的台式机旁，单向地浏览网站提供的信息；而现在，持有智能手机的人可以彻底打破空间的限制，并可以自己传播新闻、话题，塑造互联网的空间。可以说，互联网不仅重新塑造了我们宏观层面的社会结构，也润物细无声式地改变了我们微观意义上的生活。我们的工作形式、职业变迁，以及由互联网带来的整个社会的心理状态、思维方式、价值观点等方面的变革，都足以令所有人进行深入持久的反思。互联网发展围绕着强化个人的主体性这一点，其背后的动力绝非只有技术，而更与网络文化兴起、人类技术社会的发展潮流有关。在全球一体化的背景下，社会的开放使人们越来越接受这一点并达成共识，即人是自由且平等的。正是认识、信念与技术多方面动力的存在，使得我们有理由相信，越来越多的普通网民通过技术得以赋权，实现自己的主体地位，中国也正在以一种开放和包容的姿态与国际社会融合。

我们都深知和亲历着中国新闻伦理与法治环境的复杂性，我们也都深入地思考过某些问题的解决之道。因此，我们聚在一起研习这门课程关涉的各种问题和话题，也不是一般地讨论一事一案例的好与坏，用脑力计算其于社会的利与弊，更不是加以情绪化的评价和说辞告诫，而是为将来付诸行动做准备，为中国新闻伦理与传媒法环境及其制度的优良化贡献自己的智慧。

回顾中国新闻伦理与传媒法的历史，我们只能说，具体问题必须具体分析。如果说半个多世纪的经历还能对我们有所教益的话，我认为，那就是尊重事实：对于就各种特殊情况做出的判断来说，没有什么是恒常的通行标准，也不存在什么确定无疑的规则；对国家和政治社会来说，就是理论与实践，或者更简明扼要地说，是思考和行动的关系。当然，做出合理选择的前提是发现事物本身的客观性质。

各位通过学习这部教材，可以了解新闻传播伦理与法规的基本研究领域，掌握新闻传播伦理与法规的基本理论和方法，明晰新闻传播伦理行为选择的判断思路与过程，并在全面掌握传播法知识后，达到对现实传播实践问题的理性观察和认识。本教材内容既包括新闻伦理规范与法学理论的概念辨析，也包括具体行为选择的依据分析和知识传授。笔者力求使教学内容反映国际、国内新闻传播伦理与法律规范研究的最新成果，并列举出最新案例，以切合我国实际地分析本学科的发展趋势。

中国新闻伦理与传媒法学科的研究成果来源于传媒的实践、公众的关注、网民的围观，这是社会进步的动力所在，也是新闻伦理自律与传媒法治的力量之源。笔者没有足够的时间对改革开放三十多年来新闻传媒界发生的所有案例、观点进行深入全面的探赜求索、钩微阐幽，通过条分缕析的剖析，发现其中科学、民主、文明的生长元素，始终把握住追求社会公理和正义的脉搏，探求中国新闻传媒走向德治、法治的路径，是写作这部教材的本意。

陈　绚

2016 年 1 月于明德新闻楼 709

目　录

第一部分

新闻传播伦理

第一章

新闻传播伦理概述

新闻传播是社会活动主体间相互传达信息的交流活动，是社会结构体系中新闻传播机构利用媒介向广大受众发布和传递有关事实的报道和相关信息的传播活动。

新闻伦理或道德一般被认为是一种以新闻从业者为行为主体的职业道德，即新闻伦理就是指在新闻传播机构中从事采写、编播、信息交流沟通、宣传策划、出版发行、经营管理等方面工作的新闻从业人员在长期的职业实践中形成的调整他们之间及其与社会组织、公众之间相互关系的行为规范，亦即规范道德。

但在现实中，我们发现新闻行为中存在着各种道德冲突，这些冲突是规范道德无法完全解决的，亦即仅有新闻道德规范性文本是无法解决的。这些冲突涉及的是新闻传播行为或媒介传播活动的善与恶的评价或对与错的判断问题。这些具体的表现于新闻传播活动领域或情境中的道德问题是新闻和媒介应用伦理学研究的对象。

因此，新闻伦理也是一门既属于规范伦理学，也属于应用伦理学的学问。作为应用伦理学，新闻伦理研究新闻传播领域一切具体的、有争议的道德实践问题；作为规范伦理学，它研究新闻记者行为的道德规范，新闻媒介在整个社会结构中的道德功能，甚至包括新闻制度设立的道德性。

另外，在本书的论述及分析中，我们将伦理与道德两者作含义相同的解释，新闻传播伦理就是指新闻传播道德，也可简称为新闻伦理、传播伦理、媒介伦理或新闻道德、传播道德、媒介道德。

第一节　理解新闻伦理的两个维度

新闻道德伦理的环境是关于新闻从业者“应该如何生活（工作）的意识氛围。它决定我们的思想——什么可以接受，什么不可接受，什么令人向往，什么令人鄙视”。[①]

一、作为规范伦理学的新闻伦理

人们在信息传播活动中的行为应该如何规范，即新闻规范伦理学研究的内容。新闻的规范

---

① 参见［英］西蒙·布莱克本：《我们时代的伦理学》，南京，译林出版社，2013。

伦理是通过主体的自律实现的。新闻自律即新闻媒介及其从业人员的职业道德自律，是新闻媒介及其从业人员在道德上所进行的自我约束。所谓新闻行业自律，又称新闻行业的自我管理和约束，是由新闻媒介及其从业者，通过自行制定的新闻行业自律章程、制度、工作守则、公约和守则等，对自身从事的新闻活动进行自我约束、自我限制、自我协调和自我管理，使自己的行为符合国家的法律、法规和职业道德、社会公德的要求。新闻行业自律主要是通过从业者在新闻活动中自觉遵守这种职业道德规范的约束而产生作用，是一种新闻行业的自我管理制度，是新闻事业发展到一定阶段的产物。

我们说的“自律”是相对“他律”而言的。所谓新闻他律，即指政府、组织及个人运用法律、法规对新闻媒介及其从业人员的新闻传播职业行为进行强制性约束，是以法制为核心的。从某种程度上说，加强新闻自律与强调新闻活动的他律相比具有更重要的意义。政府管理具有强制性，某一项法令或判决可能导致整个新闻事业的损失，导致对某项权利的限制；而行业自律则可以通过各方协商来解决，营造双赢局面。新闻业界通过加强行业自律和管理，可以有效地化解与政府、社会间的矛盾并缓解各种社会压力。

许多道德是以规范的方式来表现的。如我国公民应遵循社会主义荣辱观：以热爱祖国为荣，以危害祖国为耻；以服务人民为荣，以背离人民为耻；以崇尚科学为荣，以愚昧无知为耻；以辛勤劳动为荣，以好逸恶劳为耻；以团结互助为荣，以损人利己为耻；以诚实守信为荣，以见利忘义为耻；以遵纪守法为荣，以违法乱纪为耻；以艰苦奋斗为荣，以骄奢淫逸为耻。

再如，中华全国新闻工作者协会于 1991 年通过并于 2009 年修订的《中国新闻工作者职业道德准则》指出：中国新闻事业是中国特色社会主义事业的重要组成部分。新闻工作者要坚持以马克思列宁主义、毛泽东思想、邓小平理论和“三个代表”重要思想为指导，深入贯彻落实科学发展观，高举旗帜、围绕大局、服务人民、改革创新，贴近实际、贴近生活、贴近群众，用马克思主义新闻观指导新闻实践，学习宣传贯彻党的理论、路线、方针、政策，继承和发扬党的新闻工作优良传统，积极传播社会主义核心价值体系，努力践行社会主义荣辱观，恪守新闻职业道德，自觉承担社会责任，敬业奉献、诚实公正、清正廉洁、团结协作、严守法纪，做到政治强、业务精、纪律严、作风正。具体包括如下几点：

其一，全心全意为人民服务。要忠于党、忠于祖国、忠于人民，把体现党的主张与反映人民心声统一起来，把坚持正确导向与通达社情民意统一起来，把坚持正面宣传为主与加强和改进舆论监督统一起来，发挥党和政府联系人民群众的桥梁纽带作用。

（1）积极宣传党和政府的重大决策部署，及时传播国内外各领域的信息，满足人民群众日益增长的新闻信息需求，保证人民群众的知情权、参与权、表达权、监督权。

（2）牢固树立群众观点，把人民群众作为报道主体和服务对象，多宣传基层群众的先进典型，多挖掘群众身边的具体事例，多反映平凡人物的工作生活，多运用群众的生动语言，使新闻报道为人民群众喜闻乐见。

（3）积极反映人民群众的正确意见和呼声，批评侵害人民利益的现象和行为，依法保护人民群众的正当权益。

其二，坚持正确舆论导向。要坚持团结稳定鼓劲、正面宣传为主，唱响主旋律，不断巩固和壮大积极健康向上的舆论。

(1) 始终坚持以经济建设为中心，服从服务于改革发展稳定大局不动摇，着力推动科学发展、促进社会和谐。

(2) 宣传科学理论、传播先进文化、塑造美好心灵，弘扬社会正气，增强社会责任感，坚决抵制格调低俗、有害人们身心健康的内容。

(3) 加强和改进舆论监督，着眼于解决问题、推动工作，坚持准确监督、科学监督、依法监督、建设性监督。

(4) 采访报道突发事件要坚持导向正确、及时准确、公开透明，全面客观报道事件动态及处置进程，推动事件的妥善处理，维护社会稳定和人心安定。

其三，坚持新闻真实性原则。要把真实作为新闻的生命，坚持深入调查研究，报道做到真实、准确、全面、客观。

(1) 要通过合法途径和方式获取新闻素材，新闻采访要出示有效的新闻记者证。认真核实新闻信息来源，确保新闻要素及情节准确。

(2) 报道新闻不夸大不缩小不歪曲事实，不摆布采访报道对象，禁止虚构或制造新闻。刊播新闻报道要署作者的真名。

(3) 摘转其他媒体的报道要把好事实关，不刊播违反科学和生活常识的内容。

(4) 刊播了失实报道要勇于承担责任，及时更正致歉，消除不良影响。

其四，发扬优良作风。要树立正确的世界观、人生观、价值观，加强品德修养，提高综合素质，抵制不良风气，接受社会监督。

(1) 强化学习意识，养成学习习惯，不断提高政治和业务素质，增强政治意识、大局意识、责任意识，努力成为专家型新闻工作者。

(2) 深入基层、贴近群众、体验生活，在深入中了解社情民意，增进与群众的感情。

(3) 坚决反对和抵制各种有偿新闻和有偿不闻行为，不利用职业之便谋取不正当利益，不利用新闻报道发泄私愤，不以任何名义索取、接受采访报道对象或利害关系人的财物或其他利益，不向采访报道对象提出工作以外的要求。

(4) 尊重新闻同行，反对不正当竞争。尊重他人的著作权益，引用他人的作品要注明出处，反对抄袭和剽窃行为。

(5) 严格执行新闻报道与经营活动分开的规定，不以新闻报道形式做任何广告性质的宣传，编辑记者不得从事创收等经营性活动。

其五，坚持改革创新。要遵循新闻传播规律，提高舆论引导能力，创新观念、创新内容、创新形式、创新方法、创新手段，做到体现时代性、把握规律性、富于创造性。

(1) 深入研究不同传播对象的接受习惯和信息需求，主动设置议题，善于因势利导，不断提高舆论引导能力和传播能力。

(2) 认真研究传播艺术，利用现代传播手段，采用受众听得懂、易接受的方式，增强新闻报道的亲和力、吸引力、感染力。

(3) 善于利用新载体、新技术收集信息、发布新闻，提高时效性，扩大覆盖面。

其六，遵纪守法。要增强法治观念，遵守宪法和法律法规，遵守党的新闻工作纪律，维护国家利益和安全，保守国家秘密。

（1）严格遵守和正确宣传国家的民族区域自治制度、各民族平等团结和宗教信仰自由政策，维护国家主权和社会稳定。

（2）维护采访报道对象的合法权益，尊重采访报道对象的正当要求，不揭个人隐私，不诽谤他人。

（3）维护未成年人、妇女、老年人和残疾人等特殊人群的合法权益，注意保护其身心健康。

（4）维护司法尊严，依法做好案件报道，不干预依法进行的司法审判活动，在法庭判决前不做定性、定罪的报道和评论。

（5）涉外报道要遵守我国涉外法律、对外政策和我国加入的国际条约。

其七，促进国际新闻同行的交流与合作。要努力培养世界眼光和国际视野，积极搭建中国与世界交流沟通的桥梁。

（1）在国际交往中维护祖国尊严和国家利益，维护中国新闻工作者的形象。

（2）积极传播中华民族的优秀文化，增进世界各国人民对中华文化的了解。

（3）尊重各国主权、民族传统、宗教信仰和文化多样性，报道各国经济社会发展变化和优秀民族文化。

（4）积极参加有组织开展的与各国媒体和国际（区域）新闻组织的交流合作，增进了解、加深友谊，为推动建设持久和平、共同繁荣的和谐世界多做工作。

将新闻传播伦理归属于规范性道德，认为新闻传播伦理主要是研究新闻传播行为应该如何规范，是正确的。但这里的“规范”，一方面是名词意义上的，指订立的规范条文（文本），另一方面是动词意义上的，是指行为符合准则的动态过程。

新闻规范伦理学内化于新闻传播主体的品格、习性和意向中，又通过其言行表现出来，是在新闻传播活动中发挥着特殊作用的规范性调节体系。作为职业道德的一种，新闻传播伦理与其他职业道德形态上的根本区别在于其对新闻传播行为特殊的规范意义。

因此，新闻规范伦理学完整的定义是：新闻传播伦理就是指新闻从业人员在长期的职业实践中形成的调整他们之间及其与社会组织、公众之间相互关系的行为规范，是内化于新闻传播主体的品格、习性和意向中，又通过其言行表现出来，在新闻传播活动中发挥着特殊作用的规范性调节体系。

二、作为应用伦理学的新闻伦理

中外的新闻伦理研究均以记者编辑的职业规范为主要研究内容。但由于规范无法穷尽性地规定所有应该的行为和可能发生的冲突，即使对同一种新闻活动行为，不同的主体也会做出不同的评价，甚至有可能是完全相反的评价，那么这时记者编辑应该如何思考，根据什么原则来判断自己的行为呢？如电视台记者接到某地出现高考作弊公司的举报后，立刻前去暗访。在正面交谈未获得资料的情况下，记者偷拍到一对母女和该作弊公司洽谈的场景，随后记者又暗地跟踪，采访到对方去购买作弊用的手机的镜头。记者在报告了当地公安机关和教育部门的情况下，一直对该考生进行追踪式暗访，但等到考完第一门功课才与该考生正面接触，该考生的考试资格随即被取消。对此人们有两种看法，一种认为媒体的做法是不应该的，因为记者在履行媒体职责时不能忘记做人准则，他完全可以在考试前阻止这名考生的行为，不能只为采访成功而置一个年轻人的前途于不顾。另一种则认为，披露真实信息是记者的责任，作弊者被取消考试资格是其咎由自取，不值得同情。

同意前者观点的理由是：新闻记者必须恪尽职守，这是毫无疑问的。但记者首先是人，其次才是从业者。作为人，必须把公民道德放在首位，而放任甚至诱导犯罪，本身就是罪过。该记者也许觉得做了自己该做的事，然而他没有想到，在这起新闻事件的发展过程中，他有不少机会可以制止这起闹剧，从而挽救一个过失少年，同时仍然可以将以身试法者曝光，同样可以得到新闻，而且可能更扎实、更丰富、更具有人性。遗憾的是，该记者只关注“焦点”，却忽视了焦点中应该蕴涵的深刻的人文关怀。

同意后者观点的理由是：应该为此负责的是作弊考生本人，而不是曝光此事的记者。记者的使命是在求真求实的报道过程中体现对人的普遍关怀，而非逾越职业界限地去拯救每个进入报道视野中的人。参加高考的人大多数已经年满 18 岁，是完全民事行为能力人，应该而且必须对自己的行为负责。这名考生为了作弊，进行了周密的准备活动，对作弊的细节做了细致的设计。所以，她是作弊行为的直接责任人。人们不能用“她还是个孩子”来为其开脱，因为这不符合法制时代的理性化原则。如果她的企图得逞了，必将有另外一名考生因此考不上理想的大学甚至落榜。那些同情她的人为什么不想想那些可能的受害者的痛苦？她在做出谋划时实际上已经把自己的快乐建立在别人的痛苦之上，是在有意识地违背高考的公正原则，其作弊过程被曝光和制止，乃是理性和正义的胜利。她为自己的违法行为受到相应的惩罚，正是法制社会公正原则的体现。把一个必须受到恰当惩戒的人称为受害者，说明很多参与讨论的人还缺乏真正的理性意识。

持上述不同观点的双方可能谁也说服不了谁，作为记者也可能采取上述两种做法中的某一种，采取他们自认为是在履行记者的正当职责、并没有逾越职业道德底线的做法。

为什么会有不同的行为选择？是因为他们秉持了不同的伦理原则，而这些不同的伦理原则又来源于不同的伦理思想。也就是说，每位记者心中已经存在的伦理价值观决定着他会做出怎样的行为选择。

上述这种运用伦理思想审视实践，并用在社会中或新闻专业领域内获得广泛认同的基本道德原则去分析解决种种具体现实道德问题，评价记者编辑在新闻活动和工作情境中行为的对与错，评价新闻体制的设立、新闻政策的策略乃至传播技术手段及其运用方式的道德合理性和正当性的，即是新闻应用伦理学。

新闻伦理体系可以通过图 1—1 来表示。

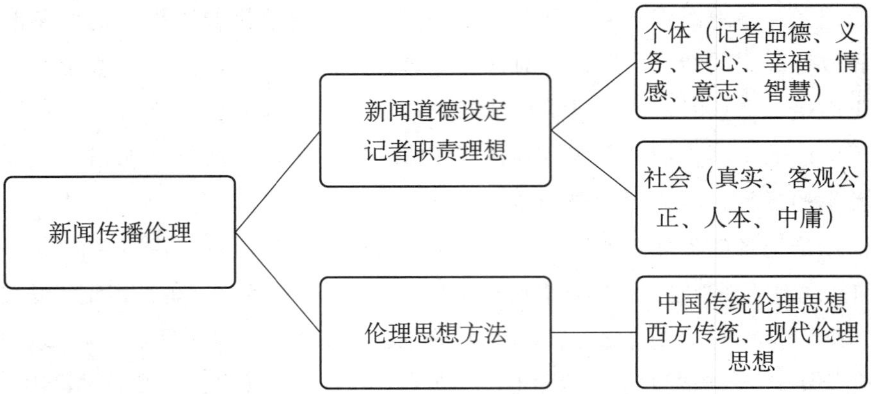

图 1—1　新闻伦理体系

第二节　新闻伦理的影响与作用

新闻传播活动是一项具有广泛社会性的行为，报道者在采写、编辑、刊播新闻的过程中所体现出的道德意义是极为鲜明的。新闻传播活动行为都不同程度地表现出有利或有害于他人及社会的性质，能够对其进行道德善恶的评价，因此既是传播行为，又是伦理行为。这种渗透着伦理道德意义并可从善恶的角度来加以分析和评价的新闻传播行为，是道德行为在新闻传播领域的一种特殊的表现形式，不仅对社会具有较强的影响力，而且其导向功能也是十分巨大的。

从道德的角度来认识与确定新闻传播行为的善与恶，显然与从其他的诸如政治、经济、军事等角度有所不同，它直接依据一定社会的伦理原则和伦理规范来进行判断和评价。具体来说，凡是符合一定社会伦理原则和伦理规范的新闻传播行为，即报道者在采写、编辑、传播新闻的过程中，其行为（包括行为的物化形态，即行为的最终结果——新闻作品）有利于他人或社会，能够给新闻接受者以积极的影响，这样的报道行为即为善的行为，或称道德的行为；而凡是不符合一定社会的伦理原则和伦理规范的新闻传播行为，即报道者的行为有害于他人或社会，比如在采访中利用工作之便接受赠礼乃至收受贿赂，为了提高稿件的刊用率而不惜捏造“新闻”等，这样的行为不仅有害于他人和社会，造成不良的社会影响，而且严重地违反了新闻从业者的新闻工作道德，显然是不道德的行为。

在这里还需要明确指出的是，不道德行为并不等于非道德行为，这两个概念虽然只有一字之差，但其含义却有着根本的不同。非道德行为，是指不是由一定的道德意识引起，通常也不涉及是否有益或有害于他人和社会的后果，不可能也不应当进行善恶评价的行为。在新闻传播活动中，一些属于纯技术操作层面的行为，诸如采编技巧、排版印刷、音像录制、经济核算等，由于这些行为通常并不与他人发生利益冲突的关系，因此均可看作非道德行为。当新闻传播行为仅仅作为一种新闻工作行为的时候，就如工人做工、农民种地、医生看病、教师上课一样，其本身是无道德意义的。只有当这种新闻工作行为涉及是否有利或有害于他人及社会时，才体现出道德意义来。譬如，一位记者去一家工厂采访，采访本身是出于工作业务需要，其中并无道德含义。但如果他在采访中利用工作之便向被采访者提出非分的要求，或者所写报道严重失实从而造成不良后果，这时其报道行为便具有鲜明的道德意义。

因为新闻传播行为的伦理道德含义以是否有益或有害于他人及社会、是否可以对其进行善恶评价为本质特征，所以从伦理学的角度来看，道德意义发生作用须具备两个条件：第一，报道者是在一定的道德意识支配下主动采取的行为。也就是说，无论其报道行为道德与否，都必须以报道者（行为发出者）对这种行为是否符合道德标准和要求、是否有利或有害于他人及社会的认识为前提。如果某一报道行为是在报道者不自知的情况下表现出与他人和社会的道德价值关系的，那么这一特定的报道行为就不在道德范畴之列，因而无论这种行为的结果如何，作为行为发出者的报道者至少不应承担道德上的责任。比如有一位采访一家工厂的记者，如果他并没有主动提出，而是厂方在他全然不知的情况下悄悄地把一个红包塞到了他的提包里，那么这样一个不道德的行为对于他来说是没有道德责任的；但是当他过后发现了红包却没有主动上交或退还，明知违反了新闻工作道德但经不住诱惑，这时的行为就明显地具备了道德意义。第二，报道者是根据自己的意志自愿抉择而采取的行为。并非出于自愿而是被外力——比如行政命令、环境所逼、强力迫使等——强迫做出或在失去自主力的情况下做出的行为，或者是在没有内在道德动机时，偶然的、非主观的、属工作失误性质的行为，这些报道行为大都是不具有道德意义的。当然，如果明知这种报道行为可能产生有害他人和社会的不良后果，但因畏于强力、贪生怕死而去做了，同样有悖于实事求是和坚持真理的伦理原则，因而也是应负一定道德责任的。

新闻规范伦理属于一种内化的规范，它的本质特点是：只有在新闻从业者真心诚意地接受并转化为个人的情感、意志和信念时，才有可能发生作用。在新闻报道工作的实践中，就法规和纪律而言，不论记者或编辑是否有遵纪守法的动机，只要在行动上没有违反，法规和纪律就不加干预；但伦理规范则必须有内在的善良愿望才能切实遵守。那种只是迫于外界压力才不敢在采访中收受礼金或在报道中诽谤造谣的记者，虽然在行为上没有触犯法律，也没有违纪，但在道德意义上却是一个不具有真诚意志和缺乏完美道德情操的新闻从业者。

一、新闻伦理的影响

有人曾经把医生、牧师、律师列为不同于一般职业的特殊职业人，因为这几种职业对人的肉体、灵魂或身家性命产生直接影响，所以要求从业者格外具有崇高感、使命感和责任心。其实，这些特殊职业还应该加上记者，而且记者的影响面更广，它不仅影响某个个体，还会影响某个社会群体、某个领域，甚至整个社会，所以从业者更需要有神圣的使命感和责任心。诚然，在有些人眼里，当记者是一种职业选择，而记者也确实需要穿衣吃饭、养活家小。但仅仅把这一职业视为养家糊口、安身立命的“饭碗”，把这个职业所特有的神圣感、社会责任感、历史使命感完全抛诸脑后，对一个记者的成长、对新闻事业的发展乃至对整个社会，都将产生不可估量的负面影响。

每一个社会成员都应该具有一定的道德品质修养，而新闻从业人员在这方面尤其受到人们的关注和重视。

其一，这是由新闻从业者诉诸舆论而参与国家治理的特殊身份和地位所决定的。新闻从业者担负着宣传政策、反映舆情、监督权力、传授知识、交流信息等任务，是意识形态领域的主力军。新闻媒介在以德治国方略的实施中，承担着宣传党的思想、传播先进文化、塑造美好心灵、培养高尚情操、倡导科学精神、弘扬社会正气的重要职责，因而大力提高新闻传播伦理道德水平，是新闻从业者履行职责的重要前提。

其二，这是由新闻从业者所承担的构建社会主义道德体系的神圣使命所决定的。以德治国的目标，就是要构建与社会主义市场经济相适应、与社会主义法律体系相配套的新型思想道德体系。而新型思想道德体系的形成和发展重在养成教育，养成教育则又常常是通过舆论的引导、示范和劝阻等方式来实现其作用的。新闻作为一种新闻传播媒介，在全社会特别是民众道德养成教育方面，具有其他任何教育形式所不及的全面性和影响力。

其三，这是由新闻从业者所具有的公众道德的示范和表率作用所决定的。新闻从业者是社会各群体中最“活跃”的分子，他们因工作需要与社会各阶层的人都有密切接触，他们的言行作风也尽在人们的观察注意之中。因此，新闻从业者的言行对净化社会风气、优化公民道德素养具有引导作用。

其四，这是新闻媒介在社会中巨大的影响力决定的。在社会中，没有几种力量对全社会的作用能像新闻工作那么巨大，因此，记者和新闻媒介有“无冕之王”之称，在社会中扮演着极为重要的角色。公众对他们的工作成效是有期待的，这种期待一旦实现，将会转化为一种信赖，这是不容亵渎并应该珍视的。所以，新闻从业者应确立比公众更高的道德标准。

二、新闻伦理的作用

新闻事业不只是一种单纯地以采集、传播和发布新闻信息为主要任务的所谓服务社会公众的行业，它同时所表现出来的强大的社会教化功能和舆论导向功能决定了它在人类社会生活中所处的特殊地位。新闻传播伦理虽然反映的只是新闻传播领域内的道德关系，但由于新闻传播活动的范围遍及社会生活的各个角落，新闻传播事业又是当代人类社会的一个不可或缺的有机组成部分，因此新闻传播伦理的社会作用不可避免地会扩展到整个社会，从而对整个社会生活的道德面貌产生积极或消极影响。就其主要方面来说，新闻传播伦理的社会作用表现为以下几点。

（一）新闻伦理对社会道德有巨大的影响作用

新闻从业者在新闻信息的传播活动中处于主体地位，担当着“把关人”的角色。面对纷繁复杂的信息，他们掌握着信息的弃取大权。同时，在传播过程中，他们又会把自己对所传播信息的态度和观点以各种不同的手法融入其中并传达给受众，受众通过新闻媒体所获知的信息实际上是已被“过滤”的信息。因此，记者的工作绝对不是简单地复制事实、被动地传达新闻，新闻从业者在新闻信息的传播活动中的主观能动性是不可否认的。正因为如此，每一位新闻从业者在新闻传播活动中表现出来良好的道德状况对整个社会良好风气的形成和道德水准的提高都具有特别重要的意义。我们无法想象，一个道德败坏、利欲熏心、头脑充满铜臭的新闻从业者能够采写出优秀的新闻作品，能够担当起开启民智、引导国民的社会重任。从这个意义上说，新闻从业者在传播活动中的行为关系到千家万户，与整个社会生活息息相关，他们在社会意识形态方面产生着巨大的影响，发挥着重要的作用。

（二）新闻伦理在新闻传播活动中起着调节作用

新闻伦理是调节新闻从业者行为的准则。这种调节的职能是通过评价、教育、示范、激励、沟通等方式和途径实现的，是通过指导和纠正人们在新闻活动中的新闻工作行为、协调各方面的社会关系实现的，如各媒介之间的竞争问题、文化娱乐与宣传教育的问题、经济效益与社会效益的问题等。所有这些出现在新闻传播活动中的矛盾关系，除了按照国家颁布的有关法规和行业内部制定的新闻纪律来约束处理外，相当一部分还必须依靠道德即新闻传播伦理加以调节和解决。与新闻传播法规和新闻纪律是通过“必须怎样”的带有强制性的调节手段不同，新闻传播伦理是以新闻报道行为“应当怎样”为尺度，通过衡量和评价新闻传播行为的现状，力图使“现状”符合“应当”。从调节方式上看，新闻传播伦理的调节作用是通过诉诸舆论褒贬、沟通疏导、教育感化等方式实现的，尤为注重唤起新闻从业人员的知耻心、敬业精神、历史主动性和社会责任感，从而促使他们的新闻工作行为从“现在怎样”到“应该怎样”转化。

（三）新闻伦理对新闻从业者的新闻传播行为起指向作用

具有精深的新闻工作技能和高度的社会责任感以及对现实生活的感悟力，是优秀新闻从业者的基本素质和必备条件。但是，要真正达到这样的高标准，需要新闻传播伦理的指导。例如，掌握新闻采写技能和培养自己的社会责任感，需要记者有刻苦勤奋和有谦虚的学习态度，而学习本身也是高尚道德品质养成的一个重要环节，一位普通的记者有向优秀记者学习和看齐的志愿和决心，是其成为优秀记者的第一步。而古今中外许多杰出的新闻从业者，他们在新闻工作中所表现出来的高尚的新闻工作道德思想和行为，都对广大新闻从业者产生了并将继续产生积极的影响。他们严谨求实的工作作风、无私无畏的敬业精神、严肃认真的科学态度、高风亮节的道德情操，具有一种形象化的精神力量，具体而生动地昭示着我们每一个新闻从业者品德的发展方向，引导、促进新闻传播事业沿着健康、正确的道路前进，从而对广大新闻从业者新闻工作道德的养成以及良好形象的塑造发挥着积极的、不可忽视的指向作用。

（四）新闻伦理对新闻从业者具有自我调节作用

所谓自我调节，是指新闻传播伦理不仅能够对社会和他人产生作用，而且能够反过来影响新闻从业者自身，以此提高新闻从业者进行自我心理调适的能力和水平。在新闻工作中，新闻从业者常常会遇到个人与他人、个人与集体、局部利益与全局利益、眼前利益与长远利益等各方面的矛盾冲突的困扰，也经常会面临工作上的难与易、环境上的顺与逆、生活上的苦与乐、待遇上的高与低等现实问题。每当此时，一些人就往往容易产生心理错位，造成心态上的种种不平衡，甚至会陷入思想上的苦闷、彷徨和空虚，难以排遣内心的矛盾，感受不到新闻工作的乐趣。在这种情况下，任何强制性的措施都不可能起到有效的作用，只有通过进行新闻工作道德的教育和反省，才能帮助其冷静地、客观地分析眼前的各种利益关系，正确认识和处理各种现实矛盾和问题，确立崇高的道德责任感，纠正与新闻工作道德相悖的各种思想和行为。这一过程也就是新闻从业者进行自我心理调节的过程，对于保证新闻从业者心理的健康，保证其愉快地生活、工作和学习，效用是十分显著的。许多优秀的新闻从业者，他们之所以能够在各种艰苦复杂的条件下始终保持振奋的精神状态、旺盛的工作热情和愉快平静的心境，从而采写出引人入胜、深受欢迎的新闻作品，其主要原因就在于他们的新闻工作道德修养达到了较高水平，能够随时有效地进行自我心理调节。

第三节　新闻规范伦理的实现

新闻规范伦理作为已形成的道德应遵守文本，其主要的目的就是需要相关行为主体遵守，即新闻从业者应将这些职业规范作为道德义务。

在谈道德义务的概念时，我们不妨先看这样一个例子。公元前 399 年，三个雅典人控告苏格拉底犯下两条罪状：一是渎神，二是腐化和误导青年。当时雅典法律规定："对一切不相信现存宗教者和对一切神明持不同见解者，治罪惩罚。"不论苏格拉底如何机智，雅典法庭最终以 281 票对 220 票判处他死罪无赦。临刑前，老朋友克力同借探望之机告诉苏格拉底，朋友们决定帮他越狱，而且一切已经安排妥当。可是苏格拉底却坦然自若，表示不越狱。克力同提出各种理由来说服他，认为雅典的法律不公正而且遵守这样的法律简直就是迂腐，但劝说无效。苏格拉底反问道：越狱就正当吗？对一个被判有罪的人来说，即使他确信对他的指控是不公正的，逃避法律制裁难道就正当了？苏格拉底最后还是选择了死刑。

苏格拉底不肯越狱的两个理由，一是如果人人都以法律判断不公正为理由，那么社会国家岂能有个规矩方圆？法律判决的公正固然重要，但秩序同样重要；二是如果一个人自愿生活在一个国家，并且享受这个国家给予的权利，这等于是和国家之间有了一个契约，即同时也接受了它的义务规定。苏格拉底的例子的确有其迂腐之处，但其所具有的典型性也是显而易见的。作为新闻从业者，当选择这种职业时，就已经在道义上"签署"了职业协议、约定。这种协议、约定是人们在自己的自由意志的支配下对众多而复杂的新闻传播行为规则表示的一致同意。而每个人所表示的同意，不仅仅表达着自己对这些规则的赞成，而且表达着自己对所在社会的其他成员的一种承诺：我将遵守这些规则。

除此之外，我们还要有对义务的态度和情感，即"义务心"。义务心是内心对义务的敬重和推崇，从新闻从业者的角度看，就是采写任务当前，不问自己的一切欲望、喜好和利益，只要确信是自己的义务就一定履行，在义务面前，一切理由都要让路。这种对义务的"敬重"，虽然有情感的成分，但又不是受外来因素影响的情感，而是由自己的理性养成的，所以与一般的情感不同。对义务的敬重也就是对道德法则的敬重。

因为有对义务的敬重，一个人经过长期的磨砺，在非常困难的情况下仍坚持履行自己的义务，他就会在自己的心里发现这样一种感受：无论个人的能力多么有限，无论个人的声音多么弱小，但只要能够在任何情况下都遵守义务的命令，就是践行新闻道德。那么新闻道德的核心义务是什么？就是真实、客观。真实性作为新闻的根本，是任何其他的价值都无法替代的。

在中国强调这一点尤为重要。中国20世纪50年代的“反右”运动，以及后来的“文化大革命”十年中，新闻媒介都曾不切实际地宣传某人民公社小麦亩产10万公斤，一棵白菜重250公斤，甚至提出“人有多大胆，地有多大产”的口号。“大跃进”中的浮夸虚假报道有当年的《人民日报》报道为证：土高炉日产千吨钢铁，一亩地打出万斤粮食……那个时代让人回想起来都不可思议：明知某句话是谎言，但不认为它错；明知某句话说的是事实，但却不认为它对。“下面”对“上面”说假话，“上面”也对“下面”说假话，但上下两方都不觉得自己被欺骗，彼此都明白对方在说假话，但都没有负罪感，而是心安理得，甚至理直气壮。要是有人说了真话，说假话的人也明知人家说的是真话，不但不惭愧，反而去责怪说真话的人，似乎说真话是错的，而讲假话反倒是对的。

无论当时有多么复杂的社会政治背景，但作为新闻媒体，说假话都是不能原谅的，都是不符合社会主义、马克思主义新闻道德观的。不论报道的目的如何正当，手段都必须合理合法。而新闻合乎道德的手段就是真实。新闻真实性源自其之所以为新闻的根本，即不取决于报道为谁服务，而是源自新闻的属性。

一、新闻合乎道德的手段是真实与客观

自从有了新闻传播活动，“新闻必须真实客观”就成为新闻从业者不变的信条，也是新闻传播活动实现其一系列社会功能的前提。

真实性和客观性是新闻规律的客观要求，从某种意义上讲也是新闻媒体得以存在的根本前提。新闻是以报道事实为己任的，正因为这个“真”字，广大受众才将新闻媒体报道的信息最终认定为“事实”。

（一）真实（准确、详尽、全面、诚恳、诚实）

新闻真实，是指新闻对客观事物的如实反映、如实报道。真实性作为新闻的基本属性，是由新闻自身的规律所决定的，是广大读者的要求，也是报纸、广播、电视等新闻传播媒介取信于民的生命所系。正如《南方周末》2004年《新年献词》所言：“这个国家不正是大家的国家吗？我们用真实架一座桥，让言说者不空谈，让主事者不麻木，让刚烈者不偏激，让脆弱者不沉沦。”①新闻之于国家、社会、人民存在的理由是因其真实客观。

真实也是新闻媒介善之根本所在。康有为曾总结报刊作用有“四善”。1898年，康有为在《奏改时务报为官报折》（代宋伯鲁拟）中提出报馆的好处有四端（四善）：“首列论说，指陈时事，常足以匡政府所不逮，备朝廷之采择，其善一也；胪陈各省利弊，民隐得以上达，其善二

---

① 《新年献词》，载《南方周末》，2004-01-01。

也；翻译万国近事，借鉴敌情，其善三也；或每日一出，或间日一出，或旬日一出，所载皆新政之事，其善四也。”此所谓的“善”即好，好即“道”、即“德”，是媒体应该走的正路。媒体之善，即媒体的道德。如果没有真实，就失去了新闻道德善之种子。

1. 真实性是新闻的基本属性

真实性是新闻存在的基本条件。事实是新闻的本源，是决定新闻存在的基础，新闻只是对事实的报道。真实性是从事实到新闻的必然要求，是新闻报道中主观与客观相符合的特定标志。它表现着新闻的基本特征、性质和要求，没有它，新闻就丧失了存在的依据。尽管新闻的形态可以千变万化，但它对真实性的要求是恒定不变的。真实性是新闻传媒必须遵循的原则，由于真实性对于新闻存在和发挥影响力有着决定性的作用，因而它成为新闻报道所追求的重要目标，也成为传媒取信于受众的关键。关于这一点，原中共中央宣传部长陆定一对采访他的《新闻战线》记者讲过一段很精辟的话：“新闻工作搞来搞去，还是个真实性问题。新闻学千头万绪，根本还是这个问题。有了这一条，有信用，报纸就有人看了。”①

1991年1月，中华全国新闻工作者协会第四届理事会第一次全体会议通过了《中国新闻工作者职业道德准则》，这是我国新闻工作者共同遵守的道德规范。《准则》第四条专门规定“维护新闻的真实性”，“真实是新闻的生命。新闻工作者要坚持发扬实事求是的作风，深入基层、深入实际、深入群众，加强调查研究，报实情、讲真话，不得弄虚作假，不得为追求轰动效应而捏造、歪曲事实。力求全面地看问题，防止主观性、片面性，努力做到从总体上、本质上把握事物的真实性。”“采写和发表新闻要客观公正。不得从个人或小团体利益出发，利用自己掌握的舆论工具发泄私愤，或作不公正的报道。”“工作要认真负责，避免报道失实。如有失实，应主动承担责任，及时更正。”

2. 新闻真实性的要求

（1）新闻真实性的浅层要求。

1）确有其事。假新闻是靠捕风捉影而得来的，有的甚至是无中生有、凭空捏造的。

2）构成新闻的基本要素必须准确无误。所谓的基本要素是指时间、地点、人物、事件、结果、原因。这些都是新闻赖以生存的因素，或者说弄清楚一个事实的起码条件和基本的环节。在任何一个环节上若有半点虚假，都会招致读者对整个新闻事实的怀疑。因此构成新闻的基本因素必须真实可靠，不能含糊其词。

3）新闻中引用的各种资料必须准确无误，这里所说的引用的各种资料，主要是指数字、史料，还有背景材料等。它们在新闻中的作用是很重要的，如果在引用资料上出现差错，也会使读者从整体上对新闻存疑。

4）新闻所反映的环境、过程、细节，人物的语言、动作必须真实。

5）新闻中所涉及的思想认识和心理活动等，必须是当事人所述。新闻的一大忌讳就是虚构情节、合理想象、添枝加叶，这是它与文学创作的一大区别。

（2）新闻真实性的深层要求。

1）现象真实与本质真实要辩证统一。新闻报道中有具体事实，也有概括事实。我们把感官可以直接感觉到的事实称为具体事实，而把感官不能感受到的事实称为概括事实。概括事实

---

① 刘海贵、尹德刚：《新闻采访写作新编》，9页，上海，复旦大学出版社，1997。

也要符合客观实际，它要能准确地概括具体事实的全貌，这属于本质真实。在对具体事实进行概括和分析判断时，一定要符合客观实际，注意处理好现象真实和本质真实的关系。

2）微观真实与宏观真实要有机结合。新闻报道中有个体事实，也有总体事实。报道个体事实要真实，它体现的是微观真实；报道总体事实也要真实，它体现的是宏观真实。但个体事实和总体事实之间的关系是十分复杂的。总体是建立在个体之上的，可个体又不等同于总体，它有时和总体是同类的，有时只是总体的一个侧面。微观真实和宏观真实能否有机地统一起来，对维护新闻的真实性至关重要。

3）新闻报道的多层次真实。新闻的真实性是随着事实发展的真实，表现为一个认识的过程。因为信息本身有一个不断释放的过程，信息释放完毕，或者说事实的发展完结，报道的真实性才能全部展现出来。事实进展到什么程度，新闻报道的真实性只能达到什么程度。当然我们也不排斥科学的预测。

因此，所谓的新闻真实，应该是多层次的真实，有达到现象层次的真实，有达到初级本质、二级本质和核心本质层次的真实。这些层次只有深浅之分，没有真假之分。具体到新闻报道作品，真实性也有一个层次问题。一般来说，文体结构的层次与对真实性要求的层次是协调一致的。结构越复杂，要求的层次越高。

维护新闻真实，是新闻工作者的天职。记者每天辛苦奔忙，为的就是采集社会上各种有价值的信息并传播给广大受众。如果采集和传播的都是虚假的东西，那么，记者这份职业也就失去了存在的价值。

新闻真实性，要求新闻写作中六要素完全真实，是媒体对社会的承诺，是媒体自我约束的一种职业规范。与政治制度和法律条文不同，它不具有外在的强制性。新闻真实性是一种永恒的理念和高远的境界，是新闻人艰难而不懈的追求。确保新闻真实并不是一件轻而易举的事情，即使在最民主的社会里，新闻真实性也不是一个轻松的话题。因为实现新闻真实性不仅存在着诸多的客观技术难题，存在着人类认识能力的局限，而且存在着来自人类自身的有意侵害，面临各种各样的压力和障碍。所以实现新闻真实性不仅需要能力，更需要勇气，需要艰苦、细致、勇敢的工作，需要付出辛劳，付出屈辱，甚至付出生命和血的代价，需要把它作为一种理念、一种理想、一种境界去追求、去呵护、去捍卫、去自觉地为之奋斗。所以，新闻真实性从根本上讲主要是一个自律问题、良知问题、伦理问题。在某种意义上说，新闻真实性就是记者的良心（见表1—1）。

时有发生的虚假新闻事件告诉我们，还必须记住这样一条：虚假是新闻的大敌，是新闻界之耻，虚假新闻则是社会的大敌。如此强调虚假新闻对社会的危害性，不是没有理由的。事实表明，几乎每一条虚假新闻，特别是那些关系国计民生的不实新闻，都在社会上产生了恶劣的影响，甚至严重影响了社会正常运行秩序，造成了不可挽回的损失。比如，一条“香蕉致癌”的虚假新闻，就让蕉农损失惨重；一则“纸箱馅包子”的虚假新闻，严重损害了国家形象，等等。

虚假新闻对社会的危害性在今天之所以越来越突出，是因为与过去相比，今天的信息传播速度、范围、影响力等都有了相当大的不同。比如，在互联网出现以前，一家小报的假新闻一般只能影响到它有限的读者，但这条假新闻如果被转载到网上，再连续转载，其危害性将呈几何级数增加。

表 1—1　　新闻的真实性

<table>
<tr><td rowspan="12">新闻的真实性</td><td rowspan="12">准确报道（有技巧地报道而不出错的能力）</td><td></td><td>导致不准确的因素</td><td>如何提高准确度</td><td>具体做法</td></tr>
<tr><td rowspan="5">准确与真实</td><td>故意造假</td><td rowspan="5">严格监管</td><td rowspan="2">对日常报道中出现的各种有失准确的现象设置专门的机构和人员进行监控和管理</td></tr>
<tr><td>疏忽大意</td></tr>
<tr><td>偏听偏信</td><td>对不准确的投诉进行调查</td></tr>
<tr><td>一味地抢时效</td><td rowspan="2">对错误的责任人进行处罚</td></tr>
<tr><td>随意转载，不核实</td></tr>
<tr><td rowspan="4">准确与客观</td><td>曲解</td><td rowspan="6">事前规约</td><td rowspan="2">认真对待每一个消息来源并合理使用</td></tr>
<tr><td>主观臆造</td></tr>
<tr><td>断章取义</td><td>对事实的准确性高度重视</td></tr>
<tr><td>专业知识欠缺</td><td>注重核实这一环节</td></tr>
<tr><td rowspan="2">准确与公正</td><td>将个人观点误作官方意见</td><td rowspan="2">署名、电头、引语要特别关注并确保准确</td></tr>
<tr><td>夸大渲染</td></tr>
</table>

新闻界的“假”有两种：一是揭露问题时造假掺假，二是正面报道时浮夸虚构。受前者之害也许比较明显；而后者似乎没有受害者，甚至还有“受益者”，不易引起人们警惕。然而，后者往往危害的是党和整个国家的声誉。无论是前者还是后者，人们由此而产生的疑虑、猜忌，都将使新闻媒体的可信度受到最大的伤害。

虚假新闻的教训一再警醒我们，越是涉及焦点题材，越是要求我们保持高度警惕，不可掉以轻心。在新闻工作的始终，政治意识、大局意识、责任意识、把关意识少不得，严防虚假新闻出笼，是对新闻工作者最基本的要求。新闻工作者炮制和传播虚假新闻，不仅会给社会造成巨大损失和恶劣影响，也会让新闻工作者身败名裂。

抵制虚假新闻，重在自觉践行。这个践行，对于记者来说，就是要在新闻现场不道听途说，不捕风捉影，不到现场不报道，有时候眼见耳听也不一定为实，还必须从其他渠道去核实、印证。对于媒体来说，对那些重大焦点题材、那些影响可能较大的新闻，应奉行核实原则。在这个问题上，我们宁可牺牲新闻的时效，也要保证新闻的真实。

另外，我国新闻界还有一种现象，即报道假新闻的媒体在向公众进行道歉时，往往特意强调假新闻炮制者的身份是“聘用记者”。对于新闻单位来说，只要允许这位记者采访，最后还让他的作品问世，就要对他所采编新闻的真实性负责。至于“聘用”，只能让人对作为“聘用记者”的肇事者增加一点同情，同时对管理者增加不满与不解。

（二）客观（公平、均衡、建设性）

新闻报道的真实、客观是社会与公众对媒体传播最基本的要求。一家负责任的新闻媒体和一位负责任的新闻工作者的首要责任，就是要向社会与公众提供真实准确、充分、全面而又客观的报道。而一切无视公众的知情权利，违背新闻报道真实、客观原则，传播虚假新闻或有意隐瞒事实真相的做法，都是有悖新闻工作者的职业责任和要求的。然而，在新闻传播过程中，由于客观条件和主观因素的存在，这种“客观”有时会成为“有条件”的、带有传播者和媒介拥有者主观色彩的“客观”。广大新闻从业者是新闻传播活动的直接参与者和组织者，也就是所谓的新闻传播过程中的“把关人”，他们直接面对纷繁复杂的社会生活，由于其个人兴趣、知识结构、政治立场等主观因素的不同，其选择新闻的角度和范围也必定有所不同。新闻媒体的新闻和信息的生产与传播并不具有纯粹的“客观中立性”，而是依据传媒的一定立场、方针和价值标准所进行的一种有目的的取舍选择和加工活动。正是由于这一点，较之其他行业的从业人员来说，新闻从业人员应该具有更高的职业道德水平，在道德行为上具有更鲜明的典范性和社会导向意义，这样才能够为其报道的内容提供保障。

1. 客观报道概念

“客观报道”最初出现于西方，作为一种理念和报道方式在19世纪中期曾产生广泛影响。西方的客观报道大致表现在以下几个方面：注重记录性；将事实与议论分开，在新闻中不直接发表意见；迅速翔实地报道重大事件；等等。在此之前，西方新闻传媒主要为政党之争服务，版面上充斥着“言论煽情”和“事实煽情”，充满了主观主义色彩，这种有意而为之的报道，功利性是第一位的，人们渐渐无法接受。“客观报道”的理论要求“不偏不倚地、无私无畏地提供新闻”，避免主观议论，把事实和议论区分开。随后，西方传媒发展了解释性新闻、调查性新闻等诸多新闻报道样式，其内在精神就是尽量接近事实真相，做到客观公正，满足人们求真求实的要求。

然而，一直在西方新闻界保持着“新闻专业理念”地位的客观性原则，在落到实处时，却表现出种种迷惘。有人认为新闻报道“不客观”，有人认为新闻报道“不可能客观”，另外一些人则认为新闻报道“不必客观”。虽然西方的新闻媒体一直在努力，不断改进报道方式以期逼近或达到客观性标准，但直到现在，这一被新闻界尊为信条理念和规范的东西，一直作为一个问题始终没有得到真正的解决。

在我国，新闻报道的客观性原则作为一个根本问题同样是不容回避的。在现实操作中，许多有悖于客观性原则的报道时有发生，干扰了人们的视听。因此，认识新闻传播客观性原则的真正含义，就显得十分重要和迫切。

2. 新闻客观性认识

传统认识中的新闻客观性被赋予了两种意义：一是主观符合客观，报道内容与报道对象的相关性、一致性的程度；二是平衡、全面的认识形式。审视一下这些传统观点，我们就能够发现其中的不科学性。就前一种意义而言，客观性表面上建立了主客观之间的统一性，但这仅是单面的符合关系，实际上是马克思所批判的直观认识论原则；而后一种则不过是一种直观的形式。其问题在于这样的一种假设：客观性和主观性是截然对立的，并且真是客观性，假是主观性。这样所谓新闻真实论就变成让记者“一切从客观出发，不能从主观出发”。在现实的新闻实践中，这种理论就显得很苍白了。假象与真相一样，常常作为一种事实而存在，它具有客观性，并常与真相混合在一起，因此，符合客观并不意味着就得到了真实。

因此，坚持新闻的客观性原则，并不是要求恪守纯粹客观和泛自然主义，而是基于人的主观性而又超越主观性去达到与客观相一致的这样一种理性原则。所谓客观报道要求的“不偏不倚、无私无畏”和“一般公正”，无疑是人们的美好愿望。但也正是因为人存在这样的理性要求，才会制约过于主观的煽情主义的泛滥，为人与人之间平等的精神交往寻求可拓展的空间。

我们强调的“客观报道”主要指以下几点。

（1）尊重事实的客观性，正确反映新闻事实本身内涵的倾向性。这是十分重要的基础。如果事实被扭曲、失真，甚至道听途说、无中生有，就根本谈不上什么“客观报道”。

（2）在新闻报道方法上讲究客观性。高度重视“用新闻事实来说话”的原则。毛泽东在《〈政治周报〉发刊理由》一文中连续用了四个“请看事实”，生动地强调了这一点。邓小平同志也反复强调要“拿事实来说话”。他说，“我们的做法是允许不同观点存在，拿事实来说话”，要拿“改革的实际进展”为改革说话，“不能拿空话而是拿事实”来解除一些人们的忧虑，并强调说：“我们的报刊、电视和所有的宣传工作都要注意这个问题。”[①]“拿事实来说话”是新闻报道的基本规律所要求的。而要做好“拿新闻事实说话”，高度重视对新闻事实的报道方法至关重要。

（3）在评论类的报道中，强调以新闻事实为依据，做出合乎情理的分析和评议。不强词夺理，不无限上纲，不强加于人。评论类报道以客观事实为基础，记者、编辑做出的分析、评论是带有主观性的（即自己的看法），但这是从客观事实中有根有据合情、合理地引申出来的一种认识、一种说明或分析，不是游离于客观事实的。

新闻的客观性原则在实践中被肯定，并且在与主体需要的价值关系中被执行。表面上，客观报道要求记者保持中立、寻求平衡，但是究其原因还是人平等交往的内在需要。如果在报道中灌输偏见和虚假，报道一部分事实而隐瞒另一部分事实，呈现一部分人的观点而抑制另一部分人的观点，那就无疑会使人失去民主、自由、平等的理想。因此，新闻客观性原则的价值，就在于通过公开的报道、公正的呈现，使人们拥有民主、自由、平等的理想，拥有探求事实真相的求真求实的理性精神。

如果我们就真实客观是新闻的最根本道德属性达成共识，那么也就意味着，我们认同无论新闻为谁服务、替什么党派和政府宣传、为谁引导舆论，真实性都作为永远的道德律令号召着新闻从业者遵守。以使人类生活得更好的道德秩序为追求的目标，是任何其他社会规范和价值都无法超越的。也可以说，新闻之所以成为新闻，就是需要媒介及其从业者不能以说假话作为交换为自身找寻生存条件。

二、为人民（公民社会中之公众）服务（无私、关怀、审慎、值得信赖）

新闻界的同仁都认同，新闻在享有传播权的同时，也担负着同等的社会责任。新闻在通过

---

① 这是邓小平同志在全国科技工作会议上作《改革科技体制是为了解放生产力》的讲话后，即席作的一次讲话。参见邓小平：《一靠理想二靠纪律才能团结起来》（一九八五年三月七日），见 http：//news. xinhuanet. com/ziliao/2005—02/07/content _ 2557489. htm。

提供信息服务于大众的同时，也运用自身掌握的价值尺度，温和、均衡、审慎地向公众提供着判断和告诫，并坚持不懈地通过有吸引力的报道和记者编辑们的良好作风，获得公众的信赖。

中华全国新闻工作者协会于 1991 年通过、2009 年修订的《中国新闻工作者职业道德准则》第一条就是全心全意为人民服务。新闻工作者要忠于党、忠于祖国、忠于人民，把体现党的主张与反映人民心声统一起来，把坚持正确导向与通达社情民意统一起来，把坚持正面宣传为主与加强和改进舆论监督统一起来，发挥党和政府联系人民群众的桥梁纽带作用。

在当今网络时代，作为新闻从业者，要解决好“根本方向”问题，社会主义文艺，从本质上讲，就是人民的文艺。文艺要反映好人民心声，就要坚持为人民服务、为社会主义服务这个根本方向；解决好“两个效益”问题，一部好的作品，应该是把社会效益放在首位，同时也应该是社会效益和经济效益相统一的作品。“文艺不能当市场的奴隶，不要沾满了铜臭气。”根据形势发展需要，要把网上舆论工作作为宣传思想工作的重中之重来抓。宣传思想工作是做人的工作的，人在哪儿重点就应该在哪儿。[①]

在我国社会主义新闻理论观点中，历来认为党的报刊就是人民的报刊，党的新闻事业就是人民的新闻事业。早在 1946 年，范长江在华中新闻专科学校[②]的新闻讲座上就论述过这个问题。范长江明确提出：党报是人民的报纸，党报和人民报纸是统一的。抗战胜利初期，国内广大读者思想分化明显，有人认为很多报纸都可以说是人民的报纸，比如，像《大公报》可以说是人民的报纸，别的党派的报纸也可以说是人民的报纸。范长江针对这些读者的疑问，不避锋芒毫不含糊地指出：“共产党的党报，是真正够得上称为人民的报纸的。”范长江一针见血地指出：报纸不是为这个阶级服务，就是为那个阶级服务。只有共产党所创办的报纸，是为人民服务的，为无产阶级服务的。[③] 范长江所坚持的党报工作者的工作作风，也就是毛泽东同志在《论联合政府》中号召大家坚持的三大作风：理论联系实际、密切联系群众、批评与自我批评。理论联系实际即要做崇尚实际、讲求实事求是精神的新闻工作者，在采访中总是深入斗争第一线，努力去获取第一手材料。记者应该注重实际，注重调查，能把所学的理论知识和实践很好地结合起来。密切联系群众即报纸要能在群众中扎根，同人民群众有广泛的联系，了解他们的生活和斗争，了解他们的思想和感情，这样就可以根据人民群众的要求和愿望去了解中央的方针政策。

第四节　媒介功能的合理性是新闻道德实现的条件

我们经常说新闻与政治关系很密切。现代政治进步了，这种进步得力于理性进步，确切地说就是近现代政治学、法学、社会学、经济学等社会科学的发展，通过这些学科的发展，现代

---

① 参见《解读习大大的六大新闻理念 六亿网民是重点》，见人民网，2015－01－08。

② 华中新闻专科学校是中国共产党在解放区创办较早、时间延续较长的一所“抗大”式的新闻干部学校。华中新闻专科学校连同由它改名而来的苏南新闻专科学校共办了四期，其中有两期是在淮阴地区办的。

③ 参见陈坚：《历史上的华中新闻专科学校》，见 http://bbs.huainet.com/thread－36256－1－1.html，2007－09－23。

政治制度逐渐理性化，形成了一整套相互监督、相互制约的社会制度，特别是形成了一整套对政治权力监督的制度。但政治的进步并不代表道德的进步。“混淆了政治进步与道德进步的人们往往以个人在现代社会获得了更多的自由为理由去证明现代人类道德的进步。其实现代人所获得的更多的自由只是‘消极的自由’，即在法制所限定的范围内不受干预、任意行事的自由，而不是个人自主的‘积极的自由’。更多地获得这种自由，与其说是道德进步的体现，不如说是政治进步的体现。因为这种自由的增加，是由现代民主与法治带来的。”①

同理，在现代文化中，知识与道德也已分离，知识的进步不等于道德的进步，知识越多的人就越有道德这一说法也是荒谬的。现代社会中新闻记者、编辑应该是属于懂政治、有知识的人，但他们并不当然就有道德。但是，他们作为社会中的一群职业人，存在的理由就是他们职业的道德规定性。

新闻道德是记者之所是，即记者之为记者的内在规定性。这有两个层次的含义：个体的与类的。无论是作为个的记者，还是作为类的记者，能够配称为记者的核心就在于有新闻道德这样一种存在样式，或者说形式。落实到具体的核心规范只有一个，就是“真实”报道。虽然记者是以自然人作为前提的，但自然人本身并不能自然成为记者；记者是其所是，有其质的规定性——新闻信息传播、理性的实践能力——传播真实信息，反指向记者精神世界——反思与良知，及其现实化——规范的实践，这就是现实的新闻道德。

一、新闻伦理（规范）的遵守是记者的存在方式

新闻道德是记者之所是，是记者的存在方式，这只是以最抽象的方式规定了新闻道德的特质。但正如黑格尔在论及有、无时所理解的那样，一方面，抽象的有，由于其极端抽象性，就成了无；另一方面，抽象的无，由于其普遍性及其无所不在，从而成为有。如果新闻道德是绝对抽象的，就会陷入虚无境地，就会失却记者之所是或记者的存在方式的特质。因而，新闻道德又必定以种种具体样式存在于传播活动之中，是有无相依、神形兼备的。这也就是人们对记者道德的要求中所述“记者成为职业人，首先要做好一名有道德的普通人”所蕴涵着的道理。另一方面，新闻道德在传播活动中以各种规范要求方式具体化，这些具体化了的新闻职业道德规范要求，是自新闻记者行业产生以来，作为“类”集体无意识传承而来的，这也就是康德所述的先验综合判断之真实意蕴。在这先验综合判断中，隐藏着人们对于记者之所是的认识和积淀。

新闻道德使记者以“新闻人”的方式而不是以自然人的方式存在着，这就意味着新闻道德使记者超越了自然人或社会上的普通人，或者说，新闻道德标志着记者超越普通人的努力和结晶，标识的是“类”存在关系，但不是一般的关系，是经过反思的关系。记者是源于自然人的职业群体，经过反思形成自我约束与规范，构成其存在的社会秩序，这就是新闻自由的存在。作为个体的记者，经过反思，认识自身存在的真实价值，并努力践行，追求新闻自由的目标。无论是作为类的“新闻人”，还是作为单个的记者的这种反思性关系，都标志了职业人的意志

---

① 卢风、肖巍：《应用伦理学概论》，29页，北京，中国人民大学出版社，2008。

自律、意志自由特质，因此，新闻道德关系也是马克思主义所揭示的“精神关系”。当这种“精神关系”被主观表达时，就成了新闻道德理论；而当这种“精神关系”中相对固定的内容、结构被自觉揭示出来成为一种行为要求时，就变成了新闻道德规范。

（一）记者存在的方式：作为记者的标准

记者之所以为记者，重要之处在于有了职业特征，即内在规定性内容。新闻道德首先是做记者的资格，然后才是理想的品格（优秀记者）存在的状态。社会中的职业类型很多，但新闻道德却使记者的行为和新闻传播活动与其他职业活动区别开来，使新闻活动蕴涵着人道主义精神和丰富的精神价值，这就可以理解新闻道德对于记者的意义，进而理解新闻道德无所在、无所不在的道理。

新闻道德是记者存在的理想关系状态。新闻道德是对现实的评价性反映，所以它虽然立足于现实，却是指向未来的理想。记者对自身职责的认识也是随着时间的推移不断拓展的，如果记者的职业规定性一成不变，那么新闻道德就失去了它的生命力，而作为存在的理想关系状态，是永远开放的。这也可以理解为：虽然新闻道德的具体内容表现形式具有相对的稳定性，但这种形式表达的内容却是不断变化发展的。因此，新闻道德是记者的存在方式这一点就在反思性意义上获得了进一步的具体规定：新闻道德作为记者的存在方式，不是在实然意义上的，而是在应然意义上的。

（二）记者为记者不是被加予的，而是在生活中形成的

记者也是写出来的。这有两个方面的含义：一方面指作为记者的标准不是由记者以外的某种存在加诸他们的，而是记者在自己的工作实践中通过自我反思而达到的一种自我认识；另一方面，作为记者的存在，并不仅仅要有对记者的认识，更要有现实的行动。简单地说，就是记者不仅仅要有“读万卷书，行万里路”、“铁肩担道义，妙手著文章”的精神，更要有将这种精神付诸行动、变为现实的行为。要实践，要行动，要身体力行，将这种通过反思而达到的做记者的标准与对做记者的认识化作现实的意志冲动，变为自觉的行为。因此，只有做，才能成为记者，这是记者之为记者的途径。自觉做记者就是自律。所以新闻道德既是做记者之道，又是成为记者之道。

如果对“记者”本身再做个体与共同体这样主体的区分，又可以做这样的展开：一个是作为记者个人的标准与理想，这就是记者的素质和修养，是记者的品德；另一个是作为共同体的存在标准与理想，这就是新闻事业与社会的伦理关系，就是公正的社会关系理想结构。前者的指向是记者自身对善的追求，对幸福的理解；后者的指向是新闻事业与社会各方面关系的协调，是社会的公正、和谐。

如上所述，新闻道德作为记者的标准和成为优秀记者的途径本身又是如何获得规定的呢？这是一个有关新闻道德价值合理性根据的问题。有关这个问题在后面会有部分论述，但这里要强调的是，新闻道德既然作为记者的存在方式或内在规定性，就自然地负有为一切现实存在的新闻传播关系合理性提供价值合理性根据、做出价值辩护或批判的使命与义务。因而，新闻道德的反思性就在于对存在及其关系合理性的反思。也正因为如此，新闻道德又具有双重特性：

永恒超越性和历史现实性。也就是说，要理解当代的新闻伦理，就要理解当代社会新闻传播状况或作为当代社会中的新闻体制和记者生存方式等问题。

新闻道德自身的合理性根据不能由自身提供，必须到社会存在的本体论处去获得，必须到新闻道德以外、到作为新闻道德存在基础的社会体制和社会关系过程中去寻求。

二、媒介功能决定了目标任务并影响新闻道德

新闻理论一直强调新闻的社会功能，即认为新闻媒介作为一项社会事业是人们在社会生产和生活中进行信息传播和思想交流的一种必不可少的物质手段，它通过新闻信息传播形成社会舆论，并影响社会生活。但是对新闻传播的主体与客体所处的社会环境需要达成共识。

（一）设立社会公共信息传播领域是道德的基础

新闻规范伦理学的任务之一，在于明确地为新闻记者编辑行为设立活动场域和目标。在一般社会中，新闻记者编辑主要是在公共领域为民众服务。

公共领域是哈贝马斯①提出的一个重要概念，指“我们的社会生活中的一个领域，某种接近于公众舆论的东西能够在其中形成。向所有公民开放这一点得到了保障。当公民们以不受限制的方式进行协商时，他们作为一个公共团体行事——也就是说，对于涉及公众利益的事务有聚会、结社的自由和发表意见的自由。在一个大型公共团体中，这种交流需要特殊的手段来传递信息并影响信息接受者。今天，报纸、杂志、广播和电视就是公共领域的媒介。当公共讨论涉及与国务活动相关的对象时，我们称之为政治的公共领域，以相对于文学的公共领域”②。但实际上，上述比较理想的公共领域状态在现实中已少见了，因为随着社会的变化，在19世纪中后期以后，大众化报刊为了迎合受众，往往以牺牲民主政治讨论与公共事务参与内容为代价，迎合教育水平较低的消费集体的娱乐和消闲需要，报章上多刊登一些如腐败、事故、灾难、娱乐、漫画、体育、社会新闻和人情味故事，以吸引读者获得发行量，而相对严肃的话题新闻，如公共事务、社会问题、经济事件、教育和健康等则受到版面的排挤，媒介为公众搭建的不是“公共传播”平台，而是“文化消费”平台。因此，媒介这个平台也就成为伪公共领域。③

微博客是互联网的一种新应用，具有传播快、影响大、覆盖广的特点，而且有很强的社会动员能力。微博客确实可以反映社情民意、传播正面声音、丰富信息服务，也可以进行舆论监督，确实有促进社会发展进步的一面。同时微博客作为一种自媒体，改变了舆论传播的

---

① 尤尔根·哈贝马斯（Jürgen Habermas），德国当代非常重要的哲学家之一。1929年6月18日生于德国的杜塞尔多夫，在纳粹统治下长大，1949年就读于哥廷根大学，后进入苏黎世大学，于1954年进入波恩大学，获哲学博士学位。1955年，他前往法兰克福大学，与法兰克福学派核心人物特奥多尔·阿多尔诺（Theodor Adorno，1903—1969）一起从事研究工作，阅读马克思和弗洛伊德的著作，历任海德堡大学教授、法兰克福大学教授、法兰克福大学社会研究所所长以及德国马普协会生活世界研究所所长。1994年荣休。他同时也是西方马克思主义中法兰克福学派第二代的中坚人物。

② 展江：《哈贝马斯的“公共领域”理论与传媒》，见 http：//media. people. com. cn。

③ 参见哈贝马斯：《公共领域的结构转型》，187～205页，上海，学林出版社，1999。

格局。网络的发展为形成中国公共领域的空间提供了可能，其中的网络论坛已经成为与公共领域联系最紧密的一种形态，它初步具备了公共领域的三个基本特征：公共领域的参与主体是由私人组成的公众，公共领域为参与者们提供充分讨论与沟通的公共场所，公共领域中的参与主体能进行批判性讨论。网络时代，随着微信传播的普及，网络传播构建的“公共领域作为一个有待实现的目标，在大力发展社会主义民主和法治、推进市场经济发展的中国的情境下，也是很有研究和借鉴意义的。首先，一个合理而健康的国家应当努力营造一个公私分明、自由和责任界限清晰的社会。其次，现代法治国家必须有一个良好的媒介环境，使传媒与国家、社会和公共形成良性互动，维系民主与法治。第三，传媒应明确和维护自己的社会公器角色，成为公众的信息平台和公共论坛，防止在不良政治和经济势力的侵蚀下退化。第四，传媒所传递的是社会中负责任的成员的理性的和批判性的声音，而不是非理性的和被操纵的意志”①。

2014 年 8 月，国家互联网信息办公室发布《即时通信工具公众信息服务发展管理暂行规定》（简称“微信十条”）。根据此规定，未经批准的公众账号不得发布、转载时政类新闻。即对于发布、转载时政类新闻的公众号需要经过资格认证、审批之后方可发布、转载。

2014 年 8 月 18 日习近平总书记主持召开中央全面深化改革领导小组第四次会议，会议强调，要推动传统媒体和新兴媒体融合发展，要遵循新闻传播规律和新兴媒体发展规律，强化互联网思维，坚持传统媒体和新兴媒体优势互补、一体发展，坚持先进技术为支撑、内容建设为根本，推动传统媒体和新兴媒体在内容、渠道、平台、经营、管理等方面的深度融合，着力打造一批形态多样、手段先进、具有竞争力的新型主流媒体，建成几家拥有强大实力和传播力、公信力、影响力的新型媒体集团，形成立体多样、融合发展的现代传播体系。要一手抓融合，一手抓管理，确保融合发展沿着正确方向推进。②

因此，根据形势发展需要，新闻事业及新闻从业者要解决好“本领恐慌”问题，真正成为运用现代传媒新手段新方法的行家里手。要把网上舆论工作作为宣传思想工作的重中之重来抓。宣传思想工作是做人的工作的，人在哪儿重点就应该在哪儿。我国网民有近六亿人，手机网民有四亿六千多万人，其中微博用户达到三亿多人。很多人特别是年轻人基本不看主流媒体，大部分信息都从网上获取。新闻从业者必须正视这个事实，加大力量投入，尽快掌握这个舆论战场上的主动权，不能被边缘化了。③

（二）媒介监督功能的体制化设计具有高度的正当性

根本的新闻伦理问题，指围绕新闻事业的理想目标和社会任务（包括新闻事业的价值、新闻媒介的社会功能、新闻服务对象、对谁负责等根本问题）建立的新闻伦理规范。这其中有一部分是以精神契约的方式表现出来的。这些职业规范对新闻媒介的制度性设计具有更多方向性的指导和要求。也就是马克思所说的“报纸良心”以及与报纸恒定的信念相连的报纸

---

① 展江：《哈贝马斯的“公共领域”理论与传媒》，见 http：//media. people. com. cn。

② 参见《推动传统媒体和新兴媒体融合发展》，载《中国文化报》，2014-08-19。

③ 参见《解读习大大的六大新闻理念 六亿网民是重点》，见人民网，2015-01-08。

道德与道德感。马克思认为，一家报纸应该有自己恒定的信念。在他的相关论述中可以看出，这种信念就是他的自由报刊和人民报刊精神，而这种信念会成为报刊的道德准则，并内化为从业者的道德感。由此，他认为，对信念的背叛会导致良心上的痛苦。1842 年 10 月，《莱茵报》编辑马克思与奥格斯堡《总汇报》就共产主义问题辩论时使用了这一术语。他说："……掌握着我们的意识、支配着我们的信仰的那种思想（理性把我们的良心牢附在它的身上），则是一种不撕裂自己的心就不能从其中挣脱出来的枷锁；同时也是一种魔鬼，人们只有先服从它才能战胜它。当然，奥格斯堡报从来也没有经受过那种当一个人的主观愿望起来反对他的理性的客观观点的时候所产生的良心的痛苦，因为它既没有自己的理性，又没有自己的观点，也没有自己的良心。"①

马克思这里所说的自由报刊和人民报刊的精神，在当代就是指新闻体制的功能性设计要体现公众对社会管理者即公权力拥有者的监督。没有新闻的监督，权力腐败必然产生。十八大以后我国检察部门查出的大量腐败案件，究其根本，一个重要的原因是缺乏新闻舆论的监督。从中国新闻 60 多年的发展历史来看，当舆论监督与公权力发生冲突时，媒体记者总是处于弱势地位。例如，2012 年 6 月 25 日，陕西省大荔县人民政府网上发布了一篇《孙云峰等领导慰问包联村贫困老党员》的新闻，在该新闻稿件的四幅配图中，其中一幅是在会议室的照片，照片中大荔县委书记孙云峰面前摆放着水果、瓜子、水杯和一盒"九五至尊"香烟。新闻发布后，《西安晚报》渭南记者站站长石俊荣接到读者热线，反映县委书记慰问贫困老党员的照片里出现了"天价烟"。得到该新闻线索的石俊荣采访相关人员，6 月 27 日他在《西安晚报》上发表了一篇题为《慰贫会场咋有一盒高价烟？据称系村支书提供 遭大荔县领导批评》的报道，这篇 500 多字的小稿件发表在《西安晚报》第 9 版"陕西新闻"很不起眼的版面中下位置。该稿件中说，大荔县委宣传部长称上述"天价香烟"是当地村支部书记拿来招待县委书记的，县委书记已经批评了当事的村支部书记。

石俊荣和报社领导都没想到，这篇小稿件发表后立即广受关注，各大门户网站纷纷转载；更想不到的是这种网络围观对石俊荣的职业生涯产生了意想不到的影响。

6 月 30 日上午，微博实名认证为"《新快报》调查新闻中心记者"的网友"记者刘虎"发微博称，"因为报道县委书记慰问贫困老党员会场出现'九五至尊'香烟的新闻引领导震怒，《西安晚报》记者石俊荣昨日深夜被按照上级要求停职，《西安晚报》同时被要求从即日起禁止出现任何监督或者涉及政府的负面新闻"。6 月 30 日 20 时 50 分，石俊荣在微博中发布情况说明，称因报道大荔县"天价香烟"的事件，报社通知其停职检查。消息经证实后，迅速引爆互联网，"记者刘虎"的这条微博，前后被转发 4 万多次，被评论 1 万多条。在网络传播和讨论的同时，传统媒体迅速跟进，各报社的时评发挥了重要作用。《中国青年报》、《法制日报》、《新京报》等媒体相继发表评论，批评陕西方面打压记者的行为。

舆论的强烈反应让西安方面有些措手不及。7 月 1 日 19 时，《西安晚报》官方微博发表声明："6 月 29 日上午，《西安晚报》开会研究天价烟报道中记者未到现场实地采访的问题，按照报社有关规定，让本报记者石俊荣停职总结，以进一步改进作风，并未停止其渭南记者站站长

---

① 《马克思恩格斯全集》，中文 1 版，第 1 卷，134 页，北京，人民出版社，1956。

职务。本报遵循办报方针，从没有不能开展舆论监督之说。”

在舆论的强大压力下，西安方面终于有所松动。7 月 4 日一大早，石俊荣发微博宣布自己已经“复工”。因报道天价烟记者被停职事件告一段落。[①]

对此，有人感叹，为什么想做个尽职尽责的真实报道，实事求是地进行监督就这么难？

在我国是党和政府“管”新闻，对新闻媒体有纪律要求，没有社会道德范畴内的新闻伦理规范。当然，这是由中国新闻事业的性质决定的，是由中国新闻媒体讲党性决定的。中国共产党从一诞生就十分重视新闻工作，把新闻工作看作十分重要的革命工具，认为新闻事业是党的整个事业的重要组成部分。毛泽东早在 1925 年 12 月 5 日在《〈政治周报〉发刊理由》一文中就十分明确地说：“为什么出版《政治周报》？为了革命。”1942 年《解放日报》改版确定了党报是党和政府组织的喉舌、是集体宣传者和组织者的方针。刘少奇 1948 年 10 月 2 日在《对华北记者团的谈话》中也明确地说：“你们是党和人民的耳目喉舌。”党领导的新闻媒介在革命战争年代作为党和人民的耳目喉舌为夺取革命战争的胜利做出了巨大的贡献。党的第三代领导集体也十分重视新闻工作的耳目喉舌功能。江泽民 1989 年 11 月 28 日在新闻工作研讨班上讲话：“我们党历来非常重视新闻工作。始终认为，我们国家的报纸、广播、电视等是党、政府和人民的喉舌。这既说明了新闻工作的性质，又说明了它在党和国家工作中的极其重要的地位和作用。”

长期以来对媒体的管制主要体现在批评报道方面。中国媒体一直提倡正面报道和舆论导向。“正确引导舆论，是党的宣传思想战线非常重要的工作。”“舆论导向正确，人心凝聚，精神振奋；舆论导向失误，后果严重。”[②] 后来这一思想被概括为“以正确的舆论引导人”。“舆论导向正确，是党和人民之福；舆论导向错误，是党和人民之祸。”[③]对舆论导向观点的实践，有学者将它们概括为以下几点：（1）在党领导的各大媒体中，不得出现与党中央的精神和当前政策不一致的内容。（2）要积极主动地宣传党的方针政策，引导群众正确理解这些方针政策。（3）舆论中如果出现与中央精神不一致的地方，各媒体要做好引导工作，将舆论引导到党的精神的轨道上来。（4）当新闻报道和宣传出现以上一种倾向掩盖另一种倾向的时候，要及时提醒，努力防止错误倾向可能的蔓延。（5）对于不利于我们的信息，必须抵制，不得擅自发表。（6）以严格遵守党的宣传纪律来保证舆论导向的正确无误。[④]显然，新闻纪律要求是以党和政府的角度设定，与新闻媒体作为信息传播载体和舆论监督的道德规范无关。

中共中央 1950 年颁布《中共中央关于在报纸刊物上展开批评和自我批评的决定》，其重要意义在于让记者编辑独立负责，确立了批评报道的刊后追惩制，给新闻批评提供了一个舆论空间和有利条件。而 1954 年 7 月 17 日，中共中央政治局通过的《关于改进报纸工作的决议》，全文约 8 000 字[⑤]，文件要求报纸加强理论宣传，使党报进一步成为宣传马列主义、宣传社会

---

① 参见陈绚、张文祥、李彦：《新闻传播与媒介法治年度研究报告（2014）》，155 页，北京，中国人民大学出版社，2014。

② 江泽民：《在全国宣传思想工作会议上的讲话》，见新华网，1994-01-24。

③ 《江泽民总书记视察人民日报社》，见人民网，1996-09-26。

④ 参见陈力丹：《马克思主义新闻学词典》，90 页，北京，中国广播电视出版社，2002。

⑤ 参见中国社会科学学新闻研究所编：《中国共产党新闻工作文件汇编（1950—1956）》，319～329 页，北京，新华出版社，1980。

主义思想、宣传党的总路线、政策和决议的重要基地。该决议提出了批评的三项标准：一是报纸上的批评必须展开，二是批评必须正确，三是批评必须在党委的领导下进行。

由此，我们认识到，如果不将新闻监督机制引入到社会主义制度结构中，新闻道德功能就不可能发挥它应有的作用。同时，新闻道德研究还有一个重要作用，就是用高度综合性的哲学智慧去评价有争议的行为和制度，去影响行为选择、制度完善变革和建设，这也是新闻伦理的应用“空间”。

（三）新闻批评是新闻事业之于社会的美德

任何人和组织都需要听取批评意见，作为执政党和公权力人物，也需要批评。早在1950年年初，中共中央由刘少奇直接领导了关于在报刊上公开开展批评与自我批评的文件起草工作。4月19日，经刘少奇做了认真修改的《中共中央关于在报纸刊物上展开批评和自我批评的决定》（以下简称《决定》）由中央政治局讨论通过，4月22日公开刊登《决定》。[①] 这是当代中国新闻史上以中共中央的名义公开发出的第一个也是迄今为止唯一的一个关于新闻舆论监督（批评报道）的专门文件，因此也是非常重要的文件。

《决定》全文只有1 800余字，但内容却十分丰富，涉及报刊批评与自我批评报道的必要性和重要性、方式方法和具体要求等方方面面。其内容如下。

其一，吸引人民群众在报纸刊物上公开地批评我们工作中的缺点和错误，并教育党员，特别是党的干部在报纸刊物上做关于这些缺点和错误的自我批评，在今天是更加突出地重要起来了。因为今天大陆上的战争已经结束，我们的党已经领导着全国的政权，我们工作中的缺点和错误很容易危害广大人民的利益，而由于政权领导者的地位、领导者威信的提高，就容易产生骄傲情绪，在党内党外拒绝批评，压制批评。由于这些新的情况的产生，如果我们对于我们党的人民政府的及所有经济机关和群众团体的缺点和错误，不能公开地、及时地在全党和广大人民中展开批评与自我批评，我们就要被严重的官僚主义所毒害，不能完成新中国的建设任务。由于这样的原因，中共中央特决定：在一切公开的场合，在人民群众中，特别在报纸刊物上，展开对于我们工作中一切错误和缺点的批评与自我批评。

其二，为了公开地并且在报纸刊物上正确地展开批评与自我批评，应当在党内和人民中进行两方面的教育。第一，要教育党员特别是干部认识：在报纸刊物上进行批评和自我批评，是巩固党与人民群众的联系、保障党和国家的民主化、加速社会进步的必要方法。要使人民群众能够自由地在报纸刊物上发表他们对于党和人民政府的批评和建议，纵然这些批评和建议并非完全成熟与完全正确，而他们也不会因此受到打击与嘲笑，这乃是提高人民群众的觉悟性和积极性、吸引人民群众踊跃参加国家建设事业的重要步骤。因此党的各级领导机关和干部必须对于反映群众意见的批评采取热烈欢迎和坚决保护的革命态度，而反对对群众批评置之不理、限制发表和对批评者实行打击、报复与嘲笑的官僚主义态度。这在今天是主要的方面。第二，要同时教育报纸刊物的编辑人员、记者、通讯员和人民群众去区别正确的批评和破坏性的批评。

---

① 参见中共中央文献研究室、中央档案馆：《建国以来刘少奇文稿》，第二册，45～47页，北京，中央文献出版社，2005。

我们所提倡的批评，乃是人民群众（首先是工人农民）以促进和巩固国家建设事业为目的的、有原则性有建设性的、与人为善的批评，而不是为着反对人民民主制度和共同纲领、为着破坏纪律和领导、为着打击人民群众前进的信心和热情，造成悲观失望情绪和散漫分裂状态的那种破坏性的批评。报纸刊物的编辑人员、记者、通讯员和试报组，应当欢迎和领导正确的批评而反对破坏性的批评。对于这种破坏性的批评，特别是反革命分子破坏人民民主专政的言论，则是应该而且必须加以拒绝的。

其三，为了保障在报纸刊物上的批评和自我批评得以顺利而有效地进行，中共中央特规定下列各项办法，望各级党委与党报工作者切实地加以执行：

（1）凡在报纸刊物上公布的批评，都由报纸刊物的记者和编辑负独立的责任。过去在许多地方曾经实行一种办法，就是把批评党和政府的组织与人员的稿件送给被批评的组织和人员阅看，在征得他们的同意后，才加以发表。这种办法，在战争期间调查不便的条件下，曾经避免了许多不完全符合实际的和不周到的批评，但是在现时的条件下继续采取这种办法却是害多利少的，不对的。在今后，报纸刊物的人员对于自己不能决定真伪的批评仍然可以而且应当征求有关部门的意见，但是只要报纸刊物确认这种批评在基本上是正确的，即令并未征求或并未征得被批评者的同意，仍然应当负责加以发表。

（2）对于工农通讯员的稿件，同样适用上述办法。工农通讯员的工作，除由报纸领导外，并应由所属生产单位的党的组织加以协助。工农通讯员的活动状况，应列为检查报纸工作和各生产单位党的工作的项目之一。任何人不得滥用权力压制工农通讯员在报纸刊物上的批评，或加以报复。

（3）读者来信中的有益的批评，凡报纸刊物能判断其为真实者，应当加以发表。投书者应将真实姓名住址告知报社，但报社得依投书者的要求代守秘密。

（4）批评在报纸刊物上发表后，如完全属实，被批评者应即在同一报纸刊物上声明接受并公布改正错误的结果。如有部分失实，被批评者应即在同一报纸刊物上做出实事求是的更正，而接受批评的正确部分。如被批评者拒绝表示态度，或对批评者加以打击，即应由党的纪律检查委员会予以处理。上述情事触犯行政纪律的法律的部分，应由国家监察机关司法机关予以处理。

《决定》还指出，党外报纸和刊物在同样精神上采取同样正确的态度批评党的组织和人员时，党也应当按照同样的办法给予应有的合作和支持。①

遵照这一决定，全国各地报刊纷纷开辟专栏或改组副刊，登载人民来信，揭露党政机关中的官僚主义作风，检举党政干部中的违法乱纪行为。同时，报刊还登出调查结果和处理意见，以让人民群众了解。当时，像省委书记、省政府主席、国务院各部部长等高级干部在报纸上公开检讨，是十分正常的事情。原武汉市人民政府副市长兼秘书长易吉光，敌我不分，滥用职权，挥霍公款，反对批评，被开除党籍后，毛泽东专门于 1951 年 12 月 25 日发出电报，指出：武汉市委书记“张平化同志代表市委做自我批评”，是“完全必要的”；“市长吴德峰同志既然有压制民主打击群众批评的行为或支持这种行为，对群众影响极坏，当然应向人民代表会议做

---

① 参见中共中央文献研究室、中央档案馆：《建国以来刘少奇文稿》，第二册，45～47 页。

自我批评，并公开发表。”不久，《人民日报》发表了张平化、吴德峰同志的自我批评文章。1952年1月3日，即处决刘青山、张子善一个多月之前，人民群众对河北省委、省政府领导的官僚主义作风表示不满，投书《人民日报》，质问：刘、张事件这样大，时间这样长，河北省委为什么长期没有发觉这件事？人民群众来信发挥了作用，河北省委副书记马国瑞、省人民政府主席杨秀峰分别在1月5日和1月8日的《人民日报》上做了检讨。《人民日报》加了编者按：这个检讨本应由省委书记林铁同志来做，因林铁同志患病休养，故由副书记马国瑞同志代做。1月15日《人民日报》发表了河北省委书记妻子弓彤轩检讨接受刘青山、张子善礼物的错误，因检讨不彻底，中共保定市委办公室的李春、谷雨投书《人民日报》要求弓彤轩重新做检讨。1952年2月6日，《人民日报》刊发了这篇文章，加了编者按，要求弓彤轩应该迅速地毫无保留地坦白和批判自己的一切错误。这些公开的批评不仅没有损害党的权威，反而使广大干部群众更加拥护党的领导。鉴于这种实践效果，毛泽东在1953年进一步提出：“凡典型的官僚主义、命令主义和违法乱纪的事例，应在报纸上广为揭发。”舆论监督作为民主监督体系的一个重要组成部分，其作用的有效发挥不仅反映了民意，保证了人民群众的言论自由，增强了人民群众当家做主、参政议政的民主意识，而且加强了党与人民群众的联系，促进了执政党的民主建设。①

毫无疑问，《决定》的发布和实施，对于当时历史条件下中国共产党探讨民主新路、巩固政权、反对腐败和执政党的建设等方面，都具有重要的意义和作用。通过报刊这种公开的形式对党和政府及其工作人员的缺点和错误进行批评，增强了人民当家做主、参政议政的民主意识，以及监督、管理国家和社会事务的责任感和使命感，推动了民主政治建设的进程。完全可以说，《决定》是中国当代新闻史上中共关于新闻舆论监督的一个纲领性文件。②另外，这一《决定》的一个重要意义在于让记者编辑③负独立责任，放弃了过去的批评报道刊前预审制，确立了批评报道的刊后追惩制，给新闻批评提供了一个舆论空间和有利条件。

从社会道德层面来看，允许或不允许媒体代表公众进行批评，实质上是群体间的道德问题，即统治者群体与新闻舆论群体间的道德关系问题。这种群体道德与后面我们讲到的以记者个人品性为基础的个人道德有着本质的区别。“简单地说，个人道德的根本原则是爱，而群体道德的根本原则是力。”④

中国传统道德思想里有“王道”与“霸道”之争，实际上反映了两个问题，一是关于社会生活的根本道德应当是个人道德还是群体道德的争论，二是关于群体道德要施以何种道德问题，也就是道德的根本原则是仁还是力的争论。儒家重王道，要求以德服人，以仁爱治天下，以义正人；法家重霸道，要求以力服人，以力征服天下，以利诱人。相对于媒体舆论这个群体，前者主张“畅言”，后者主张“禁言”。从根本上讲，社会冲突的本质是利益的冲突，这种利益具体地体现为力——象征个人的能力，所以，社会冲突就是各种力量之间的冲突，形成一个群体秩序的东西是各种力量之间形成的一种可能被随时打破的力量平衡。所以，维持群体秩

① 参见梅丽红：《新中国成立初期党群关系民主化的有益探索》，载《学习时报》，2011-07-04。

② 参见徐晓波：《重温〈关于在报纸刊物上展开批评和自我批评的决定〉》，载《炎黄春秋》，2010（5）。

③ 实际是编辑部。

④ 方永：《个人道德与社会道德》，见中国儒学网，2003-11-18。

序的根本道德准则是力的原则。这一思想的直接来源是马克思对社会历史的分析（历史唯物主义）和尼采的权力意志理论，但更早可以追溯到古希腊时代的梭伦和亚里士多德。他们最早提出政治正义的根本就是要在穷人、富人和中产阶级三者之间形成一种权力的平衡。中国古代的法家所谓的法术的精髓也在于在最高当权者、官吏和百姓之间维持一种力量的平衡，尤其是在最高当权者与官吏之间维持一种力量的平衡。这种力量平衡被打破，就会发生弑君篡国、农民起义或改朝换代的事情。

中国传统道德思想一致认为王道高于霸道。王道的根本是“老吾老以及人之老，幼吾幼以及人之幼。天下可运于掌”①。行王道的方法其实很简单，那就是推己及人。《孟子》中的《见梁惠王上》和《见梁惠王下》两篇的主题就是要说服君王行王道，不行霸道；这样劝说的根本理由就是仁者无敌，必王天下；霸者构兵，终不能保自身。也就是说，在中国传统道德思想中，人们普遍认为，从最终结果看，王道高于霸道。而且，中国人深知，只有马上才能得天下，枪杆子里面出政权；但要保天下，要长治久安，就不能“马上治天下”，不能仅仅依靠枪杆子了，必须通过仁政。长治久安，靠的则是力的平衡；而要维持力的平衡，却要靠一个一个的人。从这个角度看，亲民、爱民、倾听民众呼声既是重个人道德也是重媒介舆论群体道德，亦属于“德治”。

关键词

新闻伦理　规范伦理　应用伦理　道德作用

思考题

1. 简述理解新闻伦理的两个维度。
2. 分析新闻伦理的影响和作用。
3. 简述新闻规范伦理的实现条件。
4. 为什么说遵守新闻伦理规范是记者的存在方式？

---

① 《孟子·梁惠王上》。

第二章

记者品德养成

品德，与“德”、“德性”、“道德品质”是同一概念，是摸不着、看不见的，存在于每个人自身内部的东西，是通过一个人的行为所表现出来的内心状态或心理特征。但是，一个人一两次行为所表现出的偶尔的、不稳定的内心状态和心理特征还不是品德。我们不能因为一个人做了一两次好事便说他品德好；反之，说他品德坏。所以，品德是一个人在长期的、一系列的行为中所表现出来的稳定的、恒久的、整体的心理状态。品德是个人的一种心理自我、一种人格、一种个性。

一位记者的品德不但表现于而且形成于他长期遵守或违背新闻传播伦理的行为，不但表现于而且形成于他长期的道德行为。所以，一位记者的品德水平与其长期从事新闻行业的道德行为水平必定完全一致。

心理学表明，一切心理活动都是由“知（认识）”、“情（感情）”、“意（意志）”三种成分构成。品德是一种心理活动，因而也由这三种因素构成。品德的“知”即其道德认识，品德的“情”即其道德感情，品德的“意”即其道德意志。下文将主要分析新闻品德的这三种成分——新闻传播伦理认识、新闻传播伦理感情、新闻传播伦理意志的具体内容、各自作用及其相互关系。

第一节　传播主体品德结构

如前所述，对行为应该如何进行伦理规范，是以社会创造道德的目的为基础，从行为事实如何的客观规律中产生和推导出来的。这是一种道德价值推理：

真实客观地报道新闻是事实（行为之事实如何）。
道德目的是保障社会存在发展、增进每个人的利益（社会创造道德之目的）。
真实客观报道符合道德目的，因而是应该的（行为之应该如何）。

一、传播主体的道德认识

新闻报道行为是一种具有广泛社会性的活动，这决定了新闻报道者如同信息传播者一样，是为社会中的一部分人或是为整个社会报道新闻，而不是单纯地为自己或是为某一个人报告消息。因此新闻的接受者总是以群体的形态出现，这也就决定了新闻传播行为是在一定的社会关系中表现出来的，它不仅反映出人们对新闻信息的实际需要，而且也通过个体的报道行为来满足人们对新闻信息传播与交换的需要。这种行为既是人类交往的一种特定方式，同时也逐渐成为社会关系中最为重要、最有价值的内容之一。因此社会的整体利益、广大劳动人民的利益应该而且必须高于报道者个人或所属小集团的利益。我们是以共产主义社会实现为理想的社会主义社会，我们是以全国最广大群众的利益为出发点的，这向我们指明，人民是历史的主体，一切道德评价，包括对新闻传播行为的道德评价，都必须以是否符合广大劳动人民的利益为最高尺度和唯一标准。在新闻传播活动中，凡是反映了人民的意愿，表达了人民的心声，代表了人民的利益，为广大人民群众所欢迎、所称道的行为，就应给予积极的肯定和善的评价；反之，则必须予以抨击和谴责。

这个问题也是记者职业新闻道德设定的首要问题。社会主义新闻传播从业者品德是保证新闻传播从业者在社会主义条件下自觉从事新闻传播活动的根本，也是社会主义新闻传播伦理规范体系的核心内容，既决定着新闻传播从业者一切道德行为的方向，又赋予新闻传播从业者一切道德行为以动力，同时还是向新闻传播从业者提出具体道德要求的基础和前提。作为最基本的道德标准，它在调节、指导和评价新闻传播从业者的新闻工作行为方面占据着主导地位，起着支配作用。

社会主义新闻传播从业者品德的基本要素包括两点，即全心全意为人民服务与实事求是。这两点是党、国家以及广大人民群众对新闻传播从业者的新闻工作行为提出的最基本的道德要求，是衡量和评价每一位新闻传播从业者的新闻工作思想和新闻工作行为的道德尺度，也是新闻传播从业者在从事新闻报道工作中必须遵循的行为准则。社会主义新闻传播伦理的这两条基本原则作为一个有机统一体，贯穿于社会主义新闻传播伦理发展的始终，是社会主义新闻传播伦理的规范、范畴和特殊要求的理论基础与现实前提，决定着整个社会主义新闻传播伦理体系的性质和方向，从根本上指导着新闻传播从业者在新闻传播活动中的行为指向与价值追求。

（一）全心全意为人民（公众）服务

中国共产党和中国政府是为中国人民服务的，新闻传播从业者要站在党和人民的立场上，坚持对党负责和对人民负责的一致性；努力使党的政策主张准确、迅速、广泛地同群众见面，为他们提供当家做主和生产、生活所需要的新闻及其他信息，讴歌他们建设社会主义的创造才能和劳动业绩，正确地反映他们的愿望、呼声和要求；支持一切符合人民利益的正确思想和行为，批评、揭露违背人民利益的错误思想和行为及其他社会不良现象；满腔热情地做好各种形式的群众工作，重视群众的稿件和信件，妥善处理公民有关批评、建议、申诉、控告和检举的来信、来访；密切联系人民群众，倾听群众对新闻宣传的意见，自觉接受群众监督。

“人民”这个概念是一个历史的范畴，虽然它在不同的国家和同一国家的不同时期包含着不同的社会成分，但无论哪一个国家、哪一个时代，劳动群众永远是人民的主体。所谓无产阶级的阶级利益，所谓社会的整体利益，说到底，也就是广大人民群众共同的根本利益。因此，社会主义新闻传播伦理的规范体系以全心全意为人民服务为其基本原则，不仅直接体现着共产主义道德维护社会整体利益的实质，而且是保障社会主义新闻传播伦理强大生命力的基础和源泉，而记者正是人民利益和社会良知的代言人。

社会主义新闻传播伦理的为人民服务原则，其主要内容可归纳如下几个方面。

其一，真正树立起社会主义新闻事业是党的事业同时也是人民的事业、全心全意为人民服务是社会主义新闻工作的出发点和归宿这样一个思想观念，到群众的生活中去挖掘素材、发现新闻，采写出更多的为群众所需要、所关心、所喜闻乐见的新闻作品，努力使自己真正成为深受群众欢迎的新闻传播从业者。

其二，社会主义新闻事业作为党和人民的耳目喉舌，要充分、准确地反映出人民群众的意志、愿望、要求和呼声，深刻、完整地反映出人民群众在社会实践中涌现出的新情况、新经验、新问题、新动向，想群众之所想，急群众之所急，通过新闻报道切实地为群众办实事、办好事。

其三，社会主义新闻事业在多方面做好社会服务的同时，还要充分发挥新闻事业的宣传教育功能和舆论导向功能，传播新闻信息要注重正面的、积极的社会效果，必须杜绝在新闻活动中见利忘义、丧失道德责任感的行为。新闻传播从业者应时时处处想到自己的道德义务和社会责任，真正肩负起“社会利器”、“国民向导”的历史重任。

其四，刻苦钻研新闻业务，提高新闻采编的工作技能，学好为人民服务的实际本领。为人民服务需要有高度的热情，但仅凭热情是不够的，在高科技日益向新闻传播领域渗透的今天尤其如此。因此，只有娴熟地掌握了业务技能，达到了较高的业务水准，才有可能、有条件更好地为人民服务。

为人民服务在这里主要是指：新闻媒介与记者应竭诚为公众服务，守护公共利益，以“公众利益和为公众服务”为诉求。在中国，以社会主义核心价值观为内容的意识形态领域通过长期的教育，使我们达成共识：中国共产党和政府是人民的党和政府，也是为全中国人民谋福利的，党和政府并没有特殊的利益要求。因此，作为党和政府管理下的中国新闻媒介，作为宪法中规定的社会主义社会应发展的新闻事业，其根本的目标也是为人民服务，为全中国人民服务，为所有的公众服务，以公众的利益为最终的诉求。

为谁服务是一个根本问题，也是新闻职业道德的首要问题，中华人民共和国全国新闻工作者协会于2009年11月修订的《中国新闻工作者职业道德准则》，其中第一条就是要全心全意为人民服务，因此坚持为中国人民服务的原则也是社会主义新闻工作者最基本的道德要求。在中国共产党的新闻事业发展史上，为人民服务就是始终不变的宗旨。但对于“为人民服务”和“人民的利益”概念的理解，有人有时会出现模糊的甚至错误的认识。如2001年7月17日，在广西南丹煤矿发生了特大透水事故，78名矿工遇难，当地政府官员竟隐瞒不报。半个月后，这起特大事故才被媒体曝光，舆论哗然。

在这一过程中，有人就将人民的利益与党和政府的利益对立起来，认为新闻界给地方“抹了黑”，给地方政府工作“添了乱”；有人质问坚决揭露这一丑闻的新闻记者“究竟想干什么”；有人扬言要对记者进行报复；等等。

值得骄傲的是，新闻工作者们做出了“应有和应该”的选择。广西当地媒体的记者和中央驻桂新闻单位在南丹矿难被掩盖得几乎密不透风的时候，不顾个人安危，深入事故矿区调查取证，冲破层层伪装和封锁，果敢地向中央反映和对外披露了这一特大矿难。

正如前文所说，人民的政府是为人民群众谋利益的，当人民的利益乃至生命安全受到极大损害时，政府的职能就是彻底弄清和严肃查处这种极为恶劣的特大事故，以保护人民的利益。从这个意义上说，记者们做的同时就是政府必须和应当做的。当地方政府及有关部门由于某些原因无法获知事故真相时，记者们通过深入调查掌握真相，就此进行负责的反映和揭示，这当然是帮忙而不是添乱。

在西方的新闻职业道德规范中，同样也有为公众服务的明确规定。如 1922 年美国报纸编辑协会在成立之初颁布的《新闻职业规范》第一条规定：搜集和传播新闻与意见的最初目的是服务大众利益，将情况通知他们，使他们能对当时的情况做出判断。为个人私利或不值得的目的滥用自己专业工作者的力量的报人，将辜负公众的信任。美国新闻媒体是自由的，这不仅是为了告知大众，或作为一个争辩的论坛，也是为了能对社会中的力量，包括政府各级官员的行为，进行独立的检查。《新闻职业规范》第二条规定：新闻自由属于人民。必须保护新闻自由不受来自任何公共或私人集团的侵蚀与破坏。新闻记者必须时时警惕，关注公共事务是否在公开场合下讨论解决。他们必须同任何利用新闻媒体为自己谋私利的企图进行勇敢的斗争。

美国职业新闻工作者协会 1996 年通过了《职业新闻记者道德守则》。其前言中称："职业新闻记者协会的成员相信，公众启蒙是正义的前奏和民主的基础。新闻记者的责任是探究事实真相以及就事件和议题提供公正而全面的报道，进而实现上述目标。来自所有媒体和专业的有良知的记者努力全面而诚实地为公众利益服务。""公共利益是一个社会和国家的整体利益，新闻最大的价值莫过于其所揭露的问题可以换来所有人的安康和幸福，媒体的责任就在于将那些危害公共利益的事件暴露出来。"①

此外，西方各国在制定规范时，也将公共利益原则置于重要位置。如 1927 年通过的美国《无线电法》中规定，只有在"有利于公众、方便公众或者出于公众需要"的前提下，"提供公正、有效、机会均等的服务"，广播电台才能获得执照。再如英国广播业一开始就实行公共传播体制，BBC 创立就是本着"以利他主义思想为行为准则，将为公众利益工作视为自己的天职"②。

为公众服务的基本内容，就是媒体有为广大公众服务、守护公众利益的公心，这意味着媒体虽然是营利的企业，但营利并不能是它的唯一或全部目的，它还必须是公器，是群众的代言者。新闻记者要有为公众服务、守护公众利益的决心，这意味着新闻记者要不畏强权，不受利诱，为公众提供真实、准确、客观的新闻报道和公正、全面、深刻的言论。③ 而"无论在何种社会制度下，实行何种传媒体制，对传媒业具有公共性的认识是一致的。由此，传媒业必须把公共利益视为最高原则的认识也是一致的"④。

在为人民服务、为公众服务原则指导下的新闻报道理论可以归纳如下：

（1）迅速、翔实地报道国内外重大新闻事件，记录社会的真实。

（2）将事实与议论分开，不在新闻中直接发表议论；并注意把握报道的度，实事求是，不夸大渲染。

---

① 罗以澄、刘兢：《论新闻传播中的公共利益原则》，载《当代传播》，2006（4）。

② 温飚：《英国广播公司的改革之路》，载《视听界》，2004（5）。

③ 参见吴飞：《新闻专业主义研究》，88 页，北京，中国人民大学出版社，2009。

④ 李良荣：《公共利益是中国传媒业立足之本》，载《新闻记者》，2007（8）。

(3) 在报道谁、什么时间、发生了什么事和为什么发生的同时，要力图向公众解释这个新闻事实为什么值得关注。

(4) 记者应该着力报道关于人们如何解决问题的相关事实，并尽可能地提供建议，或为建议提供传播的平台，这样新闻媒体才有可能帮助社会公众参与到社会公共生活中。

(二) 实事求是

实事求是是马克思主义的思想路线。毛泽东指出："'实事'就是客观存在着的一切事物，'是'就是客观事物的内部联系，即规律性，'求'就是我们去研究。我们要从国内外、省内外、县内外、区内外的实际情况出发，从其中引出其固有的而不是臆造的规律性，即找出周围事变的内部联系，作为我们行动的向导。"①

虽然毛泽东在这里是把"实事求是"作为我们党的工作方针和思想路线提出来的，但它对于社会主义新闻事业的各项工作，包括新闻传播从业者新闻工作伦理规范在内，同样具有原则性的指导意义。

社会主义新闻事业就其实质来讲是无产阶级的，而无产阶级新闻伦理学是建立在马克思主义理论基础之上的。社会主义的新闻工作必须遵循辩证唯物主义的思想路线，这一切都是由社会主义新闻事业的基本性质所决定的。立足于这个前提，社会主义新闻传播从业者的新闻工作道德以实事求是为其基本原则，既是新闻传播活动的客观规律的反映，也是无产阶级新闻事业优良传统和辩证唯物主义世界观的要求。

社会主义新闻传播伦理的实事求是品德主要涉及三个方面的内容。

第一，坚持真实的原则。新闻来源于客观事实，没有客观事实的发生，就没有新闻。新闻必须而且也只能是具体的、事实的报道，因而真实性是新闻的第一生命，新闻通过对事实的报道所产生的社会功能，都是建立在真实性的基础之上的。真实是新闻的生命，新闻传播从业者要坚持实事求是，深入实际，深入群众，加强调查研究，不得捕风捉影，不得想象虚构，不得弄虚作假，不得为追求轰动效应而歪曲事实。

另外，新闻传播从业者要坚持辩证唯物主义和历史唯物主义的观点，从人民的根本利益出发，按照事物的本来面目反映事物。在采写过程中不得从个人或小团体私利出发，不得利用自己掌握的舆论工具发泄私愤，或作不公正报道。不要偏听偏信，而是要多方面地听取意见，若发现有不同意见，在报道中要尽可能全面地反映各种意见，不以自己的观点为取舍的标准。如新闻从业人员在新闻报道中不能发表自己的观点，对司法机关施加影响。对某些事件的报道即使事后发表评论，也要注意以下几点：一是立论要建立在真实、客观的基础上；二是不要说一面之词；三是不要使用带有人身攻击性的语言。在报道工作中要力求全面地看问题，防止主观性、片面性、绝对化，努力做到从总体上、本质上把握事物的真实性。如有失实，应主动承担责任，采取补救措施。

第二，坚持客观的原则。在新闻报道中仅仅做到一般的真实显然是不够的，因为往往真实的东西并非就是客观的。那种表现在新闻报道中的自然主义真实观实践早已被证明是不足取的。这里所说的"客观性"，是相对于"主观性"的。每位记者都有自己的价值观和看法，但

① 《毛泽东选集》，2版，第3卷，801页，北京，人民出版社，1991。

作为报道者，不应该将自己的价值观作为判断事实和选择事实的尺度。报道必须绝对地尊重客观事实，不能为了某种需要而给客观事物附加一些概念，或者歪曲事实、改造事实。记者报道新闻只能尊重客观事实，记者的主观愿望是不能改变也改变不了客观事实的。更进一步讲，记者在报道新闻要准确无误、完全真实的前提下，还要从事实的总体和全局、从事实的联系去把握事实，尽量反映出整体事实的本质和趋势，指导人们认识事实的全貌和全新发展。

第三，坚持公正的原则。普遍事实之所以能够成为新闻事实，是通过新闻报道者这个“中介”来实现的。由于作为“中介”的新闻报道者总是生活在一定的社会氛围之中，这就决定了他在选择事实、报道新闻的过程中，难免不受他的阶级立场、政治态度、思想水平、感情好恶、文化观念以至审美情趣的影响。因此，事实与新闻之间永远不可能完全对等，既然新闻是通过人来报道的，那么主观因素也就不可避免地会融入新闻之中。尽管如此，记者还是应该尽力使自己的笔贴近现实生活，力求最大限度地缩小新闻与事实之间的距离。在报道新闻时，不能“攻其一点，不及其余”，不能为尊者、贤者、亲者讳，更不能挟私报道、做“风派”记者。要为人正直、主持公道，判断公允、不怀偏私，只能忠实于事实所固有的内在指向，不能用主观意向随意代替客观倾向。只有在新闻传播活动中坚持了客观公正的原则立场，才可以说是坚持了社会主义新闻传播从业者应有的人格。

只有坚持了上述三项原则，记者才能做到实事求是，才能做到准确地报道新闻，这也是新闻从业者应遵守的基本职业道德。

上述这两个看似简单的新闻传播道德底线，在复杂的实现中，在各种价值观的冲突下，要清醒地认识与深刻地把握并不容易。

表 2—1 是基于全心全意为人民服务和实事求是原则列出的新闻传播道德底线说明。

表 2—1　　**新闻道德底线**

	对谁负责	新闻道德底线	品德底线
为人民服务 为公众服务 信息传播活动	对大多数人负责	不虚假 不撒谎 不捏造	不因为利己而误导公众 不搞有偿新闻
	对利益集团负责	不捏造 不欺骗	区分新闻与广告 不损害公众利益
	对党派或组织负责	不捏造 不欺骗	不故意隐瞒以致无视公众利益 不违反法律
实事求是 发现真相 准确报道	对大多数人负责	不褊狭，给不同的观点表达机会 及时澄清和纠正失实或错误	不故意歪曲事实 保护消息来源 不恶意伤害报道对象
	对利益集团负责	不故意掩盖损害公众利益事件	不做无事实根据的指责
	对党派或组织负责	不故意掩盖社会中各种与公众利益相关的冲突事件	不做无事实根据的宣传

二、新闻传播主体的道德感情

作为品德结构成分之一的道德感情，亦即个人的道德感情，是个人所得到或具有的与自己的道德行为有关的感情，也就是引发个人道德行为的感情。

那么，引发一个人道德行为的感情究竟是什么？如前所述，道德行为由道德行为目的与道德行为手段构成，后者受前者的制约。道德行为目的无非利人、利己、害人、害己四类。道德感情，粗略看来，可以归结为八种感情：利人目的引发于爱人之心（主要是同情心和报恩心）；害人目的引发于恨人之心（主要是妒忌心和复仇心）；利己目的引发于自爱心（主要是求生欲和自尊心）；害己目的引发于自恨心（主要是内疚感和自卑心）。

人的这些道德感情，如达尔文所说，是与猩猩、猴子等灵长类动物共有的，是每个人与生俱来不学而能的。[①]更确切地说，人的这些道德感情，仅仅就其“质”的存在来说，是与生俱来的；但就其“量”的存在来说，亦即就其多少来说，则显然并非与生俱来，而完全形成于后天的道德教化、道德认识、道德实践等活动。因为道德教化、道德认识、道德实践等活动固然不能产生或消灭这些道德感情，却可以极大地增进或减少这些道德感情。以同情心为例，任何人都不可能没有同情心，一个人的后天活动无论如何也不可能使他完全丧失同情心。但是，如果他懂得做一个富有同情心的好人是他安身立命之本，在生活和行为中加以注意和培养，那么，他的同情心便会不断增多，从而使他成为一个极富同情心的人；反之，他若误以为无毒不丈夫，只有弱者才富有同情心，从而在生活和行为中刻意压抑同情心，那么他的同情心便会逐渐减少甚至泯灭。

那么，一个人的这些道德感情与其品德有何关系？需求、欲望、感情是一个人行为的唯一动力，所以，道德感情便是道德行为的唯一动力。一个人如果没有道德感情，便绝不会有道德行为，不会有相应的品德。那么，如果他有了道德感情，便一定会进行相应的道德行为从而具有相应的品德吗？答案是不一定。因为如果他有了道德感情，他一定想做、愿做、欲做道德行为，却未必会实际做出道德行为，未必实际具有相应的品德。因为一个人有多种需要、欲望、感情，如他往往既想做一个英雄，又怕吃苦受累，他便徒有道德感情而不会付诸相应的道德行为，不会有相应的品德。因此，道德感情也是道德行为和品德的必要条件而非充分条件。

三、新闻传播的伦理意志

道德感情是引发道德行为的动力。可是，道德感情引发道德行为的具体过程究竟是怎样的呢？心理学研究表明，欲望、感情引发行为的过程是：首先引发如何行为以满足欲望的思想，也就是指行为动机；然后再有实现行为之思想，亦就是实现行为动机而使之转化为行为效果。所以说意志是个人的行为从思想确定到实际实现的整个心理过程，是个人行为动机从确定到执行的整个心理过程，是个人行为目的与手段从思想确定到实际实现的整个心理过程。

---

① 参见［英］达尔文：《人类的由来》，151页，北京，商务印书馆，1983。

因此，道德感情引发其道德行为的具体过程依靠的是道德意志。新闻传播伦理意志包括两个阶段：第一阶段是道德行为动机的确定阶段，即道德行为目的与手段的思想确定阶段，又称为“采取道德决定”阶段；第二阶段则是道德行为动机的执行阶段，即关于道德目的与手段的思想付诸实现的阶段，也就是道德行为实际执行阶段，又称为“执行道德决定”阶段。这两个阶段的完成都需要克服困难，而采取道德决断阶段所要克服的困难主要是解决动机冲突。

因为道德行为实际上是选择活动，选择是人类所特有的一种能力和活动，人的生存形态就体现在一个连续不断地选择的过程之中。道德行为选择是道德行为发生前的思维过程，是人们在一定道德意识支配下，在善恶之间、不同道德价值之间进行取舍的一种特殊道德活动。可以说，新闻的全部作用与功能正是在选择中得以形成并实现的。当新闻报道者面对丰富的大千世界和复杂的芸芸众生要开始进行自己的新闻报道活动时，首先就必须要选择运用什么样的手段去接近被报道对象。他可以选择不同的报道角度对眼前的各种事实加以挖掘、梳理，根据自己内在的新闻价值尺度进行过滤、筛选，然后予以报道。作为报道行为的主体，可以选择不同的采访手段、不同的报道时机，也可以选择不同的报道媒体、不同的报道语言、不同的报道形式，等等。正是在这一系列的选择过程中，报道者的主观能动性得到了最大限度的发挥，体现为新闻当中的许多具有主观认识意义的因素及特质，而这其中就包括动机冲突。

一名记者的动机冲突，主要表现为两个方面。其一，记者也是普通人，每个人都有多种欲望，因而便有多种目的：他既想让家人生活富裕、自己轻松愉快，又想揭露社会中不平之事，将社会中一些丑恶之人、丑恶之事加以暴露，为民请命。于是，在多种欲望不能都满足、多种目的不能都达到时，便会发生目的的选择与冲突。其二，同一目的又可以通过不同手段实现，于是又会发生手段的选择、冲突。一个人的道德意志主要表现在对动机冲突的解决、行为的选择上。如果善的、道德的动机克服恶的、不道德的动机，我们便说他有道德意志，或者说他的道德意志强；如果恶的、不道德的动机克服了善的、道德的动机，我们便说他没有道德意志，或者说他的道德意志弱。新闻工作者在实践中常常遇到这样的情况：一些被社会公认、新闻媒介大量宣传的正面典型不时暴露出一些问题，是人云亦云、随大流继续这样宣传下去还是抓住蛛丝马迹、深入调查研究，以顽强的意志克服各种困难、阻碍把问题弄清楚，这也是一位新闻工作者责任感高低的体现。

案例2—1

无私无畏 拉开“中国第一村”铁幕

20世纪80年代末期，天津市静海县大邱庄作为“中国第一村”，其负责人禹作敏作为优秀农民企业家，被新闻媒介树为典型进行大量的宣传。一次，《法制日报》记者刘林山到大邱庄采访，听到有人说，“禹作敏不可一世，目空一切，天老大他老二，连天津市委都不放在眼里，早晚要出事”。刘林山将此话记在了心里。1990年4月11日，大邱庄村民刘玉田被禹家七人无端毒打致死，凶手虽被收审，但由于禹作敏上下活动，迟迟未作处理。刘林山闻讯后，在正义感的驱使下，决心将此事查明，捅开禹作敏这个“马蜂窝”。在政法机关的支持下，他终于掌握了确凿的证据材料，毅然给《法制日报》写了第一篇情况汇报：《残暴丑闻发生在致富典型村——大邱庄一起重大伤害人命案经过》。同年6月21日，他又以司马宣的笔名，在《法制日报》上首次向全国公开报道了大邱庄伤害人命案。接着，他又报道了人民法院对七名凶犯的审判情况。

禹作敏对此判决恼羞成怒，当即唆使大邱庄少数人以农民名义向中央和天津市有关部门、全国的新闻媒体发动强大的书信攻势。天津市的政法机关十天内收到这种信件1 520封，信中尽是恶毒攻击我政法机关的语言。面对禹作敏这一恶劣伎俩，刘林山在9月8日又给报社写了第二篇内参：《颂扬打人凶手 诬陷被害人 攻击政法机关 大邱庄发动书信攻势》。

1992年12月16日上午，刘林山接到匿名电话：大邱庄两天前又打死了一个人，公安人员也被绑架了。他立即前去采访，连夜写出了第三篇内参：《凶暴残忍，大邱庄又打死一人；阻挠破案，刑侦员遭非法拘禁》，中央有关领导在此内参上批示：无法无天！1993年2月8日，刘林山又写出第四篇内参：《大邱庄群众奋起揭发本村黑幕》。两天后，针对大邱庄发生的又一起殴打北京国家安全局所属学校师生的事件，他又写了第五篇内参：《北京市国家安全局教师、学生在大邱庄遭毒打和污辱的经过》。这两篇内参引起了中央政治局全体常委的极大重视和关注，乔石同志在内参上批示：“请天津市委市政府注意，要认真查处。据我所知已不是第一次了。大邱庄太骄傲了，做法无法无天。昨天（2月18日），中央常委的一致意见是要依法办事。”这两篇内参成了解决大邱庄问题的转折点。在2月18日至26日的九天里，为使中央准确掌握大邱庄事态的发展，刘林山又连续写了《保护凶犯 大邱庄停工停产总动员，避免冲突 领导进村工作遭围攻毒打》、《大邱庄通电全国欺骗舆论，四凶犯被藏匿警察进村一无所获》、《天津舆论认为禹作敏已构成犯罪》等三篇内参。在最后这篇内参中，刘林山以尖锐的语言批评了新闻记者中出现的令人费解的行为。他写道：“大邱庄事件发生后，一些新闻媒介反而起劲地吹捧大邱庄和禹作敏，掀起了一次集中宣传的小高潮。很多人对这种反常的现象表示不满，有人反映某些新闻单位的人拿了大邱庄的股份或其他好处，所以成了大邱庄的喉舌，丧失了新闻传播从业者的职业道德。”

实际上，就在禹作敏开始走红之际，新闻界有些人对大邱庄发生的一些蹊跷事就颇有议论，但是真正挺身而出进行深入调查并向党中央写内参反映情况的，刘林山是第一人。因此，他也招致了禹作敏的忌恨，说要对他不客气。但是，刘林山没有放下手中的笔。他说：“作为《法制日报》的记者，一要抓好正面报道，二要如实向中央反映情况。当记者的，要恪守真实的原则，要有扶正压邪、维护法律尊严的勇气，同时要有冷静分析的头脑，对社会上的人和事有准确的观察与思考，这样才不会人云亦云，让别人牵着鼻子跑。”

资料来源：樊国安：《无私无畏 除暴安良——记拉开大邱庄铁幕的记者刘林山》，载《新闻界》，1996（2）。

四、新闻从业者道德认识、道德情感、道德意志的关系

纵观道德认识、道德情感、道德意志的基本内涵，可以得出结论：新闻传播从业者的道德情感形成于他的道德认识等活动，他的道德意志形成于他的道德情感和道德认识等活动，他的道德认识则形成于他的道德实践等活动。道德认识是道德行为的心理指导、必要条件，是品德的指导因素、首要环节；道德情感是道德行为的心理动因、必要条件，是品德的动力因素、决定性因素，是品德的基本环节；道德意志是道德行为的心理过程，是充分必要条件，是品德的过程因素的最终环节。所以，道德意志水平与品德必定完全一致：道德意志强者，道德行为必高、品德必高；品德高者、道德行为高者，道德意志必强。关于这一点，我们从案例 2—2 可以看出。

案例2—2

行使舆论监督为什么会这样难?!

1994 年 4 月，记者王军红了解到某地一家轧钢厂的烟囱距居民住宅仅 50 米，所排放的废气导致附近学校的 1 500 多名师生咳嗽不止，严重影响教学工作。他当即采写了《×××轧钢厂“黑龙”肆虐》的批评报道，居民们、师生们叫好声一片，当地有关部门却给王军红所在的报社施加压力。结果，王军红因“写批评报道未经领导同意，擅自发稿”而被扣除当月奖金，并被报社通报批评。

1994 年 11 月，王军红受报社委派，调查采写了《××市消防中队少数战士行凶打人引起民愤》的报道，事后，对方到报社大吵大闹，一定要报社处分王军红。最后，报社以“工作需要”为由，将王军红调离记者岗位。

1996 年 5 月，王军红采写的调查报告《××市职业介绍机构问题多》刊出，惊动了劳动部的领导，上级部门的调查组开进富阳。王军红却又一次在报社全体会议上受到点名批评。

1997 年 4 月，王军红因在报纸上刊登的一篇批评报道中得罪了有关民警，报社再以“工作需要”为由，调王军红到出版部当校对。

1999 年 6 月，尽管其他记者劝王军红“不管为好”，他还是采写出《有人用“毒水”做豆腐皮》、《做豆腐皮的“毒水”来自何处》等追踪报道，揭露生产豆腐皮的厂家水源污染严重。8 月，王军红最终被“发配”到印刷厂当常夜班工人。

“我不能欺骗自己的眼睛，我不能昧着自己的良心。但我实在想不通，要行使舆论监督为什么会这样难?!”王军红的感叹声里有苦涩，也有无奈。

王军红是有德、有识之士。在揭露不道德、不法行为一再受到打压时，他做出了对得起自己良心的选择。王军红具有高尚的道德品质，值得我们学习。

资料来源：惠人：《百份假报纸出笼内幕》，载《新闻记者》，2000（2），有删节。

第二节　影响传播主体品德的外部因素

从新闻传播伦理和记者品德的形成过程考察，我们就会发现，首先，新闻传播伦理同普遍道德现象一样，是一种由社会存在决定的社会意识形态，是由经济基础决定的上层建筑，因而它的内容和形式都最终取决于社会存在，取决于社会物质生活条件。具体地说，这种社会经济关系对新闻传播伦理的决定作用表现在以下两个方面：第一，经济关系的性质决定着道德体系的性质，因此，基于不同经济关系之上的新闻传播事业以及所实践着的新闻传播活动，也就必然地会根据不同的利益关系形成不同的新闻职业道德的规范原则；第二，新闻传播伦理同普遍意义上的道德体系一样，往往会随着社会经济关系的变化而体现出不同的道德价值取向和不同的道德价值追求。其次，新闻传播伦理具有鲜明的政治色彩，正如恩格斯所述，"一切以往的道德论归根到底都是当时社会经济状况的产物"①。下面将从品德与财富分配、政治环境、道德优良、科教发展的高度对影响传播主体品德的外部因素进行考察。

一、品德与财富分配

马斯洛认为，人的基本需要及欲望可由低级到高级地划分为五种：生理、安全、爱、自尊、自我实现。他发现，比较低级的需要优先于、强烈于比较高级的需要，而比较高级的需要则是比较低级的需要得到相对满足的结果。由此可知，人的道德需要便是人的生理需要、物质需要相对满足的结果。人的生理需要、物质需要满足越充分，人的道德需要便越多；人的生理需要、物质需要满足越不充分，人的道德需要便越少。

可是人的生理需要、物质需要相对满足是否充分又取决于什么呢？显然，一方面取决于物质财富的多少而与之成正比，另一方面取决于人的物质需要的多少而与之成反比。人的物质需要越少、物质财富越多，人的物质需要的相对满足便越充分；人的物质需要越多、物质财富越少，人的物质需要的相对满足便越不充分。

所以，并非只有在物质财富极大丰富的社会，人的物质需要才会得到满足。在任何社会，人的物质需要都可能得到满足，也可能得不到满足。所以，人的物质需要是否得到相对的满足与社会发展的历史阶段无关。但从总体上看，人的物质需要的多少与财富的多少成正比：财富越少，人的物质需要也越少；财富越多，人的物质需要也越多。

人们的物质需要能否满足首先取决于人们所生活于其中的社会的经济发展速度：经济发展慢，财富的增加便慢，因而便不能适应人们物质需要的不断增长，不能满足人们不断增长的物质需要；经济发展快，财富的增加便快，因而便能适应人们物质需要的不断增长，能满足人们不断增长的物质需要。

---

① 《马克思恩格斯全集》，中文1版，第3卷，134页，北京，人民出版社，1956。

但社会财富并非平均分配给每个人，总是给一些人多些，给另一些人少些。如果社会财富增加得快，但分配不公平，应该多得者得的却少，应该少得者得的却多，那么人们也不会感到满足。只有社会财富不但增加得快，而且分配公平，应该多得者得的多，应该少得者得的少，那么人们才会感到满足。所以我们往往看到，一个社会虽然经济发展比以往快得多，财富增加比以往多得多，但人们还是不满足。究其原因，就在于分配不公平。

经济发展越快，财富分配越公平，人们物质需要的相对满足便越充分，人们做一个好人的道德需要便越多，人们的品德便越高尚；经济发展越慢，财富分配越不公平，人们物质需要的相对满足便越不充分，人们做一个好人的道德需要便越少，人们的品德便越恶劣。这个规律是关于人们的道德需要与物质财富的关系的规律，属于品德的道德感情方面的规律。

二、品德与政治环境

人的美德需要与其他一切非物质需要一样，都是物质需要相对满足的结果。那么，引发一个人的美德需要与其他非物质需要的不同的、特殊的动因是什么？是利己，是自我幸福。但如前所述，美德就其本身来说，不过是对自我的欲望和自由的一种限制、约束、侵害，所以一个人最初绝不会以美德为目的，为美德而美德；相反，他最初只是把美德作为利己的手段。逐渐地，他才会因美德不断给他莫大利益而日趋爱好美德，从而便为了美德而美德，使美德由手段变为目的。

所以幸福不是美德的目的，却是一切美德的动因、动力。也就是说，在一个社会中德福越一致，人们追求美德的动力便越大，人们的道德愿望便越多，人们的品德便越高尚；相反，德福越背离，人们追求美德的动力便越小，人们的道德愿望便越弱，人们的品德便越低。

在任何社会，每个人的德与福都既可能一致，也可能背离。但是，从该社会的行为总和来讲，德福一致的次数必然多于德福背离的次数。这是因为，一方面，德福一致是德行的动因，德福背离是恶行的动因；另一方面，社会的德行总量多于恶行总量是任何社会存在与发展的必要条件。合而观之，只有德福一致的次数多于德福背离的次数，人们行德的动因才会多于作恶的动因，社会的德行才能多于恶行，社会才能存在发展；相反，如果德福背离的次数多于德福一致的次数，那么，人们作恶的动因便会多于行德的动因，社会的恶行便会多于德行，从而社会也就不可能存在、发展。而社会的行为总和又不过是每个人的行为总量之和，所以任何人就其行为总和来说，德福一致是常规，德福背离是例外，德福必然大体一致。

作为一名记者也是同样。例如，在正常的情况下，一名优秀的记者努力履行职责，写出优秀的新闻作品，但稿件往往被“枪毙”。时间一长，记者便能“掂量”出何种新闻题材是根本不能碰的，何种新闻题材是费力不讨好的，何种新闻题材是能给自己带来实惠的。如此一来，所剩下的新闻题材就是那些不痛不痒、皆大欢喜的报道，报纸的新闻性、可读性等一些决定报纸发展前途的要素被忽略了，媒体的许多社会功能自然就难以发挥。

人们的品德高尚与否归根结底取决于社会的政治清明与否。社会的政治越清明，人们的德福便越一致，人们做一个有德者的道德愿望便越多，人们的品德便越高尚；社会的政治越腐败，人们的德福便越背离，人们做一个有德者的道德愿望便越少，人们的品德便越恶劣。

记者的品德高尚与否，与媒介和从业者的活动环境有很大关系。作为记者，努力写出百姓喜闻乐见的作品是他的美德，也是他的幸福；但如果他因此感到不幸，便会放弃对这种美德的追求。这个规律是关于人们的道德愿望与个人幸福的关系的规律，也属于品德的道德感情方面的规律。

三、品德与道德优良

人们的品德高低，不仅取决于经济发展的快慢和财富分配的公平与否以及政治的清明抑或腐败，而且还取决于社会所奉行的道德之优劣。

如前所述，优良的道德绝非可以随意制定、约定的，而只能通过道德目的、从人的行为事实的客观规律中推导、制定。因此，道德是否优良，一方面取决于它是否符合或促进道德目的的实现，另一方面取决于它是否符合或不违背行为的客观规律。符合二者，必定优良；违背其一，必定恶劣。

从道德的优劣是否符合道德目的的方面来看，如前所述，道德手段压抑、限制每个人的某些欲望和自由，道德目的保障社会存在发展、增进每个人的个人利益。于是，道德所给予每个人的害与利的比值（亦即增进社会和每个人的利益总量）便是评价一切道德优劣的终极标准。哪种道德对个人的欲望和自由侵犯最少、增进个人利益最多、给予个人的利与害的比值最大，哪种道德便最优良；反之，则最恶劣。

我们再从道德的优劣在于是否符合行为的客观规律方面来看道德优劣的衡量标准，直接说来，固然在于道德目的，但道德优劣的衡量标准，归根结底却在于是否符合行为的客观规律。因为人的一切活动能否达到目的的根本原因，乃在于其是否与客观规律相符。道德是人所制定的行为规范，所以它能否达到目的的根本原因，便在于它是否与行为的客观规律相符。如对于人类社会来说，新闻媒介不浮夸、不虚饰才有利于社会发展，那么新闻媒介只有传播报道真实的新闻，才符合其根本规律。但我国“文化大革命”中，媒介传播空话、假话、套话成风，这样的风气也是当时社会遵循的道德，这是与新闻传播的客观规律不相符合的，也是不利于社会发展的，因此也是恶劣的。

这个规律是关于每个人的道德需要以及道德行为或道德意志与社会所奉行的道德之优劣的关系的规律，因而属于品德的道德感情和道德意志两方面的复合规律。

四、品德与科教发展

人们的道德认识水平还主要取决于科教事业的发达与否。科教事业越发达，人们的认识水平越高，人们的道德认识水平便越高；反之，科教事业越不发达，人们的认识水平越低，人们的道德认识水平便越低。

所以，我们可以得出结论：科教事业越发达，人们的道德认识越高，人们的品德便越高；科教事业越不发达，人们的道德认识越低，人们的品德便越低。这个规律是品德的道德认识方面的规律。

然而，也有人认为在科教事业不发达时，人们的品德倒还高尚；而当科教事业发达时，人们的品德反而败坏了。如卢梭认为："我们的灵魂是随着我们的科学和我们的艺术之臻于完善而越发腐败……我们可以看到，随着科学与艺术的光芒在我们的天边上升起，德行也就消逝了。这种现象在各个时代和各个地方都可以观察到。"①

卢梭的片面之处在于，一方面，他不懂得科教事业发达后人们品德之所以低，完全不是因为科教事业发达造成的，而是因为社会的政治和经济的变化（如政治腐败、分配不公等）降低了人们的品德的决定因素——道德需要、道德情感；另一方面，科教事业不发达时人们的品德之所以高尚，完全不是因为科教事业不发达造成的，而是因为当时社会的政治与经济的状况（如政治清明、分配公平等等）提高了人们的品德的决定因素——道德需要、道德感情。卢梭看不到这两个方面，于是错误地得出结论。同样，也有人在批评当今社会新闻从业者的不良风气时认为，以前记者没有现在这样好的物质条件、没有四通八达的交通、没有遍及全球的通信手段，但记者自己背着行李到农村去采访，和农民同吃、同住、同劳动，有时一蹲点就是几个月，写出优秀的通讯报道。现在的记者丢掉了这些艰苦奋斗的好传统，变得越来越讲条件、越来越养尊处优了。于是他们得出结论：优厚的物质条件只会令记者产生"惰性"。这种观点也是片面的。一是他们没有看到物质文明与精神文明、经济发展与道德要求的内在制约性及其相互之间的关系，过分地夸大了二者的对立；没有看到道德是经济基础的反映，随经济关系的变革而变革，更没有看到科学技术的发展、生产力的进步将促进人类道德的进步。二是他们把道德这个包含有众多层次结构的复杂的社会现象体系做了简单化的理解，只把道德归结为一种利他主义的品质和德性，把道德的功能归结为一种调节功能，从而误认为某些道德品质的缺失是整个社会道德水平的下降和堕落。

第三节 传播主体品德培养

品德的结构和规律表明，一个人的道德认识是可以提高的，道德情感是可以陶冶的，道德意志是可以锻炼的。因此，完全由它们所构成的品德也就是可以提高、陶冶、锻炼的，是可以培养的。通过品德培养，既可以使人由美德他律境界进入美德自律境界而不堕入恶德境界，也可以由恶德境界皈依美德境界。

一、品德培养的目标和方法

品德培养的最高目标，一方面，是使一个人在自我利益与社会或他人利益发生冲突而不可两全时，能够无私利他、自我牺牲而绝不损人利己；另一方面，则是使一个人在他的道德生活的主要的、具有决定意义的利益冲突的关头，特别是在自我生命与更为重要的社会利益和他人

① ［法］卢梭：《论科学与艺术》，7页，北京，商务印书馆，1959。

生命发生冲突不能两全的关头，能够牺牲自己的利益和生命。谁做到了这两点，谁便堪称无私利他的伟大楷模。真正的无私利他的伟大楷模，就是他的无私利他、自我牺牲行为之总和接近甚至等于他与他人利益发生冲突的行为之总和，并在重大冲突时能够牺牲性命。

品德培养的基本目标，一方面，是使一个人在自我利益与社会或他人利益一致的情况下，能够为己利他而不致损人利己；另一方面，则是使一个人的为己利他与无私利他总和接近于他全部行为的总和。

品德培养的最低目标，是使一个人的纯粹害人、损人利己等不道德行为不断减少以至于归零。

怎样才能实现这个品德培养目标呢？根据品德结构，显然要从三方面着手：提高道德认识、陶冶道德感情、锻炼道德意志。提高道德认识是品德培养的首要环节，陶冶道德感情是品德培养的基本环节，锻炼道德意志是品德培养的最终环节。究竟怎样才能提高道德认识、陶冶道德感情、锻炼道德意志，从而实现品德培养目标呢？提高人们品德的基本方法分为四种。一是“发展经济”。迅速发展经济、公平分配财富，从而使人们的物质需要得到充分的相对满足。二是“清明政治”。努力进行廉政建设，务求政治清明，从而使人们的德福一致。三是“优良道德”。制定优良道德，从而使它给予每个人的利与害的比值最大化。四是“繁荣科教”。繁荣科教事业，从而提高人们的道德认识。

二、道德教育方法

道德教育是社会对个人的品德培养，是社会将外在的伦理规范转化为个人的内在品德，从而使人们自觉遵守伦理规范的方法。道德教育可以分为言教与身教、奖惩、身教、榜样等方法。

（一）言教与身教

因为道德认识是品德的指导因素、首要成分，所以道德教育的首要方法是言教。言教对新闻从业者来说就是有约束力的组织或个人通过语言向受教育者传授道德知识的道德教育方法。言教的形式多种多样，举其要者当首推讲授与著书，此外还有谈话、讨论、文艺熏陶等。言教的目的，一方面主要是为了使受教育者正确认识伦理行为事实如何为社会创造道德目的，亦即道德终级标准以及伦理行为应该如何，从而使受教育者懂得什么行为是道德的、什么行为是不道德的，知道为什么应该做一个行为合乎道德的人。另一方面主要是为了使受教育者正确评价自己和他人的行为是否道德，最终使受教育者树立道德信念。

身教对于新闻从业者来说就是有约束力的组织或个人通过自己躬行道德而使受教育者实行道德行为的道德教育方法。因为“正人先正己”，“己不正焉能正人”。那么，他便不但要求受教育者实行道德行为，而且自己也应实行道德行为。这样，受教育者便会产生同感，认为教育者公正、言行一致，于是受教育者便会自觉自愿地实行道德行为。反之，教育者如果仅仅言教、奖惩而不身教，这样受教育者便会产生反感，认为教育者言行不一、不公正，于是受教育者也就不会自觉自愿地实行道德行为，而会极力逃避实行道德行为。

因此言教是品德形成和教育的前提与指导。但言教只能使受教育者知道为什么应该做一个合乎道德的人，而不能使受教育者想做、愿做、欲做一个合乎道德的人。身教是引导受教育者实行道德行为的教育方法，因而也就是引导受教育者确定道德行为动机、执行道德行为动机的教育方法，是锻炼受教育者道德意志的教育方法。

（二）奖惩

奖惩是受教育者愿做一个合乎道德的人的教育方法。墨子很早就提出，奖惩是使人达到兼爱境界的道德教育方法："今若夫兼相爱，交相利，此其有利且易为也，不可胜计也，我以为则无有上说之者而已矣；苟有上说之者，劝之以赏誉，威之以刑罚，我以为人之于就兼相爱、交相利也，譬之犹火之燃上、水之就下也，不可防止于天下。"①

奖惩就是有约束力的组织或个人对被约束者的道德行为给以奖励、不道德行为给以惩罚的道德教育方法。它可以分为物质奖惩、社会奖惩、精神奖惩。奖惩的作用在于使被约束者看到遵守道德会得到更大、更长久的快乐；反之，会承受更大、更长久的痛苦。于是，受教育者便会产生遵守道德的需要、欲望、愿望。这样，道德便由社会的外在规范而成为受教育者内在的需要。

所以，奖惩是使道德由社会外在规范（他律）成为被约束者的自身内在需要、欲望、愿望的教育方法，是陶冶受教育者道德感情的教育方法。但奖惩只能使受教育者愿做一个合乎道德的人，而不能保证受教育者实行道德行为成为一个合乎道德的人。

（三）榜样

"人只能用人来建树。"②这种以人教人的方法便叫榜样。榜样是教育者引导受教育者模仿、学习某些高尚者品德的道德教育方法，是教育者引导受教育者模仿学习某些品德高尚者的道德认识、道德感情、道德意志的综合道德教育方法。这种方法基于人的模仿本性，每个人总是自觉不自觉地以现实和历史中的某些人为榜样而模仿他们。从此出发，教育者便将某些品德高尚者树立为道德榜样，引导受教育者模仿、学习，逐渐使受教育者的品德与榜样的品德接近、相似、相同。新闻传播从业者如果以法拉奇、斯诺等为榜样，那么他们就有可能成为一名有道德的好记者。

三、道德修养方法

道德修养是个人的自我品德培养，是自己对自己的品德培养，是个人将社会伦理规范转化为自己内在品德从而自觉遵守伦理规范的方法。道德修养主要有学习、立志、躬行、自省四种方法。

---

① 《墨子·兼爱下》。

② 苏霍姆林斯基语，转引自崔相录：《德育新探》，132页，北京，光明日报出版社，1987。

（一）学习

对于新闻传播从业者来说，学习包含两层意思：一是要通过学习使自己成为一个合乎道德的人，因为学习是获得道德知识的道德修养方法；二是要将学习作为提升自己职业道德水平的手段。

新闻职业道德不但表现为自觉履行新闻工作责任的愿望，还表现为完成职责的过硬本领。只有具备高超的新闻业务技能，才能出色地履行新闻工作责任，更好地为社会服务。所以，良好的新闻业务技能便具有深刻的职业道德意义。而良好的新闻业务技能是通过学习得到的，列宁曾说："只有用人类创造的全部知识财富来丰富自己的头脑，才能成为共产主义者。"[①] 传播新闻的目的是满足人民群众不断增长的物质和文化生活的需要。具有良好的新闻业务能力，是每位工作者对社会应尽的职业道德义务的前提。有记者说得好："除了全力以赴、永不言退、敢于吃苦等主观努力因素外，自身的底气够不够非常重要，为此，就必须永远学习。好的记者必须集敏锐的洞察力、广博的知识面、高明的采访技巧、深刻的分析理解能力以及出手成章的写作水平于一身，这是非常高的境界。我知道自己离这样的境界还有相当距离。我的学习重点主要有三大板块，一个板块是党的理论，一个板块是经济学知识，还有一个板块是中西方媒体学。我的体会是，要让学习成为一种习惯、成为生活的一部分，这样才能细水长流。"[②]

记者通过学习不但能够拥有丰富的知识，还能够拥有较高的思维水平。思维水平是一个综合性指标，是一个记者知识含量、知识结构、理性思辨能力的全面考量，实际上是记者运用知识分析事物、抓住本质，以及以严密的逻辑方式求证、表达的能力。

有时记者面对的选题有非黑即白、非对即错、是非分明的，也有许多非常复杂、难以判断的，加上各方一般都站在自己的立场上，出示有利于自己的证据，陈述有利于自己的理由，初听起来，都挺在理，这时候，就需要记者有很高的判断力、分析力，通过自己所掌握的知识，站在较高的思想维度上判断各方都说了什么，谁说的是真话，谁说的是假话，谁说的真中有假、假中有真，分析各方为什么这样说，他的动机是什么，最后对问题的实质做出判断，自己报道的基点和基调也就随之确立。

（二）立志

记者通过学习，知道应该如何做才能成为一个合乎职业道德的人，他便会树立做一个合乎道德的人的愿望，这就是立志。立志是树立愿望，是树立做一个合乎职业道德的职业人的愿望的道德修养方法。

愿望是行为的动力和开端。一个人只有想做一个合乎道德的人，才会自觉地做出合乎道德的行为，从而形成品德。所以，立志是品德形成和修养的动力和开端。立志是学习的结果。

李大钊的名言"铁肩担道义，妙手著文章"曾为无数有志青年树立了投身新闻事业的理想。青年马克思在中学毕业考试时写了《青年在选择职业时的考虑》一文，文中写道："如果

---

① 《列宁选集》，3 版，第 4 卷，348 页，北京，人民出版社，1995。

② 李蓉：《对得起手中的笔》，载《新闻记者》，2002（9）。

我们选择了最能为人类服务的职业，那么，重担就不能把我们压倒，因为这是为大家而献身；那时我们所感到的就不是可怜的、有限的、自私的乐趣，我们的幸福将属于千百万人，我们的事业将默默地、但是永恒发挥作用……”① 马克思写的这段话虽然不是针对新闻工作这一职业的，但表明了他崇高的职业志向。再如中国历史上著名的报人邵飘萍素有“新闻救国”之志，为了新闻的真实与公正，他秉笔直书，抨击丑恶，用鲜血写下了中国新闻史上荡气回肠的一章。毛泽东曾对美国记者斯诺说：“特别是邵飘萍，对我帮助很大。他是新闻学会的讲师，是一个自由主义者，一个具有热烈理想和优秀品质的人。”②

（三）躬行

躬行即实习道德、实行道德行为，是按照伦理规范做事、从事符合伦理规范的实际活动的道德修养方法。一个人通过立志，有了做一名有理想、有道德的职业人的愿望，他便会从事符合伦理规范的实际活动，去实现他的愿望，这就是躬行。

如前所述，品德是一个人长期遵守或违背道德的行为所形成和表现出来的心理自我。立志是品德形成的开端，学习是品德形成的指导。而只有通过躬行，品德才能形成。躬行是品德形成的唯一途径、过程，只有躬行，一个人才可能形成高尚品德，才可能成为一个合乎道德的人。此外，人类的一切行为技能都只有通过躬行实践，才能真正掌握。正如亚里士多德所说，“我们由于实行公正而变为公正的人，由于实行节制和勇敢，而变为节制、勇敢的人”③。

对于记者来说，躬行的具体方式就是通过采访写作以实现自己的道德目标。只有深入现场采访，才能深入挖掘事实真相及事件背后的深刻意义，形成高人一筹的见地，找到让人茅塞顿开的解决办法。为什么 20 世纪 80 年代大兴安岭火灾过程中记者云集，却只有《中国青年报》的记者能写出《红色的警告》、《黑色的咏叹》、《绿色的悲哀》三篇开中国新闻界深度报道先河的佳作呢？就是因为四位记者在面临人身攻击的情况下，深入林区和火灾现场连续数日深入采访，从司空见惯的失火、救火报道模式背后，看到了“火与社会”、“火与人”、“火与自然”的深层次关系，揭示了火光映照下的官僚主义嘴脸、人类认识自己和认识自然的艰难。

躬行有两种形式。一是在不但自己知道，而且他人也知道，即自己与他人共处、有人监督的情况下，按照伦理规范做事；二是在他人不知而自己独知，即自己独处、无人监督的情况下仍旧按照伦理规范行事。后者便叫做慎独，是在个人独处的情况下仍旧按照伦理规范做事的修养方法。如一个道德品质优良的记者不会在其他人不知道的情况下收受好处。

偶尔的、时有时无的、时断时续的躬行和慎独所形成和表现的是偶尔的、多变的心理，只有恒久的、经常的、习惯的躬行、慎独所形成和表现的才是稳固的心理。品德是稳定的心理特征，所以偶尔的躬行、慎独还不能形成品德，只有经常的、长期的、一系列的从而成为习惯的躬行、慎独，才能形成品德。

---

① 《马克思恩格斯全集》，中文 1 版，第 40 卷，7 页，北京，人民出版社，1982。

② ［美］埃德加·斯诺：《西行漫记》，127 页，北京，三联书店，1979。

③ 转引自周辅成编：《西方伦理学名著选辑》，上卷，292 页，北京，商务印书馆，1954。

(四) 自省

通过学习、立志、躬行，一个人虽可能实际成为合乎道德的人，却不可能知道自己实际上是不是一个合乎道德的人。这样，他的修养便没有依据，便是无的放矢。修养必须依据自己的品德实际，必须依据自省。自省即内省、反省，是一个人对自己的品行是否合乎道德的自我检查的道德修养方法，是一个人对自己的行为及其所表现的品德是否合乎道德的自我检查，也就是个人对自己的行为动机与行为效果及其所表现的道德认识、道德感情、道德意志的道德价值之自我检查。所以，自省即自己与自己打官司：原告是自己所理解的社会伦理规范，被告是自己的品行即自己的行为动机与行为效果及其所表现的道德认识、道德感情、道德意志，法官是自己的良心。这样，自省便可以使自己知道自己的道德认识、道德感情、道德意志之实际情况，知道自己实际上是不是合乎道德，知道自己有哪些不道德的恶的品行。于是，修养便有了依据，便可有的放矢地去恶从善、改过迁善，从而自觉地成为一个合乎道德的人。

所以，自省是品德形成和修养的依据，是涉及道德认识、道德感情、道德意志的综合修养方法。不过，一个人的自省与躬行一样，既可能心血来潮、偶尔为之，也可能经常进行、持之以恒。能够形成品德的是后者而非前者。所以，曾子说："吾日三省吾身。"王阳明也说："省察克治之功则无时而可间。"①

纵观道德修养方法：学习—立志—躬行—自省，如此循环往复，成为习惯，美德遂成。

关键词

记者品德　道德底线　道德教育　道德修养

思考题

1. 新闻传播者的品德结构包括哪些方面？
2. 传播主体的品德修养方法是什么？
3. 记者在实践中如何不断提高自己的道德修养？
4. 举例说明外部因素如何影响传播主体的品德。

---

① 罗国杰主编：《中国传统道德·教育修养卷》，458页，北京，中国人民大学出版社，1995。

第三章 伦理思想与自律

伦理学通常被划分为以下几种类型：第一是元伦理学，旨在分析道德对话的概念、语言与逻辑，研究伦理推理与论证的方法；第二是规范伦理学，旨在探索为实现美好生活所应遵循的道德标准与行为准则；第三是描述伦理学，旨在对某一特定的文化共同体存在于历史上的道德定律与价值系统，进行纯经验意义上的描述，并分析特定的环境、宗教、社会文化传统及经济发展水平等因素对某种道德意识的形成与演变所产生的影响；第四是应用伦理学，旨在解决现实问题。

传媒伦理学是应用伦理学的分支。传媒伦理学或译作“媒介伦理学”，旨在基于应用伦理学的视阈分析现实社会中传播和媒介行业出现的道德问题，并为这些问题所引发的道德冲突与解决途径搭建一个对话的平台，从而达成相应问题的社会共识，为职业人的行动提供伦理学理论支撑。应用伦理学相对于传统伦理学的进步在于其建构了一种论证或决策程序，以及该程序自身所彰显出的主导价值观念。同理，传媒伦理学也是媒介传播行业构筑实践平台、寻求道德上的共识以解决现实中的媒介道德冲突与问题，即传媒伦理学是侧重于实践分析的学科，并通过对传媒形态中报纸、广播电视、广告和互联网的行业自律进行分析，归纳与验证传媒伦理的特点，论述传媒行业自律体制形成的深层原因。

第一节　媒介伦理思维、目标

传播者（也包括新闻人，下同）的伦理知识是在后天学习与感受体会中生成的。新闻伦理知识的生成不仅仅是研究者的事，更是每位新闻人工作生活之必需。

媒介伦理知识的生成需要对新闻职业的伦理认知。客观地看，人的伦理认知的发生涉及三个维度：我们本来就是怎样的实然存在状况；根据其实然存在状况，我们必须如何的应然生存图景；按照其“必须如何”的方向努力而最终所能达到的必然存在境界。

一、媒介伦理思维

新闻职业人会将“实然存在→应然生存→必然存在”三者贯穿起来，使之生成一个新闻职业生态整体进程的“媒介（新闻）伦理意愿”，继而生成（媒介）新闻伦理信仰。这也可以说是一个“伦理思维”的过程。

在回应日益紧迫的现实问题的过程中发展起来的新闻职业道德，越来越关注两个根本的伦理经验：一是同一切新闻职业人（他者）有关的新闻伦理经验。这里所说的他者，“不单纯是指他人或者其他人类文明、文化的‘他者’，亦即不仅仅是指在全球性或地域性、公共性或私人性、共同体形式或社会形式的各种类型的人与人的交往关系中被圈为‘他者’的人、人类或民族，它还指一切自然生命形式、生物多样性的诸种实在以及大地共同体中的一切非人类生命的存在形式”[①]。这种新闻伦理经验，是当今社会新闻职业群体在自身存在发展境遇中，不可回避且必须承担的为了、由于或是反抗“责任”、“权利”而可能采取新闻传播行为的伦理经验。

二是同自我有关的伦理经验。这里的“自我”，是在新闻人价值“认同”中扩展起来的诸种新闻人网络，它的实体形式是由符号和意义组成的“透视点”。它在不断地寻求与社会其他主体或制度权力人的对话和理解，且通过具体的活生生的新闻行为或推理来确证生活意义的尺度，以及新闻人存在的价值。它是“自我”在心理、认知、感受、认同、直观、道说等生命现象的展现中要求给出行动理由或做出合理解释的新闻传播主体的伦理经验。

应当看到，现今新闻职业人面临的众多的道德上的难题都围绕着这两种类型的伦理经验展开。日常生活的智慧已经证实：与“自我”相关的伦理经验在“供给理由”或“做出解释”方面具有无与伦比的优越性；而与“他者”相关的伦理经验在“争取权利”或“寻求关怀”方面则体现了某种敏锐的洞察力。这两种伦理经验构成了各种互竞互争、观点迥异的道德哲学的出发点。

例如，在文化传播全球化环境下，人们对新闻伦理认知的起点包括：1948 年 12 月 10 日联合国大会通过颁布的《世界人权宣言》第十九条——人人有权享有主张和发表意见的自由，此项权利包括持有主张而不受干涉的自由，通过任何媒介和不论国界寻求、接受和传递消息和思想的自由。[②]《世界人权宣言》（又称《德黑兰宣言》）第五条——联合国在人权方面的主要目的是为人人获享最大的自由与尊严。欲达到此一目标，各国法律必须准许人人享有发表自由、新闻自由、良知自由及宗教自由，以及参加本国政治、经济、文化及社会生活的权利，不分种族、语言、宗教或政治信仰。[③] 1966 年 12 月 16 日联合国在《世界人权宣言》的基础上通过的《公民权利和政治权利国际公约》第十九条——人人有权持有主张，不受干涉。人人有自由发表意见的权利；此项权利包括寻求、接受和传递各种消息和思想的自由，而不论国界，也不论口头的、书写的、印刷的、采取艺术形式的或通过他所选择的任何其他媒介等。

再如，联合国教育、科学及文化组织大会于 1978 年 11 月 28 日第 20 届会议上宣布《关于新闻工具为加强和平与国际了解，促进人权，反对种族主义、种族隔离及战争煽动做出贡献的

---

① 田海平：《走向“伦理思维”的道德哲学》，载《江苏行政学院学报》，2006（6）。

② 1948 年 12 月 10 日，联合国大会通过第 217A（Ⅲ）号决议并颁布《世界人权宣言》。这一具有历史意义的《宣言》颁布后，大会要求所有会员国广为宣传，并且“不分国家或领土的政治地位，主要在各级学校和其他教育机构加以传播、展示、阅读和阐述”。见 http：//news. xinhuanet. com/ziliao/2003 - 01/20。

③ 参见新华网新闻资料《德黑兰宣言》。国际人权会议于 1968 年 4 月 22 日至 5 月 13 日在德黑兰召开。见 http：//news. xinhuanet. com/ziliao/2003 - 01/20/。

基本原则宣言》：

第一条：为加强和平与国际了解，促进人权发展，反对种族主义、种族隔离及战争煽动，需要新闻的自由流通以及更广泛、更均衡的传播。为此目的，新闻工具可做出重要贡献。如果新闻能反映所处理问题的各个不同方面，这种贡献将更有成效。

第二条：(1) 享有主张、发表意见和新闻等自由的权利，被公认为是人权与基本自由之不可分割部分，这些权利的行使是加强和平与国际了解的一个重要因素。(2) 公众在了解新闻时，应保证其新闻来源与手段的多样化，从而使每个个人能够检查事实的准确性和客观地评价各种事件。为此，记者必须具有报道的自由和可能取得新闻的最充分的便利条件。同样重要的是，新闻工具必须重视人民与个人关切的问题，从而促使公众参与新闻编写。(3) 为了加强和平与国际了解，促进人权与反对种族主义、种族隔离及战争煽动，全世界的新闻工具，鉴于其作用，应有助于促进人权，特别是反映从事反对新老殖民主义、外国占领和各种新形式的种族歧视和种族压迫的斗争但在其本国无发言权的被压迫人民。(4) 为使新闻工具能够在其活动中促进本宣言之各项原则，必须保证记者和新闻工具的其他人员在本国和国外受到保护，以保障其从事专业工作的最佳条件。

第三条：(1) 新闻工具可在加强和平与国际了解、反对种族主义、种族隔离及战争煽动等方面做出重要贡献。(2) 为反对侵略战争、种族主义、种族隔离和主要因偏见和愚昧所产生的其他侵犯人权行为，新闻工具应通过传播关于各国人民的目标、愿望、文化和需要的新闻，协助根除人民间的无知和误解，使一国的国民对他国国民的需要和愿望有较深理解，保证尊重一切国家、一切民族和一切个人的权利与尊严，而不分种族、性别、语言、宗教或国籍，并提请人们注意人类遭受的诸如贫困、营养不良和疾病等巨大祸害，从而促使各国为促进减轻国际紧张局势、和平和公正解决国际争端制定出最佳政策。

第四条：新闻工具在以和平、正义、自由、相互尊重和了解的精神教育青年方面应发挥主要作用，以促进人权、全人类与各民族间的权利平等和经济与社会进步。新闻工具在使人们了解青年一代的观点与愿望方面也应发挥重要作用。

第五条：为了尊重享有主张发表意见和新闻等自由，为了使新闻能反映各种观点，重要的是应传播那些认为所发表或传播的有关他们的新闻严重妨碍其致力于加强和平与国际了解、促进人权或反对种族主义、种族隔离及战争煽动的人所表达的观点。

第六条：为了建立新闻流通的新的平衡和更大的互惠性，从而有助于建立公正而持久的和平和使发展中国家在经济与政治上取得独立，就必须纠正新闻在发展中国家流入或流出和在这些国家相互之间流通等方面的不平衡现象。为此，发展中国家的新闻工具必须具备发展与扩大以及在发展中国家之间和与发达国家新闻工具之间进行合作的条件与资源。

第七条：新闻工具应更广泛地传播有关联合国各机构据以通过决议的各项普遍接受的目标与原则之新闻，这就会为加强和平与国际了解、促进人权和建立更加公正和平等的国际经济秩序而做出有效的贡献。

第八条：各专业组织、参与记者和新闻工具的其他人员职业培训的个人以及负责协助他们履行职责的人，在判定和保证执行职业道德守则时应特别重视本宣言之各项原则。

第九条：根据本宣言的精神，国际社会应协助创造条件，使新闻得以自由流通和更广泛、更均衡进行传播，以及在记者和新闻工具的其他人员履行其职责时受到保护。教科文组织在这方面理应做出重要贡献。

第十条：（1）必须在适当尊重旨在保证新闻自由的各项宪法条款和适用的国际文件与协议的同时，在全世界创造和维持各种条件，使参与新闻传播专业工作的组织与个人得以实现本宣言的各项目的。（2）至关重要的是要鼓励新闻自由流通和更广泛、更均衡的传播。（3）为此，各国必须提供便利，使发展中国家的新闻工具取得实现发展与扩大的充分条件与资金，必须支持发展中国家之间以及与发达国家之间的新闻工具进行合作。（4）同样，根据权利平等、互利与相互尊重构成人类共同遗产的各种文化的多样性等原则，必须鼓励和发展各国之间，特别是具有不同经济与社会制度的国家之间开展双边和多边的新闻交流。

第十一条：为充分实现本宣言，必须在适当尊重各缔约国的立法与行政规定及其他义务时，保证依照《世界人权宣言》各项条款与联合国大会 1966 年通过的《公民权利和政治权利国际公约》中宣布的相应原则，使新闻工具具备开展活动的各项有利条件。①

在现代性社会的人类处境中，他者问题越来越被思维与认识问题所替代，而理性化社会构建机制（包括政治的、经济的和文化的技术化合理框架）已经将“供给理由”的伦理经验展现为某种客观的社会生活流程。这种趋势对将新闻职业规范性伦理作为观念起点的社会环境，其隐含的危险是：太过现实的合理性使得寻求普遍法则的道德言说或道德解释变得苍白空洞，而各种道德主张必将沦为某种现实的立场。当施教者们指出新闻伦理只是一种观念生成的时候，其实就已经存在着这种危险了，即一般所说的合理性或合法性危机便生成了。

传统的道德哲学并不缺乏对那种与一个同一性“认知自我”相关的伦理经验的关注，它缺乏的是对于各种异质他者相关和与“非认知自我”相关的伦理经验的比较全面的关注。这一点在传播全球化时代发生了很大的变化。如 2015 年 1 月 8 日，法国巴黎《查理周刊》杂志社总部 7 日遭一伙武装人员持 AK－47 冲锋枪和火箭筒袭击，导致包括周刊主编在内的至少 12 人死亡。该杂志于 1969 年创刊。2006 年，该周刊转载了 12 幅丹麦报刊《日德兰邮报》关于伊斯兰教先知的漫画，在伊斯兰世界引发强烈抗议。这次事件引发官司，法国的两个穆斯林社团将《查理周刊》告上法庭，指责后者违反了法国《反种族主义法》。一家法国法庭以“漫画并非意在引发宗教仇恨”为由驳回了诉讼。2011 年 11 月，《查理周刊》封面刊登内容涉及先知穆罕默德的漫画，招致宗教人士不满。随后，这家杂志社遭炸弹袭击。2012 年，美国因拍摄亵渎伊斯兰教先知的电影《穆斯林的无知》而激起了伊斯兰世界的愤怒，20 多个国家的穆斯林上街游行，造成至少 30 人死亡。几乎与此同时，《查理周刊》刊载了涉及伊斯兰教先知的漫画，招致抗议。这次事件发生后，法国政府被迫关闭了设在 20 个伊斯兰国家的使领馆、学校和艺术馆等机构，以防止潜在的袭击。《查理周刊》主编斯特凡·沙博尼耶多次收到死亡威胁，并因此生活在警方保护之下。该杂志在事件发生时的最新一条推特信息是描绘“伊斯兰国”领袖巴

① 《联合国关于新闻自由的宣言》，见新知网，2013－09－19。

格达迪的漫画。①

事件发生后，世界各地的民众纷纷走上街头悼念那些在恐怖袭击中丧生的人。2012 年 1 月 12 日，全法当天共有多达 370 万人走上街头纪念系列恐怖袭击的死难者，创下法国史无前例的记录。还有 60 余位外国元首、政府首脑或国际组织领导人赶到巴黎，与法国总统奥朗德并肩参加游行。德国总理默克尔、英国首相卡梅伦、意大利总理伦齐、西班牙首相拉霍伊、欧盟委员会主席容克等欧洲领导人以及马里、尼日利亚、塞内加尔、贝宁等八个非洲国家首脑、约旦国王阿卜杜拉、土耳其总理达武特奥卢等中东国家领导人都赴巴黎以示支持。引人注目的是，以色列总理内塔尼亚胡和巴勒斯坦国总统阿巴斯、波兰总统波罗申科和俄罗斯外长拉夫罗夫都共同出现在游行现场。有报道称，这是以巴领导人四年以来首次出现在同一公开场合。此外，法国前总统萨科齐，前总理埃罗、朱佩、巴拉迪尔、若斯潘等左右各派的政治人物都参加游行，显示法国政界在国家悲剧面前和反恐问题上的团结。②

诺姆·乔姆斯基（Noam Chomsky）是美国麻省理工学院语言学的荣誉退休教授，也是著名的政治评论家、公共知识分子。2012 年 1 月 20 日，他在美国有线电视新闻网（CNN）上发表的题为《巴黎袭击事件表明西方激愤情绪的虚伪》的文章指出，西方人精心设计了“活记忆”（living memory）的分类，“将他们对我们的罪行包括进来，同时严格排除我们对他们的罪行”，进而申言“我们没有犯罪，只有对最高价值的高贵防守，虽然有时难免有些纰漏”。这样的说法使得西方对自己犯下的罪行少有反省，像加沙地带许多巴勒斯坦记者被以色列炸死等事实却被人遗忘。《纽约时报》驻欧洲的资深记者史蒂文·厄尔兰格 1999 年 4 月 24 日发表了一篇甚少引起关注的报道。他当时报道的是北约“发射导弹袭击了塞尔维亚国家电视台总部，致使塞尔维亚广播电视停播”，16 名记者被杀死。“北约和美国官方为此次袭击辩护”，厄尔兰格报道说，“认为此举打击了南斯拉夫总统米洛舍维奇的政权”。五角大楼发言人肯尼斯·培根则在华盛顿进行了简短的通报，说“塞尔维亚电视台也是米洛舍维奇杀人机器的一部分，就和他的军队一样”，因此这是一个合法的袭击对象。当时并没有愤怒的游行或呼吁，没有不绝于耳的“我们是塞尔维亚电视台”的喊声，也没有人在基督教文化与历史中追问袭击发生的根源；而是相反，袭击在媒体上获得了褒扬。③

这些新闻事件展现的是表达自由在全球范围内的诉求与冲突，而表达自由蕴涵着丰富的新闻伦理思想，甚至可以说是新闻伦理思想的发端的根本。这些经验性的事件报道展示出表达自由的概念伴随着伦理意愿生成伦理信念，也是新闻伦理生成的现实人本土壤。从伦理知识学的建构而论，伦理信念的生成，其伦理目的感、价值诉求激情、伦理行为原则意识、伦理行为规范观念则逐渐明朗，由此为伦理价值学说、伦理规范学说、伦理实践理论的探讨提供了认知的起点，提供了有效的途径。

传统的新闻规范伦理学寻求某种可普遍化的新闻道德论证，而将真实的多样化的新闻伦理经验搁置一边。但“20 世纪以来，西方道德哲学从总的思想路径上突破了传统形而上学的限

---

① 参见《什么仇？什么怨？〈查理周刊〉为何成恐袭目标？》，见南方网，2015-01-09。

② 参见《全法 370 万人参加大游行 多国领导人到场声援》，见中国新闻网，2015-01-12。

③ 参见《反美斗士乔姆斯基论〈查理周刊〉事件：西方的愤怒大虚伪》，见澎湃新闻网，2015-01-21。

制，它们从人类存在处境的多种维度（个体感性、意志冲动、本能情欲、现象直观、存在境遇、语言对话、文化理解、生命价值、心理体验）掘入与自我相关的伦理经验的广大的论域，同时又前所未有地揭示了与他者相关的伦理经验的论题域（如生命伦理、生态伦理、政治伦理等）。我们可以说，对人类处境中的两种根本的伦理经验的关注，共同提出了一些新问题，它们将刻画出道德哲学在一个后形而上学时代的思想特征和基本形态"①。

二、新闻伦理的目标与信念

新闻伦理是专业伦理，是新闻专业团体和媒介团体针对新闻传播专业特性发展出来的道德价值观与行为规范，是新闻专业领域、新闻传播工作的理想指南，提供新闻人在遇到道德问题时应该遵循的新闻专业伦理所涵盖的道德价值观与行为规范，提供新闻专业人士在遇到专业方面的伦理道德问题时做正确抉择的依据。

新闻专业伦理是一门关于新闻人责任和行为所依据的原则与标准的学问。

（一）新闻伦理目标

新闻伦理目标是公共服务与公众沟通，发挥媒体的影响。新闻从业者属于专业人士。"专业"指的是一种专门从事的职业，这种职业在学术或技术方面需要高度的知识与能力。当遇到某方面的问题，这方面的专业人士通常能够给出合理的答案，这不是大多数人能力可及之事，因为他们不具备相关训练。

当然，在这里我们要强调的是，人们对新闻伦理的规范或准则的认可和评价，是与新闻专业人士的专业化程度相关联的。也可以说，专业程度和水平越高，伦理准则和规范越有价值。因此，近几十年来，新闻专业主义的提法受到重视。

新闻专业组织通常会设定组织内部作业的行为守则，记者编辑必须遵循这些行为守则，目的是维持新闻媒介的专业声誉。新闻专业组织时常会设定纪律守则来表明行为标准，促使每一位记者编辑的行为都达到标准，记者编辑的行为若未能达到标准，则会被媒介组织惩戒。这样，可以鼓励记者编辑凭着自己的良心做事，以赢取大众对于记者编辑新闻专业工作的信任，鼓励大众继续接受记者编辑的专业服务。

新闻记者编辑的专业服务将向公众提供了解社会、思考问题的"视角"和"思路"。如有篇报道题为《大兴安岭杀人事件》，它基于一个非常重要却没有引起足够关注的新闻事实，即2015年4月1日，大兴安岭林区全面停止了商业性采伐。在大兴安岭寒冷高山上的优质森林资源、鄂温克狂野独特的林区人的生活，历经漫漫63年的传奇性的"辉煌"之后，终因资源难以为继，几乎悄无声息地走到了终结点。作者魏玲写的这篇特稿没有太多悬念也并不是以杀人事件为重点，一切都是为了描写其中生活的人，他们的状态、神情、习性，一个个鲜活而独具个性的人构成了作者笔下的大兴安岭杀人事件发生的语境。他们骨子里的热爱与仇恨、张扬与含蓄、温顺与暴戾，从这片土地上、从他们的先祖那里孕育出来。所以作者极力呈现在我们眼

① 田海平：《走向"伦理思维"的道德哲学》，载《江苏行政学院学报》，2006 (6)。

前的是这样一幅图景，让我们去接近他们、感受他们、理解他们，然后再看看现在“停伐”对他们的影响和他们可能的未来；让我们有种身临其境的感觉，看看他们过去是什么样的、现在是如何生活的，以及将来会面临什么，这些东西都写得清清楚楚。同时借助这次的杀人事件，让当地所有人的形象一下生动了起来，看似荒谬的死亡、杀人者的慌张逃窜、杀人者亲友的混乱想法、孙警官的嘱咐、死者亲友的悲伤与当地人“比之谁生谁死更在乎谁强谁弱”的奇特态度，让我们将当地风俗一览无遗。报道试图通过对大兴安岭偏僻之地的观察，记录一个时代的远去，一种生态的消亡。人心的迷茫、行为的野蛮、社会的无序、群体的冷漠……写作者试图在这一万多字里，尽力还原自己所观察到的那个远离都市文明的空间，描绘每个静谧又暴烈的瞬间，营造一种颓废悲凉的观感。

“媒体在提供信息、选择报道事件、选择报道人物哪些方面有报道价值等方面确实有重要的影响。有时，发表一条新闻甚至会在公民反应之前就引发政府的反应。毫无疑问，媒体决定着社会的议事日程。就像人们常说的那句话那样，媒体不能指令人们想什么，却可以指令人们想到什么。……人们形成自己的意见，反过来，大多数人的意见也能够主导媒体的态度。对依靠媒体使用者的新闻行业来说，这应该是一种激励，激励媒体有职业道德、有稳定的质量和提供良好的服务。”①

（二）新闻的信念

新闻的信念即新闻理想。新闻理想是人基于记者编辑实存的事实状况而设想职业应存之蓝图，并为实现其蓝图而努力于行动所开创的新闻职业规范必存之境界。由此，新闻伦理必须有关于新闻人、社会、人类之三维伦理预设方向。客观地看，新闻伦理知识是“记者编辑成为记者编辑”的知识，它既涉及记者何以使自己成为新闻人的知识，也涉及新闻人何以可能使自己成为优秀职业人的知识。这几个方面都源于记者编辑在使自己成为职业人的职业进程中，对自己的生存（职业生存既是存在的一种开放，也是行动的职业作为）予以心灵化感受、体认、领悟、反省的积极精神成果和思想成果，所以新闻伦理知识也和其他伦理知识一样，既不属于客观，也不属于主观，而是灵魂与行动、心灵与社会镜像的统合，或者说是主观与客观，主体与客体，历史与现实，世界、社会和新闻职业人的认识的统一。

以进化论观，新闻伦理知识也可分为原生态伦理知识和理论态伦理知识两种形态。原生态新闻伦理知识是我们在第一章中所叙述的，在记者之所以成为记者的过程中，新闻人对自身角色的发现与新闻人群体形成的过程所追求的职业意识，是对记者职业的存在渴望、生存需要和向（完善、完美）存在践行的全部内容的理性直观与心灵反思所形成的职业生态整体智慧成果。对原生态伦理知识的理性反思和理论总结，就形成了理论态伦理知识。新闻理论态伦理知识亦有其新闻职业的形式规定、本质规定和方法规定：它的形式规定，表述为它有彰显其自身存在的伦理概念体系或伦理理论体系；它的本质规定，即是新闻职业人对业界存在所规定的伦理秩序，具体展示为新闻职业伦理价值导向系统和道德规范体系的贡献和追求，也是新闻职业伦理规范从其价值导向系统和道德规范体系所呈现出来的社会存在态度、生存视野、生活方式

---

① ［法］克劳德-让·贝特朗：《媒体职业道德规范与责任体系》，28页，北京，商务印书馆，2006。

和行动规则的准则。

对伦理知识的考察，是基于时间维度的；如果从空间维度观，伦理知识的空间化展开就是记者的道德和美德知识。

1. 追求公正是新闻的道德指向

新闻道德知识构建的基本框架是追求社会性公平公正。而社会公正的横向构架是“人性需要→普遍发展→动机与效果相一致”，而社会公正的纵向构架是“应当→正当→正义”。

约翰·罗尔斯在《正义论》一书中强调指出，公正属于伦理学的一种价值观念和有关道德情感的理论，“它旨在建立指导我们的道德能力”①，正义不仅是一种道德意识和道德理论，而且也是一种道德感情。正义（公正）观念在心理上是适合于人类倾向的，并能由此获得一种正义感。“一个正义观念，假如它倾向于产生的正义感较之另一个正义观念更强烈，就更能制服破坏性倾向。”① 在新闻传播活动中，一方面，维护根本的社会公正是记者的主要职责和义务；另一方面，追求社会的公正、追求正义感也是新闻从业者的道德指向。②

新闻工作及其从业人员的价值的实现，在某种程度上来说，也体现在主持社会公正和对正义、良知、社会公正的强烈追求中。他们倾听着社会的不平之音，感受着社会的未尽完善之事，在工作中投入满腔热情，用各种方式表达着对公平、公正、良知和社会正义的吁求。这既体现着一种情感倾向，对受伤害的人、对无助的人、对弱者的深切同情，对不义之人、对贪婪腐败之人、对欺诈渎职之人的深恶痛绝，也体现着一种无法容忍天下不平之事的心理趋向，更体现着一种高尚的道德水准。为绝大部分人的忧乐奔走呼号，本身就是一种高尚的道德。

实现社会的公平正义是人类几千年的美好梦想，我国古代就有“不患寡而患不均，不患贫而患不安”的说法。现代意义的公平包含公民参与经济、政治和社会其他生活的机会公平、过程公平和结果分配公平。正义则是公正的义理，包括社会正义、政治正义和法律正义等。公平正义是构建社会主义和谐社会的关键环节和支撑社会主义和谐社会的重要支柱，没有社会的公平与正义，社会就不可能诚信友爱、安定有序、充满活力，构建和谐社会也就必然成为一句空话。

从某种意义上说，公正与平等互为前提，相互规定。公正蕴涵着平等的要求，公正应该是社会角色及其权利和义务的分配公平、合理。其前提是社会平等，就是说平等地分配社会角色及其权利和义务，只有每一个社会成员都能平等地享有权利和履行义务，才会有真正意义上的社会公正。公正的核心与平等的核心有一定的差异和不同，平等所强调的是权利与义务的均等，公正的核心则是均衡和合理。公正以一种不偏不倚的原则处理人与人的关系，在政治、法律、伦理道德等关系上保证社会成员追求权利和义务的统一，在物质利益关系上给一定范围内的社会成员以均衡的条件和机会。其直接目的是以实现人们之间的关系的某种程度的均衡合理来维持社会的稳定与秩序。如果说平等只有在消灭阶级后才能最终实现的话，那么公正所强调

① ［美］约翰·罗尔斯：《正义论》，444页，北京，中国社会科学出版社，1988。

② 参见刘金：《一则以喜　一则以忧》，载《新闻记者》，1999（12）。

的均衡、合理则具有很大的相对性。①

为了达到社会资源和社会财富的合理分配和享用，使每个人得到他“应所得”，应该遵循而且必须遵循这样一些原则。

（1）基本权利保障原则，亦称权利法律保障原则。在现代社会中，社会运转必须以宪法规定为依据。社会公正必须保证宪法规定的公民权利与义务的实现。我国宪法经过几次修正，内容得到不断丰富和扩展。公民在政治权利方面享有选举权与被选举权、言论出版、集合结社、游行示威和监督权利，在精神文化方面享有宗教信仰、通信自由的权利，在人格方面享有人身自由、人格尊严、住宅等不受侵犯的权利，在社会经济方面享有财产权、劳动权、休息权、生存权、受教育权等。

对于任何一个国家来说，社会成员的基本权利都有一个逐步实现的历史过程，因为社会成员的基本权利的实现必须建立在经济发展的基础上。一般来讲，国家首先要保障社会成员的生存权、就业权、受教育权，在此基础上逐步实现社会保障权、自由权等。

（2）参与机会平等原则，亦称事前公正原则。参与机会平等就是每个社会成员都有大致相同的发展机会，在发展机会面前人人平等。因为发展的机会直接影响着分配收入的状况。参与机会的不平等必然造成分配的不平等。所以参与机会的平等程度直接体现着社会公正的程度。当然，参与机会平等是相对的、有条件的。每个人的天赋条件、家庭状况、社会环境、发展机遇都有很多不同，所以做到抽象意义上的绝对平等是不可能的。参与机会平等只能是在一定社会条件下，尽最大可能实现大体上相对平等和接近平等。

（3）按贡献分配原则，亦称事后公正原则。按贡献进行分配的原则是体现社会公正的核心原则。在剥削阶级占统治地位的社会，分配原则是劳者不获和不劳而获，这样的分配制度是最大的社会不公。在社会主义社会，实行按劳分配的原则就是最大的社会公正。我国处于社会主义初级阶段，由于基本经济制度是以公有制为主体、多种经济成分共同发展，因此在分配制度上是以按劳分配为主的多种分配形式并存，也就是按劳动、资本、技术、管理等生产要素进行分配，体现了按贡献进行分配的原则。在现阶段这是最合理、最公正的分配制度。

（4）对弱势群体救助原则，亦称事后调剂原则。社会弱势群体就是在分配中处于不利地位的人，主要是指残疾人员、下岗待业人员、老年人和少年儿童等。由于先天条件等原因，他们单纯依靠自身的力量无法保障享有社会成员的基本权利，必须依靠社会力量进行救助。国家为此制定一系列法规，根据国家的经济实力，尽最大可能保证他们的基本生活所需和基本权利的实现。这也是人们普遍认同的社会公正的一个重要方面。对弱势社会成员和生活困难者进行救助，绝不能看作“恩赐”，更不能看作“负担”，这是他们应该享有的宪法和法律赋予的公民权利。②

媒介（新闻）的公正就是：“为所有牵扯到有争议的问题中的人寻求正义，并平等地对待所有的消息来源和报道对象。”③媒介的公正包括两个方面：一是从宏观上来看，媒介及其新闻

---

①② 参见吴忠民：《社会公正研究的现状及趋向——近年来国内学术界社会公正研究述评》，载《学术界》，2007（2）。

③ ［美］菲利普·帕特森、李·威尔金斯：《媒介伦理学：问题与案例》（第四版），34页．北京，中国人民大学出版社，2006。

从业者要运用媒介传播这个平台为公众去呼吁和追求社会公平公正。二是从微观方面来看，主要指媒介在新闻报道的过程中要通过业务操作和加强自律，努力向公众提供准确、可靠、公正的新闻。公正是一个相对的概念，因为其中包含着价值观的判断。虽然绝对的公正并不存在，但记者要努力做得更好，如记者应充分认识社会中事物发生、发展过程中的复杂性，不应该简单化；虽然公正对记者编辑的要求是给涉及事件的各方表达的机会，但又不能简单地用时间的长短和版面的大小来体现；公正也不意味着可以在报道中不分主次、轻重、缓急。公正是一种新闻职业道德责任，这就意味着记者要在资料的取舍、报道的叙述、意见的表达中把握好度。

下面我们以表 3—1 的方式对相关问题进行列举。

表 3—1　　媒介公正涉及的要素及问题

<table>
<tr><th>媒介公正的基本要素</th><th>媒介有失公正的表现</th><th>导致不公正的因素</th><th>媒介公正的规范</th></tr>
<tr><td>准确</td><td>报道不准确、不全面</td><td>政治因素、
利益因素</td><td rowspan="3">(1) 以专业的水平要求媒介从业者
(2) 尽量保持中立、客观
(3) 避免偏见，真诚给予冲突双方表达机会</td></tr>
<tr><td>平衡</td><td>报道片面、有失平衡
集中报道正面或负面的新闻</td><td>政治因素、
利益因素</td></tr>
<tr><td>无偏见</td><td>报道有偏见、歧视</td><td>种族、性别因素
煽情、渲染</td></tr>
<tr><td>完整</td><td>片面、报道不完整</td><td rowspan="4">个人好恶
道德素养不高
专业素养不够
无知、浅薄</td><td rowspan="5">(1) 以传播准确的事实为目标
(2) 提升自身的专业、道德素养
(3) 将个人的观点与事实分开</td></tr>
<tr><td>诚实</td><td>报道不诚实</td></tr>
<tr><td>正直</td><td>有失正直</td></tr>
<tr><td>理性</td><td>主观、急于下结论</td></tr>
<tr><td>合乎伦理</td><td>不尊重报道对象
有错不纠正</td><td>媒介自律意识差
媒介道德底线需要提高</td></tr>
</table>

追求公正是媒介的力量。在中国有一种现象值得人们关注，就是百姓遇到不公平的事总是想到找媒体。“为什么不通过正规渠道，偏偏要去找记者？”

并没有任何法律赋予媒体以强大的职责与权力，甚至连信访那样的职责与权力也不曾赋予媒体。可是，媒体又是极有力量的。在西方国家，媒体被称作“无冕之王”，成为与立法权、行政权和司法权并列的“第四种权力”。从历史上看，如果一个国家既缺乏民主程序对权力的有效监督，又缺乏权力之间的制度化制衡，那么对于监督有可能贪腐妄为的权力，除了强化上级领导与专门机关的严密掌控和监察外，就非舆论莫属了。在现代社会中，媒体与司法各有其不可替代的重要作用。由此，媒介的公正也就体现在对危害与损害公共利益及其他人利益的人和事件的曝光上。而这就是媒介公正力量最为直接的体现。

2. 追求人道之善与人性关怀

美德知识是关于如何成就“他我”的伦理知识，它的本质要求是利他和爱他，其展开方式是如何通过利他和爱他而实现利厚众生。因而，记者美德知识所强调的是应该，美德知识构建的基本框架是超越公正的博爱与慈善。博爱与慈善的横向展开方向是“同情→怜悯→良心自得自全”，博爱与慈善的纵向展开方向是“纯粹利他→无私奉献→自我牺牲→精神恒存”。

“人道主义”一词是从拉丁文人道精神 humanist 引申来的，发展至今，已成为内容非常宽泛的概念。它可以是一种哲学，可以是一种价值取向、人生态度，也可以是一种伦理原则，甚至可以是对人类行为的判断标准。其根本观点是认为人本身乃最高的价值或尊严。其核心内容是：重视人的价值，视每个人的自由、平等、幸福为最高价值；予已以合理的保护和提高，对人施之以爱。“以人为本”，从其核心和本质上说，也就是以“人”为中心的世界观和方法论，就是要强调在世间千事万物中“人”是第一性的，“人”是一切工作的最基本的出发点，也是一切工作的最终的落脚点。新闻报道工作中要贯彻“以人为本”精神，就是要把人的尊严和人的价值放在中心地位。

近年来，我党在全面总结改革开放近30多年实践的经验的基础上，提出了“坚持以人为本，树立全面、协调、可持续的发展观，促进经济社会和人的全面发展”的指导思想。这表明，“以人为本”的科学发展观已经成为我国领导层和人民群众的共识，成为我国新时期进一步深化改革和推进我国社会主义建设事业的基本原则和总体要求。

新闻工作，说到底也就是以人为中心的信息传播工作，是人与人之间的交流与传播，是人与人之间的呼唤与响应。在整个新闻报道活动中，人既是信息传播的主体，又是接受的主体，既是出发点，又是落脚点。在新闻工作中贯彻“以人为本”的科学发展观，弘扬“以人为本”精神，既是新闻工作本身的应有之义，也是新闻工作的基本原则和必然要求。

2007年5月14日《河南日报》刊登该报记者路英香采写的一篇消息，报道了商丘市两名中学生见义勇为抢救落水儿童而英勇献身的事迹。其中一名是虞城县高中一年级17岁的女生张曼莉，另一名是宁陵县刘楼乡初中二年级16岁的学生卢亚飞。他们都不会游泳，却各自把一名落水儿童救了出来，而他们自己却献出了宝贵的生命。这篇报道在赞扬两位中学生可贵精神品质的同时，提出“要切实加强对未成年人的保护和关爱，要保证未成年人的生命安全。未成年人学习英雄，主要是教育引导他们学习英雄的精神。见义勇为、舍己救人要尽力而为、量力而行”。对此学者王高峰评论道：

“看过报道，我心情久久不能平静。我首先想到了1959年为保护集体财产遭地主杀害的14岁的刘文学，接着想到了1988年也是为了保护集体财产在扑灭山火战斗中不幸遇难的14岁的赖宁。两者虽然相距29年，媒体的报道却是惊人的相似：都是以诗篇一样的语言和激情，热情讴歌小英雄们气壮云天的感人事迹和临危不惧的大无畏精神，并号召全国少年儿童向他们学习；却对社会应如何关怀未成年人、如何保护未成年人的生命安全只字不提。非独刘文学和赖宁，可以说自新中国成立以来，媒体对于未成年英雄的宣传报道都是只重视政治思想教育的效果，却始终缺乏一种人性化和人文关怀理念，一味地引导鼓励他们‘刀山敢上，火海敢闯’，像李玉和那样临危不惧、大义凛然。这样做的结果是，在激发起涉世未深的未成年人见义勇为的思想感情并使他们付诸‘光辉实践’的同时，却失去了一个又一个还远远不该凋谢的幼小生命！与此相对照，《河南日报》对于两位见义勇为的未成年英雄的宣传却是客观的、理智的，它一方面肯定了两位中学生‘舍己救人献身’的高尚精神品质，另一方面又指出‘未成年人见义勇为应量力而行’。倡导中含着规劝，褒扬中透着惋惜，实事求是，合情合法，充分体现了对英勇善举的弘扬、鼓励和对未成年人生命的珍视、关怀和保护意识。”①

正如这位学者所说，新闻报道要保持清醒的头脑，要提倡以保护人的生命安全为首要选择

① 王高峰：《人性化的报道》，见南窗笔谈博客，2007-05-15。

的人道精神，要提倡因势利导、量力而行的科学精神。洪水冲垮了堤坝，我们可以重修；大火烧毁了房屋，我们可以重建；但人的生命一旦丧失，却永远无法复活。孔子听说马厩失火，尚且只问“人伤乎”，体现了对人的生命安全的高度关注。在科学技术和物质财富高度发达的今天，我们更应当竭尽所能以人为本来保护和保障人的生命安全。

以人为本首要和核心的内涵是一种生命意识，是对人类生命的敬畏和关注，并以此作为一切思考、研究和实践的出发点和归宿。因此，在新闻报道中，对“人”的需求也要有准确把握，不仅要关注精神层面的“人”，更应关注物质层面的“人”。

在新闻传播活动中坚持以人为本符合先进文化的前进方向，是人类文化活动的内在要求。科学精神与人文精神是整个人类文化活动所体现的两种基本精神，一切人类文化活动都应以这两种精神为追求的目标和基本原则。新闻传播活动是人类最主要的文化传播方式，始终处在社会文化最敏感的部位，对社会文化的变迁具有极强的敏感性，它并不是要简单地见证、记录社会历史发展进程的层面，而是要实现构建人类精神文化的根本任务，正因为如此，媒体的见证和记录不可避免地需要体现这个时代的价值标准与道德认同，媒体不可避免地要成为这个时代进步精神的弘扬者和积淀载体。例如报道悲剧事件的“同情心”。同情心是人类的一种伟大情感。孟子说：“无恻隐之心，非人也。”[①] 这恻隐之心，就是同情心。即使是在封建社会，统治者也非常重视倡导人的同情心，表彰惜贫怜弱、扶危济困的行为，把这些视为人的美德，也是社会稳定的一种机制。西方著名社会学家库利认为，同情心的大小标志着一个人的个性和内涵，一个人的精神健康和道德水准可以用同情心来衡量，作为新闻工作者，在工作中要充分注意对采访报道对象的关爱与同情，这包括以下几个方面。

（1）给予创伤性事件受害人以空间。研究表明，经历创伤性事件的个体在疗伤、康复的过程中需要被尊重、被人性化地对待，更需要一定的空间，避免被提醒创伤。在当事人刚经历创伤的时刻就致电或登门叩访，讨论创伤性事件，很可能引起被访者的紧张不适，如记忆困难、恐惧、高度焦虑等。有时甚至数月、一周年后的采访，对当事人仍然会是一种压力。特别是儿童在此种情况下受到的心理伤害可能会对其未来的心理健康造成重大影响。[②]

（2）侵扰悲痛行为对公众情感也是一种伤害。媒体通常以“维护公众知情权”为自己侵扰他人的悲痛行为进行辩护。真实记录灾难与死亡的确是媒体的职责，灾难报道有助于人们监视自己的生存环境，积极寻找化解危机的方法；个体的非正常死亡也往往是社会问题的外在反映。在很多情况下，只有采访死难者的亲友才能获得必要的信息。但事实上，知情权并不直接导致侵扰悲痛，侵扰通常是由不适当的报道手段和方式造成的，完成报道任务与尊重保护不幸者并非截然对立。这需要记者加以注意。

（3）在灾难和死亡报道领域，“知情同意”是国外新闻界普遍采纳的原则。“知情同意”这一概念源自医学领域，原指让患者理解医疗机构诊疗、护理的内容和程序，权衡利弊得失，对诊疗方案做出评价，根据自己的知识和能力做出决定。在新闻报道中征求知情同意，指记者有责任向被访者详细告知有关细节，包括表明自己来自哪家媒体，告知被访者如果同意接受采访

---

① 《孟子·公孙丑上》。

② 参见肖伟：《新闻报道怎样避免侵扰悲伤》，载《新闻记者》，2007（2）。

会有什么后果、会有哪些益处、可能存在哪些危险等。因为多数人并不知道报道可能给他及家人带来的一系列后果，有时即使被访者同意接受采访，记者在报道过程中也并无侵扰行为，但报道刊登或播出后仍然会使被访者感到受了伤害。在这一点上，知情同意提供了一种符合普遍伦理道德的思路：媒体应以一种平等、尊重的心态来对待弱者。我们有义务承认其他人与我们自己一样是有自觉意识的主体，尊重他们理解真实世界的需求，允许他们做出有道德责任感的判断。好的报道甚至还可以起到帮助不幸者舒缓压力、发泄悲痛的治疗作用。[①]

媒体是在为人类的精神家园播种，它不仅是社会文明的维护者、倡导者，也是社会文明的体现者、践行者。在提升整个社会文明程度的进程中，媒体首先要提升自己，让人文精神、人道主义贯穿于新闻传播活动始终。

3. 恪守中庸之德

中庸是一种品德，是一种伦理行为，是人的伦理行为之“中”。但伦理行为之“中”也并不都是中庸。例如，我们不能因为不大不小的谎言是大谎和小谎之“中”，便美其名曰“中庸”。正如亚里士多德所说，不论是恶行与善行之“中”还是大小恶行之“中”都不是“中庸”。那么，中庸究竟是一种什么伦理行为之“中”呢？人的一切伦理行为，说到底，无非分两类三种：一类是不遵守道德的行为，即所谓“不及”。另一类是遵守道德的行为，而这一类又分为两种，包括过当遵守道德的行为，即所谓“过”；适当遵守道德的行为，即所谓“中庸”。

中庸之德有很高的社会价值。

“不及”——不遵守道德是恶，这很明确。但为什么只有“中庸”——适当遵守道德才是善，而“过”——过于遵守道德却是恶呢？过于遵守道德岂不是更加有道德、更加善吗？非也，因为物极必反。任何事物都有保持其质的稳定不变的量变范围。事物如在这个范围内变化，便不会改变事物的质；如超出这个范围，便会改变事物的质，使事物走向自己的反面，变成另一事物。道德的遵守也会出现这样的情况。遵守某种道德，也是在一定范围内才是道德的、善的；超过这个范围，就会走向自己的反面，变成恶的、不道德的。这正所谓“过犹不及”。

中庸是贯穿一切善行和美德的极其普遍、极其根本、极其重要的伦理规范、道德品质。孔子说过：“中庸之为德也，其至矣乎！”[②] 举例来说，亚里士多德认为，勇敢就是一种中庸，过度则为鲁莽，不及则为怯懦。“怯懦的、鲁莽的和勇敢的三者都与同一对象相关，但品质却各不相同。有的是过度的，有的是不及的，有的则恰得中间。”[③] 三者都与同一对象即可怕事物相关，勇敢是不怕，怯懦是没有达到“不怕”的程度，是不怕的不及，是勇敢的不及。但鲁莽是不怕的过度吗？是勇敢的过度吗？是勇敢过了头吗？绝不是。鲁莽与勇敢的程度无关，而与勇敢是否含有智慧有关。鲁莽是不智之勇，是违反智慧不受智慧指导的勇敢，是得不偿失的勇敢。

勇敢如果背离道义和智慧，便是鲁莽和不义之勇，便有害于社会和他人以及自我，因而是不应该的、不道德的、恶的。勇敢只有与道义和智慧结合，才是义勇和英勇，才有利于社会和他人以及自我，因而才是应该的、道德的、善的。这就是说，勇敢只是在一定条件下才是应该

---

① 肖伟：《新闻报道怎样避免侵扰悲痛》，见我写传媒网，2007-02-15。

② 《论语·雍也》。

③ ［古希腊］亚里士多德：《尼各马可伦理学》，第3卷，北京，商务印书馆，2003。

的、道德的、善的。这个条件，一般地说，是符合道义与智慧的，具体地讲，则是不怕不该害怕的可怕事物、害怕应该害怕的可怕事物。

例如，新闻的隐身采访中庸观就认为隐身采访必须恪守中庸之德。新闻工作者的“中庸之德”在隐身采访中表现为如何把握好“度”，不要“过”也不要“不及”。新闻记者对于违反社会公德的行为，当然可以实施舆论监督，进行必要的批评报道，有时也可进行暗访、偷拍，但一定要慎重，要选择典型的事例。如果大量采用这种报道方法，让人们感到无论何处、随时随地都有人监视，这显然无益于社会的安定团结，有悖于中庸之德。

从许多采访事例来看，记者在隐身采访中“扮演”的角色可谓五花八门。《羊城晚报》曾为了测试上海警方的快速反应能力，在得到有关部门的特许后，让记者阮巍冒充遭抢劫的外地旅客，向上海“110”报警。山西阳泉的新闻媒体也曾策划过类似报道，在市有关领导和部门的配合下，几家媒体汇集一地，同时拨打几家医院的急救中心电话，声称某处有危重病人需急救，不明真相的几家医院的救护车先后赶到。很明显，这样的隐身采访是新闻媒体自导自演的，难免有“制造新闻”之嫌，也就是“过”了。110报警台、医院急救中心作为服务社会、为人民排忧解难的社会公共服务部门，受到了人为因素的干扰，正常的工作秩序被扰乱。假使在同一时间，真的有人需要报警、真的有危重病人需要救护，岂不是误了大事？因此，媒体的做法是欠妥的，甚至是错误的。

更有甚者，还有“隐身”记者明显干预和影响新闻事件发生和发展进程的案例。例如，一名记者冒充工程人员进入三峡工地的禁区，甚至一度被误认为是指挥长；某报记者冒充应聘者，参加某市招聘副处级干部的考试，结果被选中，直到有关部门决定商调时，才知道这是报社派记者“考察”招聘活动的公正性；还有记者假冒嫖客、卖淫女，亲自去色情场所体验一番。这些隐身采访即使没有违法，也明显是不道德的。

因此，关于隐身采访需要注意如下两个方面。

其一，记者所扮演的社会角色不是随意的，想装扮成什么就装扮什么，要注意以下几点：

(1) 记者不能装扮成政府工作人员，借处理政事获取政府新闻；不能装扮成司法工作人员，借审理案件获取法律新闻；不能装扮成军事机关人员，获得军事资料，取得军事新闻。一句话，记者不能装扮成国家公务人员，以行使公务的名义获取新闻。因为国家公务人员是代表国家行使公共权力的人员，其身份和职务具有法定性、特定性。

(2) 记者不应装扮成违法犯罪之徒。违法犯罪之徒不是正常的社会角色，是社会予以打击的对象，具有社会危害性。装扮成这类人易卷入违法犯罪的旋涡，记者人身安全得不到保障，同时会使记者的良好形象受到玷污。

(3) 记者不能改变其固有的自然性别角色，而深入到另一个性别世界中采访，这是传统习俗和道德不允许的。

其二，隐身采访应遵循以下原则：

(1) 公共利益原则。隐身采访的出发点和目的应该是大多数人的公共利益。

(2) 别无他法原则。可以运用显性采访时，尽量不用隐身采访的手段。只有在显性采访之路不通又必须了解事实真相时，隐身采访才有采用的理由。

(3) 场合的公共性原则。隐身采访的场合有特别规定。一般来说，非公共场合不经同意，不得进行拍摄、录音、笔录，否则便是侵犯隐私权。但在公共场合，每个进入其中的人便公开了自己的行为，一旦其行为严重违反公共利益或触犯刑法，将这类行为曝光，便有利于社会。

（4）减少道德损失原则。隐身采访可能要承担成为不法行为旁观者和间接参与者的风险，在掌握了许多内幕与细节之后，不该和盘托出公布于众，而应尽可能省略一些细节，将潜在的有害后果减少到最低限度。

第二节　伦理思想

伦理与道德在西方的词源中含义相同，都是指外在的风俗、习惯以及内在的品性、品德，都是指人们应当如何的行为规范；在中国却是整体与部分的关系——伦理是整体，其含义是人际行为事实如何的规律及其应该如何的规定，道德是部分，其含义是人际行为应该如何的规范。“当表示规范、理论的时候，我们较倾向于用‘伦理’一词；而当指称现象、问题的时候，我们较倾向于使用‘道德’一词。”①在此，为了研究方便，我们将伦理与道德的内容视为同一，其含义均为人际行为应该如何的规范。

一、伦理学的价值

在现实社会中，由于伦理学难以解决社会现实中出现的伦理难题，因此伦理学本身的存在价值令人产生疑问。但伦理学作为一门学问，其价值还是值得我们探讨的。

伦理学的价值体现于以下几点：

当我们遭遇道德的两难境地时，运用伦理学的基础原则和方法，应该能拿出正确的解答。伦理学应该是理性的，能给出答案而且给出令人信服的理由。人们不仅能知其然，还可能知其所以然。这些思想依据的理论是合乎逻辑的，而且是可验证的。

伦理学应该具有解释能力，能够解释历史上或现存于社会上的各种道德的存在理由。即使是错误的、过时的、应该取消的道德准则，也有其曾经存在的理由。因为只要社会能够存在和运转，就证明社会中的常识性道德具有合理性。

伦理学理论应该具有前瞻性，即具有超越现实性，不仅能够解释现存的道德，而且可以批判它，发现其错误，设计出新的更好的道德准则。如果伦理学理论认为常识性道德全都是合理的，这种理论就毫无价值。因为此种理论并不提供任何比没有理论更多的内容。

伦理学理论应该具有普适性，有放之四海而皆准的价值。当今世界正在逐步走向一体化，交通与通信的发达把世界变成了小小的地球村，过去在近乎隔离的状态下发展起来的不同文化频繁碰撞，日新月异的科技发展使社会结构随之高速变迁。这样的现实要求伦理学理论在时间和空间中具有普遍性，这意味着理论应该对不同时代、不同地域、不同文化背景下的道德现实

---

① 何怀宏：《伦理学是什么》，12页，北京，北京大学出版社，2002。

具有普遍的解释能力，从而可以期待这样的伦理学理论有能力就不同文化的不同价值观进行评判，对新的社会现实所要求的道德变革做出回应。

二、伦理学体系的价值原则

在新闻报道中重视伦理思想的贯彻和运用，目标是为了重视法治环境社会下对“人”的认识和人性化社会的构建。为此，应坚持以下原则。

（一）道德体系的最小化原则

道德体系是道德条文的集合。其最小化意味着其中不包含“多余的”道德。“多余的”道德就是得不偿失的道德，也就是遵循此道德条文对于社会（即每个人）所带来的利益不大于所付出的代价。由于道德条文总是与生物价值相反，因此其代价是永远存在的（至少限制了人的自由选择范围），问题在于该道德条文所带来的利益是否足以弥补代价的损失，并有所盈余。如果一个道德体系中不包含得不偿失的道德，我们就称之为最小化道德体系。道德体系的最小化原则体现了一个超乎常识的主张：道德条文不是越多越好，而是越少越好。

如何对道德条文进行代价和利益分析，是值得研究的重要课题。一个可以考虑的方法是对比几种不同文化的道德体系，找出其共同的道德条文，那些只存在于部分体系的非共同道德条文就可以作为重点怀疑对象，优先进行审查。

对比东西方文化可以发现，与西方文化相比中国文化中的道德体系比较接近于最小化。这是由于中国文化中不大重视超越的东西，宗教情绪淡漠。一旦道德体系不再适应社会现实，中国道德体系就很容易产生自发的最小化倾向，考察“个人隐私”的概念也可以从侧面印证这一点。中国人对于个人隐私权却远不如西方人那么重视，这是由于在中国的道德体系中“多余的”道德禁令比较少，人们不像西方人那么动辄得咎，所以隐私的保护就不像西方显得那么重要。西方宗教的“原罪”理论迫使他们把很多人人都做的事情说成罪恶，人们不得不强化隐私权以保护自己的名声。

（二）结构性道德

道德的存在理由和价值可能与社会结构密切相关，因此我们把道德分为结构性道德和非结构性道德。对结构性道德应该分析该道德所支持的社会结构，以及在此结构中所起的作用。这样在社会结构发生变化的时候，我们就可以知道哪些道德会变成多余的。例如“君臣父子”就是皇权、族权的社会结构所要求的，当这个结构不再成立时，相应的道德自然会逐步消失。非结构性道德的代表是“己所不欲，勿施于人”，又称为道德的黄金律，几乎与社会结构无关，但似乎与文化有关。例如，西方的黄金律表现得更积极一些，是“己所欲，施于人”，于是西方人就有把自己的价值观强加于人的倾向。需要注意的是，“所欲”与“所不欲”并不对称，“所欲”千差万别，“所不欲”则比较一致。所以消极的黄金律要好一些。

（三）目的论原则

道德的存在是为了使社会变得更好，也就是使社会中的每个人受益，而不是为了什么超越的目的。这就要求伦理学基于目的论（效果论）而排除义务论、权力论、动机论。或者说，正义、天理、人权、平等、自由、尊严以及各种具体的权利或义务都不能不经论证而天然地成为道德的目的。如果伦理学基于某种“形而上学”的先验设定，就无法保证其普适性，因为这种设定是具有任意性的；反之追求利益则符合人类（和一切生物）的天然价值取向，因而具有普遍性（文化个性）。

三、伦理思想对新闻传播的影响

追根溯源，伦理学是哲学的一个分支，但历史上的哲学家们也是从不同的角度研究伦理学的。伦理的主要思想及研究内容以及对传播活动产生的影响可以通过表 3—2 至表 3—4 说明。

（一）重要伦理思想列表

表 3—2　　西方传统伦理学思想

学派	思想家	关注重点	评价体系	伦理的目的	伦理的问题	记者道德要求	记者道德行为评价冲突
美德伦理学	亚里士多德、阿奎那	动机	品性、德性、道德教育	如何生活好、实现幸福、快乐、成功	每种美德都对应两种缺陷：过度和不足	记者品性为第一要素、中庸之德	德与法的冲突
经验主义伦理学	休谟	情感、同情	非理性的情感可以为人的行为提供动机	情感有两种：一种建立在利己之心上，另一种建立在同情之心上	永远不可能从“是什么情况”引申出“应该怎么做”	同情弱者、人道主义	情与法的冲突、情与理的冲突
义务伦理学	康德	行为	人必须按照绝对真理行事，行为方式应当对所有理性存在而言是普遍的法则	绝对服从告诉我们如何行动，而不顾我们的偏好	谎言是绝对禁止的，不考虑个体的需求和欲望	记者只追求真理、只讲真话	勿以恶小而为之是绝对标准时，如何看待以小恶对大善
功利主义伦理学	边沁、穆勒	结果	以最大多数人的最大幸福为是非尺度，为避免更大的罪恶而处死一个无辜的人是合法的	道德性根据其产生的有益的影响程度来判断，原则总是根据结果来衡量	如何判断幸福快乐的质和量？行为本质上没有善和恶，只有比较好和比较坏；会导致道德的败坏	站在社会大多数人的利益考虑问题、讲究现实利益	记者是否有权力为了较多人的利益而牺牲一个个体的幸福

表 3—3　　西方现代伦理学思想

学派	思想家	关注重点	评价体系	伦理的目的	伦理的问题	记者道德要求	记者道德行为评价冲突
语言学直觉主义	穆尔	善的属性	善具有非自然的属性、是不可定义的	直觉指认某个对象是善的，它不能通过道德理论证明	排除了我们日常生活中所面对的道德问题	无所谓对错，我之所以这样采写是因为我赞同	道德判断完全是主观的东西、道德判断就是一种态度的表达
相对主义		道德是主观的、个人化的、不能加以绝对的和普遍的规范	应该平均化地支持每个人的伦理观点	伦理学是每个人对自己发布的强制命令	相对主义本身就是相对的，不可能作为原则支持	无所谓伦理，记者报道就是采信观点，没有意见可成为权威	如果有人持有某些观点，我们也无法根据自己的好恶提出反驳
虚无主义	尼采	道德观	从属道德观（百姓色彩）和主导道德观（基督教的）	善就是提高生活质量，没有权威，没有法律根源，没有文化的价值，没有继承的制度，思想的唯一目的就是解放	上帝已经死了，没有道德事实存在，罪恶本身不具有意义，善恶相比较而存在	一个文本（事实）可以解释为任何内容，每一种解读方法都被证明具有同等的合理性	为了不致迷惑，我们必须以一种确定的方式进行解读，但没有这一方式的规则，没人能决定迷惑的终结
伦理学是荒谬的	维特根斯坦	价值存在于世界之外	伦理学是人类心灵中意向性的东西	解释伦理学是没有意义的，因为它不指向世界上任何东西	伦理学不能用事实的语言来表述，因为它的价值超越了事实世界	什么是善是上帝的问题，我们只要敬重它，不抱嘲弄态度	企图讨论绝对的善和绝对的价值只是源于人的欲望，伦理学不可能增加我们的知识，它不可能成为科学

表 3—4　　中国传统伦理思想

代表人物（或学派）、著作	思想内容	方法论	价值取向	宗法制度	教育塑造	记者道德要求
孔子《论语》	有善者好之，其不善者恶之	中庸之为德也	己所不欲，勿施于人；君子喻于义，小人喻于利	重视个人对家庭、宗族和国家的道德责任，“臣事君，子事父，妻事夫”是天下之常道	“言而有信，敬事而信”，通过“德教”达到“修身”，孔子倡导“修己以敬，修己以安人，修己以安百姓”	品性很重要

续前表

代表人物（或学派）、著作	思想内容	方法论	价值取向	宗法制度	教育塑造	记者 道德要求
儒家《周易大传》	以“天”、“地”、“人”为“三才”，“天人合一”	不偏之谓中，不易之谓庸，中者天之道也，庸者天下之定理	“仁者爱人”	“仁治”、“德治”、“修身，齐家，治国，平天下”	故君子慎其独也；“先天下之忧而忧，后天下之乐而乐”	穷则独善其身、达则兼济天下
道家《道德经》	以“道”、“天”、“地”、“人”为“四大”，“天人合德”	要实现“天人合德”的道德境界，人们要自觉地用折中调和的方法，实现人与自然、人与人、人与社会发展之间的平衡和稳定	人与人之间应当相互理解、尊重、宽容、友爱、互助	“家文化”或“家道德”	修之于身，其德乃真；修之于家，其德乃余；修之于乡，其德乃长；修之于国，其德乃丰；修之于天下，其德乃普	与人为善

西方的伦理学的不少理论是建立在哲学思辨基础上的，而哲学又处于神学与科学之间。有些理论的出发点往往是形而上学的，并非以人际关系为基础，或是更重视人与上帝（或某种抽象理念）的关系，如康德的“绝对律令”，所以是有“理”余而“伦”不足。中国的传统道德对人际关系做了很多规定：“君臣父子”、“三从四德”、“三纲五常”、“仁义礼智信”之类，但是对于这些规定背后的理由却很少述及，所以是“伦”有余而“理”不足。

中国的传统伦理思想虽然丰富睿智，有自己特异的成熟概念和思维方式，但它并不表现为一种现代意义上的学科形态。中国文化是实用主义、功利主义和反形而上学的。“摸着石头过河”、“走一步看一步”是中国文化的本能反应。以孔子为代表的儒家文化并不是无神论者，而是“非神论者”。无神论毕竟还认为上帝是否存在是个值得争论的问题，“非神论者”不认为这是一个值得认真对待的问题。由此可知，孔子的伟大不在于他说过什么，而恰恰在于他不说什么，“不知生，焉知死”、“知之为知之，不知为不知”的态度避免了很多超自然的解释，使得神鬼之说在中国自古不登大雅之堂。在这种文化氛围之中，“道德体系最小化”的过程很容易自发产生。

近些年，经常有人扼腕叹息“世风日下，人心不古”，或是“道德滑坡”，抨击“物欲横流”，要建立“精神家园”。从小的时间尺度来看，“滑坡”之后重建新的道德体系在缺乏形而上学的情况下可能效率较差，但从几千年的大时间尺度看，可能正是这种不断最小化（优化）的能力保证了中华文明可以历几千年而不衰。其他的古代文明的衰亡有可能是过度的形而上学化导致丧失优化机制造成的。

科学具有跨文化的普适性，而伦理学则表现出强烈的文化依存性。这不仅由于各文化中伦理学面对着不同文化历史形成的不同道德体系，更在于上一节所述对道德根本目的的不同预设。因此，自然科学没有国界，对西方的科学知识我们可以完全照搬而不会影响其有效性。而对于伦理学，我们就没有这种便利。西方的科学技术比我们起步要早，目前也仍然走在我们前面，但是在伦理学领域，西方对我们并无明显优势。西方伦理学具有明显的宗教神学背景，这一方面成为西方伦理学产生根本性错误的根源，另一方面也使得西方伦理不能适应中国的文化背景。中国文化传统不语怪力乱神，中文“伦理”的“伦”字的本意就是人际关系，伦理也就是人际关系之理，与神无涉。中国伦理的核心“仁”就是两个人，自始至终就是人际关系，无须扩大，也不会缩小。而西方伦理学更偏重于神性，为了神是可以牺牲人的，这就使得西方伦理体系影响下更容易产生制造浩劫的道德家。

但是，在其他条件相同的情况下，相信“刀枪不入”的军队可以打败“理性”的军队，在推行某种道德时不利用信仰资源显然是不明智的。此时应该采取一种区别对待的方法：在建立伦理学理论、研究应该采用什么道德时必须远离形而上学，以避免道德风险；但在推行这一道德时则应该借助于形而上学的力量，以提高效率。

另外，伦理学并不是诸善的发源地，只是诸善的解释者。正如语言不是语言学家创造的，语言学家不能指挥语言的发展方向，道德也不是伦理学家创造的，伦理学家也不可能指挥道德的发展方向。伦理学是研究“应该”的学问，但绝大多数“应该”却并不产生于伦理学，这是由于伦理学不能超越实践。例如，交通规则都是充满了“应该”如何的文献，但是这些条文都出自于以往血淋淋的经验教训，而不是来自伦理学的推导。制定这些条文所依据的伦理学原则极为简单——尽可能减少人身和财产的损失。

因此，好的伦理学理论不应以任何特定的宗教或意识形态为基础，而应该立足于具有跨文化、跨社会的普遍性的科学基础上，例如生物学、经济学、认知科学、博弈论等。科学的结论也可能出错，科学也在不断发展，但科学本身具有纠错能力，科学的发展会使理论的基础更坚固。

（二）无知之幕

“无知之幕”（the veil of ignorance）的概念是约翰·罗尔斯（John Rawls）在他的伦理学名著《正义论》中提出的。“无知之幕”设计了一个理想的契约环境，在这种思想的契约环境中，人们可以超越时代、社会和个人所具有的局限性来选择他们最希望得到的正义原则。罗尔斯认为古代人的中心问题是善的理论，而现代人的中心问题是正义观念。换言之，正义是现代政治哲学的主题。正义是主题，意味着正义关注的问题是“社会基本结构”。所谓基本结构，是指社会的主要政治制度、社会制度和经济制度，以及它们是如何融合成为一个世代相传的社会合作之统一体系的。①

支配社会基本结构的原则是正义的，这个社会才能是正义的。对于政治思想家来说，主要的问题不仅在于这种正义原则是什么，而且在于我们是如何获得这种正义原则的。

我们如何能够选择出理想的正义原则呢？换一种说法，什么东西阻碍我们选择理想的正义原则呢？罗尔斯假定，人们通常对任何事情都采取一种功利主义的态度，也就是说，选择对自己有利的正义原则或社会安排。如果我知道我的天资和能力，我能够运用我所拥有的知识推断何种社会安排对我有利，那么我通常会选择对我来说最有利的社会安排。如果参与决

---

① See John Rawls, *Political Liberalism*, New York, Columbia University Press, 1996, p. 11.

定社会安排的人们都持这种态度，那么他们所选择的原则必然是功利主义的，而绝对不会是正义的。罗尔斯认为，为了达到正义的原则，人们必须处于“无知之幕”的背后，即不应该知道有关他个人及其社会的任何特殊事实，将所有能够影响人们进行公正选择的事实、知识和信息都过滤出去。被“无知之幕”遮住的东西包括：（1）每个人的社会地位、阶级出身、天生资质、理智能力等；（2）每个人自己关于善的观念、合理的生活计划以及心理特征等；（3）每个人存在于其中的社会之政治和经济状况，以及这个社会所能达到的文明程度和文化水平等。

罗尔斯声称，如果我们处于“无知之幕”后面，那么我们都会选择两个正义原则：第一个原则，每个人都拥有和其他所有人同样的自由体系相容的、最广泛平等的基本自由体系的平等权利。第二个原则，社会和经济的不平等，应该这样加以安排，以使它们（1）适合于最少受惠者的最大利益，并与正义的储蓄原则相一致；（2）在公平的机会平等条件下，使所有的职务和地位向所有人开放。第一个正义原则的实质是确保自由，第二个正义原则的实质是确保平等。

约翰·罗尔斯的《正义论》出版后，在当代伦理学著作中被广泛引用。他认为正义概念中最根本的是公平。罗尔斯代表了向更古老的实质道德哲学传统的回归，并由此建立了与功利主义相抗衡的理论。他表达了平等主义的观点，从而将霍布斯、洛克和卢梭等人的众所周知的社会契约论推向更重要的高度。

在一些天然不平等、需要社会契约的情况下，盲目平均是不公平的，整齐划一的评判也是不正确的。因此，罗尔斯提出现已成为经典的“无知之幕”，要求所有人均从真实情况退回到幕后没有角色之分、没有社会分层的“原初状态”。该状态下的参与者被抽象成没有个体特征、没有其他真实身份的平等社会成员，他们都是具有普通品位和志向的男人和女人。在幕后，没有人知道对方回到现实生活之后会是什么身份。罗尔斯认为，当我们在无知之幕背后假想的平等条件下共同协商订立社会契约的时候，肯定要选择保护弱者，将风险降到最低。在从幕后出来的是新手记者而不是资深记者的情况下，我们会选择对前者公平对待。在这些情况下，最容易受伤害的获得优先考虑。罗尔斯认为这样的结果是公正的。

罗尔斯的策略有利于抑制民主社会中口头维护少数利益但实际上维护多数利益的趋势。在无知之幕背后假设缔结的社会契约中，我们可以看到两个原则。罗尔斯宣称，对于为自身利益而行动的理性成员，这是必然的、精明的选择。第一个原则需要一个保障个人基本自由平等的最佳制度。每个人必须拥有最大的政治自由，且这个自由须与所有人享有最大的政治自由相融洽。第二个原则涉及除自由之外的所有社会产品，并在有利于最弱势群体的情况下，允许产品分配的不平等。我们达成的协议在权利、财富、收入上的不平等必须向弱势社会成员倾斜。自由之所以优先，在于它不能用经济和社会利益交换。因此，第一个原则永远是第二个原则的基础。

（三）不伤害原则

道德教育分为劝服和强制两种，个人道德属于个人自由的范围，只应用劝服；社会道德可以用强制，可以经由社会通过舆论甚至法律对个人自由加以限制。社会权威为什么以及何时可以对个人自由施加限制呢？对此，密尔的回答是："人类之所以有理有权可以个别地或集体地对其中任何分子的行动自由进行干涉，唯一的目的只是自我防御。这就是说，对于文明群体中的任一成员，所以能够施用一种权力以反其意志而不失为正当，唯一的目的只是要防止对他人的危害。"①这就是著名的"不伤害原则"。具体地说，在不伤害他人或社会的情况下，一个人可以做自己想做的任何事情，别人无权干涉，顶多可以提些建议；反之，在对他人或社会有所伤害的情况下，他人或社会有权干涉一个人的行为，并且这种干涉是强制性的，即借助于舆论或法律。不伤害原则也可以说是区分个人道德和社会道德的标准。

著名当代道德哲学家、原英国牛津大学瓦德汉（Wadham）学院院长斯图尔特·汉普希尔（Stuart Hampshire）教授在其《公德与私德》一文中从道德哲学的角度对马基雅维里的政治—道德学说进行了相当深入的讨论。汉普希尔一方面赞成马基雅维里把公共生活与私人生活在道德标准上有所区分，即对公德与私德有所区分，另一方面却不赞成他把公德与私德截然分割开来，即在公共生活中可以完全不顾私人生活的道德标准。汉普希尔的论证是从两种道德思维方式入手的，即他所谓的"明显推理"（explicit reasoning）和"隐含推理"（implicit reasoning）。所谓明显推理就是以逻辑推理或数学推理为典型的传统推理，其特征是从前提到结论的过程被展开为一系列逻辑计算的步骤。所谓隐含推理就是由直觉支配的并且即刻完成的推理，其过程是不能展开为一系列清晰的或逻辑计算的步骤的。

在功利主义者看来，道德推理只能是明显推理，即关于行为后果的精心计算；然后根据这种计算来选择具有最好后果的行为，即能够增进最多数人的最大幸福的行为。对此，汉普希尔不以为然。他认为，当一个人不能把他的某一道德决定的理由展开为一个明显推理的时候，并不等于他是没有理由的或非理性的。例如，当一个人在其朋友遇难的紧急关头毫不犹豫地舍身相救时，他很可能没有进行任何明显推理，而且事后也给不出明显的推理过程，但我们不应因此说他的行为是非理性的。这种不能展开为明显推理的理性思维就是隐含推理。

隐含推理不仅在私人生活中起作用，而且在公共生活中也起作用，因为在公共生活如政治决策中不可避免地会遇到道德冲突。例如，一位政治家时常不得不在两种相互对立的重大政策中做出非此即彼的选择。他也许首先应用明显推理对这两个政策的后果进行精心计算，根据计算结果来选择那个具有最佳后果的政策。然而，他难免遇到这样的情形，即两种对立政策的后果在优劣程度上是彼此相当的，并且这两种不同后果的严重性（往往关系到两个群体、两个阶级或两个国家之间的利害冲突）使他没有中间道路可走，这时，他便陷入进退维谷、左右为难的境地，或者说，他面临终极冲突（ultimate conflict）。对于终极冲突是不能通过诉诸明确的道德准则的明显推理加以解决的，只能借助于道德准则之外的某些直觉，即内容庞杂且不甚清晰的背景知识，其中包括个人的偏好、美感和信仰等，这种直觉思维是不能展开为明显推理的，只能以隐含推理的方式进行。可见，无论在私人生活还是在公共生活中，隐含推理都是必不可少的，因此公德和私德是不能截然分开的，相应地，政治和道德也是不能截然分开的。

① ［英］约翰·密尔：《论自由》，10页，北京，商务印书馆，1996。

第三节 传播者道德自律

传媒行业自律是不可或缺的，传媒行业自律组织理应得到发展，但我们面临的现实环境的局限也是必须应对的。如何根据自身情况扬长避短、提高我国传媒自律组织的效用，是摆在决策者眼前的难题。而媒介行业自律的经验、媒介行业自律机构的模式无疑可以成为我国传媒自律组织改革与发展的参考。

一、自律组织：道德委员会

2014 年 7 月 3 日，中国产业报行业报新闻道德委员会在北京成立。2013 年，第一批“新闻道德委员会”在河北、上海、浙江、山东、湖北试点成立；2014 年，试点进一步扩大，中国已成立新闻道德委员会试点的省市和机构达到 16 家。[①]

从 2013 年开始在全国各地陆续设立新闻道德委员会（简称委员会）的理由和初衷是，“中国虽已制订出台了统一的中国新闻工作者职业道德准则以及相关法规、文件通知，但是在新闻职业道德的管理与监督体制上却并不完善”[②]。面对媒体环境变化带来的新闻媒体“乱象”的增多，完善原有的新闻监管模式已是迫在眉睫，而该委员会成立后所无法回避的问题就是当前新闻领域法律及伦理规范“失灵”的现实。根据各地新闻道德委员会运作的相关材料来看，面对新闻、记者权利保障中存在的诸多问题，新闻道德委员会虽然在完善监管方式、促进新闻事业健康发展上已经采取了一些措施，然而就未来的发展趋势而言，加强在新闻业的规范化管理方面还应有更大的作为。

上海设立的新闻道德委员会其工作职责主要有六个方面：(1) 受理社会各界对行业不正之风、道德失范行为、新闻纠纷事件的投诉举报，进行调查核实，提出处理意见；(2) 进行调查研究，提供具有可行性、指导性的改进意见和建议；(3) 开展行风测评；(4) 总结和推广新闻媒体、新闻工作者弘扬职业道德的先进经验和优秀典型，开展教育培训；(5) 开展理论研讨；(6) 开展合作交流。[③] 在媒体上所透露出的新闻道德委员会的相关信息中，有三点值得关注。第一，新闻道德委员会的职责之一是要提出指导性的意见和建议，树立先进经验和典型，而指导性意见和建议的出台需要深入研究当前新闻工作相关规范存在的问题。特别是对于特殊类型的新闻报道，要在规范层面提供具有操作性的指南，如灾害、暴力、自杀报道等。除此之外，在规范性文本中还要不断丰富已有媒体、记者权利的内容，深入探讨新闻从业权利保障的各项具体措施。因此，先由新闻道德委员会就这些问题展开研究之后提出规范完善的建议或方案，再推动

---

① 参见姜潇：《新闻道德委员会试点工作效果明显》，见新华网，2014-12-02。

② 王建华、何悦、高洁：《中国借鉴西方经验试点建立新闻道德委员会》，见 http://news.xinhuanet.com/politics/2014-02/27/c_119537680.htm。

③ 《上海试点成立新闻道德委员会 受理各类投诉》，见网易新闻，2013-05-31。

相关规范性文本的修订，这就为弥补新闻监管规范的不足进而促进新闻业的良性发展提供了一条可行的路径。第二，各地新闻道德委员会都开通了投诉举报的途径，并设置了受理投诉的范围，在接受投诉之后会展开调查工作。上海新闻道德委员会所重点关注的主要是四类新闻：一是暴力新闻，二是恶化新闻，三是剽窃新闻，四是侵权新闻。尽管委员会不具有行政处罚和法律处罚职能，但可以先行调查取证，然后配合出版、广电等部门采取行动。不仅如此，“新闻道德委员会将评议会内容及评议意见以专报形式发放到全省新闻媒体，以教育警示全省新闻采编人员”①。可见，新闻道德委员会对于新闻从业者的道德失范问题具有查处的权力。因此，该机构在履行职责过程中的权力运作程序应有更加明确、细致的规定，特别是要做到程序的公开、公正，而这将是对当前新闻监管程序性机制缺失的一次重要补充，也可为今后新闻纠纷处理程序的完善、新闻从业者程序性权利救济等理论的探索和实践创造有利的条件。第三，吸纳社会公众参与和推动新闻业的发展，这是新闻道德委员会的一大特色。从新闻道德委员会的组成情况来看，加大了社会公众的参与，体现了新闻监督管理“社会化”的新趋向，而这也有利于增强该机构在相关案件处理上的公正性。综上所述，新闻道德委员会的成立是促进新闻业所需规范的发展以及提升现有新闻监管水平的一个重要契机，它可以承接加强新闻工作规范建设的诉求，弥补现有新闻媒体、记者权利保障方面的缺陷。新闻道德委员会在推进媒体、记者权利保障制度化建设方面的作为空间具体体现在：一是推动制订各种不同层次的与新闻工作相关的规范，特别是在完善授权性规范以及加强义务性规范的精细化方面力争有所作为。二是推动沟通性、协商性纠纷解决机制的形成，探索未来建立专门处理新闻事务司法程序的可能性。

二、媒介道德自律的基础

新闻法律与新闻道德虽有差别，但二者也有重合的地带，在一定的社会条件下还可以相互转化。法律规范是指具体规定权利和义务以及具体法律后果的准则，或者说是对一个事实状态赋予一种确定的具体后果的各种指示和规定。法对于人们行为规则的规定主要有两种形式，包括法律规范命令、禁止或者允许人们为或不为一定的行为，前者是义务性法律规范，后者是授权性法律规范。授权性规范表现在法律文本中多为“可以”，或者是“可以”的其他替代性表达方式，比如“有权”、“享有……权利”等。

各地新闻道德委员会成立后的一项重要工作就是接受投诉和处理新闻行业中记者、媒体的违规问题，这也成为当前我国对于新闻媒体、记者监管的一种新的方式。从最近各地陆续成立的新闻道德委员会已经调查的案例来看，其中以虚假新闻方面的投诉居多。② 假新闻一直都是新闻业发展中的一个顽疾。《新闻记者》从 2001 年开始，每年度评出“十大假新闻”，有学者以此为基础展开研究揭示出假新闻背后新闻监管制度方面存在的问题。通过对 60 条年度假新闻曝光后各方对于新闻报道处罚的分析，李韧指出现有的监管体制下对虚假新闻的处理存在如

① 张贺：《多地新闻道德委员会推动行风建设》，见 http://politics.people.com.cn/n/2013/1022/c1001-23279206.html。

② 各地新闻道德委员会成立不久就查处了虚假报道《黄石一条疯狗连咬 9 人 主人两度报警未见民警》、虚假广告《“土郎中”发狠话 十年耳聋一滴声还》等一些违规现象。

下问题：(1) 大多数媒体在刊发虚假新闻后采取的是“鸵鸟政策”——处理消极，甚至是置之不理；(2) 虚假新闻的揭发缺乏权威独立的评判机构；(3) 媒体对虚假新闻的调查程序不明；(4) 媒体处罚过于仓促，处罚依据较为单一；(5) 媒体对虚假新闻的调查情况和处罚程序缺乏透明度。[①] 而防范虚假新闻、确保新闻的真实性是新闻业的生命线。

目前我国专门针对新闻媒体、记者权利的规范性文件在法律层面主要是《关于保障新闻采编人员合法采访权利的通知》和《新闻记者证管理办法》，新闻伦理方面的规范性文件主要是《中国新闻工作者职业道德准则（2009 年 11 月 9 日修订）》。[②] 由于我国对于新闻业主要通过行政方式进行监管，对新闻媒体、记者更多地采取限制性的规范措施，因此新闻法律规范性文本正逐步通过增设授权性规范来加强对新闻工作权利的保障。新闻媒体、记者在从事新闻活动时，授权性规范对其行为的影响具有独特的功能和意义。首先，法律文本中的“可以”，为相关主体的行为提供了指引的意义与功能；其次，主体行为的正当依据因此而获得了一个权威性的支持，满足了主体对确定性的内心需要；最后，行为主体在做出各种行为的过程中，可能遭遇其他主体的阻碍和干预，法律文本中的“可以做什么”的规定，为排除主体行为可能遭遇的阻碍和干预提供了依据与途径。2009 年 4 月，我国政府发表的《国家人权行动计划（2009—2010 年）》及 2012 年 6 月的《国家人权行动计划（2012—2015 年）》在“表达权”部分特别提出“加强对新闻机构和新闻从业人员合法权益的制度保障。依法保障新闻从业人员的知情权、采访权、发表权、批评权、监督权，维护新闻机构、采编人员和新闻当事人的合法权益”，而且在“监督权”部分还提出“鼓励新闻媒体发挥舆论监督作用”。这是首次在政府文件中对于记者享有的相关权利进行明确的定位和阐述，将其上升到人权保护的高度。《关于保障新闻采编人员合法采访权利的通知》也规定：新闻采访活动是保证公众知情权、实现社会舆论监督的重要途径，有关党政机关及其工作人员要为新闻机构合法的新闻采访活动提供便利和必要保障。这样，通过将新闻采访活动的性质和功能引向舆论监督及公众的知情权，从而在法律上给予新闻工作以更多制度化的保障。除此之外，2008 年 11 月，新闻出版总署发布的《关于进一步做好新闻采访活动保障工作的通知》（简称《通知》）中也有对于媒体、记者舆论监督权利的规定：“要依法保护新闻机构和新闻记者的合法权益。新闻机构对涉及国家利益、公共利益的事件依法享有知情权、采访权、发表权、批评权、监督权，新闻机构及其派出的采编人员依法从事新闻采访活动受法律保护，任何组织或个人不得干扰、阻挠新闻机构及其采编人员合法的采访活动。各新闻机构及其主管部门有责任和义务为所属新闻记者从事新闻采访活动提供必要保障，保护他们的合法权益。”而且，《通知》还进一步提出：“要支持新闻记者的采访工作。各级政府部门及其工作人员应为合法的新闻采访活动提供相应便利和保障，对涉及公共利益的信息应及时主动通过新闻机构如实向社会公布，不得对业经核实的合法新闻机构及新闻记者封锁消息、隐瞒事实。”该内容对于政府部门及其工作人员应如何保障记者的采访权提出了明确

---

① 参见李韧：《虚假新闻处罚中存在的问题——以〈新闻记者〉2001—2006 年十大假新闻为样本》，载《新闻记者》，2008 (1)。

② 新闻法律、伦理规范中既包括与新闻媒体、记者权利有关的规范，同时还包括了公众等其他主体在新闻活动中与其权利相关的内容。本书主要考察的是与新闻媒体、记者权利相关的规范，而不包括其中涉及公民、政府等其他主体的规范。

的要求，是主动维护新闻工作相关权利的表现。对于记者的采访权在《新闻记者证管理办法》中也有规定："新闻记者持新闻记者证依法从事新闻采访活动受法律保护。各级人民政府及其职能部门、工作人员应为合法的新闻采访活动提供必要的便利和保障。任何组织或者个人不得干扰、阻挠新闻机构及其新闻记者合法的采访活动。"在新闻伦理领域，2009 年的新闻工作者职业道德准则的显著变化是规范更加的具体、精细。《中国新闻工作者职业道德准则（2009 年 11 月 9 日修订）》提出："……坚持改革创新。要遵循新闻传播规律，提高舆论引导能力，创新观念、创新内容、创新形式、创新方法、创新手段，做到体现时代性、把握规律性、富于创造性。深入研究不同传播对象的接受习惯和信息需求，主动设置议题，善于因势利导，不断提高舆论引导能力和传播能力。"这一规定相对于之前已有了不小的进步。新闻法律和伦理规范的逐步完善有力地加强了对于媒体、记者权利的保障。

因此，道德委员会有效工作的前提是明确新闻传播者的权利与义务，具体包含以下几方面：

其一，明确与新闻工作相关的法律中授权性规范的保障范围。

关于公民言论自由的规定虽然是很多国家新闻法中的主要内容，但也有不少国家在新闻法、宪法中专门规定了媒体、记者的权利，详细阐述了新闻事业的意义以及从事新闻工作享有的权利。德国新闻法典规定了记者享有拒绝作证的权利："每一个在新闻业工作的人都要保护传媒的形象和可信性以及职业秘密，使用证明拒绝权，在没有当事人认可的情况下不泄露信息。"①《瑞典新闻自由法（1949）》中也明确了记者享有匿名权："（第三章第一条）印刷品的作者在发表作品时不应强制其使用真名、化名或笔名。"② 此外，一些国家还通过宪法对新闻媒体的批评权等多种权利进行了专门的规定。

其二，与新闻媒体、记者从事新闻工作相关法律中义务性规范的可操作性（实用性）较强。

义务性规范越是细化、具体，对其主体的引导力也就越强。国外新闻记者权利相关的规范性文本中可操作性强的特征十分鲜明。德国新闻法详细规定了媒体、记者从事新闻工作时应当注意的问题，包括保证报道的真实性、图片的应用、预防非法利益的干扰、保护个人隐私、特殊新闻的报道等。新闻法中新闻真实性的相关规范就涉及度假采访协议、竞选互动和新闻发布会等内容；对于图片等文献资料的使用也提到了各种不同的情形，如民意调查结果、象征性图片、预先报道、采访、限制期、读者来信等；为便于记者抵制不当利益诱惑，将其划分为编辑文字和广告的区别、隐形广告、特殊发表内容这三种类型。③ 德国新闻法中的规范都相当精细，将记者新闻活动中可能遇到的各种不同情境及应当注意的问题都一一罗列，这样能更好地为记者从事新闻工作提供指引，预防记者侵权行为的发生。

其三，对于新闻媒体、记者从事新闻工作引发纠纷的处理设有专门的司法程序。

西方对媒体、记者权利的保障，除了法律规范性文本的内容精细、结构合理之外，还对新闻纠纷的处理设有专门的司法程序，对于新闻报道当中屡禁不止的新闻失实问题也都将其纳入司法程序来加以解决。丹麦新闻法对处理新闻失实更正事务的法庭有特殊的限定和要求："更正事务法庭由三名成员组成，主席由一名最高法庭法官担任，另外两名成员是新闻界的代表。法庭的成员由司法大臣委任，主席根据最高法庭庭长的推荐委任，另一名成员根据丹麦日报协

①②③ 赵雪波：《世界新闻法律辑录》，北京，社会科学文献出版社，2010。

会的推荐委任，第三名根据丹麦记者协会的推荐委任。在审理有关丹麦周报、专业刊物和杂志协会所属刊物的案件时，由丹麦记者协会推荐的成员由司法大臣根据丹麦周报、专业刊物和杂志协会的推荐而委任的一名成员所取代。”[①] 通过将媒体的更正事务纳入到司法程序当中，能够有效地扼制其他势力对于新闻工作的不当干预，因此司法程序的设置对于记者、媒体的权利可以有更好的保护。

在新闻伦理规范方面，国外新闻伦理相关的规范性文件是新闻业中媒体、记者权利发展的重要保障，而且新闻伦理规范与新闻法律规范呈现出非常接近的特征。日本的《新闻伦理纲领》中规定了报刊享有“知闻权利”[②]，这可以看成是新闻伦理规范中的授权性规范。而欧洲国家新闻伦理规范的最大特征就是精细和明确性。被称为英国报业投诉委员会实施报业自律“基石”的英国新闻工作者《业务准则》关于文章报酬是如此规定的：“（1）除非为了公众利益有关材料确应发表而且为此确有压倒一切的需要得给报酬或承诺给报酬，否则不得直接或通过中介人给证人或潜在证人报酬或向他们承诺给报酬以获取信息。新闻工作者必须采取一切措施确保见证人可能作的证词不受金钱交易的影响。（2）除非为了公众利益有关材料应被发表而且为了这样做必须给报酬，否则不得直接或通过中介人给予被判有罪或已承认有罪者或其有关联者（包括其家人、朋友和同事）报酬或向他们承诺给报酬以获取信息或画像。”[③] 张咏华等通过对于欧洲各国新闻伦理规范的研究发现，“概念界定清楚，规定具体，对重要的例外情况加以说明，这一切均有助于新闻道德规范的严密性和可操作性”，她指出国外新闻伦理规范的这一特征应当引起我们的注意。[④] 国外新闻伦理规范除了更为具体、可操作性更强之外，还有一套完整的程序来保障规范的落实。在瑞典，对于新闻伦理问题的调查程序有详尽、具体的规定。“……这个道德规范对于准确、隐私和答复权等问题有严格的标准，任何认为报社行为违反了这个道德规范的公民都可以向新闻公评人投诉，由他来进行调查、调解甚至是推荐瑞典新闻委员会来公布违规的报社。这个委员会由一名法官做主席，其成员都是从报纸发行人协会、全国新闻俱乐部、瑞典记者联合会以及公众中产生，其中公众代表占大多数。”[⑤] 由此可见，新闻伦理监管程序的法制化保障了新闻伦理纠纷的处理能够在公开、公正的环境中进行，这就使得新闻工作中媒体、记者的相关权利能够得到更有效的保障。

由此可见，在西方新闻业的发展中，新闻法律与新闻伦理规范互相补充，而且它们的共同点是规范性文本的可操作性强、更为精细，授权性规范涉及内容广，且在实施过程中都有较为完善的程序加以保障。

国内外的许多专家、学者都认同言论自由与新闻自由之间是存在差别的，认为有必要专门讨论新闻媒体、记者的权利和义务等新闻自由的问题。美国联邦最高法院已故大法官斯图瓦特（Potter Stewart）认为，将新闻自由解释成言论自由，就会丧失其新闻自由特定的意义，“如果言论自由包含了新闻自由，那么新闻自由本身就没有什么意义了，规定新闻自由的意义就在于把它作为一种独立的自由。立宪者若将言论自由和新闻自由分别规定，那一定是将言论自由与

① 赵雪波：《世界新闻法律辑录》，北京，社会科学文献出版社，2010。
② 周建明：《一个纲领 一个宣言——跨入新世纪的日本新闻界自律规范》，载《国际新闻界》，2001（2）。
③ 张咏华、陈沛芹：《浅谈西欧国家的新闻道德规范（上）》，载《新闻界》，2002（5）。
④ 参见上书。
⑤ 单波、陈俊妮：《美国新闻公评人制度：新闻道德控制的幻象》，载《新闻与传播评论》，2004年卷。

新闻自由视为两种不同性质的基本权利。由宪法规定言论自由是把它作为公民基本权利进行确立，规定新闻自由是将其作为新闻媒体的一种制度性权利进行确认的”①。吴晓秋也赞同：“新闻自由与言论自由应当分立，它们是两种独立的自由，并且是两种不同性质的基本权利。它们的区别是：新闻自由作为一项制度性权利存在，它保障的是一种制度性组织即新闻媒体的自主性……保障新闻自由的目的不是为了新闻媒体的自身利益，而是为了制约政府权力，但是保障一般言论自由却无法具有强大的影响力和达到这种效果。”② 由此可见，研究者们主张对于新闻媒体、记者权利给予专门的保障，其最根本的理由在于新闻自由在影响社会方面具有更大的能量，是一种特殊的制度性力量或者是一种社会权力。③ 不过，在民主社会中，任何主体的权利与责任应当是对等的，因此，针对新闻媒体、记者在新闻自由中的特殊角色和地位，在规范性文本的层面需要对他们从事新闻工作相关的权利和义务同时展开研究，一方面从促进新闻业发展的角度要加强对其权利的保障，另一方面要从新闻业的社会责任出发，关注其在实现新闻自由中应当承担的义务和责任。

我国在传媒自律方面进行了多方面的尝试。1981 年，中宣部和中央新闻单位共同商拟了《记者守则（试行草案）》，该守则是新中国成立后第一个有关新闻职业的道德规范。1987 年，中华全国新闻工作者协会拟订了《中国新闻工作者职业道德准则（草案）》，经多次修订该准则于 1991 实施，并先后于 1994 年、1997 年、2009 年做了三次修订。1999 年，中国报业协会制定了《中国报业自律公约》。2004 年，中国互联网协会出台了《中国互联网行业自律公约》。2005 年，中国广播电视协会拟订了《中国广播电视播音员主持人自律公约》。当然，实事求是地说，传媒自律没有强制性约束的手段，传媒自律机构的执行力与影响力都相对薄弱。

三、传播伦理自律内容（见表 3—5）

表 3—5　　传播伦理自律的主要内容

应关注的点和面	行动的准则
总体	*自由和责任：正确迅速地报道，传递真实信息；表达意见的自由是人类的基本权利，报纸拥有完全的报道、评论的自由；报纸在行使这一权利时，要保持强烈的责任感和自觉性，必须尽可能地避免对公共利益的损害 *正确和公正：报纸是历史的记录，记者工作的核心在于追求报道的真实性；报道必须正确并且公正，不能为记者个人的立场和信条所左右；评论也不能为世事所左右，应该保持一贯的立场和态度 *独立和宽容：为了保障言论的公正性，报纸要维护自身的独立性；在排除来自各方面、各种势力干涉的同时，还必须保持高度的警戒心以避免被利用；另一方面，即使稿件的内容与报社的观点不同，如果该言论秉持了正确、公正和负责任的态度，就应该提供版面和时段进行刊载 *移动互联网已成为公平且公正地传递信息的媒介，移动互联网的信息传播从业者要精心打造一个用户能够传递多样化信息的交流环境；移动互联网的从业者要严格为网络上的内容品质把关，要维护用户的基本权利，为用户提供一个简单明了进行选择和使用的移动互联网环境

① 刘迪：《现代西方新闻法概述》，北京，中国法制出版社，1998。
② 吴晓秋：《新闻自由的性质之辨》，载《西南民族大学学报》（人文社会科学版），2006（5）。
③ 参见郭道晖：《新闻媒体的公权利与社会权力》，载《河北法学》，2012（1）。

续前表

应关注的点和面	行动的准则
公民权	*不采取轻视人命的报道方式，以最高的敬意对待人的尊严 *对贩卖人口及卖淫嫖娼等事件不以肯定的方式进行报道 *在人种、性别、职业、境遇、信条等方面的报道上，不采取区别对待和歧视的态度；排除人种、性别、职业、境遇、信条等任何方面的歧视行为，尊重个人的人格 *要十分注意个人信息的使用方式，尊重其名誉、隐私权和肖像权 *在犯罪报道中，要尊重“无罪推定”的原则，也要倾听嫌疑人的主张；要避免对采访对象采取单方面的施加社会制裁的报道方式 *要充分体谅成为采访对象的人士的痛苦和苦恼，对于事件、事故、灾害的受害者、家族和相关人员要以有节制的姿态与之接触；必须避免因蜂拥而至的采访所造成的伤害 *报道活动虽然尽量避免报道受害事件的发生，但是因报道而发生的人权侵害事件一旦确认，要立即对受害者采取补救的措施 *对于报道有误和需要订正的信息，要立即取消播放或进行更正；在出现没有正当理由却对他人的名誉构成损害的情况时，要为对方提供反驳的机会并采取适当措施予以处理 *以真挚的态度倾听公众的意见和抱怨并以最大的诚意回应；对于针对报道活动的批评意见，报道者要以负责任的态度尽可能多地向市民做出解释和说明 *在报道活动过程中得到的节目素材原则上不能用于播放以外的目的；但是对于听众和观众的正当的收看要求，要以富有诚意的态度来对待
法和政治	*尊重法律，对于冒犯法律的行为必须进行严厉的批判；可以自由地展开对法律及其执行过程的批评；未成年人的犯罪案件要十分慎重地进行报道；在文稿的写作过程中，要尊重著作权等相关的权利 *不进行损害国家及国家机关权威的报道 *要慎重报道国家机关正在审理中的问题，特别要注意不能妨碍有争议问题的审理过程 *对有可能损害到国际友好关系的问题要慎重处理 *在处理人种、民族、国民等问题时，必须尊重对方的感情 *在政治问题上要保持公正的立场，要注意不能偏向某一特定政党、特定派别 *对被怀疑在选举前已展开活动的人或事物不进行报道 *有关政治经济等问题的意见，有必要明确该意见的责任承担者 *对有可能招致政治经济上的混乱的问题，要慎重处理
宗教信仰	*尊重信教的自由及各宗教派别的立场，不播放中伤和诽谤其他宗教、其他派别的言行 *在播放宗教仪式或处理包含宗教仪式的节目时，要注意不能损害宗教的尊严 *在涉及宗教的节目内容中，要注意不能无视客观事实，不能否定科学 *不播放为特定的宗教组织所进行的捐款等活动内容
儿童及青少年的保护	*为儿童及青少年的性格形成做出贡献，并努力让他们培养良好的习惯，培养他们的责任感和正确的勇气 *面向儿童的节目要以社会的良知为基础，必须避免有损于儿童品行的语言和表达方式 *面向儿童的节目在处理道德败坏、残忍和悲惨的画面时，要特别注意不能对儿童的心理造成过度的刺激和伤害 *根据儿童和青少年的作息时间，在节目播放的时间上要予以特别的安排 *在表现武力和暴力的时候，必须考虑到对青少年的影响 *在节目中有儿童担任角色时，不适合儿童的场面不应让儿童出演 *特别是在有报酬和奖品的儿童节目中，不要引发儿童过度的物欲 *不播放肯定未成年吸烟、饮酒行为的节目和镜头 *移动互联网的使用者囊括了儿童和青少年，因而移动互联网的从业人员要将违法和有害的内容进行过滤，为儿童和青少年提供一个健康成长的网络环境

续前表

应关注的点和面	行动的准则
家庭和社会	*尊重家庭生活，对于扰乱家庭生活的观点不以肯定的方式进行处理 *对于破坏婚姻制度的观点不以肯定的方式进行处理 *对于扰乱社会秩序、良好风俗和习惯的言行不以肯定的方式进行处理 *尊重公共道德，不播放对违反社会常识的行为能够引起共鸣和模仿欲望的节目和镜头
教育、教养的提高	*不管是面向学校还是面向社会的节目，只要是对走向社会的人有帮助的知识和资料都要进行系统的播放 *面向学校的教育节目要广泛地听取意见并对学校提供协助，要发挥视听觉的特性，努力提高教育的效果 *面向社会的教育节目要使观众能够带着很大的兴趣去学习学问、艺术、技术、技艺、职业等专门的知识 *教育节目的策划和内容要依据有关教育方面的法规，事先通过适当的方式让观众了解到有关信息 *教养节目要不拘泥于形式和表现方式，努力使听众和观众能够增加生活的知识和智慧，培养高尚的情操
报道的责任	*报道活动以回应市民的知情权和实现和平幸福的民主主义社会为使命 *采访和报道的自由是市民为了实现上述使命而赋予我们的权利，这一自由的权利意味着必须保持报道活动不受来自任何权力、任何压力的干扰，必须保持报道活动的独立自主和自立 *新闻要为公众知情权服务，保持公正并基于事实进行报道，采访和报道时的判断基准是回应公众知情权的唯一途径。要不断地追求采访和报道活动的正确性和公正性 *报道活动要以公共性和公益性为基础。要监督任何形式的权力的行使，要彻底地追究和揭露社会的丑恶 *报道活动要排除任何形式的压力和干涉 *对于听众、观众和采访对象，要一直保持诚实的态度；在采访及报道过程中，不能使用欺骗和其他不公正的手段 *从业人员无论是在采访和报道对象的选择还是播放方式上，都要尽可能多地反映不同的意见并努力从多个角度进行报道 *在采访和编辑过程中，要注意不能给观众造成偏袒一方的误解 *在新闻中报道有关意见时，要明确意见的来源；但是，为了保护信息的提供者，在必须保守信息源秘密的情况下，坚持守密的义务是从业者的基本伦理 *即使是进行事实报道，也必须避免出现悲惨场面的细节表现 *在新闻、新闻解说和实况转播中，要注意不要被不恰当的目的和宣传所利用 *对于新闻误报，要迅速地取消或予以订正 *要排除主观的预测和判断并传达原始的事实和信息；没有得到确认的信息要明确注明该信息未得到确认的状况

续前表

应关注的点和面	行动的准则
对表达方式的制约	*预定播出的内容在播放时间的安排上要考虑到观众的生活状态，不能使其产生不快感 *要努力使用通俗易懂和恰当的语言、文字表现；在使用某种方言时，要注意不能让日常生活中使用这种方言的人产生不快感 *要慎重处理可能会带来人心不稳和不安的报道内容 *在社会、公共问题上出现意见对立时，必须从尽可能多的角度进行讨论 *避免会带来不快感觉的下流卑鄙的表现方式 *对于自杀行为的表现方式，即使是古典作品抑或艺术作品也要慎重地处理 *在使用外国作品或者是进行海外采访时，必须考虑到时代、国情、传统和习惯的差异性 *在为了达到戏剧性的效果而使用新闻形式时，不能运用容易与事实造成混淆的表现方式 *不以通信、通知及其他类似的方式向特定的对象发出呼吁；但是当人的性命发生危险和其他有社会影响的事件发生时除外 *不以肯定的方式处理迷信行为 *不对占卜、判断运势以及其他与此类似的行为进行判定或强迫他人相信 *在表现病态、残虐、悲惨和虐待的画面时，要注意不能让观众产生厌恶感 *在触及精神和肉体上的残疾问题时，要充分考虑到为同样残疾而苦恼的人的感情 *在播放有关医疗、药品的知识及健康信息时，要注意不要故意地引起观众不安、焦躁、恐怖或乐观的情绪 *不播放没有电台、电视台参与的个人的证言及劝诱 *销售商品的节目必须在遵守相关法令的同时，还要基于事实以平易和清晰的方式表现商品，不能损害观众的利益 *运用观众不能感知的方法来传递某些信息的手法，或者称之为“心理感受效果”的表现手法，不能说是公正的手法，不适于播放 *快速闪动的画面及变化急剧的画面处理手法要十分注意对观众身体带来的影响
暴力的表现	*不管是何种目的的暴力行为都应该以否定的方式进行处理 *要最小限度地展示暴力行为 *杀人、拷问、暴行、私刑等使人感受到残虐性的行为或其他的精神和肉体上的痛苦不能进行夸张和富有刺激性的处理
犯罪的表现	*不允许以肯定的方式处理犯罪行为或视犯罪者为英雄 *在表现犯罪的手法时，要注意不能让人产生模仿的想法 *在使用赌博题材的时候要有所节制，不能进行富有魅力的表现 *在使用麻药和毒品题材的时候，要有所节制，不能进行富有魅力的表现 *要慎重使用枪炮和刀剑类物品，在表现有关杀伤的行为的时候，要注意不能使人产生模仿的想法 *在处理诱拐等行为时，不能显示有关诱拐行为的具体手法 *在处理犯罪嫌疑人的逮捕、审讯的方法及诉讼的手续和法庭场面的时候，要注意正确地进行表现

续前表

应关注的点和面	行动的准则
性的表现	*在有关性的表现上，要注意不要让观众产生困惑及厌恶的感觉 *在有关性感染症或生理卫生方面的内容上，必须基于医学、卫生学上的正确知识进行处理 *不仅是一般作品，即使是艺术作品也要注意不能有极度的感官刺激 *在使用性犯罪、性变态和性错位的场面时，不能具有过度的刺激性 *在使用有关少数群体性方面的题材时，要充分考虑到对方的人权 *原则上不能显示全裸的画面；在表现肉体的一部分时，不能使人感觉到猥亵、下流 *要注意嘉宾的语言、行动、姿态、衣着，不能使人产生猥亵的感觉

四、传播道德自律体系的建立

传播道德自律体系的建立首先是传媒机构内部的自律机制的建立，如新闻意见调查员、新闻督察员制度，也包括传媒机构的道德、业务准则的建立。[①] 此外，还有第三方机构的监督，其形式通常是伦理委员会。本书的研究对象，即上述媒介三个领域自律的传媒组织均属于第三方机构，三家组织的形式均为伦理委员会。

（一）自律组织

所谓伦理委员会，是一个由科学家、法学家、伦理学家、政治家、社会组织代表等组成的，对科研计划的伦理层面以及科技发展中呈现出的伦理冲突进行审议，通过理性论证寻求道德共识的机构。

建构伦理委员会所共识的程序是以相互尊重基础上的理性交谈与对话的形式体现出来的。理想化的情形是所有的社会成员都应参与这种对话。但是在一个动辄由上百万人、上千万人甚至十几亿人组成的多元化的宏观社会里，要实现这样一种人人都参与的面对面的对话实际上是根本不可能的。况且并不是每个人都拥有应对复杂的问题所应具备的专业知识。由此可见，旨在达到道德共识的理性对话，就像苏格拉底式的对话那样，只有在可以通观的小组里才是可以想象的：在有限数量的人们之间，这些人以直接互动的方式相互联系在一起，且参与对话者必须是专业人员——如法律专家、自然科学家、伦理学家、社会学家、经济学家、社会组织代表、宗教人士等，他们必须掌握独到的理论和相关的专业知识，必须拥有敏锐的判断力及前瞻性的思维能力。正是由于上述原因，现代民主体现为代表制民主：共同体的成员委托被选出的代表去完成对有争议的问题进行决断的任务。因此现代民主是奠定在代表性原则之基础上的。具体到道德共识的决策程序而言，理性基础上的交谈与对话只能是在一个伦理委员会中实现的。只有在这样一种使专业知识与理智得到运用的微型的机构中，才有可能进行直接的论据交流，通过主体间的互动和理解，达到理

① 参见张咏华、黄挽澜、魏永征：《新闻传媒业的他律与自律》，302页，上海，上海外语教育出版社，2007。

性论证基础上的共识。

当然与伦理委员会相类似的组织也可以有不同的名称，如新闻伦理协会、媒介伦理委员会，或记者协会、新闻工作者协会等。一般来说，伦理委员会有专门的办公地点。总会、理事会由各会员单位的代表组成，并下设各类委员会以开展活动。

其主要工作内容是：制定新闻伦理纲领，公布关于取材和报道的声明、指寻、意见书，推出指导取材和报道的行文手册，颁发新闻作品奖、新闻协会奖、新闻广告奖等传播领域的各类奖项。

伦理委员会的宗旨是推进新闻伦理的提升，维护新闻业界的利益。协会总会由各新闻社代表组成，下设编辑委员会、媒体开发委员会、技术委员会、国际委员会、贩卖委员会、广告委员会等数十个非常设委员会和专业委员会。其常设机构为协会事务局，负责处理日常事务和调查研究活动。工作人员人数约几十人。

伦理委员会职能架构相对比较庞杂。以日本新闻协会为例，其下设总会社会长、副会长、专职理事、理事会。理事会又囊括了 12 个委员会，分别是特别委员会、编辑委员会、国际委员会、技术委员会、媒介开发委员会、强化纸媒委员会、经理委员会、劳务委员会、资材委员会、销售委员会、广告委员会、博物馆与新闻教育委员会。12 个委员会又再细分成分会，如特别委员会下设销售改革特别委员会、多次销售对策特别委员会、税制对策特别委员会、伦理特别委员会、灾害对策特别委员会；编辑委员会下设编辑小委员会、人权与个人信息问题研究会、大规模集中取材对策小委员会、记者俱乐部问题研究小委员会、航空取材问题小委员会、选举报道研究会、新闻著作权小委员会、新闻用语恳谈会；技术委员会下设信息技术小组、印刷小组、《报纸技术》编委会；媒介开发委员会下设媒介开发委员会专项小组、通信与广电媒介的发展与立法研究会；强化纸媒委员会下设报纸公关小组、报纸调查研究小组、报纸与通讯社环境对策会议；经理委员会下设税收经济研究会；劳务委员会下设认识管理研究会；资材委员会下设资材专项小组；销售委员会下设销售劳务专门小组、配送专门小组、报纸销售法制研究会；广告委员会下设广告政策小委员会、广告促销小组、广告电子数据交换小组、广告刊登标准研究会；博物馆与新闻教育委员会下设新闻教育专项小组、博物馆综合小组。

同时，新闻协会还单独设立博物馆运营问题研究项目小组、资金运用检查小组、报道资料研究会、报纸媒介审查恳谈会、各地区纸媒审查恳谈会、报纸微型恳谈会。税制对策特别委员会又下设税制项目小组；信息技术小组下设选举与认识模式联络会；广告促销小组下设市场战略团队、编辑与制作团队、事业推进团队；博物馆综合小组下设展示策划会议、各领域展示团队会议。此外，新闻协会设立了与其平行的报纸公正贸易协议会，该会下设报纸公正贸易协议委员会，再设规约研究会，以此监督并推动新闻协会的良性运行。

在业务开展上，新闻协会由事务局负责。事务局采用局长负责制，下设八个部门，分别是总务部、编辑制作部、策划开发部、经营业务部、出版广报部、审查室、新闻体育文化部、博物馆事业部。总务部负责总务、管理；编辑制作部负责编辑、技术与通信、数字媒介；策划开发部负责策划开发；经营业务部负责经营、业务、广告；出版广报部负责出版广报；新闻体育文化部负责新闻教育；博物馆事业部负责博物馆。

理事会多为兼职人员，事务局多为专职员工，事务局为理事会日常管理机构，为理事会服务，事务局的职能部门与理事会的委员会相匹配。[①]

（二）自律组织的职能

新闻自律是从事新闻信息传播活动的人们在长期的职业实践中形成的调整其之间及其与社会组织、公众之间相互关系的行为规范[②]，是指新闻媒介及新闻工作者对自身行为的自我管理、自我规范和自我约束。

新闻自律一般通过三个途径进行：第一，新闻媒介通过内部管理制度和纪律，对采编人员的职业标准、职业行为，以及观念和价值准则等进行规范，这在新闻报道为主题的媒介活动中，起着至关重要的制约作用；第二，通过建立新闻评议会或报业投诉委员会之类的机构，新闻媒介按照共同接受的职业道德标准等规则实行自律；第三，通过其他类型的新闻职业道德自律组织进行自律，这样的组织如媒介参与组织的各种读者或听众权益保护组织，或全国性、地方性松散的行业及跨行业的自律机构。

新闻自律的功能主要体现在两个方面：一是监督约束，尽管这种约束并不具有像法律那样的强制力，大多是对非道德行为的谴责和批评，但就道德问题而言，这对一个具有专业精神的新闻从业者已是相当严重的惩罚，意味着职业生存的危机；二是培植教育，即以理性程序在业内宣扬专业精神和社会责任，这是一种示范效应，也是传媒业通向成熟专业的必由之路。

实际上，有关传媒自律的研究主要集中在新闻自律领域，传媒自律与新闻自律的疆界并不清晰且易混淆。新闻归属于传媒领域，新闻渗透于传媒业的各种媒介。对传媒领域而言，除了新闻外，还有节目、广告等多种信息载体。在传媒领域，新闻信息的自律标准显然是最高的，其自律严格程度要远远强于节目、广告等其他信息。

可见，传媒自律应对的问题要大于新闻自律的适用范围，作为更为严格新闻自律可以成为传媒自律的预设或前提。研究传媒业的自律，以广电行业为例，应包括新闻类节目的自律与非新闻节目的自律。囿于本身属性，新闻类节目的自律较非新闻节目的自律理应更为严格，因此，新闻类节目的自律内容也适用于非新闻类节目的自律，非新闻类节目的自律相对新闻类节目的自律条件可适当放宽。鉴于此，有关新闻自律的研究均可作为传媒自律研究的参考。在追求最高自律标准时，新闻自律与传媒自律的称谓可以通用。

具体而言，新闻自律组织的职能有如下四个方面。

其一，维护和提升新闻业道德标准。伦理委员会是新闻自律组织，它通过制定新闻道德规范和审查新闻报道等手段，对新闻媒体和新闻工作者进行约束和管理。如制定新闻职业伦理规范，作为新闻界共同遵守的行为准则，包括新闻自由，报道与评论的界限，评论的态度，公正，宽容，指导、责任、荣誉，品格等七项内容。它对新闻报道伦理做出了规范，并在全体新闻从业人员中提倡作为其基础的自由、责任、公正、高尚等精神。

---

① 参见张洋：《日本传媒行业自律研究》，中国人民大学博士论文，2015。

② 参见陈绚：《新闻传播伦理与法规教程》，1页，北京，中国传媒大学出版社，2006。

自律组织还可以通过发表“统一见解”、“对应措施方针”或“意见”的方式对现实新闻活动中发生的各种问题如同行采访、深夜入宅采访、航空采访，对青少年犯罪案件、拐骗案件的报道，对有关选举的报道、评论，对因造成名誉损毁而引起的刑事、民事诉讼，对普通公民的“隐私权”问题，对侵犯著作权问题，对证据照片和外电预约稿的处理问题，对记者俱乐部的有关问题等，表明新闻界的态度或协调新闻界各单位之间的关系。

各国政府为表示其尊重新闻自由，一般都退出了新闻管制，不再设新闻审查机构。对新闻报道的审查因而成为新闻媒介自律的内容。报纸的审查由各报社和伦理委员会两方面进行。审查的重点包括报道内容的正确程度、价值标准是否恰当。此外，还要考虑到人权及版面质量等问题。

伦理委员会的事务局设有审查室，负责审查各成员机构传播的内容，其衡量标准是国家各项法律规定或本委员会的各项伦理纲领。如发现问题，经过讨论决定后采取相应措施，或向有关会员单位提出警告，或予以通报，直至要求退会。

其二，维护和促进传媒业的共同利益。伦理委员会代表其成员机构在编辑、经营管理和传播技术等各个层面开展推进整个新闻行业发展的活动。当其成员发生争端时，新闻协会予以调解和仲裁。伦理委员会对有违新闻自由的立法和额外赋税进行监控，并发起与之对抗的行动。另外还要沟通保持各媒体间的平衡，防止新闻媒体的不公平竞争等。

其三，行业调研与学术研究。伦理委员会每年进行全国性的各行业调研，包括读者调查、发行量统计、普及度、家庭配送率、新闻用纸供求调查、收入和资产调查以及媒体信誉度调查、新闻从业人数等有关新闻业的调查活动。

伦理委员会还可以主办以新闻研究为主的学术定期刊物，除面向新闻协会会员单位提供外，相关研究者以及社会大众都可以购买。刊物出版的目的是提高报纸、通讯社与广电单位的伦理水平，维护以报业为首的新闻界利益，该刊物除登载伦理委员会的各项活动外，还介绍国内外新闻界的消息以及调查研究资料等。

其四，教育与交流。伦理委员会还负责推动各学校开展利用媒介进行交流和学习活动，或者定期组织一些传媒行业的研讨会，涉及报纸编辑、广告、成本控制、经济核算和媒体技术等方面；另外还负责展开媒介的对外交流活动，与各国的新闻从业人员进行广泛的交流。

伦理委员会还可以在海外代表本国新闻行业，与世界报业协会、亚洲新闻基金会、国际新闻电信理事会等国际性组织联络，或加盟国际新闻编辑协会（IPI）、世界报纸新闻发行人协会（WANIFRA）等国际专业组织。如中华全国新闻工作者协会与日本新闻协会于 1982 年签署“中日记者交流计划”，每年选定一个主题，派记者团进行互访交流。

关键词

道德义务　真实　客观　中庸　公平公正

思考题

1. 说明新闻道德义务中的真实与客观原则。
2. 简述社会公平公正与媒介公平公正的关系。
3. 简述中庸之德在新闻报道中的应用。
4. 新闻伦理自律组织的职能有哪些?

第四章 新闻伦理评价体系构建

伦理学的逻辑起点是“应该”的概念系统。在“应该”的概念系统中，真正意义的原初概念只能且必须是“价值”，其后才是“对价值的意识”和“对价值的反映”的“评价”概念。对价值的意识和反映，就是价值评价，价值评价才产生善恶：善恶是价值评价之成果——善是其正价值成果，恶是其负价值成果。善恶之价值评价成果实际地构成了行为之善“应该”概念和道德之善“正当”概念；而“应该”、“正当”概念的对立概念恰恰是“是”或“事实”概念。

评价是一种价值判断、价值认识、价值意识，而道德评价也就是道德价值判断、道德价值认识、道德价值意识。

道德评价的对象可以归结为品德和行为，也就是品行。但由于品德也表现于、形成于行为，所以道德评价的对象其实就是行为。而新闻传播伦理评价的对象也就是新闻传播从业者的行为，或者说新闻传播伦理评价也就是对新闻传播行为的道德价值的判断、认识、意识。心理学的研究成果表明，“意识”与“心理”以及“精神”是同一概念，都是大脑的反映活动，这种反映活动主要包括“知（认知、认识）”、“情（情感）”、“意（意志）”。所以，道德评价也就相应地包括“认知道德评价”、“情感道德评价”、“意志道德评价”。认知道德评价是对行为道德价值的认识，情感道德评价是对行为道德价值的心理体验，意志道德评价是对行为道德价值的意志反应。例如，当看到有记者用手中的笔揭露社会腐败、为百姓伸张正义时，人们一般会有种种心理反应：认为这是非常高尚的行为、油然而生钦佩之情、顿起学习仿效之心。这些心理虽有知、情、意之别，却都是对该记者的道德评价。“认为这是高尚的行为”是对该行为道德价值的认识、认知，是认知道德评价；“油然而生钦佩之情”是对该行为道德价值的情感体验，是情感道德评价；“顿起学习仿效之心”是对该行为道德价值的意志反应，是意志道德评价。

第一节 新闻传播活动主体的良心与名誉

道德评价是对于伦理规范是否被人们遵守的意识。它的功能或价值显然在于使人遵守伦理规范，从而实现伦理规范。这种能够实现伦理规范的具体道德评价，正是所谓良心与名誉。

一、新闻传播活动主体的良心

良心是一种特殊的、具体的道德评价，它区别于其他道德评价的根本特征乃是自我评价、自我意识。良心虽然是知、情、意三种因素的统一体，但它的基本因素却是感情。因为感情是对需要的体验，是心理的动力因素，所以良心的感情因素是良心的动力因素，它一方面产生良心的认知因素，推动自己去判断自己行为的道德价值，另一方面又产生良心的意志因素，推动自己做出改过迁善的抉择。

良心的起源在于每个人或多或少都有道德需要，或多或少都有要遵守伦理规范，做一个合乎道德的人、做一个好人的需要。这种需要是引发一切行为的原动力。如前所述，一切行为的目的都是为了满足某种需要。而每个人的这种道德需要一经产生，便会推动他进行目的在于满足这些道德需要的行为，推动他对自己的行为做出是否道德的判断、评价，从而也因自己的道德需要和行为目的是否被满足、实现而产生种种心理反应：如果看到自己的行为符合伦理规范，便会因自己做一个好人的需要和目的得到实现而沉浸于良心满足的快乐，便会有继续择善而行之意；如果看到自己的行为不符合伦理规范，便会因自己做一个好人的需要和目的得不到实现而陷入良心谴责的痛苦，便会有改过迁善之意。

新闻传播从业者的良心是每个记者或每个新闻从业者自身内部的道德评价，是自我道德评价，是自己对自己的行为的道德评价，是自己对自己行为的道德价值的意识，是自己对自己行为的道德价值的认识、认知、判断、态度、感情、体验、意向、意志、动机等一切心理反应活动。这种心理活动如果是对自己行为所具有的正道德价值的肯定性评价，便叫做良心满足；如果是对自己行为所具有的负道德价值的否定性评价，便叫做良心谴责。例如，我在采访的过程中，没有收受对方提供的“好处费”，对事实进行了客观的报道。每思及此，总觉得自己这样做是正确的，并且为自己是个无私坦荡、诚实客观的记者而自豪不已。于是，即使不像有些记者那样有额外的“进账”，但我自己也绝不搞“有偿新闻”那一套。若我在采访的过程中，收受了对方提供的“好处费”，没有对事实进行客观报道，半夜醒来，扪心自问，觉得自己这样做是很不对的，并且为自己是个贪图小利的小人而惭愧不已。于是，我决心不再搞“有偿新闻”那一套，要做个无私坦荡、诚实客观的记者。

无论良心满足还是良心谴责，二者都是所谓的良心。认为自己说实话正确而说假话错误，是良心的认知成分，是良心的认知评价；因自己说实话而自豪、说假话而惭愧，是良心的感情成分，是良心的感情评价。决心说实话而不说假话，是良心的意志成分，是良心的意志评价。

良心的本源是什么？从前几章的叙述我们可以看到，美德、道德都不过是对人的行为的规范、限制、约束，因而也就都是对人的某些自由和欲望的压抑、阻遏、侵犯。那么，一个人为何会产生被限制、被约束的需要呢？因为每个人的做一个好人的道德需要——不论是以美德为目的的需要还是以美德为手段的需要——都源于利己，源于社会和别人因他品德的好坏所给予他的赏罚。也可以说，良心直接源于个人道德需要，而最终则源于利己、源于社会和他人因其品德的好坏所给予的赏罚。所以，弗洛伊德一再强调，良心起源于童年时代的父母或其养育者的赏罚，童年以后，源于对父母、养育者、教师、领导、党团、国家、舆论等权威的赏罚的恐惧，对社会生活的恐惧。[1] 对新闻从业者来说则由媒介负责人、媒介行政主管部门、社会舆论等权威施行。

也正因为恐惧外在权威的赏罚，在通常情况下，人们便会经常以这些外部权威自居，从这些外部权威的立场来评价自己的行为。于是渐渐地，这些外部权威便成了自己内心世界的一部分，成了另一个自我。这个作为评判者的自我相对于真的自我（行为者自我）的道德评价，不是什么别的，正是所谓的良心。这样，在一个人的内心世界作为评判者的自我的形成，也就是良心的形成。因此，良心以外在权威的立场来看待自己行为的结果，是个人以这些外部权威自居的结果，是这些外部权威的内化。

良心最终源于利己，源于自我利益，源于社会和他人因自己品德好坏所给予自己的赏罚。良心的直接起源，或良心的目的是为了满足自己做一个好人的道德需要，但最高的道德需要，或最好、最高的道德境界无疑是无私利他、自我牺牲，所以良心所引发的行为的目的有时能够达到无私利他乃至自我牺牲的境界。这时良心所引发的行为的目的就不仅仅是为了利己，而恰恰是无私利他；绝不是为了得到赏誉，而恰恰是甘愿受到惩罚、自我牺牲。无数新闻前辈宁死也要按照良心行事、宁愿献出生命以唤醒社会良知的事例就充分说明了这一点。

二、新闻传播活动主体的名誉

良心是每个人自身内部的道德评价，人们相互的、外部的道德评价则是“名誉”。新闻传播从业者的名誉是新闻从业者相互的或社会中人们外部的道德评价，是自己对他人和他人对自己的新闻传播行为的道德评价，是自己对他人和他人对自己的新闻传播行为的道德价值的认识、认知、判断、态度、感情、体验、意向、意志、动机等一切心理反应活动。这种心理活动如果是自己对他人或他人对自己的新闻传播行为所具有的正道德价值的肯定性评价，便是所谓荣誉；如果是自己对他人或他人对自己的新闻传播行为所具有的负道德价值的否定性评价，则是所谓的舆论谴责。

一方面，名誉与良心是对立的，是划分具体道德评价的两种相反类型：名誉是外在呼声，是人们相互的、外部的道德评价，是自己对他人和他人对自己的行为的道德评价；而良心是内在心声，是每个人自身内部的道德评价，是自己对自己的行为的道德评价。另一方面，良心与名誉又是统一的，每一方都潜在地影响着对方。当像他人评价自己那样来评价自己时，名誉便变成了良心；当自己像评价自己那样来评价他人时，良心便变成了名誉。

名誉的起源有内外之分。名誉的内部根源，也即个人的名誉心，直接来自于每个人源于人的社会性，最终说来，则在于名誉攸关每个人最为根本的利害。因为每个人的生活都完全依靠社会和他人，他的一切利益都是社会和他人给的。但是，他究竟能从社会和他人那里得到多少利益，无疑取决于社会和他人对他的毁誉。因此，人只要生活于社会之中，便会有极为深重的名誉心。

名誉的外部根源，即人们相互给予名誉的根源，也是人们相互进行道德评价的根源。如果看到他人的行为符合伦理规范，便会因自己希望他人遵守道德的需要和目的得到实现而快乐，

---

① 参见［奥］弗洛伊德：《论创造力与无意识》，211页，北京，中国展望出版社，1986。

便会给他人以荣誉；如果看到他人的行为不符合道德，便会因自己希望他人遵守道德的需要和目的得不到实现而痛苦，便会给予他人舆论谴责。说到底，无非是因为别人是好人对自己有利，而别人是坏人对自己有害。利己、自我利益、他人品德的好坏对自己的利害关系，是引发自己希望别人是好人的道德需要产生的原因，从而也就是最终引发名誉产生的外部原因。因此，名誉的直接起源与其最终起源，就它们的道德价值来说是不同的。因为名誉的最终源头必是利己；反之，它的直接源头，即希望别人做一个好人的愿望有时却是义愤、正义感、疾恶如仇、见义勇为等毫无利己之心的崇高精神。

第二节　良心与名誉的作用

正如前文所述，一个人的行为如果符合道德，具有正道德价值，那么他便会因做一个好人的需要和目的得到实现而体验到自豪的快乐，沉浸于良心满足的喜悦；反之，他的行为如果违背道德，具有负道德价值，那么他做一个好人的愿望和目的便失败了，他便会体验到内疚感和罪恶感，便会遭受良心谴责的痛苦折磨。快乐与痛苦不仅是需要和目的是否得到实现的心理体验，而且是引发一切行为的原动力。因此，良心便一方面通过使个人产生自豪感和良心满足的快乐推动行为者遵守道德，以便再度享受这种快乐；另一方面，则通过产生内疚感、罪恶感和良心谴责的痛苦阻止行为者违背道德，以便从这种痛苦中解脱出来。

一、良心的作用

良心具有使人遵守伦理规范的价值或作用。

既然良心使人遵守道德，并且人人皆有良心，那么，为什么人们还会不遵守道德呢？这是因为每个人的行为都产生和决定于他的需要、欲望、目的，而任何人都不止有做一个好人、一个有良心的人这样一种需要、欲望、目的，因此良心并不是支配生活的唯一权威，决定人们生活中的行为、制约人类自由的权威是很多的。

我们都知道，人的欲望和需要往往不能两全。若顺从良心的欲望做一个好人，便不能顺从、满足其他的需要和欲望，于是诸多欲望和需要之间便会产生冲突。其斗争的结果无疑是顺从、满足比较强大的、起决定作用的需要和欲望。这样，当一个人的良心与其他欲望发生冲突时，如果他的良心的愿望和目的比较强大，他便会顺从良心的指令，遵守道德，而由此产生的自豪感和良心满足的快乐又会推动他继续遵守道德。相反，如果他的其他欲望比较强大，他便会违背良心的指令，不遵守道德。可能他事后会感受到因不遵守道德所产生的内疚感、罪恶感、良心谴责的痛苦折磨，从而或多或少要下定决心，以后不再违背道德。

所以，良心作为道德主体内心的道德法庭，在人们的道德生活中起着极为重要的作用，可以说没有良心也就没有道德。道德之所以崇高，完全是因为人有良心，一个社会最可怕的莫过于正义的泯灭，一个人最可悲的莫过于良心的沦丧。

一个人的良心具有使他遵守道德的作用，这是极有利于社会和他人的。但它是否也极其有利于自己呢？答案是肯定的。因为良心既然能够使个人遵守道德，也就使自己具有美德，美德无疑是经常遵守道德的结果。所以，良心对自己的作用与美德对自己的作用是一样的。就直接作用来说，良心无疑是对自己的某些欲望和自由的压抑、侵犯，因而是一种害和恶；但就间接的、最终的作用来看，它却能够防止更大的害或恶（社会和他人的唾弃、惩罚）和求得更大的利或善（社会和他人的赞许、赏誉），所以，从根本、长远来看，良心与美德一样，对个人是极其有利的，是个人在社会的安身立命的根本，是个人的最根本、最重大的利益。

因此，我们可以得出一条良心强弱与遵守道德以及利害人己的关系的正比例定律：一个人的良心越强，他遵守道德所带来的自豪感和良心满足的快乐越巨大，他违背道德所产生的内疚感、罪恶感和良心谴责的痛苦越深重，他便越能够克服违背道德的欲望而遵守道德，他的品德便越高尚，他便越有利于社会和他人，从长远看，他自己从中所得到的利益也就越多。这是一个人在一个体制健全、机制健康的社会中必然会经历的，也是必然会发生的规律。

二、名誉的作用

如前所述，每个人不但因为具有希望他人做一个好人的道德需要而给他人以名誉，而且因为名誉攸关自己最为根本的利害而会具有极为深重的名誉心。所以，当一个人的行为符合伦理规范、具有正道德价值时，他便会从社会和他人那里得到好名誉、荣誉，他的名誉心便会得到满足，从而体验到巨大的快乐；相反，如果他的行为违背伦理规范、具有负道德价值，那么他便会从社会和他人那里得到坏名誉、受到舆论谴责，他的名誉心便得不到满足，从而体验到巨大的痛苦。这样，荣誉和舆论谴责，也就是名誉的正反面，便通过给予行为者以巨大的快乐或痛苦，从而极有成效地推动他遵守道德、阻止他违背道德。

“众人所指，无病而死”与“众口铄金，积毁销骨”两句格言形象地道出了名誉使人遵守道德的巨大力量。在这方面一个著名的例子是，美国记者凯文·卡特曾拍摄过一张名为《饥饿的苏丹》的照片，照片上是一个苏丹女童即将饿毙跪倒在地，而兀鹰正在女孩后方不远处虎视眈眈，等候猎食女孩。这张震撼世人的照片赢得了1994年普利策新闻特写摄影奖，但引来诸多批判与谴责。当人们纷纷打听小女孩的下落时，遗憾的是，卡特说他也不知道。他说他以新闻专业者的角色按下快门，然后赶走兀鹰，看着小女孩离去。最终卡特难以抵挡来自外界的指责而自杀身亡。

名誉使人遵守道德的力量往往大过于良心。但是，良心是一种使人遵守道德的无副作用的力量，而名誉则是一种使人遵守道德的有副作用的力量。这可以从两方面看。

其一，良心是每个人自身的内在的力量，因而是无可逃避的：它总是使人真诚地遵守道德。反之，名誉却是人们相互的外部力量，是可以逃避的：它既可能使人真诚地遵守道德，又可能使人假装遵守道德。一方面，名誉的巨大力量会使人产生与自己的良心一致的名誉心，即对光荣的渴求。他凭着自己的良心追求光荣，真诚对待社会和他人，老老实实遵守而不违背道德，从而赢得荣誉，避免舆论谴责。另一方面，名誉的巨大力量也会使人产生与自己的良心相反的名誉心，即虚荣心。他昧着良心追求虚荣，欺骗社会和他人，自己并不遵守道德，却设法使社会和他人相信自己遵守道德，从而赢得荣誉、避免舆论谴责。

其二，良心是自己对自己行为的意识，因而总是与个人的行为事实相符；而名誉是对别人行为的认识，因而很容易产生错误。也就是说，一个人所得到的名誉与他的行为事实往往不符：或者徒有虚名，或者枉受诋毁。比如，有些屈己从众、丧失自我的人往往能得到荣誉，而热爱自由、富有创新精神的人却又遭受舆论谴责。此类现象的普遍性使这种错误几乎成为名誉的必然负产品，而名誉具有这样的副作用，也会使人们发生自我异化。

从上述比较我们可以理解，为什么先哲大都盛赞良心却很少盛赞名誉。虽然良心和名誉都是使人遵守道德的极其巨大的力量，但良心使人遵守道德的力量是纯粹的、无副作用的，只会使人遵守道德而不会使人背离道德。与之相反，名誉使人遵守道德的力量是不纯粹的、有副作用的。它使人遵守道德却又往往以使人陷于恶德，以假装、虚伪和自我异化为代价。名誉的副作用几乎是不可避免的，因而只有依靠良心来消解。如果一个人因为追求自由、创新、自我实现遭受了不该得的谴责，他的良心便应该自豪，从而化解这种错误评价的压力；如果他得到了不该得的名誉，他的良心便应该惭愧，进而去追求自由、创新、自我实现。

总之，当名誉与良心发生冲突时，应该牺牲名誉而服从良心。如果服从名誉便会陷入虚荣而背离道德；如果服从良心便会抛弃虚荣而遵守道德。所以，亚当·斯密称名誉是可能出现错误的“直接审判”，而良心则是从来不会错判的“高级法庭”。①

第三节　良心与名誉的评价依据

良心是评价自己，名誉是评价他人，但人们用来评价自己和评价他人的标准应该是相同的。所以亚当·斯密说：“我们据以自然地赞同或不赞同自己行为的原则，似乎同据以判断他人行为的原则完全相同。”②

良心与名誉的评价标准就是各种伦理原则、道德规则、伦理规范。所以，良心与名誉评价的全过程也就是将伦理规范作为标准，用以衡量自己和他人的行为的过程。如果行为符合伦理规范，行为者一方面会得到荣誉，得到社会和他人的奖赏，另一方面则会得到良心满足，得到自我奖赏。相反，如果行为违反伦理规范，那么行为者一方面会受到舆论谴责，受到社会和他人的惩罚，另一方面还要受到良心谴责，受到自我惩罚。所以，良心与名誉的评价过程，就是自己或他人的行为与伦理规范的比较、衡量过程。伦理规范是良心与名誉的评价标准，而自己或他人的行为是良心与名誉的评价对象。

一、动机与效果

行为是受意识支配的实际活动。这表明行为是主观因素“意识”和客观因素“实际活动”

① 参见［英］亚当·斯密：《道德情操论》，138页，北京，商务印书馆，1998。

② ［英］亚当·斯密：《道德情操论》，138页。

的统一体。行为的主观因素被称为动机，而客观因素被称为效果。马克思在分析建筑师的行为时曾这样写道："最蹩脚的建筑师从一开始就比最灵巧的蜜蜂高明的地方，是他在用蜂蜡建筑蜂房以前，已经在自己的头脑中把它建成了。劳动过程结束时得到的结果，在这个过程开始时就已经在劳动者的表象中存在着，即已经观念地存在着。"① 这就是说，建筑师的筑房行为表现为两个方面：一方面是筑房的观念，是头脑中、观念中的筑房行为；另一方面则是筑房的实际，是实际的筑房行为。前者叫做动机，后者便叫做效果。

也就是说，动机是行为的思想意识、心理因素，是行为者对行为目的和行为手段的思想，亦是对行为结果和行为过程的预想。相反，效果则是动机的实际结果，是实际发生的行为，是实际出现的行为结果与行为过程。在现实中，人们往往一方面把行为效果与行为结果等同起来，以为行为效果就是行为结果；另一方面则把行为动机与行为目的等同起来，以为行为动机就是行为目的。这是个双重错误。

（一）行为效果与行为结果从词义上看没有什么区别，但二者实质不同

行为效果不是相对行为来说的，而是相对行为动机来说的。它不是行为的效果，而是动机的效果。动机是行为的观念，效果是行为的实际。这样一来，动机就既包括预期的行为过程，又包括预期的行为结果；效果就既包括行为的实际结果，又包括行为的实际过程。

（二）动机与目的也根本不同

目的属于客观的"行为"范畴，是构成行为的一部分，是为了达到的行为结果。行为的另一部分是手段，是用来达到目的的行为过程。动机则属于主观思想范畴，是对行为的思想、预想，是对行为目的与行为手段的思想、预想。因此，动机不仅包括预想的目的，而且包括预想手段。反过来，只有存在于思想中的目的才属于动机，而已经实现了的目的则属于效果。

了解什么是动机与效果，就可以考察良心与名誉评价究竟是依据动机还是依据效果了。

二、记者品德：定义优秀记者

伦理学是一门研究人类好的性格和品行即所谓道德和德性的学问，研究的对象是"人的优秀性"。人格概念同人的本质属性问题紧密联系在一起，人格具有主体性、统一性、所有性和责任性。人的一切言行谋求着对自己有益的东西即价值，如某种人格、某种情况或某种事物，最广义的价值是指对人的某种益处或坏处。人在日常生活中的行为受制于社会各种规范意识，其中那种不为任何外在强制力量所左右、仅仅基于人们内在的驱动或自律的规范意识称为道德意识。

良心评价和名誉评价实际上都包括两个方面：一方面是对行为本身进行评价，另一方面是对表现于行为的行为者的品德进行评价。那么对行为本身和行为者品德进行评价的依据是否相同呢？如前所述，行为是有机体受意识支配的实际活动：行为虽受意识支配，却不是有意识的、主观的、观念的活动，而是实际的、客观的、物质的活动。因此，行为的道德价值也就不

---

① 《马克思恩格斯全集》，中文1版，第23卷，202页．北京，人民出版社，1972。

是一种有意识的、主观的、观念的活动的道德价值，而是一种实际的、客观的、物质的活动的道德价值。所以，判断行为的道德价值并对其进行道德评价，不能依据行为的观念，而只能依据行为的实际；不能依据思想中的行为，而只能依据实际发生的行为。总之，不能依据动机，而只能依据效果。

行为者的品德与行为相反，是一种有意识的、主观的、观念的东西，而不是客观的、实际的、物质的东西。所以，对行为者的品德进行评价，只能依据动机，而不能依据效果。总而言之，良心与名誉对行为本身的评价只应该看效果，对行为者品德的评价只应该看动机。

（一）优秀记者的定义

中国新闻职业伦理有一个重要的道德使命没有完成，即对优秀记者的定义。因为近些年，记者在中国的声誉受到了不良的影响。下面我们通过一个例子来说明。

孟怀虎这位记者中国知道的人很多，他曾任中华工商时报社原浙江记者站站长、浙江新闻中心主任，2006年11月30日被杭州市上城区法院以敲诈勒索罪判处有期徒刑七年。孟怀虎利用自己的职业和身份，以发表批评报道曝光相要挟，以收取顾问费、广告费或者委托调解费用等形式，向多家单位索要钱款共计人民币373万元。这位利用手中的报道权疯狂敛财的记者，在杭州西湖区拥有豪华别墅，别墅在2002年的价格就高达250多万元，仅花园的面积就有600平方米。[①] 也正是这位记者在法庭上说："拜金主义思想一旦泛滥，淘金行为就必然到来，这就是我从一个优秀记者沦落到阶下囚的深刻的教训。"[②]

在此，我们需要关注的是孟怀虎还称自己没犯罪时是个"优秀的记者"。其理由是："在从事新闻工作20多年中，我敢说我从来没有收取过任何单位的一个红包。"[③] 这就需要我们反思当代"优秀记者"的定义。

按孟怀虎的逻辑，没收过红包的记者都是"优秀"记者，这种对记者的要求是不是"起点"太低了？就如同现在如果有人认为当今社会上没触犯过刑法的、没受过刑事处罚的人都是"优秀公民"，是不能得到社会公众的认同的。

在中国因为类似孟怀虎的"记者"不少（孟怀虎案进行调查的同时，《中国食品质量报》、《经济日报》、《中国工业报》三名记者汪启明、卜军、陈金良都因为敲诈或诈骗财物，被通报全国），可能他们的行为不像孟怀虎那样严重到违法犯罪，但记者搞"有偿新闻"或"有偿不闻"就是例证。所以"记者"这个词在中国某种程度上被污名化了。如前几年在中国流传的一名口头语"防火防盗防记者"就很能说明问题。当然，这个污名化的过程有历史原因。在新中国成立后的历次政治运动中，中国的新闻媒介都是最先加入和主导"作恶"的，媒体"作恶"当然最主要的就是说假话："大跃进"时期"人有多大胆地有多大产"的信息就是媒介用图文的方式传达给中国广大的新闻受众，其说服的方式也就是现在网络上常用的所谓"有图有真相"。这是一个方面。另外，由于各级党政机关等权力部门认为新闻媒介是"党和政府的喉舌"，因此也认为记者只要涉及批评各级党政官员就是"添乱"。因此，公众并不去仔细探究各级党和政府言

---

① 参见《中华工商时报记者孟怀虎被判七年有期徒刑》，载《人民日报》，2006-12-01。

②③ 《记者孟怀虎的敛财之道：一篇文章勒索近百万》，见人民网，2006-10-27。

"添乱"之因，也群起效仿，只要涉及新闻批评，一概斥记者为"添乱"。"添乱"者，吃饱了没事干，惹是生非之同义语也！例如，相声演员郭德纲的弟子对前去采访他们占用公共用地的记者大打出手，而郭德纲却出来叫好，说他的弟子是智斗坏人，将记者归为坏人一类。

凡此种种，记者已然是"污名"在身了。因此，要解决这个问题首先是要界定清楚：优秀的记者指的是具备什么素质的职业人？什么是优秀的记者？

1. 记者的义务心

我们在苏格拉底的例证中已经看到了对待义务的一个典范。作为新闻传播从业者，当选择这种职业时，就已经在道义上"签署"了职业协议、约定。这种协议、约定是人们在自己的自由意志的支配下对众多而复杂的大众传播行为规则表示的一致同意。而每个人所表示的同意，不仅仅表达着自己对这些规则的赞成，而且表达着自己对所在社会的其他成员的一种承诺：我将遵守这些规则。

除此之外，我们还要有对义务的态度和情感，即"义务心"。义务心是内心对义务的敬重和推崇，从新闻传播从业者的角度看，就是采写任务当前，不问自己的一切欲望、喜好和利益，只要确信是自己的义务，就一定履行，在我的心里，义务的分量最重，义务优先，义务第一，在义务面前，一切理由都要让路。这种对义务的"敬重"，虽然有情感的成分，但又不是受外来因素影响的情感，而是由自己的理性养成的，所以与一般的情感不同。对义务的敬重也就是对道德法则的敬重。

因为有对义务的敬重，一个人经过长期的磨砺，在非常困难的情况下仍坚持履行自己的义务，他就会在自己的心里发现这样一种感受：无论我个人的能力多么有限，无论我个人的声音多么弱小，但只要我能够在任何情况下都遵守义务的命令，就使我上升到接近于与法则同一的地位，使我感到自己身上还有超越自身的东西，这东西就是人的高级天性，就是使我得以摆脱由我的感性存在带来的自然作用而独立存在的理性。

2. 记者"优秀"的表现

第一，应坚持新闻报道真实。这是指新闻对客观事物要如实反映、如实报道，做到完全符合事实的本来面目。真实性作为新闻的基本属性，是由新闻自身的规律所决定的，是广大读者的要求，也是报纸、电台、电视等大众传播媒介取信于民的生命所系。"这个国家不正是大家的国家吗？我们用真实架一座桥，让言说者不空谈，让主事者不麻木，让刚烈者不偏激，让脆弱者不沉沦。"①

第二，应坚持新闻报道客观。真实客观是社会与公众对媒体传播最基本的要求。一家负责任的新闻媒体和一位负责任的新闻工作者的首要责任，就是要向社会与公众提供真实准确、充分、全面而又客观的报道。而一切无视公众的知情权，违背新闻报道真实、客观原则，传播虚假新闻或有意隐瞒事实真相的做法，都是有悖于新闻工作者的职业责任和要求的。当然，在新闻传播过程中，由于客观条件和主观因素的存在，使得这种"客观"成为"有条件"的、带有传播者和媒介拥有者主观色彩的"客观"。广大新闻从业者，包括记者、编辑等在内，是新闻传播活动的直接参与者和组织者，也就是所谓的新闻传播过程中的"把关人"，正是由于这一

---

① 《〈南方周末〉新年献词：这梦想，不休不止》，载《南方周末》，2004-01-01。

点，较之其他行业的从业人员来说，新闻从业人员应该具有更高的职业道德水平，在道德行为上具有更鲜明的典范性和社会导向意义。

第三，媒体及从业者要成为追求公正公平的力量。中国的媒体正义有自己的特色。这个特色就是许多老百姓遇到法律纠纷时不找政府、不诉诸法律而偏要找记者。这些事不是都该由地方管吗？他们为什么要到媒体来倾诉不平，寻求公道呢？因为他们觉得舆论比法律有力量。

我们经常在新闻报道活动中看到这种情况：在媒体与记者的努力下，将罪恶的行为曝光，将坏人绳之以法。中央人民广播电台《新闻纵横》栏目曾派出多名记者八下霸州，连续发出八篇追踪报道。针对当地市委主要领导在新闻发布会上所说的“慌乱之中枪不慎走火”，记者进行了独立的同步调查，不管调查多么艰难，记者都紧追不舍，不将事情调查得水落石出绝不罢休，终于使真相大白，直到把乱开枪的坏警察杜书贵送进刑场。新闻报道的文字间激荡着的正义、公理和良知深深地打动了听众。

所谓社会，正如罗尔斯所说，不过是人们相互利益的合作形式。所谓社会行为、人际关系，无非是我为人人、人人为我，无非是一种劳动交换、利益交换、活动交换：一切社会行为说到底都是交换行为。只不过人们的这些交换行为纷纭复杂、种类繁多，而且随着交换行为类型的不同，交换规则亦不相同。[①] 然而，其中最重要的，显然就是等利（害）交换。这个规则，即人类历代相沿、约定俗成地被称为“公正”。

一个个热线电话，一条条热线寻呼，一封封脏兮兮、错别字连篇的信，构成了中央人民广播电台《新闻纵横》节目的主要信息来源。《新闻纵横》节目正是从大量的电话、寻呼和来信中，倾听着社会的不平之音，感受着社会的未尽完善之事，然后投入满腔热情，用话筒表达着对公平、公正、良知和社会正义的吁求。这既体现着一种情感倾向，对受伤害的人、对无助的人、对弱者的深切同情，对不义之人、对贪婪腐败之人、对欺诈渎职之人的深恶痛绝，也体现着一种无法容忍天下不平之事的心理趋向，更体现着一种高尚的道德水准。为绝大部分人的忧乐奔走呼号，本身就是一种高尚的道德。

第四，要坚持以人为本。近年来，党和政府在全面总结了改革开放 30 多年实践的经验和启示的基础上，提出了“坚持以人为本，树立全面、协调、可持续的发展观，促进经济社会和人的全面发展”的指导思想。新闻报道工作要贯彻“以人为本”的精神，就是要把人的尊严和人的价值放在中心地位。如前面提到的 2007 年 5 月 14 日《河南日报》刊登的商丘市两名中学生为抢救落水儿童而英勇献身的事迹。

人文关怀首要和核心的内涵是一种生命意识，是对人类生命的敬畏和关注，并以此作为一切思考、研究和实践的出发点点和归宿。因此，在新闻报道中，对“人”的需求也要有准确的把握，不仅要关注精神层面的“人”，更应关注物质层面的“人”。

3. 优秀的记者以自尊、谦虚、智慧、勇敢为自身修养的目标

（1）自尊。自尊的途径有两种。一种是善的：通过自强自立、奋发有为取得真成就，从而实现其自尊。另一种则是恶的：通过自欺欺人和贬低他人而取得假成就，从而实现其自尊。人的自尊很容易偏离自强自立、奋发有为的善行大道，而滑入自欺欺人、贬低他人的恶行泥潭。

---

① 参见［美］罗洛夫：《社会交换论》，11 页，上海，上海译文出版社，1997。

所以，马斯洛说："我们越来越认识到基于来自他人的看法，而不是基于真实的能力以及对于任务的真正的胜任和适合情况的自尊的危险性。最稳定和最健康的自尊是建立在当之无愧的来自他人的尊敬之上，而不是建立在外在的名声、声望以及无根据的奉承之上。"①

普通人有普通人的自尊，职业人有职业人的自尊，新闻传播从业者也有属于自己的自尊。如中央电视台军事部记者冀惠彦在2003年伊拉克战争打响后仅5分钟，即在现场播出了画面。当有人问他：你为观众真实记录历史是冒着很大的危险的，这些镜头的价值比你的生命还重要吗？他回答说："我觉得这就是一个符号，证明我们中国记者、中国媒体，有能力而且有实力出现在国际重要新闻事件发生的现场。"这就是中国新闻记者职业尊严的体现。

尊者自尊，作为记者尊重采访对象同时也是尊重自己的职业。如尊重采访对象的人格尊严权，自觉维护公民的人身权利，有平等待人的采访姿态。在新闻采访活动中，记者与采访对象的关系，是一种平等的信息互动关系。两者之间的交流，无论是谈话还是问答，无论是笔记、录音还是摄影、录像，都是平等的双向交流。记者只有在尊重采访对象意愿的情况下采集信息的"权利"，而没有强行索取的"权力"。在这里，没有上下等级之分，没有尊卑贵贱之别。即使在闭合式提问采访中，记者的提问也只是为了更好地引导和把握谈话的契机，使之沿着更有利于深入了解事实真相的方向发展。因此，无论是面对达官贵人还是平民百姓，都应一视同仁，待之以平等对话的姿态。那种以"无冕之王"自居的姿态，那种对权贵阿谀奉承、对弱者则颐指气使的姿态，都是与"以人为本"精神相违背的。

（2）谦虚。谦虚是一个优秀的新闻记者必备的品德。如因"一篇报道促进了国家一部法规的出台"的记者陈峰（他是国内第一个采访报道被收容者孙志刚之死事件的记者。通过他的报道，也促成国家收容法规的废止和更为人道的救助规定的出台），在登上"首届记者风云榜"领奖台时，说了如下一段感言："其实我只是一个普通的记者，今天我能够当选，就说明这个社会肯定了我的报道，承认了其中的事实。我认为每一个记者都应该以报道事实为己任，离开了真实，记者这个职业也就失去了存在的价值，没有什么可做的了。这也是我当初选择进入《南方都市报》的原因。正因为有这样一个平台，我才能做出这样的报道。我希望自己能够一直当一个说真话的记者，永远当下去。"② 而另一位记者朱玉（报道在普通药房里卖的知名中成药"龙胆泻肝丸"的配方里含有关木通这种有毒成分，致使这种普通的药成了无形杀手，许多人患上了难以治愈的尿毒症。她的报道使人们不再成为这种药的受害者）也被推介为2003年度的风云人物，她说："新闻是有力的，我是无力的。在开始筹划这篇报道的时候，我就知道这是一个不好做的题目。但当这些社会最弱势的群体发出呼声时，作为一个新闻记者，我无法做到不闻不问，于是就暗下决心，要把每一个环节都搞得清清楚楚，做到无懈可击。在各方的帮助下，这篇报道终于完成了，然而每当想起那些尿毒症患者灰色的脸和他们一贫如洗的家庭时，我都会产生一种深深的无力感，觉得他们就站在悬崖的边缘，自己使劲拉着他们，却又无奈地看着手渐渐地滑落，这种滋味儿真的不好受。被称为年度风云记者是一种荣誉，但

---

① ［美］马斯洛：《动机与人格》，52页，北京，华夏出版社，1988。

② 中央电视台《讲述》栏目组编：《讲述——2003首届中国记者风云榜》，24页，北京，中国大百科全书出版社，2004。

我更高兴的是，这种评选说明媒体对社会的推动作用得到了肯定，而且正在从一种潜流转变为明示。”① 由此可见，这些优秀的记者都具有谦虚的品质和美德。

（3）智慧。智慧是人的一种能力，是人对事物认识、辨析、判断处理和发明创造的能力。一般来说，智慧可分为五种类型：一是观察智慧，即相对完善的观察能力；二是记忆智慧，即相对完善的记忆能力；三是思维智慧，即相对完善的思维能力；四是想象智慧，即相对完善的想象能力；五是创造智慧，即相对完善的创造能力。要拥有智慧，须具备两个条件：才与学。所谓才，就是天资、先天遗传；所谓学，就是学习，就是后天努力。人的天资高低与其智慧的大小成正比：天资越高，便越易于拥有智慧，所拥有的智慧便越大。人如果具有正常人以上的天资，那么他能否取得智慧，便完全取决于学习了。不言而喻，人的学习的努力程度与其智慧的大小成正比。做记者也是一样，有胆识、有谋略的记者也不是天生的，必须在实践中去学习和体会。如有人说：最崇高的职业是记者，最优秀的记者是调查记者，最出色的调查记者是让害人者难受的记者。因为这是一群“让无力者有力，让悲观者前行，让往前走的继续走，让幸福的人儿更幸福”的人。但要做到和做好这一切都需要智慧。例如，曾在《粤港周末》、《南方周末》、《羊城晚报》任记者的赵世龙，他不但要默默地用敏锐的双眼观察着一切、用一身浩然的正气去揭露世间的黑暗，还要避免自己被调查、被威胁、被起诉。他不会为抢快而忽略新闻的真实性，能用巧妙的办法完成看似无法完成的任务。他曾报道披露戒毒女在长洲戒毒所，遭戒毒所管教收受“鸡头”黑钱，被强行带离戒毒所，遭“鸡头”逼迫卖淫的骇人内幕。在调查过程中，赵世龙两次假扮“鸡头”取证，协助公安部门破获此案。一起合作的警员曾称赞赵世龙勇敢、机警、敏锐，有“老公安素质”。② 赵世龙在10年的记者生涯中不但练就了很高的道德智慧，还培养了自己的非道德智慧。

（4）勇敢。亚里士多德认为：“勇敢的人，是那些在对人们可怕的东西，或者显得可怕的东西面前坚定不移的人。”③ 这里的可怕事物，主要是指危险、伤害、痛苦、艰难、孤独、耻辱、贫穷、疾病、死亡等。

孔子说：“勇者不惧。”④ 但勇敢也需要分类。首先，勇敢可分为义勇和不义之勇。蔡元培说：“勇敢而协于义，谓之义勇。”义勇就是合乎道义的勇敢。其次，勇敢还以是否合乎智慧的性质为根据而分为英勇与鲁莽。鲁莽是不智之勇，是得不偿失的勇敢。勇敢规则虽然是相对的，以其合乎道义和智慧为前提，但其为人生或者对一名职业的大众传播从业者来说，是道德规范中很重要的和最基本的。因为要想成为一名有良心和有责任感的记者，想要有所作为，就一定会遇到艰难困苦、伤害、危险，如果没有勇敢精神，是绝不会成功的。因此，蔡元培认为勇敢是人生成功的必要条件。他这样写道：“人生学业，无一可以轻易得之者。当艰难之境而不屈，必达而后已，则勇敢之效也。”⑤ 当记者则更是如此。如曾在《粤港周末》、《南方周末》、《羊城晚报》任记者的赵世龙在10年中曾深入中印边境界山的原始森林，完成跨国寻找驼峰坠

---

① 中央电视台《讲述》栏目组编：《讲述——2003首届中国记者风云榜》，170页。

② 参见上书，155页。

③ 《亚里士多德全集》，第8卷，63页，北京，中国人民大学出版社，1992。

④ 《论语·宪问·述而》。

⑤ 《蔡元培全集》，第2卷，181页，北京，中华书局，1980。

机的大行动；曾曝光湖南嘉禾高考舞弊事件，还曾独家调查报道陕西商洛地区大面积爆发艾滋病等。[①] 赵世龙战胜了惧怕，因为有一种东西让他觉得比个体的生命更重要，让他有不畏生死道出真相的勇气，这就是一位记者的“正义、爱心、良知”。赵世龙是勇敢的记者，是记者中的英雄。

“优秀”对人而言是道德评价，这是一个长期被人考察的结果，不是一次行为所能评定的。优秀的记者应该是具备上述各项品质的记者，而不是有一篇新闻获得了全国好新闻奖，或曾写出过一篇引起社会轰动的新闻。“一个人做一件好事并不难，难的是一辈子做好事”，讲的就是这个道理，这个道理同样也适用于新闻记者：一个记者写出一篇好新闻并不难，难的是他在自己从事新闻工作的过程中一直都兢兢业业地履行自己的道德义务。

“优秀记者”的评价系统也是要为中国新闻事业和人民造就更多的真正“优秀”的记者，而不是造就投机取巧、以“传播权”谋私的记者。记者的职业是要推动社会的文明和进步，而不是为祸于民。

三、评价中应注意的问题

如前所述，道德评价事实上是一种价值评价，即对道德行为做“善”或“恶”的评价，而人们评价道德行为的善恶需要一定的根据，其出发点往往集中于该行为的起点和终点，即动机和效果上面，有关评价应注意以下问题。

其一，对动机和效果统一考察，才不至于片面。如果只考察动机，可能会把善于说大话、空话而一味蛮干的人视为有道德的人。如果只专注于效果，就势必把那些出于善良愿望并尽了最大努力、只是由于客观原因不能达到好的效果的行为看作不道德的行为，这也势必把一些伪善的行为和“歪打正着”的行为视为道德的行为。

其二，在动机的善恶不太清楚的情况下，考察行为的善恶应当注重效果。在总体上坚持统一考察与判断动机和效果善恶的同时，并不排斥在行为的各个环节上有所侧重。相对行为善恶的考察来说，应当把对效果善恶的考察放在首位。这是因为：首先，效果上的善恶相对于动机上的善恶表现得更为明显，直接表现出有利于或有害于社会或他人，容易让人按照一定的善恶标准进行判断。其次，只有弄清楚了效果的好坏，才能进一步去考察动机的善恶。

其三，在行为的动机和效果之间的关系有四种情况：动机善，效果亦善；动机恶，效果亦恶；动机恶，而效果善；动机善，而效果恶。在对整个行为的判断上，显然应当把第一种情况看做善，把第二种情况视为恶。后面两种情况，如果着重于效果的善恶，那么就势必把第三种情况判断为善，把第四种情况一律判断为恶。但是，如果这样，对第三种情况的判断因肯定了伪善，那么就是荒唐的。对第四种情况的判断则不兼顾个人责任以外的因素，是不可能公正的。比如，医生虽然尽了全力去救病人，但由于病情十分严重，并没能挽救病人的生命，但医生的行为仍应被视为善的。相反，在着重于动机的情况下，必然会把第三种情况看做恶的，而把第四种情况看做或善（效果恶但与责任无关）或恶（效果恶而与责任有关）的。如此看来，

① 参见中央电视台《讲述》栏目组编：《讲述——2003首届中国记者风云榜》，226页。

在动机和效果的善恶分别确定之后，再对行为做善恶的判断，结合动机和效果而又着重于动机的善恶，显然是较为合理和公正的。

其四，动机善而效果恶是最常经历到的，也最容易引起公众的争议与评判的情况。因为从动机上看，绝大多数记者的新闻活动往往都有着良好的动机——为了把有价值的新闻传播给公众。但良好的动机并不一定取得良好的效果，有时还会走向反面。

道德评价也构成道德行为选择的一个重要实践根据，影响着人们对道德行为的选择。由于新闻职业接触社会的广泛性和复杂性，其行为常会引起公众的议论。因此，探讨新闻传播中有关道德行为的评价问题，将有助于记者在新闻活动中更好地遵守伦理规范，使自己善良的动机得到有益的效果。

当然，需要注意的是，评价依据问题仅仅说明了人们是怎样进行这些道德评价的，而没有说明人们是怎样进行正确或错误的道德评价的。

第四节 良心与名誉的真假对错

“一个错的或假的良心乃是一个人的这样一种心理状态——他相信一种行为具有而实际上却不具有某种道德品质。”① 而这样的错误认识和错位可能发生于个人，也可能发生于社会，因此，道德的风险也就存在于其中了。任何事情都有两面性，道德也不例外。古今中外，因道德横行而造成的人间浩劫不胜枚举。这是由于人们往往把道德视为善恶的终极裁判者，从而完全失去了纠错机制，构成最大的道德风险。所谓道德风险，就是本来应该给社会（也就是社会中的每个人）带来利益的道德，反而给社会带来损失、灾难甚至浩劫的可能性。防止道德风险应该是伦理学的任务之一。对伦理学的非形而上学化、理性化、科学化是对道德进行有效审查，减少道德风险的最佳方法。

一、评价对错的标准

一般来说，衡量道德“对错”的标准，亦即良心与名誉的感情或意志评价的对错的标准，是社会创造道德的需要或目的，即增进社会和每个人的利益。所以，良心与名誉正确的感情或意志评价的根本特征，便是增进社会和每个人的利益；良心与名誉错误的感情或意志评价的根本特征，便是减少社会和每个人利益。在行为主体的活动过程中，存在着以下两组矛盾。

（一）自我评价与社会评价的矛盾

作为行为主体，报道者对于自己的行为善恶与否以及善恶的程度，往往会先做出一定的自我评价，与此同时，他也必然会从社会和他人那里获得某种社会性评价。由于新闻工作涉及面

---

① 王海明：《伦理学原理》（第三版），北京，北京大学出版社，2009。

广、影响力强，牵动着社会生活的方方面面，所以人们对新闻媒介及新闻传播从业者道德行为的关注要远远超过对其他许多行业道德行为的关注。基于新闻工作特点和现实影响力所引起的社会评价往往是比较强烈的，而这种评价反过来对报道者道德实践过程产生的影响也是比较强烈的。在这种情况下，如果在新闻报道行为中的自我评价和社会评价能够取得一致，其行为指向就可能是积极的，为社会所欢迎的；如果不一致，其行为过程就会受到阻碍，甚至在一定的时空范围内导致消极后果。在新闻工作实践中，这种自我评价与社会评价的不一致是经常发生的，比如心安理得地收受红包或毫无顾忌地抄袭剽窃，往往就是这种自我评价与社会评价严重错位的行为结果。所以，如何认识和处理自我评价与社会评价的矛盾，是每一位新闻传播从业者在新闻传播活动中所面临的一个必须认真加以解决的问题。

（二）主观认知与客观效果的矛盾

主观认知和效果是一切道德行为过程的两个重要因素，这两个因素也是对新闻传播行为进行道德评价的直接对象。人们对某一报道行为或某一篇具体的新闻作品做出善或恶的评价时，总是以其采写的主观认知和社会效果为根据。如果在报道行为过程中主观认知与效果是统一的，对它做出评价就比较容易；如果主观认知与效果之间存在矛盾，对它做出评价就比较困难。而实际上，主观认知与效果不一致，甚至相互对立的情况，在新闻活动中并不少见。比如说，对于一些批评报道，记者的出发点也许是为了惩前毖后、治病救人，但如果用词不当或稍有不慎，就有可能引发负面效果；反之，即不好的或不正确的主观认知却引出了好的或较好的效果。由此可见，对于报道行为单纯强调主观认知或单纯只看客观效果，从总体上来看都是片面的。因为包括新闻报道在内的人的一切行为，都是一个由主观认知转化为客观效果的实践过程，在对这个过程进行科学评价的时候，不应当也不可能将主观认知和效果截然分割开来。一方面，善良的报道主观认知，只有通过在整个采访、写作乃至刊播的过程中始终顾及并时时追求正面的社会效果，才能真正体现出来；另一方面，那种不怀好意、蓄意攻击或诋毁的报道作品，仅仅由于偶然因素“歪打正着”取得的好的效果，也绝不能成为对整个新闻实践过程加以肯定的根据。所以，要想真正坚持对新闻传播行为进行道德评价的客观尺度和价值标准，就既不能仅根据采写主观认知也不能仅根据新闻作品的社会效果来评价新闻报道的选择行为，而只能在实践的基础上将主观认知和效果辩证地统一起来加以考察。这样，我们就不会因为自己在新闻报道行为过程中“愿望美好”而“问心无愧”，也不会因为出现了“正面效应”而“心安理得”。

二、良心与名誉的真假对错之证明

证明良心与荣誉的真假对错要注意以下几点。

（一）如果对评价对象的认识是真的，且评价标准是正确的，那么良心与名誉的认知评价必是真理，感情或意志评价必定正确

例如，如果记者的洁身自好、不拉广告、不搞赞助确实是一种为己利他行为，并且人们所

信奉的以无私利他为最高原则、为己利他为基本原则的己他两利主义道德是正确的，那么人们由此认为记者的想法是道德的（名誉之认知评价）显然便是真理，而对于记者坚持不拉广告、不搞赞助行为的钦佩之情和学习之意（名誉的感情和意志评价）也就都是正确的。我们对于任何人的行为是否道德的评价之所以是真的、对的，岂不都是因为一方面我们对于他的行为事实如何的认识是真的，另一方面我们所信奉的道德是正确的吗？

（二）如果对评价对象事实如何的认识是假的，那么良心与名誉的认知评价必假，感情与意志评价必错

例如，记者在某次采访活动中并没有收受红包，可是不知为何却有人打电话来举报，负责人为此找该记者谈话，并给他以警告处分。于是，他的一些熟人和朋友便认为该记者收受了红包（对评价对象事实如何的认识是假的）。因此，他们便都认为该记者无德（名誉的认知评价是假的），不免露出鄙视之情（名誉的感情评价是错的），并且皆有疏远他之意（名誉的意志评价是错的）。

（三）如果评价标准（即所信奉的伦理规范）是错误的，那么良心与名誉的认知评价必假，感情与意志评价必错

如果我们误以为不为单位和同事谋福利是不道德的（良心与名誉的认知评价是假的），就会鄙视不为者（良心与名誉的情感评价是错的），动辄决定开会批评这种行为和现象（良心与名誉的意志评价是错的）。

所以我们说，良心和名誉任何一个评价的真假对错都是用两个前提来证明的，一方面证明对自己和他人的行为事实如何的认识之真假，另一方面证明所信奉的伦理规范之优劣。

良心的真假对错主要取决于人所信奉的伦理规范之优劣。因此，正确的、好的良心的特点是信奉优良的、正确的伦理规范，而错误的、坏的良心的特点是信奉恶劣的、错误的伦理规范。反之，名誉的真假对错既取决于所信奉的伦理规范的优劣，又取决于对行为事实认识的真假。所以，正确的名誉的特点是双重的：不但所信奉的道德是优良的，而且对行为的认识与事实也是相符的。而错误名誉的特点则在于：要么所信奉的道德是恶劣的，要么对行为的认识与事实不符，要么二者兼而有之。

三、良心与名誉的真假对错认识的价值

正确的良心和名誉的根本的特征是信奉优良道德，我们可以由此得出结论：它们使人遵守的是优良道德。但是，错误的良心和名誉的根本的特征是信奉恶劣道德，我们却不能由此得出结论：它们会使人遵守恶劣道德。因为错误的良心与名誉，就其所信奉的道德来说，可以分为两种：违背人的行为本性因而是人做不到的和不违背人的行为本性因而是人能够做到的。错误的良心与名誉的道德要求，如果违背人的行为本性因而是人做不到的，结果究竟会怎样呢？

违背人性的道德，主要是极端利他主义。它的基本特征，是视自爱利己为罪恶而把爱人无

私、自我牺牲奉为评价行为是否道德的唯一准则。一个人如果与外在的名誉、社会舆论的道德要求一致，真诚信奉极端利他主义，那么按照极端利他主义标准，他便会因自己的任何目的在于利己的行为而遭受背离道德的内疚感的折磨。这样，他便遭受到比信奉优良道德多得多的损害和痛苦。

他不但在个人幸福方面遭受损害，而且在自我品德上也遭受损失，注定要成为伪君子。因为毫不利己专门利人违背人的行为本性，是谁都做不到的。于是，他必定要自欺欺人，把为自己的行为当做是为他人的，因而实际上他没有遵守利他主义的道德。如果一个人并不是真诚地信奉极端利他主义，极端利他主义仅仅是名誉评价、社会舆论的要求，那么他便会阳奉阴违，自觉地变成伪君子。

而错误的良心与名誉的道德要求，如果不违背行为本性，则与正确的良心与名誉的要求一样，是人们能够做到的，不论这种道德是多么荒唐。但是，唯有正确的良心与名誉才能使人做出真正的善行，而错误的良心与名誉必定使人陷入罪恶。

错误的良心使行为者遵守恶劣道德而陷入罪恶，但是并不能由此认为这些按照错误良心的指令而作恶的人的品德是恶的，我们只能说这些颠倒是非、混淆黑白的人的行为是恶的。因为，一方面，评价行为依据效果，评价行为者的品德依据动机。按照错误良心与正确良心的道德指令而行的动机是完全一样的，都是为了满足自己做一个好人的道德需要，都是善的，因而行为者的品德都一样是善的。二者的区别仅仅在于效果：按照正确良心的道德指令而行的效果必定有利于社会和他人，因而这种行为是善的；而按照错误良心的道德指令而行的效果则必定有害于社会和他人，因而这种行为是恶的。另一方面，所谓美德，也就是长期遵守道德——不论这种道德是优良的还是恶劣的——所形成和表现的稳定的内心状态；所谓恶德，也就是长期违背道德——不论这种道德是优良的还是恶劣的——所形成和表现的稳定的内心状态。所以，遵守道德就是美德，违背道德就是恶德。我们只能说信奉错误道德的行为者的行为是罪恶的，但是我们不能说这些行为者的品德败坏。恰恰相反，这些行为者的品德却可能是好的、道德的甚至是十分高尚的。

良心与名誉的真假对错的价值表明：正确的良心与名誉是实现道德的途径——正确的良心是使人遵守道德的内在途径，正确的名誉是使人遵守道德的外在途径。如果人们不是一次、两次、偶尔的行为遵守道德，而是一系列的、长期的、恒久的行为遵守道德，那么道德便会由社会的外在规范转化为人们的内在品德，从而才算真正得到了实现。

新闻与政治密不可分，而“政治都是良知与权力交战的领域，是人类生活中伦理与强制的因素相互渗透与暂时调和的领域”。“人的精神是自由的，其最高证明就是它能够认识到人的意志的不自由。”①

在任何时代我们都呼唤理性，但“理性归根结底是一种工具，既能服务于善，又能服务于恶。理性的一种恶的应用就是把一致性强加于现实之上，凡不符合一致性规律的就会被当做不真实而加以拒绝。理性的另一种恶的应用是建立起一种虚假的可靠性，从而使人背离超越理性

---

① ［美］尼布尔：《人的本性与命运》，258页，北京，宗教文化出版社，2011。

检验的信仰”[1]。基于这个认识，道德认识体系起作用的良心和名誉也是有真假对错之分的。

这里牵涉到一个问题，即媒体是不是只要是奉命报道便无“罪过”，也无所谓需要受到“良心谴责”，无须反思。

关键词

良心　名誉　道德评价　动机　结果

思考题

1. 良心与名誉的作用分别是什么？
2. 良心与名誉是否有真假对错？
3. 为什么道德主观认识和社会客观评价可能产生差别？
4. 简述良心与名誉的真假对错认识的价值。

① ［美］尼布尔：《道德的人与不道德的社会》，3页，贵阳，贵州人民出版社，2009。

第二部分

新闻传播法

第五章

新闻传播法概述

新闻传播法制体系的建立应从国家的性质和任务出发，依据新闻传播活动的特点和规律，科学地制定有关法律。一方面，对新闻媒介及其从业人员的合法行为予以支持、鼓励，最大限度地调动起他们的积极性，发挥媒介的功能，扩大媒介的正面影响；另一方面，对非法的、消极的新闻传播行为要进行及时有效的纠正，使其负面因素减到最低限度，从而建立起公正、有序的新闻传播法律秩序。总之，通过法律对新闻传播行为进行调控，就是要对那些对社会政治、经济和文化的发展具有意义的传播行为方式予以法律上的保障，即将新闻传播的活动及事业运作和个人、组织、群体等传播行为纳入法律规范体系中，以期实现有效的管理。

法律制度是法律规范作用的具体表现，新闻传播行为的法律调控方式是从法的运作方面反映法对新闻传播行为所产生的影响方式和过程。

第一节　新闻传播法的概念及渊源

新闻信息传播活动是一种对国家和社会具有巨大影响力的社会现象，因而当今世界各国都利用法律强制力的方式对新闻媒介及其信息传播行为在一定的范围内进行调控。各国由于社会形态、历史传统以及经济、政治、文化等因素的不同，在对新闻传播行为的法律调控方面所表现出的途径、步骤、范围和程度也都可能有所差别。因此，对新闻信息传播行为采取完全放开的态度与使其绝对自由的国家是不存在的，也是任何一个社会都不能容许的。对新闻传播行为加以法律调控，不仅是法治社会的现实需要，也是建立规范化、有序化信息传播的必然要求。

一、传播法概念

传播法或媒介法，网络普及前主要指规范大众媒介传播的法律，指国家制定和颁布的规范新闻传播活动和各类新闻传播媒介的法律，是调整新闻传播活动中各种社会关系、保障新闻传播活动中的社会公共利益以及规范国家政权机构、新闻媒介组织、公民、法人等在新闻传播活动中的权利义务的法律总称。这里的新闻传播是指社会中借助新闻媒介，如报刊、广播、电视、互联网等向人数众多的、不确定的受众进行的信息传播活动。从语义上说，传播、新闻传播、媒介、新闻媒介都是不同的，但在涉及传播法、新闻传播法、媒介法、新闻媒介法等概念时，其研究对象基本相同。另外，还有研究者将其称为大众传播法、新闻法等。

二、传播法渊源及体系

法的渊源即法的表现形式。在我国，法的渊源包括宪法、法律、行政法规和部门规章、地方性法规和地方政府规章、民族自治地方的自治条例和单行条例、特别行政区法律以及我国参加或缔结的国际条约和国际惯例。新闻传播法，就是指一个国家法律体系中所有适用于新闻传播活动的规定，包括宪法、法律、法规、规章等法的渊源中所有适用于新闻传播活动的法律规范。由于新闻传播法并不是单一的法律文件，也不专属于某一个法律部门，它有广泛的法的渊源，是跨越多个法律部门、涉及多种法律文件的许多法律规范的集合体。为了对新闻传播活动进行有效的规范，新闻传播法应该也必须是由各种渊源组成的一个相对完整的体系。

我国新闻传播法的体系可分为纵向和横向两种结构。中国是实行单一的成文法模式的国家。就法的创制形式而言，法是拥有立法权的国家机关依照法定程序制定公布的具有不同法律效力、不同类别的规范性文件。国家机关制定的法律文件并不是同等的，不同等级的国家机关所制定的法律文件，其法律效力是不相同的。我国各位阶法律中有关新闻传播的规定形成了我国新闻传播法的纵向体系结构。

（一）宪法

宪法是国家的根本大法，是由全国人民代表大会经过特定立法程序制定的，具有最高的法律效力，是国家一切立法活动的基础。我国宪法作为最高法，其规定既具有规范性，又具有高度的原则性、纲领性和概括性。它不可能也无必要对国家和社会生活各领域、各方面、各层次的各种关系都做出具体详尽的规定，但有些条款与新闻传播活动是密切相关的。如《中华人民共和国宪法》（简称《宪法》）第二十二条规定“国家发展为人民服务、为社会主义服务的文学艺术事业、新闻广播电视事业、出版发行事业、图书馆博物馆文化馆和其他文化事业，开展群众性的文化活动”；第三十五条规定“中华人民共和国公民有言论、出版、集会、结社、游行、示威的自由”；第四十一条规定“中华人民共和国公民对于任何国家机关和国家工作人员，有提出批评和建议的权利；对于任何国家机关和国家工作人员的违法失职行为，有向有关国家机关提出申诉、控告或者检举的权利，但是不得捏造或者歪曲事实进行诬告陷害”；第四十七条规定“中华人民共和国公民有进行科学研究、文学艺术创作和其他文化活动的自由”。2004年修宪，在《宪法》第三十三条增列“国家尊重和保障人权”作为该条第三款。与新闻传播相关的法律法规作为普通法律，必须以宪法的这些规定为立法的基础。

（二）法律

在我国，法律特指由全国人民代表大会及其常务委员会制定、颁布的规范性文件，分为基本法律和基本法律以外的其他法律。法律一律由国家主席签署主席令颁布。

基本法律包括刑事、民事、国家机构和其他调整社会生活中重大社会关系的基本原则和基本制度的法律，由全国人民代表大会制定和修改。我国现行法律体系中三组最重要的基本法律——《中华人民共和国刑法》(简称《刑法》)和《中华人民共和国刑事诉讼法》(简称《刑事诉讼法》),《中华人民共和国民法通则》(简称《民法通则》)和《中华人民共和国民事诉讼法》(简称《民事诉讼法》),《中华人民共和国行政诉讼法》(简称《行政诉讼法》)、《中华人民共和国行政处罚法》(简称《行政处罚法》)和《中华人民共和国行政许可法》(简称《行政许可法》),同新闻传播活动都有十分密切的关系。刑法规定犯罪和刑罚,作为最高的禁止性规范,包含了对新闻传播活动的约束和对妨害新闻传播活动犯罪的制裁,在现行《刑法》中,约有二十多种罪名与新闻传播活动相关。民法调整平等主体之间的财产关系和人身关系,而新闻传播活动中大量的社会关系,特别是公民作为受众、被报道者和作者的身份与新闻媒介之间发生的关系,正具有民事关系的特征。《民法通则》对于保障公民在新闻传播活动中的权利从指导思想到实际操作都具有重要意义,比如关于公民人身权利的规定由于近年新闻侵权诉讼案件的频频发生而引起新闻界的极大重视。

我国最高人民法院在适用民法和刑法的过程中对具体应用法律问题所做的解释即司法解释,与法律同样可以作为判决的依据,有些内容直接对新闻传播活动做出规范。民事方面有最高人民法院1993年发布的《关于审理名誉权案件若干问题的解答》、1998年发布的《关于审理名誉权案件若干问题的解释》、2001年发布的《关于确定民事侵权精神损害赔偿责任若干问题的解释》、2012年发布的《关于审理侵害信息网络传播权民事纠纷案件适用法律若干问题的规定》和2014年发布的《关于审理利用信息网络侵害人身权益民事纠纷案件适用法律若干问题的规定》,其中主要内容同新闻报道直接相关,是民法部门与新闻传播活动关系最为密切的几件重要司法解释。刑事方面则有最高人民法院1998年发布的《关于审理非法出版物刑事案件具体应用法律若干问题的解释》,最高人民法院及最高人民检察院2010年发布的《关于办理利用互联网、移动通讯终端、声讯台制作、复制、出版、贩卖、传播淫秽电子信息刑事案件具体应用法律若干问题的解释(二)》,2013年发布的《关于办理利用信息网络实施诽谤等刑事案件适用法律若干问题的解释》等。

其他由全国人大常委会制定和修改的法律,主要调整某一方面的社会关系的具体内容和具体实施方法,其中有许多法律同新闻传播活动有不同程度的关系。例如:(1)关于维护国家安全、保守国家秘密方面,有《保守国家秘密法》、《军事设施保护法》、《国家安全法》、《档案法》等加以规范;(2)关于以行政处罚制裁尚不构成犯罪的传播非法内容的行为,有《治安管理处罚条例》、《治安管理处罚法》的有关规定;(3)关于重要信息的公布,有《统计法》、《测绘法》、《防震减灾法》、《证券法》、《气象法》、《立法法》等法律的有关规定;(4)关于公民、法人的人格权保护,除《民法通则》外,还有《未成年人保护法》、《妇女权益保障法》、《反不正当竞争法》、《消费者权益保护法》、《预防未成年人犯罪法》等对保障特定群体的权益做出规定;(5)关于新闻传播活动中的知识产权,有《著作权法》;(6)关于新闻传播的广告活动,有《广告法》。上述法律所调整的社会关系在不同方面、从不同程度与新闻传播活动发生关联,其中若干条款也就适用于新闻传播活动。

我国至今还没有一部专门规范新闻传播活动或者规范某一类新闻传播媒介的法律。全国人大常委会1955年《关于处理违法的图书杂志的决定》、2000年《关于维护互联网安全的决定》、2012年《关于加强网络信息保护的决定》都只属于有关法律问题的决定。

（三）行政法规

行政法规是国务院根据宪法和法律制定的领导和管理国家各项行政工作的各类规范性文件的总称，其效力和地位低于宪法和法律，但在我国法律体系中也具有重要的地位，是我国法的渊源之一。《立法法》规定行政法规必须由国务院总理签署、国务院令公布。行政法规作为新闻传播法的渊源有三种类型。

一是管理各类媒介的专门行政法规。这就是《出版管理条例》、《广播电视管理条例》、《电信条例》，以及《互联网信息服务管理办法》等。这些行政法规涵盖了所有传播媒介的管理范畴，是我国目前管理传播媒介的最高规范，在现行新闻传播法中占有很大的比重。

二是对新闻传播活动中的某一具体事项进行单项管理的行政法规。如《中华人民共和国外国常驻新闻机构和外国记者采访条例》、《广播电视设施保护条例》、《信息网络传播权保护条例》等。这些单项管理的法规有的制定较早，内容已被吸收到前一类行政法规之中，但还有不少规定至今依然具有实际作用。

三是一些其他领域的专门行政法规中与新闻传播活动有关的规定。例如，《突发公共卫生事件应急条例》就突发公共卫生事件信息发布做了规定；《证券、期货投资咨询管理暂行办法》就报刊发表证券、期货投资咨询文章、评论、报告做了规定；《政府信息公开条例》就政府信息公开的范围、公开的方式和程序以及监督和保障做了规定。这些规定对新闻媒介显然十分重要。

（四）地方性法规、自治条例和单行条例

地方性法规是由省、自治区、直辖市以及省、自治区人民政府所在地的市和经国务院批准的较大的市的人民代表大会及其常务委员会根据本行政区域的具体情况和实际需要，在不与宪法、法律、行政法规相抵触的前提下按法定程序所制定的规范性文件。有关规范报刊出版活动的地方法规，如《北京市图书报刊电子出版物管理条例》、《上海市出版物发行管理条例》等。规范广播电视活动的地方法规，如《山西省广播电视管理条例》、《江西省广播电视管理条例》等。以新闻管理为名的地方法规至今只有一部，这就是1996年河北省人大常委会通过并于2002年修正的《河北省新闻工作管理条例》。有些不是直接规范新闻传播活动的地方性法规，其中有的内容与新闻传播活动相关。民族自治地方的自治条例和单行条例中与新闻传播活动有关的内容也是我国新闻传播法的渊源。

（五）规章，包括部门规章和地方政府规章

部门规章是指国务院所属部委和具有行政管理职能的直属机构，根据法律和国务院的行政法规、决定、命令，在本部门的权限范围内制定的规定、办法、实施细则、规则等规范性文件。就新闻传播法制建设过程来说，由于没有专门规范新闻传播活动的法律，长期以来也没有专门的行政法规，所以新闻传播法的建设是从部门规章开始的。现在实施的几种规范新闻传播活动的专门行政法规，既是以宪法和其他法律有关精神为指导，也是在总结归纳了诸多部门规章中行之有效的规定的基础上制定起来的。至今规章在规范新闻传播活动方面仍然具有重要的

作用。所以讨论中国新闻传播法，就不能不谈部门规章。部门规章大致有这样几类：

一是对行政法规所管理的新闻传媒再分类制定管理规则。例如，主要根据行政法规《出版管理条例》制定的《期刊出版管理规定》和《报纸出版管理规定》，以行政法规《互联网信息服务管理办法》为基础制定的《互联网电子公告服务管理规定》、《互联网新闻信息服务管理规定》。这些分类单行规章对于各类媒介的管理还是不可缺少的。

二是对法律、行政法规有关规定再制定操作性的细则。例如，关于禁止淫秽色情内容，《刑法》中有明确规定，新闻出版署 1988 年的《关于认定淫秽及色情出版物的暂行规定》、1989 年的《关于部分应取缔出版物认定标准的暂行规定》等规章，从实体到程序上为打击淫秽色情出版物提供了详细的依据。

三是对法律、行政法规未及涉及的具体事项制定规则。例如，《出版管理条例》只对由依法登记的出版单位正式出版的出版物制定管理规定，新闻出版署公布《内部资料性出版物管理办法》对管理非正式的出版物做了补充。

地方政府规章，是省、自治区、直辖市和较大的市的政府，根据法律、行政法规和本地的地方性法规所制定的规范性文件。这些地方性规章中与新闻传播活动有关的内容，也是我国新闻传播法的渊源。

（六）香港、澳门特区的法规

香港、澳门地区回归祖国建立特别行政区以后，根据基本法的规定，当地大多数法律继续有效，特区立法机构还根据形势的发展制定新的法规，这些法规中涉及新闻传播的内容也属于我国新闻传播法的一部分。例如，制定于 1887 年、增删修改多次的香港《诽谤条例》，对于完善内地的新闻侵权法，就很有参考价值。香港回归后，又修订颁布了新的《版权条例》。

（七）我国同外国缔结或参加的国际条约中与新闻传播活动有关的内容，也属于我国的新闻传播法源

我国已于 1992 年加入《世界版权公约》和《伯尔尼保护文学和艺术作品公约》。1997 年 10 月我国签署了《经济、社会及文化权利国际公约》，且于 2001 年 2 月经全国人大常委会批准，该公约中关于文化权利的内容与新闻传播活动有关。我国又于 1998 年 10 月签署了《公民权利和政治权利国际公约》（尚待全国人大常委会审批），其中第十九条关于保障表达自由的规定引起新闻传播学界很大的关注。2001 年我国加入世界贸易组织（WTO），相关协议也涉及传媒业，为此我国在“入世”前后对有关的法律、法规如《著作权法》、《出版管理条例》等做了重要修改。

除了新闻传播法的纵向结构体系，还可以将上述不同位阶法律中关于新闻传播的规定按不同的标准进行划分，从而形成新闻传播法的横向体系结构。其中，按照这些规定涉及的新闻传播的不同领域可以将其分为以下几类。

（1）传播内容法。媒介传播内容受宪法中关于言论、出版自由的保护，但它属于可限制的权利。对媒介传播内容的限制，一直是大众传播法的主要内容，例如法律禁止传播煽动性、诽谤性或淫秽色情暴力的内容等。

（2）媒介管理法。不同的传播媒介具有不同的特性，所以要施以不同的管理，如对印刷媒介和电子媒介或互联网的管理是不相同的。在有些国家，创办印刷媒介是不需要许可的，但从事广播电视业则需要批准。另外，对不同性质的传播媒介也要施以不同的管理，如一个社会中可能存在着商业性的以营利为目的的媒介，也存在着以服务公众为目的的公共媒介。在一个法治国家，对这些不同性质的媒介实行法制化管理，通常是通过制定专门法予以规范。

（3）媒介经营法。随着中国市场经济的发展，人们对大众传播作为服务性文化事业和产业的经营性质已认识得越来越清楚了。传播媒介机构或组织通过采集、制作、加工和复制信息以服务社会、组织和公众，并以此获得经济利益，维持大众传播组织机构和从业者的生存。而传播媒介组织机构采集、加工、传播信息的一系列经济交换活动又构成了一个产业链，使传播媒介组织机构的工作成为一种特殊的信息生产加工产业，这些传播产业的经营活动必须通过法律来进行规范。

（4）传播侵权法。这主要是指法律中那些规范并限制媒介传播内容以避免侵犯公众人格权的法律，以及那些涉及如何判断侵犯公众的各项人格权，如隐私权、名誉权、肖像权等的法律，也包括如果发生这类侵权行为，应受到什么处罚的法律，或者说是调节大众传播媒介与公众人格权关系的法律。

综上所述，我国现行新闻信息传播法具有相当广泛的渊源，也形成了相对完备的体系。虽然我国至今还没有一部专门的规范新闻传播活动或规范某一类新闻传播媒介的法律，但是并不等于信息传播活动现在还是无法可依。随着社会法制建设的发展，各个法律部门日趋健全，新闻信息传播活动在事实上也已经不以人们的意志为转移地将逐渐步入法治轨道。当然我国的新闻信息传播法还是不完备的，这也是实情。有法可依、尚不完备可以基本概括我国新闻传播法制的现状。

三、传播法的调整对象

以我国宪法为依托的任何部门法，都是由一组性质相近的法律规范组成的，落实为某一特定领域的法律关系，表现为一定的权利和义务群。新闻传播领域的法律规则也是如此，调整全社会通过新闻活动产生的各种权利义务关系，协调并处理这些关系，既维护国家政府对大众传播媒介的管理，又使新闻媒介及信息传播活动遵循其本身的规律发挥作用。

传播法有着独立的调整对象，即新闻媒体在创设、出版、传播过程中所形成的各种社会关系。新闻媒体，是指报社、期刊杂志社、图书出版社、广播电台、电视台、互联网站等。这些媒体在创立、出版、传播过程中所形成的社会关系有其特殊性。它不是完全意义上的行政关系，因为新闻媒体本身不具有国家行政机关的属性，与广大受众对象没有强制接受和被强制接受的关系。但在中国，媒体一般依附于某一国家机关或社会组织，承担着这些机关或组织的大部分宣传职能。它们之间也不是完全意义上的经济关系。新闻媒介的设立与传播和其功能的发挥，并不完全按照经济规律运行，但在其运行过程中，又离不开许多具体的经济关系。具体来说，新闻传播法律规范调整的对象大致有以下几类。

（1）媒体创设的条件、程序、活动原则。

（2）新闻信息内容合法与非法的界定。

（3）媒体机构与从业者、作者之间的关系。

（4）传播媒介与报道对象的关系。

（5）媒体及传播者与政府、社会团体、群众组织的关系。

（6）媒介与传播者与受众的关系。

（7）传播媒介相互间的关系。

（8）传播媒介在经营活动中的关系。

第二节 表达自由

表达自由是传播法的核心问题。现代民主社会，“言论”被作了扩张性的解释，不仅指传统意义上以声音和文字体现的语言，还包括许多形式的象征性语言，如形体动作、图像、绘画、雕像、音乐等。因此，新闻传播活动理论与实践中的表达自由，涵盖一般国家宪法中所规定的言论自由、出版自由、集会游行示威自由、科学研究和文艺创作的自由及从事其他文化活动的自由、批评国家机关及其工作人员的权利和提出建议的权利等条款。另外，若以言论自由为核心，其内涵还包括搜集、获取、了解各种事实和意见的自由以及传播某种事实和意见的自由。

一、表达自由的价值

关于表达自由的价值这个概念，其中的价值也可以理解为功能、作用或利益。总结前人的研究成果，我们将表达自由的价值概括如下。

（一）对于个人的价值

1. 自由表达本身即是目的，自由表达带来快乐，它是自我实现的组成部分，并促进个人才能的发展

自由是指不受外在控制的自主与自决，本身就是一种善，是人之为人的一个首要条件。在古希腊、古罗马时代，自由是一个公民区别于奴隶的标志。言与行则是人类存在的两种根本方式。言论的自由抒发能够使表达者享受到作为一个独立自主的自由人的满足，从而使其有做人的自尊感。

自由赋予一个人作为人的尊严。一个自由人被视为拥有正常理性以判断是非、拥有道德能力以区别善恶的人，一个能够有效地自理与自控的人，一个能够做出自己的选择的人。这样的一个人，自主地搜集他所需要的信息，听取他所感兴趣的观点，然后运用理性加以分析，并且根据自己的经验形成判断，做出选择或决定：它们是真实的还是虚假的，有益的还是有害的，

是公正的还是不公的？如果有强制力量认为，他不适宜听到这些信息和意见，否则他就会被蛊惑或被误导，步入歧途，走向反动或堕落，那么这种力量实际上把他视为一个在理性和道德能力上不能自立的人。这种认识无疑降低了这个人的内在价值，贬抑了他作为一个人应有的尊严。因此，尊重人们表达的自由也是尊重人的尊严。

压制言论不利于一个人德性的发展和道德人格的健全。若一个人不能表达他的意见或不得不放弃他所坚持的信念，他的内心必定是痛苦的。而当他不得不表达他所反对乃至厌恶的意见，特别是必须交代自己的“谬误”和附和他人的“真理”时，他的痛苦则更甚。他惮于受到惩罚，惮于被剥夺某种利益而谨言慎行，猥琐卑陋。不等别人对他贬抑，他就自我贬抑了，因为他知道自己是个懦夫，不敢说出真话。而在同时，会有另一些人，为了追逐现实利益而颂扬那些他们自己并不相信的信仰和并不忠于的思想，他们成为自愿的说谎者而自甘堕落。因此言论不自由的时代必定是一个谎言流行、人格扭曲、道德堕落的时代。我们不能说言论自由会使人们全都说出真话，在任何时候都会有人故意说假话和造谣言，但是言论自由至少能够使那些不想说假话的人可以不说假话。这样言论自由实际上就为人们提供了人格健康成长的必要和正常的环境。

2. 自由表达是个人增进知识和获得真理的一种手段

言论自由有助于我们增进知识与获得真理。当我们可以自由地认识一切事物、自由地抒发我们对于一切事物的认识和看法时，真理就在与谬误的斗争中显现。大众应该是有理性的，人们要作出一个正确合理的决定，就应该倾听各种各样的信息和意见，特别是对立方的意见，而且还应把自己的判断置于公众的质疑与挑战下，不断进行修正。在这个过程之中，人们所拥有的真知会越来越丰富。

人们共同认识的过程不可避免地要注意以下四个方面：

(1) 如果被权威压制的意见是正确的，那么人们就失去了获得一个正确的认识的机会，这自然是不应当的。

(2) 即使被迫缄默的意见是一个错误，它也可能是而且通常总是含有部分的真理。而另一方面，被公认为正确的意见也难得是或从不全部是真理。因此，只有借助对立意见的冲突才能使不完善的真理有所完善。

(3) 即使公认的意见不仅是而且全部是真理，若不容它去接受猛烈而认真的挑战，那么它就会逐渐退化成一个教条。坚持它的人们并不能够深刻认识它的合理性，而实际上与坚持一种偏见的情形是一样的。

(4) 在上述情况下，原则定规也有可能丧失或减弱它作为真理的本来意义，并有可能失去对人们品行的陶冶作用，因为有些原则定规已变成一种纯粹的形式和术语，不仅对于优良生活是无益的，而且妨碍人们以理性或亲身经验去体味真理和培养真正的信念。

因此，人类社会中美好、正确的思想只有通过思想的自由交换，才比较容易获得。

（二）对于社会的价值

1. 促进社会稳定与发展

作为保证社会成员参与社会的、政治的决策过程的一种方式，言论自由如同一个社会的安全阀，能够缓释社会的不稳定因素，增进社会的稳定以及维持社会稳定和变化之间的平衡。

任何社会中的大众都难免对社会有不满情绪，不满之中往往包含着改善制度所需要的智慧和动力。观点的对立和意见的多样是社会的常态，是必要的和有益的。它给予社会以活力，培养社会适应新的境况的能力，推进社会的新陈代谢过程。

社会稳定与社会发展是相辅相成的，言论自由在这一相辅相成的过程中发挥着不可或缺的作用，这一作用尤其体现在一个社会的改革时代。改革是一个涉及千家万户的切身利益的事业，错误的改革措施往往引起社会的震荡。因此不能压制利益相关者的意见，人民的广泛参与是改革稳步推进的最大保障。同时改革成功所需要的智力资源是广泛的，这不是一个人或少数人所能提供的，最有成效的改革措施往往是人民群众在实践中探索而得的。没有言论自由，人民群众的原创力就得不到充分的发挥。为了社会的稳定和发展，改革的时代是一个尤其需要言论自由的时代。

2. 维持与健全民主政治

言论自由促进着社会内不同群体之间和政府与公民之间政治上的相互信任关系，是制约公共权力走向非民主的重要保障。言论自由对于国家政治具有三种功能。

(1) 民主对话。任何一个社会，特别是现代社会，不可能是完全同质的社会，都存在着不同的政治、经济、文化群体或阶层。它们如果愿意相互共存以形成一个政治共同体，必须解决那些公共问题，并在谋求公共问题的解决中达到一定程度的共识。共识不是强加于每个社会成员的，而是通过“对话”形成的。对话意味着公民之间、不同群体之间对于公共问题的意见的相互交流。对话不仅是平等的，而且是自由的，否则共识便是虚假而不是真实的，基于强力而不是基于自愿的。

(2) 制约。一方面是言论自由对多数权力的制约，另一方面是对政府权力的制约。言论自由不仅是表达“正确的”、与社会主流观点相一致的意见的自由，而且是表达“错误的”、为社会大众所反对甚至厌恶的意见的自由；不仅是多数人宣传、实践其纲领路线的自由，而且是少数人申说其政治主张的自由；不仅是批评和质疑占统治地位的政治理念的自由，而且是将边缘政治理念转化为主流政治理念的自由。在一个民主社会中，多数的意见实际上是不需要保护的，而少数的观点则常有遭受压制之虞。因此，言论自由的核心意义在于保护那些偏离社会整体价值观的言论，“一旦脱离这一认识，就很难发现言论自由的意义了”①。检验一个社会言论自由的真实性的最可靠的标准是少数意见受保障的程度。从历史上看，我国社会有关言论自由保护的传统观念相当落后。早在春秋战国时期，儒家的创始人孔子就主张“非礼勿言”，汉代儒家代表人物董仲舒曾向汉武帝建议“罢黜百家，独尊儒术”。这就不难理解中国历史上“焚书坑儒”、“偶语弃市”、“文字狱”等一系列悲剧性事件为什么会发生了。

案例5—1

“彭水诗案”令司法公正蒙羞

2006年8月中旬重庆彭水县普通职员秦中飞填了一阙《沁园春·彭水》：马儿跑远，伟哥滋阴，华仔脓包。看今日彭水，满眼瘴气，官民冲突，不可开交。城建打人，公安孱尸，竟向百姓放空炮。更哪堪，痛移民难移，徒增苦恼。官场月黑风高，抓人权

① 转引自侯健：《言论自由及其限度》，载《北大法律评论》，2000 (2)。

财权有绝招。叹白云中学，空中楼阁，生源痛失，老师外跑。虎口宾馆，竟落虎口，留得沙沱彩虹桥。俱往矣，当痛定思痛，不要骚搞。

词的前三句，嵌进了前任县委书记马平、时任县委书记蓝庆华和县长周伟的姓名，语含讥讽。后面的内容，则涉及该县广受注目的政府管理、公共事务和公共事件。秦中飞曾把这首词用手机短信和QQ向多位朋友发送。8月31日，警察搜查了秦中飞办公室的电脑，没收了他的手机。他被带进公安局，当晚铐在二楼值班室。第二天，警察对秦中飞进行了两次审讯，同时搜查了他的家，查收了他的电脑，令他交出QQ号。9月1日晚，公安局决定以涉嫌“诽谤罪”对他实行刑事拘留，转移至彭水县看守所。在接下来的十多天里，警方按照短信里的句子逐条提问。从9月2日开始，数十位收到过秦中飞这条信息的朋友和同事被传唤到公安机关讯问，以追查短信背后的动机。9月11日，正式执行逮捕。9月28日，变更为取保候审。总共关押29天。9月19日，李星辰（彭水籍，住重庆市）在个人博客上记载了这桩公案。消息迅速传开，引起全国舆论哗然。

重庆市有关部门随即组成调查组展开调查。2006年10月24日，彭水县政法机关认定秦中飞无罪，撤销此案，并向他道歉、发放国家赔偿金2 125.7元。县检察院主动提出申请国家赔偿，仅仅隔了一天，赔偿兑现，这也创造了中国司法赔偿速度之最。这起案件被舆论称为“彭水诗案”。重庆市调查组核实后认定，这是一起政法部门不依法办案、党政领导干预司法的案件。参加两会的一些全国人大代表和全国政协委员说，发生在重庆市的“彭水诗案”堪称现代版的“文字狱”，是民主法治时代粗暴压制言论自由的行为，令司法公正蒙羞。

资料来源：《部分代表委员抨击一些党政官员干涉“彭水诗案”使司法公正蒙辱》，见新华网，2007-03-04。

言论自由对政府权力的制约作用表现为言论自由的舆论监督功能。在一个民主社会中，公民享有了解政府事务的权利，享有揭露和批评政府机构及官员的滥用权力等不当行为的自由，这对于公共权力的行使可以起到一种监督与制约的作用。政府及其官员若违反宪法、法律或其他规定，甚或违反社会公德，皆可能构成不当行为。当一个公民认为政府官员行为不当时，他可以将之揭露于众，并加以谴责，唤起公众对这些行为的注意和反对。关于这一点新闻媒体在舆论监督中发挥着重要，甚至是主要的作用。但是也不能够忽视公民的其他表达方式，如因官员腐败或司法不当而引起集会游行示威、控告申诉检举上访以及在一个具体的社区和单位中口口相传的舆论声讨所起到的分散、广泛的作用。

（3）互信。民众与政府维持一定的信任关系是民主政治存在的基础，这种信任关系表现在两个方面：一方面是不同的公民群体不仅对于相互之间可以生活在同一个政治框架之中拥有信心，而且对于作为共同游戏规则的政治法律体系也具有最低限度以上的共同信任。另一方面是公民与经他们直接或间接选举产生的政府之间也是相互信任的。很显然，如果没有第一种信任关系，社会必然分裂为不同的政治共同体，社会是不稳定的；没有第二种信任关系，政府的基础是不稳定的。当这些有关政治秩序、制度和人事的原有信任关系出现裂缝或时，便会出现问题。民主是一个社会中各不同群体的共同事业，共同建设民主事业是在维持与促进这两种信任关系的条件和目的下进行的。当然，维持与促进这两种信任关系的方式和途径有很多种，但其中最主要的方式和途径可能是对于民主政治所面临的公共问题和公共事务可以做自由、公开、平等的讨论。

在言论自由对于民主政治的对话、制约与互信功能中，对话是基本功能，制约和互信是派生功能。

美国新闻法专家艾莫生在他的专著《宪法第一修正案的一般理论》中，指出表达自由的社会价值有以下三个。

第一，寻求真理的手段。按照西方传统的观点，表达自由对增加知识和发现真理是最好的方法。这个命题的根据是，一项最健全、最合理的判断，是在考虑了各种正反意见的基础上做出的。因为人的判断常常受到人的感情、偏见或个人的利害支配，是脆弱的，可能经常出现错误；人的判断可能因为信息与洞察力的不足或不恰当的思考而受到损害。因此任何一个人都难以做出完美的判断，必须由其他人补充、修正、提炼或给予拒绝。因此为了追求真理，每个人必须倾听关于该问题的各种意见，尤其应该倾听反面的意见。

如果压抑信息与意见的争论，就会妨碍最合理的判断，妨碍新思想的产生，导致错误的蔓延。不论新的意见看来多么荒谬、多么有害，也应该允许其发表。因为即使一般不被接受的意见也可能是真实的，至少部分是真实的。即使新的意见完全是错误的，它的提出与讨论也非常重要，因为它可以加深人们对业已接受的思想的理解。

第二，保障社会成员参与国家决策的方法。探寻真理的目的是什么呢？从实践层次来看，就是为了发展和提高国家决策水平。因为作为一国的领导人不可能在没有公众意见的支持下管理好国家。民主统治形态的运行离不开表达自由，民主在组织化的社会中的根本原则应该是，社会中的任何个人均拥有形成自己信念并将其自由地传达给他人的权利。

第三，维持社会稳定与变化均衡的手段。这个理论也可以称为“出气口”理论。如果一个社会压抑表达自由，那么积累的不满就会日益增多，最后总有一天要爆发，造成社会的不安。艾莫生认为，压抑讨论，就不能做出合理的判断，对表达自由的压抑会助长顽固与愚昧，阻碍社会环境的变化和新思想的发展。压抑表达自由，还会掩盖社会面临的严峻问题，妨碍这种问题的解决；压抑表达自由，还可能将反对派赶入地下，使他们感到绝望。在这种压抑下，社会的活力会被削弱以至最后丧失，其结果是彻底的爆发。相反，根据政治公开的原则，自由讨论并不会使社会分裂，反而会成为社会稳定的力量。在更为广泛的意义上，如果允许人们完全自由地阐述自己的观点，即使社会的决策与其个人意见相反，他们也会愉快地接受、服从社会的共同决定。因为他们会认为，自己受到了社会生活合理准则公正的对待。

由此看来，我们应重视对表达自由保护的制度设计，以不同的法律规则保障具有公共性质的表达自由和具有私人性质的表达自由。我国宪法作为法律之法只确认了表达自由，但没有对不同性质的表达自由给予区别，从而也就缺乏对其不同内容和程度的法律规则保护。表达自由，特别是具有公共性质的表达自由的保护不但需要宪法的上位法依据，同时有赖于具体部门立法的细化落实。比如，尽管我们在一定程度上享有新闻自由多年，却没有一部完整的新闻法保障新闻自由，削弱了新闻传播媒介的社会监督功能的发挥，干涉新闻自由和新闻侵权的事件时有发生，而干涉或侵害新闻自由的背后真正受到侵害的还有公民基于公共利益的表达自由。

透视新闻自由可以看到，有相当多的问题悬而未决，如执政党在新闻自由保障中的地位问题、媒体记者权益保护问题、媒体喉舌功能与信息沟通功能的关系问题、新闻监督基本原则问题、媒体新闻自由与公民言论自由的关系问题等，实践中某些问题处理因缺乏法律依据反而给侵犯公民表达自由的行为提供了漏洞或机会，而大凡法治比较成熟的国家和地区均有相关具体法律予以保障。另外，表达自由的保障要突出程序保障的价值和意义。一种表达或一种言论是否具有公共性质，有时从实体上难以判断，从而使程序对表达自由的保护具有特别的意义。制度的设计需要突出程序的可操作性，对公民行使申诉权中的公共言论也需要上升到制度高度予以重视并及时处理，而不是采取简单的压制甚至是强制手段激化矛盾。

政府在限制表达自由中的作用权力须依据法律定位。具有公共性质的表达自由尤其需要一个更为宽松的环境。我们允许这些不同言论的表达主要不是出于喜欢，而是这些表达可能有助于我们做出正确决策，少犯错误、少点失误，从而使有关国家利益、公共利益和集体利益的决策建立在更加理性、科学和民主基础上。

二、我国法律关于表达自由的规定

表达自由是以语言、文字、音像、电子、艺术或其他形式表达意见、寻求信息、接受观念、传播思想的自由。它对人类的生存和发展具有极其重要的意义。在很大程度上，人类社会政治制度的变革、经济组织的演进、科学技术的提高都离不开言论的自由传播和广泛交流。人类社会前进的每一步都与言论自由密不可分。因此，人们通常把言论自由称为“第一权利”，是人类最重要的、潜力巨大的、活动的资源。从某种意义上说，表达自由的保障程度反映了一个国家的经济、社会发展水平。

（一）言论出版自由（新闻自由）

言论自由一般被定义为公民有发表意见、交流思想、抒发感情、传递信息、传授知识等而不受干涉的自由。作为一种法律制度，我国宪法规定的出版自由主要是在宪法和法律许可的范围内，公民有著述、发表、出版书刊，表达自己的思想和意见的自由，并依照法律的规定，有权从事著述、出版、印刷、发行的活动。因此，出版自由是言论自由的一种表现形式，是将言论固定化的一种方式，在本质上可以被看作言论自由的自然延伸。因为言论自由不仅指人们可以用嘴巴讲话或在小范围内进行思想交流，还主要是指人们可以利用现有的物质条件，如出版印刷物来达到表达意见的目的。由于最早的新闻传播方式主要是印刷媒体，因此言论出版自由也可以指新闻自由。

（二）文学艺术创作自由

公民享有进行科学研究、文学艺术创作和其他文化活动的自由（《宪法》第四十七条），是指公民可以根据自己的旨趣和爱好，结合时代与社会发展的需要，不受限制地创作各种艺术作品、发挥自己的创作才能的自由。这主要包括两个方面的内容：其一是选题自由；其二是艺术创作过程自由。从选题自由来讲，创作人员选择什么样的题材、采用什么样的叙事手法、使用什么样的表达工具等，除了受到他自己的世界观和物质基础限制外，不应当因选题而受到任何外来的干预、压制或承担任何不利的后果。

（三）科学研究自由

科学研究自由又被称为学术自由，是指公民有按照自由意愿从事自然科学和社会人文科学研究工作的自由，并都有就有关学术问题传播发表意见和交流看法的自由。这里所说的研究既包括对理论问题的研究，也包括对与社会密切相关的实际问题的探讨。

（四）从事其他文化活动的自由

《宪法》第二十二条规定："国家发展为人民服务、为社会主义服务的文学艺术事业、新闻广播电视事业、出版发行事业、图书馆博物馆文化馆和其他文化事业，开展群众性的文化活动。"这其中涉及的所有正当健康的文化活动自由都受到法律的保护。

我国宪法除规定了公民的自由权利之外，还通过立法保障上述权利的实现。如全国人大及其常委会制定了《刑法》、《民法通则》、《未成年人保护法》、《商标法》、《著作权法》、《专利法》、《档案法》、《保守国家秘密法》、《集会游行示威法》、《科学技术进步法》、《促进科学技术成果转化法》、《邮政法》等法律。这充分说明，我国法律保护言论自由的范围极为广泛。在司法领域，人民法院依法独立行使审判权，公正执法，保障当事人享有充分的诉讼权利以及包括言论自由在内的各项权利。

言论是介于思想与行动之间的一种事物。思想是内心的意见、信念、见解和要求。行动是具体的行为，旨在将某种思想付诸社会实践。言论的目的不仅在于表达思想和内心要求，而更在于将思想和信息传播给他人、使之接受和相信，在于唤起更多人的身体力行、实践这种思想。在某些情况下，言论纯粹是思想的流露，不过是思想的外在形式，与言者所欲求的行动有着遥远的距离。而在另一些情况下，言论本身即是行动，发表言论即实现了言者所欲求的现实目的。前者如宣扬一种新的政治理念。在更多的情况下，言论是介于思想与行动之间的一种事物。问题的关键在于，言论距离实际的行动有多远。

言论与实际行动之间的距离与一系列复杂的因素有关。有关言论的特点的因素可列举如下。

（1）言论的内容是具体的还是抽象的。抽象地谈论一种社会制度的弊端，难以唤起现实的行动；而直接煽动的言论则与现实行动有着更密切的联系。

（2）言论与行动之间的时间差。言论与现实行动的时间距离越远，言论的影响可能越小，因为这中间可能介入了其他影响因素；而距离越近，则影响越大。

（3）言论的场合也是一个判断因素。当言论与行动之间的因果关系是直接的，言论是促成行动的最主要乃至决定因素时，言论者便要为随后的行动负责。所以，如果言论所追求的行动是有害于他人和社会的、构成法律惩罚的对象，那么言者就必须负法律责任了。

宪法中的"言论自由"是有限度的，这个限度对发言者来说是指发言主体可以自由地表达而不必担心受到法律制裁的界限，对执法者来说是超过了什么样的"度"将对发言者绳之以法。因此，关键在于如何清楚地说明言论自由的限度；如果不能恰当地说明言论自由的限度，任何探讨言论自由的理论都是没有支撑点的。

每个社会所确立的言论自由的限度实质上也是施限者和受限者斗争过程中暂时取得的平衡的结果。这也可以说是“利益衡量”的方法，即对两种或者两种以上相互冲突的利益进行分析和比较，找出其各自的存在意义与合理性，在此基础上做出孰轻孰重、谁是谁非的价值判断。这里所称的“利益”必须是最广义上的，并不局限于经济性质，是要考虑最大多数人的集合利益。

在我国，随着社会向健康文明的方向发展，公民的宪法权利越来越受到重视。这就要求新闻媒体不但要以法治国为目标引导舆论，还要自觉遵守宪法。

三、世界各国对于表达自由的规定

正因为言论自由对于社会发展具有如此重要意义，所以人们不仅把它当做一种信念，而且把这种信念用法律加以确认和保障；不仅把它作为国内法内容，而且还以国际宣言和条约的形式加以规定。

（一）世界各国对表达自由的保障

《世界人权宣言》指出：“人人有权享有主张和发表意见的自由；此项权利包括持有主张而不受干涉的自由，和通过任何媒介和不论国界寻求、接受和传递消息和思想的自由。”又如，《公民权利和政治权利国际公约》（简称《公约》）第十九条规定：“一、人人有权持有主张，不受干涉。二、人人有自由发表意见的权利；此项权利包括寻求、接受和传递各种消息和思想的自由，而不论国界，也不论口头的、书写的、印刷的、采取艺术形式的或通过他所选择的任何其他媒介。”

除此之外，《德黑兰宣言》、《维也纳宣言和行动纲领》、《美洲人的权利和义务宣言》、《欧洲人权公约》、《美洲人权公约》和《非洲人权和民族权宪章》等国际人权宣言和公约对言论自由都做了规定。

迄今为止，绝大多数国家都在自己的宪法中确认了公民的言论自由。据研究资料表明，某些国家对公民权利和政治权利（包括言论自由）的规定与《世界人权宣言》及与其一脉相承的《公约》存在着较大的关联性。许多国家制定了有关言论自由的专门法，把宪法有关言论自由的规定具体化，如美国较有代表性的《统一实施的单一出版物法》、《新闻自由法》、《阳光法案》、《记者保护法》，英国的《煽动兵变法》、《淫猥出版物法》、《国家机密法》和《出版自由规则》等。随着时间的推移，这些法律的内容大都经过多次修改——其中的许多次修改都是参照《公约》进行的，逐步取消了法律中的各种不合理限制。比如，英美等国曾经先后实行过出版物的事先审查制，但现在都已废止。

在《公约》的共同标准之下，各国在言论自由的保障制度和措施方面存在着《公约》允许的不同做法。这是由各国的不同国情决定的。例如，由于政治传统不同，美国和西欧国家容忍对政治家的政治活动承受比普通个人更强烈的批评，而在阿尔及利亚、智利、洪都拉斯等国，对总统、内阁成员、军事领袖等身居要职的人进行批评则可能受到刑事处罚。由于法律体系不同，隶属于普通法系的国家大多以金钱来赔偿受到新闻侵权的当事人，而在大陆法系国家，则通常不采用这种方式。由于对同一项权利的认识不同，英国的法庭可能就某个相对含糊的叙述而强迫记者公开他的信息源，瑞典的记者在同样的情况下却受到严格的保护。事实上，由于言论自由涉及问题的广泛性、复杂性、敏感性以及各国司法制度、司法技术等方面的巨大差异，试图使《公约》确立的言论自由原则和标准在各国得到完全一致的实现几乎是不可能的。那种醉心于把自己国家对某一人权的理解强加于其他国家或国际社会的做法，必然走入人权保障的误区。

虽然各国在言论自由方面取得了巨大的成就，但与《公约》所确立的标准相比，仍然存在着一定的差距。许多国家，包括美国和绝大多数西欧国家，仍然实行法律外审查制度，有的国家因紧急状态或反恐怖主义立法而任意停止公民的言论自由，有的国家因种族或宗教冲突而压制言论自由，有的国家喜欢以电话窃听的方式来控制新闻机构，有的国家为了掩盖第二次世界大战的暴行而全面审查学校的教科书，有的国家在选举期间执政党与反对党在言论方面享有的资源严重不均，有的国家不承认妇女的投票权而剥夺了妇女在政治生活中的言论自由等。以上情况表明，人类社会要消除言论自由的各种不合理壁垒，全面、充分地实现个人的言论自由，还有很长的一段路程要走。

（二）世界各国对表达自由的限制

无论是国际公约还是各国宪法，在宣告言论自由为一项基本人权并以法律保障的同时，都对这种自由权利的行使规定了相应的限制。

《公民权利和政治权利国际公约》第十九条规定：言论自由的行使“带有特殊的义务和责任，因此得受某些限制，但这些限制只应由法律规定并为下列条件所必须：（甲）尊重他人的权利或名誉；（乙）保障国家安全或公共秩序，或公共卫生或道德”。有关这种限制，在其他国际或区域性人权公约中都有规定，其中，以《欧洲人权公约》最具有代表性。该公约规定：“上述自由（指言论自由作者注）的行使既然带有责任和义务，就得受法律所规定的程序、条件、限制或惩罚的约束；并受在民主社会中为了国家安全、领土完整或公共安全的利益，为了限制混乱或犯罪，保护健康或道德，为保护他人的名誉或权利，为了防止秘密收到的情报的泄露，或为了维护司法官的权威与公正性所需要的约束。”

据相关统计，世界各国大约有 142 部宪法，其中有 124 部规定了发表意见的自由。[①] 这些国家在肯定言论自由作为一项基本人权的同时，为防止这项权利的滥用，也都对这种权利的行使做了限制。

作为法国《宪法》序言的《人权宣言》规定：“自由表达思想和意见是人类最宝贵的权利之一，因此，各个公民都有言论、著述和出版自由，但在法律所规定的情况下，应对滥用此项自由负担责任。”巴西《宪法》规定：“除每个人依照法律规定对其在娱乐和公开表演中所犯的越轨行为负责外，思想、政治或哲学见解可以自由表达，以及提供信息不受检查。通信权利受到保护，出版书籍、报纸和期刊无须当局许可。战争、扰乱秩序的宣传或宗教、种族或阶级偏

---

① 参见［荷］亨利·范·马尔塞文：《成文宪法的比较研究》，149 页，北京，华夏出版社，1987。

见的宣传，以及与道德及良好习俗背道而驰的出版物和放肆行为都将是不可容忍的。”印度《宪法》第十九条第一款规定，一切公民均享有“言论和表达自由”，但第二款规定：“为维护印度主权完整、国家安全、与外国的友好关系、公共秩序，礼仪道德，或由于涉及藐视法庭、诽谤或煽动犯罪等问题而对上述第一款第（一）项施加合理限制，也不妨碍国家为此制定法律施加此类限制。”埃及《宪法》规定：“每个公民的思想和言论必须得到保障，在法律规定的范围内有权表达自己的意见”。美国关于言论自由的规定也见于各州宪法，如纽约州宪法规定：“每一公民对于任何问题，均有写作、口述或出版其意见的自由，但须自负滥用此项权利之责任。”伊里诺伊州宪法规定：“每个公民均能自由写作、口述或出版各种问题之文字，但若滥用其权利时须自负其责任。”

四、我国对表达自由的规定

规定言论自由的各国宪法大都说明了这一权利的相对性。我国《宪法》第五十一条明确表示：“中华人民共和国公民在行使自由和权利的时候，不得损害国家的、社会的、集体的利益和其他公民的合法的自由和权利。”《刑法》第一百零三条规定了煽动分裂国家罪，第一百零五条规定了煽动颠覆国家政权罪，第二百四十九条和二百五十条明确禁止散布煽动民族仇恨之言论，第二百二十一条和二百二十二条规定了对于商业性言论的限制。《刑法》第二百四十三条和《民法通则》第一百零一条规定了对侵犯公民名誉权的惩罚等。我国对传播活动的限制主要为内容限制，限制的手段有事先约束和事后惩罚。

（一）内容限制

对言论自由进行限制的理由因素可以分为两类：公共利益和私人利益。公共利益诸如国家安全、国内秩序、社会良俗和司法权威；私人利益诸如个人的名誉权、隐私权、财产权以及受到公平审判的权利。

1. 基本限制

（1）法律限制的是不可公开的信息，如有些信息是一种资源，持有人具有特殊的利益，或如果公开会给持有人带来损害，所以必须是有条件地为持有人独占，或作为秘密予以保护。

（2）法律限制的是有害信息，如那些表现淫秽、暴力的文字、声音、图像，会影响人们的情绪、意识和行为以及影响社会的公序良俗。

（3）法律限制的是虚假信息，虚假信息危害社会和公众，可能造成对自然人和法人的利益损失和精神损害。

2. 网络言论限制

2013年9月9日，《关于办理利用信息网络实施诽谤等刑事案件适用法律若干问题的解释》（简称《“网络实施诽谤”司法解释》）发布。

该解释共有十条，主要规定了八个方面的内容：明确了利用信息网络实施诽谤犯罪的行为方式，即“捏造事实诽谤他人”的认定问题；明确了利用信息网络实施诽谤行为的入罪标准，即“情节严重”的认定问题；明确了利用信息网络实施诽谤犯罪适用公诉程序的条件，即“严重危害社会秩序和国家利益”的认定问题；明确了利用信息网络实施寻衅滋事犯罪的认定问题；明确了利用信息网络实施敲诈勒索犯罪的认定问题；明确了利用信息网络实施非法经营犯罪的认定及处罚问题；明确了利用信息网络实施诽谤、寻衅滋事、敲诈勒索、非法经营等犯罪的共同犯罪内容；明确了利用信息网络实施诽谤、寻衅滋事、敲诈勒索、非法经营犯罪与其他犯罪的认定问题及其处罚原则。

按照该司法解释，制造、传播网络谣言最有可能构成的罪名是诽谤罪和寻衅滋事罪，也可能构成敲诈勒索罪、非法经营罪等。

(1) 网络诽谤的犯罪标准：转发 500 次。

《“网络实施诽谤”司法解释》对利用信息网络诽谤他人构成诽谤罪的两个要件“捏造事实诽谤他人”和“情节严重”分别予以了明确。

1)“捏造事实 诽谤他人”的认定。《“网络实施诽谤”司法解释》明确了利用信息网络实施诽谤犯罪的行为方式，即“捏造事实诽谤他人”的事实。其具体包括三种行为方式：一是“捏造并散布”，即捏造损害他人名誉的事实，在信息网络上散布，或者组织、指使他人在信息网络上散布的行为；二是“篡改并散布”，即将信息网络上涉及他人的原始信息内容篡改为损害他人名誉的事实，在信息网络上散布，或者组织、指使人员在信息网络上散布的行为；三是“明知虚假事实而散布”，即明知是捏造的损害他人名誉的事实，仍然在信息网络上散布、情节恶劣的行为，以“捏造事实诽谤他人”论。由此看来，网络言论即便部分失实，只要不是故意捏造事实诽谤他人的，或者行为人不明知是他人捏造的虚假事实而在信息网络上发布、转发的，即使对被害人的名誉造成了一定的损害，也不构成诽谤罪。该解释就把间接故意或过失造成信息虚假的情况排除在犯罪之外，但并不能阻止公安机关课以治安处罚。

2)“情节严重”的认定。《“网络实施诽谤”司法解释》规定的“500 次”、“5 000 次”这两个数字源自司法解释文本：在界定“利用信息网络诽谤他人”何种情形应当认定为《刑法》第二百四十六条第一款规定的“情节严重”时，该司法解释列举了一种情形，即“同一诽谤信息实际被点击、浏览次数达到 5 000 次以上，或者被转发次数达到 500 次以上的”，应当认定为诽谤行为“情节严重”，也就是可以构成诽谤罪，从而为诽谤罪设定了非常严格的量化的入罪标准。

为什么会明确以“500 次”、“5 000 次”作为入罪标准呢？这样的规定有何科学依据呢？在 2013 年 12 月 4 日举行的最高法公众开放日活动上，新闻发言人孙军工表示，是根据实证研究和理论研究得出“转发 500 次入罪”的结论。他说，这个标准的制定首先是立足实践，要了解类似这种案件大概出了多少，比如转了多少次，要做全面的量化分析，把这些基础数据采集之后再做一个相对平衡的处理，确定数量，也就是定罪的标准。这个标准的确定一定要考虑到实际的发生环境，可能带来的危害是什么。孙军工说，下一步根据案件办理情况，将通过发布典型案例的方式，使这个司法解释的操作有一个样板，通过具体案例来表明它的实际危害，要保证它确实得到执行，而且执行当中不会出现偏差。[①]

3) 网络诽谤自诉罪与公诉罪的界限。诽谤罪属于“告诉才处理”的自诉案件，但《刑法》

---

① 参见邢世伟：《最高法举行公众开放日活动》，载《新京报》，2013-12-05。

第二百四十六条第二款设定了一个例外，即“严重危害社会秩序和国家利益”的，公安机关可代表国家予以追诉。对“利用信息网络实施诽谤犯罪”，如何认定“严重危害社会秩序和国家利益”，从而适用公诉程序的条件呢？自诉和公诉的界限直接决定公权介入网络言论的边界和尺度，对公民行使网络言论自由会产生深刻影响。

《“网络实施诽谤”司法解释》第三条列举了七种情形，可认定为“严重危害社会秩序和国家利益”：

（一）引发群体性事件的；

（二）引发公共秩序混乱的；

（三）引发民族、宗教冲突的；

（四）诽谤多人，造成恶劣社会影响的；

（五）损害国家形象，严重危害国家利益的；

（六）造成恶劣国际影响的；

（七）其他严重危害社会秩序和国家利益的情形。

尽管列举式规定比刑法规定具体化了很多，但仍失之过宽。比如，何为“损害国家形象”？执法中很容易把公民正当行使批评政府的言论自由当做违法犯罪。

（2）网络作为公共领域的言论性质。

《“网络实施诽谤”司法解释》第五条规定：“利用信息网络辱骂、恐吓他人，情节恶劣，破坏社会秩序的，依照《刑法》第二百九十三条第一款第（二）项的规定，以寻衅滋事罪定罪处罚。编造虚假信息，或者明知是编造的虚假信息，在信息网络上散布，或者组织、指使人员在信息网络上散布，起哄闹事，造成公共秩序严重混乱的，依照《刑法》第二百九十三条第一款第（四）项的规定，以寻衅滋事罪定罪处罚。”

《刑法》第二百九十三条第一款第（四）项的内容为：“在公共场所起哄闹事，造成公共秩序严重混乱的。”按照刑法，这类行为只有发生在公共场所，才可能构成寻衅滋事罪。“两高”司法解释第五条的规定意味着把“信息网络”也当做了“公共场所”。这一解释是否有法律依据以及信息网络是不是公共场所的问题还需要进一步探讨。

依据《刑法》第二百九十一条的规定，聚众扰乱车站、码头、民用航空站、商场、公园、影剧院、展览会、运动场或者其他公共场所秩序，聚众堵塞交通或者破坏交通秩序，抗拒、阻碍国家治安管理工作人员依法执行职务，情节严重的，构成聚众扰乱公共场所秩序、交通秩序罪。在《刑法》第二百九十一条中，立法者对“公共场所”有明确的列举，《刑法》第二百九十三条第四款当中的“公共场所”应当与其保持前后一致。

现代社会已经进入信息社会，互联网各类网站、主页、留言板、论坛等网络空间具有“公共场所”属性，因此对“公共场所”概念做符合信息社会变化的解释是可以接受的。但从法学视角看，没有任何法律条文禁止将公共场所扩展到网络空间，截至目前也没有明确的立法规定将网络空间列为公共场所。《立法法》规定：“法律的规定需要进一步明确具体含义的情况以及法律制定后出现新的情况，需要明确适用法律依据的，均应当由人大常委会进行解释。”由此可见，“两高”司法解释对《刑法》条文的扩张解释还要受到立法机构的立法权的检视。

需要特别注意的是，《“网络实施诽谤”司法解释》把网络通信领域也当做了公共场所。其

第十条规定："本解释所称信息网络，包括以计算机、电视机、固定电话机、移动电话机等电子设备为终端的计算机互联网、广播电视网、固定通信网、移动通信网等信息网络，以及向公众开放的局域网络。"这实质上意味着，"两高"司法解释并不仅仅包括公众三要讨论对象的互联网，例如互联网论坛、微博等公共空间，还包括固定电话、移动电话的信息传递，以及利用互联网的个人信息传递（如QQ、微信、MSN聊天等），这些活动往往并不具有公共性，很多属于宪法规定的"通信秘密"的范畴，而解释将其一概列为"信息网络"从而推定它们当然具有"公共性"。

但应强调的是，最高法表示司法解释对网民的言论自由"不是压制，而是保护"。因此，现实中还应注意，该司法解释不能成为地方政府部门打压报复网络言论的利器，公安机关也不应滥用侦查权打压网络言论。近年来，网民因批评官员遭警方追捕现象的一再发生激起社会强烈谴责，有关主管部门曾进行干预，但效果并不明显。公安部《关于严格依法办理侮辱诽谤案件的通知》（2009年4月）要求，公安机关对此类案件应采取慎重态度，不得滥用警力。公安机关要介入侦查侮辱、诽谤案件，在立案、采取强制措施，甚至做出行政拘留处罚决定前，应当报经上一级公安机关同意。最高人民检察院《关于严格依法办理诽谤刑事案件有关问题的通知》（2010年8月）明确，今后一段时间内，对于公安机关提请逮捕的诽谤案件，受理的检察院经审查认为属于公诉情形并有逮捕必要的，在做出批捕决定之前应报上一级检察院审批。要求严格把握罪与非罪的界限，不能将对个别干部的批评甚至过激言论视为涉嫌触犯诽谤罪的行为。这两个规范性文件确定的诽谤罪侦查权、批捕权上移，有助于减少个别地方官员对司法独立性的干扰，可以有效地遏制"诽官案"不断被警方介入侦查并启动公诉。[①]

3. 编造、故意传播虚假恐怖信息罪

"虚假恐怖信息"是指以发生爆炸威胁、生化威胁、放射威胁、劫持航空器威胁、重大灾情、重大疫情等严重威胁公共安全的事件为内容，可能引起社会恐慌或者公共安全危机的不真实信息。

《关于审理编造、故意传播虚假恐怖信息刑事案件适用法律若干问题的解释》（简称《"传播虚假恐怖信息"司法解释》）于2013年9月30日起施行。

（1）认定标准。

《"传播虚假恐怖信息"司法解释》第一条对《刑法》第二百九十一条之一规定的编造、故意传播虚假恐怖信息罪的认定标准做了进一步明确。包括：1）对于编造恐怖信息、传播或放任传播、严重扰乱社会秩序的行为，应认定为编造虚假恐怖信息罪。在司法实践中，行为人编造虚假恐怖信息后往往会实施传播行为，有的行为人在编造虚假恐怖信息后，即使没有自行传播，也存在着放任他人传播的情形。因此，编造者无论是否自行实施传播行为，只要编造的虚假恐怖信息实际被传播散布、严重扰乱社会秩序，都应依法追究刑事责任。如果行为人编造虚假恐怖信息后，及时采取措施，有效防止了其编造的虚假恐怖信息被传播，没有扰乱社会秩序的，不作为犯罪处理。2）对于明知是他人编造的恐怖信息而故意传播、严重扰乱社会秩序的行为，应认定为故意传播虚假恐怖信息罪。故意传播虚假恐怖信息，是导致虚假恐怖信息引发

① 参见陈堂发：《网络舆论监督的刑法适用抑制问题》，载《南京邮电大学学报》（社会科学版），2011（2）。

严重危害社会后果的关键。即使行为人本人没有编造恐怖信息，但明知是虚假恐怖信息而故意传播，严重扰乱社会秩序的，也应依法追究刑事责任。

（2）追究刑事责任的六种情形。

编造、故意传播虚假恐怖信息罪的入罪标准是“严重扰乱社会秩序”。《“传播虚假恐怖信息”司法解释》第二条采取列举的方式，从扰乱公共场所秩序、破坏公共交通秩序、破坏有关单位的正常工作秩序、破坏居民生活秩序、干扰国家职能部门的正常工作秩序、其他严重扰乱社会秩序等六个方面明确界定了“严重扰乱社会秩序”的六种情形：致使机场、车站、码头、商场、影剧院、运动场馆等人员密集场所秩序混乱，或者采取紧急疏散措施的；影响航空器、列车、船舶等大型客运交通工具正常运行的；致使国家机关、学校、医院、厂矿企业等单位的工作、生产、经营、教学、科研等活动中断的；造成行政村或社区居民生活秩序严重混乱的；致使公安、武警、消防、卫生检疫等职能部门采取紧急应对措施的；其他严重扰乱社会秩序的。

（3）从重处罚情形及最高刑罚。

《“传播虚假恐怖信息”司法解释》第三条明确规定了编造、故意传播虚假恐怖信息，严重扰乱社会秩序，应当在五年以下有期徒刑范围内酌情从重处罚的五种情形：致使航班备降或返航，或者致使列车、船舶等大型客运交通工具中断运行的；多次编造、故意传播虚假恐怖信息的；造成直接经济损失 20 万元以上的；造成乡镇、街道区域范围居民生活秩序严重混乱的；具有其他酌情从重处罚情节的。

《“传播虚假恐怖信息”司法解释》第四条通过列举的方式，对“造成严重后果”、应当加重处罚判处五年以上有期徒刑的情形进行了明确规定。具体包括以下五种情形：造成三人以上轻伤或者一人以上重伤的；造成直接经济损失 50 万元以上的；造成县级以上区域范围居民生活秩序严重混乱的；妨碍国家重大活动进行的；造成其他严重后果的。

对于编造、传播虚假恐怖信息同时构成数罪的择一重处。《“传播虚假恐怖信息”司法解释》第五条规定，编造、故意传播虚假恐怖信息，严重扰乱社会秩序，同时又构成其他犯罪的，择一重罪定罪处罚。例如，行为人出于勒索钱财等其他犯罪目的，或者通过破坏计算机系统等犯罪手段，编造、传播虚假恐怖信息，严重扰乱社会秩序，同时构成数罪的，择一重罪定罪处罚。如果行为人故意针对人员密集场所编造、传播虚假恐怖信息，造成重大人员伤亡后果，同时触犯了《刑法》第一百一十五条、第二百九十一条之一的规定的，应按照以危险方法危害公共安全罪论处。

《中华人民共和国刑法修正案（九）》于 2015 年 8 月 29 日第十二届全国人民代表大会常务委员会第十六次会议通过，11 月 1 日起正式施行。这一修正案在现行《刑法》第二百九十一条中增加了一款：“编造虚假的险情、疫情、灾情、警情，在信息网络或者其他媒体上传播，或者明知是上述虚假信息，故意在信息网络或者其他媒体上传播、严重扰乱社会秩序的，处三年以下有期徒刑、拘役或者管制；造成严重后果的，处三年以上七年以下有期徒刑。”这包括在微信、微博、QQ 群等社交平台上发布假消息，微信公众号发布不实消息，传播虚假消息都会触犯法律。

案例5—2

编造虚假恐怖信息获刑

2012年8月30日22时许，被告人熊某得知债主将搭乘航班向其索债，为阻止或迟滞债主到达，遂拨打深圳机场客服投诉电话，谎称当天从襄阳至深圳的深圳航空公司ZH 9706航班上有爆炸物，将于飞机起飞后45分钟爆炸。深圳航空公司接到通报后，随即启动一级响应程序，协调空管部门指挥ZH 9706航班紧急备降武汉天河机场。紧急备降期间，导致空中九个航班紧急避让，武汉天河机场地面待命航班全部停止起飞并启动了二级应急响应程序，调动消防、武警等多个部门200余人到现场应急处置，深圳航空公司为运送滞留在机场的乘客，临时增加两个航班，给深圳航空公司造成直接经济损失17万余元。

湖北省襄阳高新技术产业开发区人民法院审理认为，被告人熊某故意编造虚假恐怖信息，严重扰乱了社会秩序，其行为已构成编造虚假恐怖信息罪，判处被告人熊某有期徒刑四年。判决宣告后，被告人熊某未上诉，判决已发生法律效力。

（二）事先约束和事后惩罚

从限制手段来看，不同的限制手段对言论自由的限制程度是不同的。限制手段大致可以分为两类：事先约束和事后惩罚。

1. 事先约束

事先约束也被称为事前限制，指任何媒介或言论未经政府事先批准或核发执照不得传播和发表。政府对媒介传播或出版发行申请置之不理，也是达到事先约束目的的一种手段。具体地说，事先约束主要有以下三种方式：

（1）立法部门的法律。即要求媒介及传播必须符合法律的某些规定，否则即为违法。

（2）行政部门的审批。根据行政部门审批制度，媒介及传播的合法性取决于行政部门的事先审批，未经行政部门事先审批的，仍被认定为违法。

（3）法院的禁令。法院本身对媒介及传播并不进行事先审查，如果有合理的理由向法院申请事先限制，法院将颁发禁令对媒介及传播进行事先限制。事先约束包括许可证制、检查制等。许可证制是政府借颁发经营执照的手法，决定谁是印刷媒体或电子媒体创办人、有权经营这一行业，以此防止言论自由带给统治利益的危害。持有许可证的人是为政府所信任的人，他们愿意出版政府所希望看到的东西。检查制要求所有的手稿与校样在送上印刷机之前，送请政府书报检查官检查与核准。这类制度原则上是不合理的，只可以适用于严格限定的极少数场合——如战争期间和一些特定媒体上，许可证制之于利用有限波段和频道的电子媒体，检查制之于电影作品。

2. 事后惩罚

事后惩罚指在媒介或当事人违反有关法律和法院禁令继续传播或发表言论后追究其刑事和民事责任。从限制表达自由的角度看，事先约束和事后惩罚的区别在于，在事后惩罚的案例中，媒介或当事人传播或发表言论后可声称其传播或言论不违反有关法律，不在禁止之列，只有在法院认定媒介或当事人违法时，才可对其予以惩罚，而在事先约束的案例中，媒介或当事人未经传播或发言，即被予以限制。正因为如此，学者们一般认为，事先约束比事后惩罚更为严厉。

现在，事先约束被大多数国家抛弃，事后惩罚制成为限制表达自由的主要手段。事后惩罚制承认表达的自由，而又允许政府为了其他利益的缘故抑止自由的危害。当言论发表以后，政府根据它所产生的或即将产生的现实弊害来追惩言论者。因此相比之下，事后惩罚制所施加的惩罚有着现实基础，而非仅凭主观认识，是一种较为合理的限制言论自由的手段。但是，事后惩罚的严厉程度不能超过必要的程度，事后惩罚的条件和范围必须严格精确地界定，规范性语言不能过度宽泛和含糊笼统，有关法规必须对限制的度予以解释。

第三节　新闻从业者的职业权利

新闻从业者是指组成新闻传媒并担任着一定职责的人员。他们首先是具有完全权利能力和行为能力的公民，享有普通公民的权利履行公民的义务，然后通过分配、调动或者考试被新闻单位录用。新闻从业者的职业权利是表达自由的重要保障和实现途径。根据《新闻记者证管理办法》(2009）第四条之规定，新闻记者是指新闻机构编制内或者经正式聘用，专职从事新闻采编岗位工作，并持有新闻记者证的采编人员；第二条又规定，在中华人民共和国境内从事新闻采编活动，须持有新闻出版总署核发的新闻记者证。另外，根据该办法第十条，四类人员不发新闻记者证：（1）新闻机构中党务、行政、后勤、经营、广告、工程技术等非采编岗位的工作人员；（2）新闻机构以外的工作人员，包括为新闻单位提供稿件或者节目的通讯员、特约撰稿人，专职或兼职为新闻机构提供新闻信息的其他人员；（3）教学辅导类报纸、高等学校校报工作人员以及没有新闻采访业务的期刊编辑人员；（4）有不良从业记录的人员、被新闻出版行政部门吊销新闻记者证并在处罚期限内的人员或者受过刑事处罚的人员。

关于新闻从业者职业权利的性质有不同观点，如第四权力、第四等级等，但时至今日，世界范围内对新闻从业者职业权利的性质有了较为统一的认识——新闻从业者职业权利是宪法规定的公民权利的延伸。我国宪法没有明确规定新闻从业者职业权利，但明确规定公民享有出版、言论的自由，批评、建议、申诉、控告的权利，新闻从业人员的权利正是这些公民宪法权利的公开运用。公民权利中最为重要的当属知情权，我们以此为起点来探讨记者权利。

一、新闻权利的起点——公民的知情权

（一）知情权的概念及权利主体

知情权是指利用新闻媒介获得信息的权利，或者说是公民了解公共事务及与个人利益相关

信息的权利。它又被称为“知晓权”、“知悉权”、“知道的权利”、“知察权”、“获知权”、“知的权利”、“了解权”等。

知情权有广义和狭义之分。广义的知情权是指公民、法人及其他组织知悉、获取官方与非官方信息的自由和权利，其义务主体既包括官方，又包括私人。知情权不仅是一种公权利，而且也带有浓厚的私权利的性质。狭义的知情权基本上就是知政权，其义务主体应仅限于官方。知情权应属于公权方面的权利。本教材是以公民作为知情权主体，拟从宪法层面研究公民知情权的保障，采用的是狭义上的知情权概念。

关于知情权的权利主体，国务院公布的《中华人民共和国政府信息公开条例》第一条规定：为了保障公民、法人和其他组织依法获取政府信息，提高政府工作的透明度，促进依法行政，充分发挥政府信息对人民群众生产、生活和经济社会活动的服务作用，制定本条例。根据上述规定可知，我国知情权利的主体包括公民、法人和其他组织。

（二）知情权的宪法理论基础

1. 知情权是一项基本人权

在1946年联合国大会通过的第59号决议中，知情权被宣布为基本人权之一。该决议宣称：情报自由是基本人权之一，且属联合国所致力维护的一切自由的关键。知情权在法律中最早出现的是瑞典1766年公布的《出版自由法》，但真正作为公民权利并加以追求是在第二次世界大战期间及结束以后。第二次世界大战前，各国宪法学界一般未明确认可知情权是一项基本人权，战争期间一些国家秘密主义盛行，公民的知情权受到极大的制约，战后基于对导致战争根源之一的种族歧视与思想专制的反思，知情权得到迅猛发展，被普遍视为一项基本人权，成为三大新人权（和平权、知情权、环境权）之一。

2. 知情权是公民的宪法权利

对于知情权是公民的一项基本权利或宪法权利还是它们的派生或引申权利存在争议，欧美国家多数学者都认为知情权是一项宪法权利，具有不可剥夺的性质。1949年德国率先在《德意志联邦共和国基本法》第五条第一款规定，人人有自由采访可允许报告的消息的权利；第四十二条第一款规定，联邦议院的会议公开进行。这是较早确认知情权的一部宪法。澳大利亚的《情报自由权》和瑞典现行的《新闻自由法》均明确规定知情权为宪法保障的基本权利。另外，知情权也在一些有关人权的国际公约中得到充分的发展，例如1948年的《世界人权宣言》和1966年的《公民权利与政治权利公约》等。从以上发展可以看出，知情权作为受宪法保障的公民的基本权利已经得到当代世界法律界的普遍认可。

3. 公民知情权隐含在我国宪法条文中

知情权是人民行使一切民主权利的重要前提。没有知情权，公民的选举权和参政权无法实现；知情权是监督政府、防止政府滥用权力的重要手段，能够有效地监督政府不滥用权力的最好办法就是建立以知情权为基础的政府信息公开制度。确认知情权为一项普遍的民主和社会权利，为政府信息公开奠定了基础。

在我国，宪法没有直接规定公民享有知情权，但是知情权的理念与精神在宪法和其他法律中均有或明或暗的体现，这说明这项权利在我国是有宪法基础的，是宪法的一项隐含权。

(1) 在公民参政、议政权中的体现。我国《宪法》第二条规定：中华人民共和国的一切权力属于人民。人民行使国家权力的机关是全国人民代表大会和地方人民代表大会。人民依照法律规定，通过各种途经和形式，管理国家事务，管理经济和文化事务，管理社会事务。这里的参政、议政是以知政作前提的，只有公民知情权得到保障的前提下，人民才可以更好地行使管理国家公共事务的权利。因此，公民的参政、议政权中隐含着知情权。

(2) 在人大代表质询权中的体现。《宪法》第七十三条规定：全国人民代表大会代表在全国人民代表大会开会期间，全国人民代表大会常务委员会组成人员在常务委员会开会期间，有权依照法律规定的程序提出对国务院或国务院各部、各委员会的质询案。受质询的机关必须负责答复。这实际上隐含着人大代表代表人民享有对国家事务的知情权。

(3) 在公民的监督、批评、建议以及申诉、控告、检举权中的体现。《宪法》第二十七条第二款规定：一切国家机关和国家机关工作人员必须依靠人民的支持，经常保持同人民的密切联系，倾听人民的意见和建议，接受人民的监督，努力为人民服务。《宪法》第四十一条规定：中华人民共和国公民对于任何国家机关和国家工作人员，有提出批评和建议的权利，对于任何国家机关和国家工作人员的违法失职行为，有向有关国家机关提出申诉、控告或检举的权利，但是不得捏造或者歪曲事实进行诬告陷害。本款规定的权利行使的前提是对国家机关和国家工作人员有关活动的知情，保障公民权利的实现，就等于保障了公民的知情权。

(4) 在公民言论自由权中的体现。《宪法》第三十五条规定：中华人民共和国公民有言论、出版、集会、结社、游行、示威的自由。这里的言论自由，除包括思想表达和传达自由外，还包括了解权，这里的“了解权”也就是我们所说的知情权。

二、新闻从业人员的职业权利

新闻从业人员一旦从事了新闻报道这一职业，就要进行一系列的工作活动如采、写、编、播等。他们所进行的新闻活动也是一种社会活动，记者也应该是社会活动家，他们要从每天社会生活的人和事中发掘出有报道价值的事实，进行加工、整理，然后再告诉人们。所以社会公民、团体、机关等都承担着保障新闻从业人员权利不受侵犯的义务，否则新闻工作是不可能正常进行的。为了保证整个队伍的更新及其素质的不断提高，新闻工作者还享有按照条件获得奖励和晋升的权利，以及获得报酬和其他一些服务保障和社会保障的权利等。这也是使他们能够更好地实现同前述职务相关的权利和义务、安心供职的保障。国家应通过对新闻从业人员权利范围的规定，使新闻媒介更好地发挥积极作用。法律应对新闻职业权利的内容做出有别于一般民事权利的特别规定，体现出适度倾斜，其目标是有利于新闻事业的健康发展。

(一) 记者的新闻采访权、写作权、传递权

这些权利又被称为“搜集新闻资料权”、“对事实的证明权”、“独立判断新闻价值权”等，其依据是中国宪法有关言论出版自由及公民有自由创作权利的规定。

采访权即记者获得新闻素材、获得事实证明的权利，这是记者了解事实真相、确保报道成

功的基本条件。记者拥有根据自身特点或根据新闻媒介传播的需要，采访受众关心的政治生活、社会生活，尤其是关系到公共利益的事件的权利。写作权即记者有根据已经收集到的材料用文字等符号形成新闻作品的权利。传递权是指记者有将自己采访、写作完成的新闻作品通过可能获得的物质手段（如邮寄、电话、电报、传真或电脑信息网络等）传递给新闻媒介的权利。

新闻的采访写作是一个过程，在这个过程中，记者有相对的独立性，应采取对新闻媒介独立负责的原则。首先，记者可以在不违反宪法和法律的情况下，不限方式地获得新闻线索；然后可以自主地根据情况拟订采访方案和计划；并运用他认为较有效的方法进行采访；再根据已收集到的材料，运用新闻价值规律进行判断、取舍，并以适当的新闻体裁写成新闻作品；最后可以用其认为适当的方式传递给新闻媒介。这个过程实际上也是记者对新闻事实证明的过程或对现实生活中所发生的事情进行新闻价值判断的取舍过程。

与此相对应，一切享有政治权利的法人和自然人都享有接受新闻媒介及其从业人员采访的权利；国家的党政机关、社会团体和涉及公共事务的法人组织又负有接受新闻媒介采访的义务，如果这些对象拒绝接受采访，新闻从业人员可向新闻媒介请求，新闻媒介有权要求其在法律范围内提出拒绝的理由，据此，新闻媒介还有权视情况向有关执法部门提请仲裁，直至向人民法院起诉，要求保障采访权。一般公众在未涉及公共事务的范围内，享有接受新闻记者采访的权利，但并不承担此项义务，他可以接受采访，也可以不接受；然而，当活动涉及与公共利益相关的事务或事件时，他就成为采访权实现的对象，负有接受采访的义务。

在中国，有时正常的新闻活动得不到保障。某些国家机关、司法部门或其他法人单位往往以种种借口阻挠记者的采访写作工作。

案例5—3

公安局分局长召集聚餐拒绝记者采访受处分

2014年1月21日晚，深圳市公安局东深分局局长王远平召集曾共事过的同事聚餐，参加人员共19人（其中14人为公安局在职或退休人员，5人为临时帮助开车的人员）。聚餐期间，安排了4名巡防员到酒楼周边巡查。《南方都市报》3名记者根据爆料线索到该酒楼暗访。20时50分许，在聚餐人员陆续离开酒楼时，一巡防员发现记者持相机拍摄，遂上前制止，双方拉扯中相机落地损坏，巡防员捡起机身离开。3人追赶不及返回现场，口头表明身份要求采访聚餐人员，被质疑身份后出示了名片，采访遭到拒绝。另一巡防员发现记者用手机拍摄，于是上前夺下手机离开现场。随后，记者拨打110报警，称相机被抢。东深公安分局东深派出所民警接到指令后到现场处置。据调查，当晚聚餐没有公款消费（未索取发票）、公车私用和食用野生娃娃鱼的问题；王远平和派出所所长陈川舟因利用职务之便为私人聚餐安排巡防员巡查，事发后未如实配合调查，构成滥用职权、弄虚作假违纪，市公安局决定给予王远平行政记大过处分、免去其东深公安分局局长职务，给予陈川舟行政记过处分。

资料来源：王大鹏、林斐然：《饭局系分局长召集 派4人酒楼旁巡查》，载《新京报》，2015-02-17。

按照权利和义务对等的原则，记者“权利”的行使必须有公众人物、公共部门单位的“公义务”积极配合才能最大限度地发挥监督功能。在这种情况下，如果拒绝、阻挠采访，甚至以公权力限制、剥夺采访权，就具有侵犯采访权、对抗公众监督的性质。

2014 年 10 月 29 日，国家互联网信息办公室和国家新闻出版广电总局联合下发《关于在新闻网站核发新闻记者证的通知》。从 2015 年年初开始，中央、地方的重点新闻网站以及全国性行业新闻网站的采编人员将分批获得新闻记者证。全国范围内的一类资质新闻网站采编人员由此正式纳入统一管理。但商业网站未被列为发放对象。

（二）编辑对新闻稿件的编辑权

该项权利是指编辑对新闻信息进行必要的取舍、删改和决定制作形式的业务权。

编辑与记者是新闻媒介的主要组成人员，从新闻传播的制作过程来看，编辑工作既包括开始的决策，又包括最后的把关；从新闻传播制作的全局来看，编辑工作既包括对新闻传播的宏观把握，又包括对新闻传播的细微斟酌。编辑工作对于把握新闻传播的方向、提高新闻传播的质量有举足轻重的作用。因此要求编辑具有较高的思想水平和业务水平，以便能更好地行使其业务权利。

具体说来，编辑权包括：其一，根据编辑方针组织报道，实施报道计划权。编辑要始终把握住报道的全局，注意各类报道内容之间的比例，控制报道量，并随着情况的变化，对报道内容进行合理的调整。在这个过程中，编辑有组织稿源、选稿、改稿等权利，以确保其业务工作的正常进行。其二，编辑有对稿件的配置权和对版面、节目时间的安排权。编辑可以按照一定的报道意图对稿件进行组装和合编，这是继选择、修改以后对稿件的进一步编辑。编辑将具有某种共同性的稿件合编，组成统一的稿群，将一组有联系的稿件配套集中在一起刊出，使这些稿件具有相同性或互补性，目的在于丰富报道内容，扩展和深化报道思想，满足读者要求，从整体上增强传播效果。广播、电视的编辑人员的编辑权还体现在他们对新闻报道在时间播放上进行安排，或以音乐、声响等业务手段进行强化传播效果等工作处理上。报刊编辑则可以在版面的版位、版序上进行安排，以字符、线条、色彩、字号进行强化传播效果的处理工作等。其三，编辑有通过配评论、加按语等方式来表明编辑部或编者意见和思想倾向的权利。编辑以评论或按语的方式对新闻事实进行分析评价，深化新闻报道的主题，以便能从更广阔的领域和全局的高度阐明新闻事实的现实意义，并将客观报道事实和鲜明的立场态度结合起来，取得较好的宣传效果。

现实中编辑权受侵犯的现象屡屡发生，案例 5—4 披露的仅仅是常见的一种。

案 例5—4

“偷税”改成“积极缴纳” 批评稿被干预变为表扬稿

一家市报记者了解到某县烟草公司偷税 135 万元的情况，连夜赶写了一篇《x县烟草公司偷税135万元被查处》的消息。消息刚写好，县烟草公司便派人给他送来5 000元现金和两条大“中华”，记者严厉回绝后，来人非让他把“偷税”改成“漏税”不可。来人刚走，记者又接到该县县长的电话，希望在“漏税”前面加上“由于财务人员工作失误造成”漏税。刚改好稿件，报社总编推门进来，说刚才市领导打了招呼，烟草公司是市财政的一大支柱，不要挫伤他们的积极性，应以正面宣传为主。总编按照市领导的意图对稿件进行了精心修改。第二天一早，这家市报一版便出现了一则加花边的新闻：《×县烟草公司积极缴纳国税受到市领导表扬》。把“偷税”改成“积极缴纳”，使新闻事实发生了质的变化。一篇措辞严厉、切中时弊的批评稿摇身一变成了冠冕堂皇的表扬稿。

资料来源：刘勇：《批评的无奈》，载《采·写·编》，2000（3）。

（三）对新闻来源保密的权利

对新闻来源保密的权利，又称“隐匿权”、“秘匿权”、“取材秘密”、“消息来源秘密”、“保护新闻来源的权利”、“职业保密权”等。这种权利指新闻媒介和新闻工作者有不向外界透露消息提供者的身份和姓名的权利，即新闻从业人员有对消息来源或提供者实行保护的权利。隐匿权有三个特点。

其一，隐匿权既是一种权利，又是一种义务。对提供消息来源的人而言，记者是基于信赖关系和职业道德的不暴露义务；对第三人而言，记者是基于新闻自由和信息自由的不暴露权利。

其二，隐匿权的保护对象是提供消息来源的人，他们不仅包括接受记者采访的人即采访对象，还包括提供新闻线索、相关文字材料的人。他们有一个共同的特征，那就是在提供了消息来源以后，很可能要求他的行为不为人所知。这是一种显而易见的自我保护措施，是为了避免与报道相关方面产生利益冲突或保全原有名誉。这样，原本的私事就具有了公共的性质。

其三，从隐匿权保护的作用来看，它在更大程度上使新闻媒介能以更为迅捷、准确、真实的采访报道，以及公民个人更为有效的表达言论，使人民了解更多的信息和获取更充分的表达权利。而这恰好就是新闻自由和言论出版自由的要求。相反，如果强制新闻记者暴露消息来源，必将限制今后的来访工作，破坏记者与他们的信赖关系，那些曾经为记者提供消息来源的人就会因此使自己的行为暴露给公众。如此一来，我们就难以相信他们还会继续提供消息来源，也很难保证正准备或将来可能提供消息来源的人情愿提供消息来源。在这种情况下，新闻的报道功能无疑会大大削弱，人们也就会失去言论自由最广阔的阵地，失去社会自下而上和自上而下知情权最有利的中介。隐匿权最初脱胎于记者的职业道德，现代社会对其保护的基本依据是言论自由，根本目的是保护公民的言论自由和知情权。

保护新闻来源是新闻工作者取得新闻源信任、忠实履行对新闻源的承诺和遵守职业道德准则的至关重要的一件大事。特别是当新闻源要求记者不泄露其姓名、为其保密时，记者可以不答应为其保密的条件，同时放弃该新闻的获取，但一旦答应，则在道义上就有责任履行所承担的义务，否则会失去消息来源和别人的信任。

有些西方国家的法律保护这种权利，以保证消息渠道的畅通，保护消息提供者不受打击报复。因为西方媒介刊载的新闻有一部分是揭露社会阴暗面的或揭露政府官员“黑幕”的，提供消息者往往会受到报复，蒙受各种损失甚至断送性命。所以在德国、丹麦、瑞典、挪威等国家的新闻法或其他法律中都有这方面的权利规定。如德国的《刑事诉讼法》第五十三条规定，下列人在下列情况下，当法庭调查时，可以拒绝提供证词：“从事印刷期刊的编辑、发行人、印刷人及其他人员，对于所刊载稿件，如果因为受处分，或者会受处分时，牵涉到的这一稿件的作者、撰稿人或者提供者的姓名。”或是“从事准备或执行广播节目的监督人、主持人或其他人士，对于所播送内容受处分，或者会受处分时，牵涉到的这项节目内容作者、撰稿人，或者在广播中发言的人的姓名”。同时，德国的《民事诉讼法》第三百八十三条第五款规定：在民事诉讼过程中，职业秘密获得者是记者，“他的职务、位置或业务是属于机密性的，或者那些业务的性质，基于事实的需要，不得不守秘时，根据这一条文，应该保守秘密”。但也有一些国家不承认这种权利，记者一旦拒绝向法庭交代新闻来源，便被视为蔑视法庭，受到处罚。典型的隐匿权案例出现在1972年的“水门事件”中。

案例5—5

神秘的“深喉”

1972年6月17日美国民主党总部水门大厦发生闯入事件。后来的调查发现，以当时美国总统尼克松为首的共和党为了获得大选胜利，派人窃取民主党文件并且对水门大厦进行窃听。当时《华盛顿邮报》记者鲍勃·伍德沃德和卡尔·伯恩斯坦在一位“线人”的透露下，一起撰写系列文章报道了这一事件，最终导致尼克松总统辞职，白宫幕僚长鲍勃·哈特曼（H. R. Haldeman）及总统顾问约翰·亚列舒曼（John Ehrlichman）被监禁。《华盛顿邮报》的编辑霍华德·西蒙斯（Howard Simons）将这位秘密线人称为“深喉”。

深喉的真正身份是美国政治和新闻事业当中一个极大的秘密，知道深喉真正身份的只有四个人：鲍勃·伍德沃德、卡尔·伯恩斯坦、编辑本·布莱德利和深喉本人。鲍勃·伍德沃德和卡尔·伯恩斯坦坚持他们不会透露深喉的真正身份，直到深喉逝世或同意公之于众。在此之前只证实深喉是男性；为美国政府官员，与尼克松政府不和；是吸烟者；爱喝苏格兰威士忌；是美国人。2005年5月31日，马克·费尔特承认自己就是当年“水门事件”的线人。鲍勃·伍德沃德和卡尔·伯恩斯坦及《华盛顿邮报》前执行编辑本·布莱德利（Ben Bradlee）予以证实。

资料来源：维基百科“深喉”词条。

中国宪法规定任何公民都有向法庭作证的义务，所以从表面上看该项权利与中国宪法原则存在着一些冲突。但从社会发展的环境来看，法律对此项权利的保护应进入视野。其原因有以下几点。

其一，自党的十五大首次提出“依法治国”的方略，并写进《宪法》以来，十八届四中全会首提建设“法治体系”，将“建设中国特色社会法治体系，建设社会法治国家”确立为全面推进“依法治国”的总目标。中国的法治化已成气候，人们的法治观念、法律意识逐渐增强，开始更多地关怀个人权利，而深厚的群众基础无疑是隐匿权的土壤。在新闻活动中人们不仅希望通过法制规范新闻记者活动，而且希望保护新闻报道的对象。他们有权利不受报道利益相关人的干涉和干扰。

其二，媒介在社会中的作用越来越受到重视，公民通过新闻媒介获得消息的权利也已深入人心，即新闻自由原则越来越被重视。新闻自由是公民进行新闻活动的自由，是公民通过新闻媒介了解国内外大事、获取各种信息、表达并传播各种思想和见解、参与国家生活和社会生活的一种民主权利。与此同时，记者采访报道限制越来越少，新闻记者的职务活动就是向公众提供客观、公正、真实的信息，只要内容不违反宪法和法律，满足人民群众的需要，就可以报道。

其三，新闻媒介舆论监督功能不断加强和调查性报道逐渐增多。对强势集团及其权力人物的监督，如对国家机关、大型企业组织以及社会高层人物的监督，由于既有的地位，天然形成了便于掩盖、规避大众监督的条件。在这里，消息来源、对这类报道的推动作用是最直接的，在这种情况下，隐匿权是应该给予着重保护的。当然隐匿权必须合法、正当、诚实地行使，不得为谋取各种不正当的利益而规避法律。

关键词

新闻传播法　言论自由　表达自由　记者权利　技术赋权　社会赋权

思考题

1. 我国新闻传播法的渊源有哪些?
2. 言论、出版自由与表达自由的关系是什么?
3. 我国关于表达自由的规定有哪些?
4. 对表达自由限制的方式有哪些?

第六章

新闻传播与国家安全和政府信息公开

在新闻传播活动中，主要有两种情况会发生危害国家安全的问题：一种是煽动危害国家安全，另一种便是泄露、非法获取、向境外非法提供国家秘密。我国《宪法》第五十四条和《中华人民共和国反间谍法》（简称《反间谍法》）第四条都规定："中华人民共和国公民有维护祖国的安全、荣誉和利益的义务，不得有危害祖国的安全、荣誉和利益的行为。"《宪法》第五十二条还规定："中华人民共和国公民有维护国家统一和全国各民族团结的义务。"《刑法》中也有"危害国家安全罪"的专章规定。此外，《刑法》第三百九十八条"泄露国家秘密罪"、第一百一十一条"向境外提供国家秘密、情报罪"、第二百八十二条"非法获取或非法持有国家秘密罪"，以及《中华人民共和国保守国家秘密法》（简称《保密法》）等法律对保守国家秘密做出了明确规定，新闻单位也设置了相应的保密制度。

与保守国家秘密密切相关的一个问题是政府信息公开。20 世纪 80 年代后期，我国农村村务公开成为政府信息公开的催化剂，90 年代后期，村务公开的普遍展开引起了乡镇政府政务公开的问题，乡镇政府政务公开促进了系统性的行政公开。1999 年公安部发布文件，要求在全国公安机关普遍实行警务公开。2000 年国家税务总局发布《关于在全国税务系统进一步实行文明办税"八公开"的通知》。2007 年国务院公布《中华人民共和国政府信息公开条例》（简称《政府信息公开条例》）。2013 年中国政府网发布了《国务院办公厅关于进一步加强政府信息公开回应社会关切提升政府公信力的意见》，提出要进一步加强平台建设、加强机制建设、完善保障措施。

第一节　禁止煽动危害国家的言论

煽动是指通过语言、文字或借助于传播工具表达一些信息内容，这些内容不同于一般的言论，在内容观点上具有非理性、情绪化、蛊惑性的特点，并有虚张声势，夸大其词，攻其一点、不及其余，或造谣诽谤的倾向。它在直接面向公众，即公然散布的同时，还具有导致反常行动的目的，不是"空发议论"，而是希望激起他人反常狂热，采取某种不利于社会和他人的行动。所以煽动虽然也是一种表达思想的方式，但却是反常的、病态的、邪恶的，在新闻传播活动中是同新闻的真实性原则和客观公正原则完全违背的。煽动他人进行危害国家和社会的活动，必然会发生很大的社会危害性，因而必须加以禁止，对违者依法予以制裁。所以煽动行为犯罪与不承认所谓“思想犯罪”的原则并不相悖。许多国家的法律都有制裁煽动行为犯罪的条款。

中国现行《刑法》有四项关于煽动行为的犯罪：煽动分裂国家罪，煽动颠覆国家政权罪，煽动民族仇恨、民族歧视罪，煽动群众抗拒法律实施罪。

一、煽动分裂国家罪

《刑法》第一百零三条在第一款规定了“组织、策划、实施分裂国家、破坏国家统一”的罪行及其刑事制裁后，第二款规定：“煽动分裂国家、破坏国家统一的，处五年以下有期徒刑、拘役、管制或者剥夺政治权利；首要分子或者罪行重大的，处五年以上有期徒刑。”这种犯罪行为的主要表现就是公然散布“煽动”分裂国家、破坏国家统一的言论，如煽动中国国内某民族、某地区、某部分领土脱离祖国而“独立”，煽动破坏两岸统一大业，鼓吹“两个中国”、“一中一台”、“一国两府”等。本罪属于行为犯，行为人只要实施了煽动性的宣传鼓动，就构成本罪既遂，而不必问其反动宣传煽动效果如何，是否有人接受其宣传煽动实施分裂国家的行为。

二、煽动颠覆国家政权罪

《刑法》第一百零五条第二款规定：“以造谣、诽谤或者其他方式煽动颠覆国家政权、推翻社会主义制度的，处五年以下有期徒刑、拘役、管制或者剥夺政治权利；首要分子或者罪行重大的，处五年以上有期徒刑。”本罪的客观方面要件为实施了下列任意一种或多种行为：其一，以造谣的方式煽动他人进行颠覆国家政权、推翻社会主义制度的活动。所谓造谣即凭空捏造中国人民民主专政政权和社会主义社会的所谓“劣迹”、“阴暗面”，以鼓动人们的不满和仇视。其二，以诽谤的方式煽动他人进行颠覆国家政权、推翻社会主义制度的活动。诽谤是捏造事实贬损他人声誉的行为，既可以是诽谤个人，如诽谤党和国家的领导人，也可以是诽谤特定组织，如诽谤中国共产党、诽谤政府。其三，以其他方式如散发标语、口号等，煽动他人进行颠覆国家政权、推翻社会主义制度的活动。与煽动分裂国家罪一样，本罪也属行为犯。

实施以上两种犯罪，如果是与境外机构、组织、个人相勾结的，按《刑法》第一百零六条的规定，从重处罚。

三、煽动民族仇恨、民族歧视罪

据《刑法》第二百四十九条规定：“煽动民族仇恨、民族歧视，情节严重的，处三年以下有期徒刑、拘役、管制或者剥夺政治权利；情节特别严重的，处三年以上十年以下有期徒刑。”本罪侵犯的客体是中国各民族之间的团结友好关系。如果后果严重，发生民族分裂，当然也会危及国家安全。本罪的客观行为是以语言、文字等方式挑拨离间中国不同民族之间的关系。煽动民族仇恨，既可以是煽动汉族仇恨少数民族，也可以是煽动少数民族仇恨汉族，还可能是煽动一个少数民族仇恨另一个少数民族。煽动民族歧视，主要是煽动汉族歧视少数民族。本罪也是行为犯，但是把“情节严重”作为犯罪的构成要件，是指煽动手段卑鄙、动机恶劣、后果严重等。

四、煽动群众抗拒法律实施罪

《刑法》第二百七十八条规定：“煽动群众暴力抗拒国家法律、行政法规实施的，处三年以下有期徒刑、拘役、管制或者剥夺政治权利；造成严重后果的，处三年以上七年以下有期徒刑。”在现实生活中可能发生的煽动群众抗拒国家法律的行为，例如煽动抗税、煽动抗拒查处非法出版物之类的行为，在主观上往往出于不同的动机，并不一定具有危害国家安全的目的，在客观上主要是造成国家的一些法律、行政法规不能顺利贯彻执行，从而破坏了有关法律的权威性和法律秩序，并不是从根本上危害国家安全，所以本罪的侵犯客体是社会管理秩序。在客观方面，本罪的行为必须是以语言、文字等方式煽动群众采取暴力来抗拒国家法律的实施，一般地指责某些法律，发表对某些法律的不满言论，即使是错误的，也不能构成犯罪。这里说的“法律、行政法规”应做广义理解，即理解为包括了国家各级立法司法机关、行政机关依法制定的一切具有法律约束力的规范性文件。本罪也是行为犯，如果部分群众真被煽动起来了，“造成严重后果”，那就要处以更重的刑罚。

以上四种犯罪，都有可能利用新闻媒介加以实施。1998 年最高人民法院《关于审理非法出版物刑事案件具体应用法律若干问题的解释》第一条规定：“明知出版物中载有煽动分裂国家、破坏国家统一或者煽动颠覆国家政权、推翻社会主义制度的内容，而予以出版、印刷、复制、发行、传播的，依照《刑法》第一百零三条第二款或者第一百零五条第二款的规定，以煽动分裂国家罪或者煽动颠覆国家政权罪定罪处罚。”这条司法解释对实施这两项犯罪的行为主体做出了进一步的规定，明确了在出版活动中可能构成这两项犯罪的主体不仅有提出煽动言论的人，而且包括编辑出版者、印刷复制者、销售者和其他方式的传播者。后者构成此罪的前提是“明知”，即明知出版物中含有上述法律禁止的内容而仍然予以出版传播。提出煽动言论的，当然是直接故意。而后列各种传播者，则直接故意和间接故意都有可能。并无分裂国家、颠覆国家政权的目的，而是出于营利等其他目的，明知出版物中含有法律禁止的内容而对国家安全具有危害性却采取放任的态度加以传播的，也可以构成本罪。

由于我国完善严格的媒体管理制度，利用传统媒体进行的煽动犯罪较为少见，但发生过利用互联网造谣、诽谤或者发表、传播其他有害信息实施的煽动犯罪。

第二节　保守国家秘密

我国《宪法》规定保守国家秘密是公民的义务。1997年《刑法》将泄露国家重要机密罪改为泄露国家秘密罪，增列了向境外非法提供国家秘密罪，还规定了非法获取国家秘密罪、非法持有国家秘密罪，以及有关窃取、非法提供和泄露国家军事秘密罪的条款。2001年最高人民法院发布《关于审理为境外窃取、刺探、收买、非法提供国家秘密、情报案件具体应用法律若干问题的解释》。此外，在许多专门法律中也都有保守国家秘密的规定。2010年10月1日起，新修订的《保密法》正式实施。2014年3月1日起《中华人民共和国保守国家秘密法实施条例》施行，2014年11月1日《反间谍法》公布施行。

上述法律规定都对新闻传播活动具有约束力，而且有些法律还对新闻传播活动有专门规定。如《保密法》第二十七条规定：报刊、图书、音像制品、电子出版物的编辑、出版、印制、发行，广播节目、电视节目、电影的制作和播放，互联网、移动通信网等公共信息网络及其他传媒的信息编辑、发布，应当遵守有关保密规定。《反间谍法》第二十四条规定：任何个人和组织都不得非法持有属于国家秘密的文件、资料和其他物品。而《科学技术保密规定》第三十条规定：利用互联网及其他公共信息网络、广播、电影、电视以及公开发行的报刊、书籍、图文资料和声像制品进行宣传、报道或者发表论文，不得涉及国家科学技术秘密。

1992年，国家保密局、中央对外宣传小组、新闻出版署、广播电影电视部发布《新闻出版保密规定》，这是专门规范新闻出版工作中保守国家秘密制度的部门规章。为加强互联网保密管理，国家保密局于2000年颁布《计算机信息系统国际联网保密管理规定》。在新闻出版、广播电视和互联网管理的行政法规中，都把泄露国家秘密列为一项重要的罪行。

一、国家秘密概念和内容

什么是国家秘密？根据《保密法》第二条规定，国家秘密是关系国家安全和利益，依照法定程序确定，在一定时间内只限一定范围的人员知悉的事项。国家秘密是指：(1) 国家事务重大决策中的秘密事项；(2) 国防建设和武装力量活动中的秘密事项；(3) 外交和外事活动中的秘密事项以及对外承担保密义务的秘密事项；(4) 国民经济和社会发展中的秘密事项；(5) 科学技术中的秘密事项；(6) 维护国家安全活动和追查刑事犯罪中的秘密事项；(7) 经国家保密行政管理部门确定的其他秘密事项。政党的秘密事项中符合前款规定的，属于国家秘密。

国家秘密的密级分为绝密、机密、秘密三级。绝密级国家秘密是最重要的国家秘密，如果被泄露会使国家安全和利益遭受特别严重的损害；机密级国家秘密是重要的国家秘密，如果被泄露会使国家安全和利益遭受严重的损害；秘密级国家秘密是一般的国家秘密，如果被泄露会使国家安全和利益遭受损害。国家秘密的保密期限，除另有规定外，绝密级不超过30年，机密级不超过20年，秘密级不超过10年。

(一)国家秘密及其密级的具体范围

国家秘密及其密级的具体范围，由国家保密行政管理部门分别会同外交、公安、国家安全和其他中央有关机关规定；军事方面的国家秘密及其密级的具体范围，由中央军事委员会规定。国家秘密及其密级的具体范围的规定，应当在有关范围内公布，并根据情况变化及时调整。

被认为需要保守秘密的事项并不限于国家秘密。企业有商业秘密，个人有私生活秘密（隐私），泄露出去也会给有关企业或个人造成一定危害，新闻报道也要注意不应涉及。但后者同国家的安全和利益没有关系，不属保密法调整的范围。

确定国家秘密的密级，应当遵守定密权限。中央国家机关、省级机关及其授权的机关、单位可以确定绝密级、机密级和秘密级国家秘密；设区的市、自治州一级的机关及其授权的机关、单位可以确定机密级和秘密级国家秘密。具体的定密权限、授权范围由国家保密行政管理部门规定。机关、单位执行上级确定的国家秘密事项，需要定密的，根据所执行的国家秘密事项的密级确定。下级机关、单位认为本机关、本单位产生的有关定密事项属于上级机关、单位的定密权限，应当先行采取保密措施，并立即报请上级机关、单位确定；没有上级机关、单位的，应当立即提请有相应定密权限的业务主管部门或者保密行政管理部门确定。公安、国家安全机关在其工作范围内按照规定的权限确定国家秘密的密级。

机关、单位对所产生的国家秘密事项，应当按照国家秘密及其密级的具体范围的规定确定密级，同时确定保密期限和知悉范围。国家秘密的保密期限，应当根据事项的性质和特点，按照维护国家安全和利益的需要，限定在必要的期限内；不能确定期限的，应当确定解密的条件。机关、单位应当根据工作需要，确定具体的保密期限、解密时间或者解密条件。机关、单位对在决定和处理有关事项工作过程中确定需要保密的事项，根据工作需要决定公开的，正式公布时即视为解密。

国家秘密的知悉范围应当根据工作需要限定在最小范围。国家秘密的知悉范围能够限定到具体人员的，限定到具体人员；不能限定到具体人员的，限定到机关、单位，由机关、单位限定到具体人员。国家秘密的知悉范围以外的人员，因工作需要知悉国家秘密的，应当经过机关、单位负责人批准。

单位对承载国家秘密的纸介质、光介质、电磁介质等载体（以下简称国家秘密载体）以及属于国家秘密的设备、产品，应当做出国家秘密标志。不属于国家秘密的，不应当做出国家秘密标志。

(二)定密责任人

机关、单位负责人及其指定的人员为定密责任人，负责本机关、本单位的国家秘密确定、变更和解除工作。机关、单位确定、变更和解除本机关、本单位的国家秘密，应当由承办人提出具体意见，经定密责任人审核批准。

国家秘密的密级、保密期限和知悉范围，应当根据情况变化及时变更。国家秘密的密级、保密期限和知悉范围的变更，由原定密机关、单位决定，也可以由其上级机关决定。国家秘密的密级、保密期限和知悉范围变更的，应当及时书面通知知悉范围内的机关、单位或者人员。国家秘密的保密期限已满的，自行解密。

机关、单位应当定期审核所确定的国家秘密。对在保密期限内因保密事项范围调整不再作为国家秘密事项，或者公开后不会损害国家安全和利益、不需要继续保密的，应当及时解密；对需要延长保密期限的，应当在原保密期限届满前重新确定保密期限。提前解密或者延长保密期限的，由原定密机关、单位决定，也可以由其上级机关决定。机关、单位对是否属于国家秘密或者属于何种密级不明确或者有争议的，由国家保密行政管理部门或者省、自治区、直辖市保密行政管理部门确定。

（三）国家秘密载体的管理

国家秘密载体的制作、收发、传递、使用、复制、保存、维修和销毁，应当符合国家保密规定。机关、单位应当加强对涉密信息系统的管理，任何组织和个人不得有下列行为：（1）将涉密计算机、涉密存储设备接入互联网及其他公共信息网络；（2）在未采取防护措施的情况下，在涉密信息系统与互联网及其他公共信息网络之间进行信息交换；（3）使用非涉密计算机、非涉密存储设备存储、处理国家秘密信息；（4）擅自卸载、修改涉密信息系统的安全技术程序、管理程序；（5）将未经安全技术处理的退出使用的涉密计算机、涉密存储设备赠送、出售、丢弃或者改作其他用途。

机关、单位应当加强对国家秘密载体的管理，任何组织和个人不得有下列行为：（1）非法获取、持有国家秘密载体；（2）买卖、转送或者私自销毁国家秘密载体；（3）通过普通邮政、快递等无保密措施的渠道传递国家秘密载体；（4）邮寄、托运国家秘密载体出境；（5）未经有关主管部门批准，携带、传递国家秘密载体出境。

禁止非法复制、记录、存储国家秘密。禁止在互联网及其他公共信息网络或者未采取保密措施的有线和无线通信中传递国家秘密。禁止在私人交往和通信中涉及国家秘密。

报刊、图书、音像制品、电子出版物的编辑、出版、印制、发行，广播节目、电视节目、电影的制作和播放，互联网、移动通信网等公共信息网络及其他传媒的信息编辑、发布，应当遵守有关保密规定。

互联网及其他公共信息网络运营商、服务商应当配合公安机关、国家安全机关、检察机关对泄密案件进行调查；发现利用互联网及其他公共信息网络发布的信息涉及泄露国家秘密的，应当立即停止传输，保存有关记录，向公安机关、国家安全机关或者保密行政管理部门报告；应当根据公安机关、国家安全机关或者保密行政管理部门的要求，删除涉及泄露国家秘密的信息。

（四）违反《保密法》规定应受处分或追究刑责

违反《保密法》规定，有下列行为之一的，依法给予处分；构成犯罪的，依法追究刑事责任：（1）非法获取、持有国家秘密载体的；（2）买卖、转送或者私自销毁国家秘密载体的；（3）通过普通邮政、快递等无保密措施的渠道传递国家秘密载体的；（4）邮寄、托运国家秘密载体出境，或者未经有关主管部门批准，携带、传递国家秘密载体出境的；（5）非法复制、记录、存储国家秘密的；（6）在私人交往和通信中涉及国家秘密的；（7）在互联网及其他公共信息网络或者未采取保密措施的有线和无线通信中传递国家秘密的；（8）将涉密计算机、涉密存储设备接入互联网及其他公共信息网络的；（9）在未采取防护措施的情况下，在涉密信息系统与互联网及其他公共信息网络之间进行信息交换的；(10) 使用非涉密计算机、非涉密存储设备存储、处理国家秘密信息的；(11) 擅自卸载、修改涉密信息系统的安全技术程序、管理程序的；(12) 将未经安全技术处理的退出使用的涉密计算机、涉密存储设备赠送、出售、丢弃或者改作其他用途的。

二、新闻单位的保密制度

新闻报道和保密看起来似乎是矛盾的。新闻传播活动的任务之一就是向人民群众报道国家大事，满足人民群众的知情权。要求提高公开性，增强透明度，符合人民群众知悉更多的国家大事，以便参与管理国家事务和社会公共事务的要求。但是任何权利都不是绝对的、无条件的。保守国家秘密就为公开性和透明度设置了一条边界，这是出于维护国家安全和利益的需要而对公民知情权做出的必要的限制。把不是国家秘密的事项说成是国家秘密，动辄不准报道，借口保密把应该向人民群众公开的事情包起来不让人民群众知道，这是推行愚民政策；而泄露法定的国家秘密当然是违背国家利益的，特别是通过大众传播媒介公开传播显然比通过一般的人际传播的途径泄露出去会造成更大的危害。在国际新闻界，由于属于国家秘密的事项往往具有新闻价值更易引起公众兴趣，所以往往成为新闻记者们追逐的对象。新闻记者为了获取独家新闻，有时不惜以身试法，不择手段地窃取、刺探、收买国家秘密在传媒披露，制造轰动效应，有许多国家秘密正是通过大众传媒泄露出去的。因此，从新闻出版物中获取情报历来被情报机关视为最经济、最安全、最可靠、最迅速的途径。

在我国，改革开放以来，新闻报道的自由度有了明显提高，但在新闻报道中泄露国家秘密的事件也随之增多。从近十多年来新闻报道泄密的情况看，泄密的“多发区”有：

在政治方面，有的媒体热衷于抢先报道党和政府及有关领导机关尚在研究中和尚未公开的重大决策、方针，抢先报道按照有关规定应当统一发布的重大政治新闻，这类信息在有权发布者正式发布以前一般属于国家秘密。

在军事方面，国防和军队建设的重大方针和规划，军事领导机关的重大决策，重要军事会议，军队的组织编制、实力、设防部署、军事调动、军事演习、军事禁区、重要军事设施等情况，以至于部队的番号、名称、任务，以及国防科技研究的重要成果和有关国防经费、国防工业的种种事项，无疑都是外国情报机关求之不得的重要情报。

在公安、司法方面，擅自披露公安侦破手段、公安机关实力和其他工作秘密以及案件审判过程中的研究情况等，都属于泄密。

在经济方面，轻易披露正在研究中或尚未公布的经济政策和经济决策，报道未经国家有关部门正式公布的计划数字、统计数字和国家经济情况，特别是关于物价、货币、工资、税率、汇率、利率等预期变动情况，某些重要原料和产品的市场需求情况等，往往会使国家利益受到很大的损害。

在科技方面，详细报道我国处于国际领先地位或先进水平的重大科技成果，特别是能够反映高新技术成果、反映高新技术领域突破的、反映国家防御和治安实力的科技成果，往往造成泄密。

1992 年颁布的《新闻出版保密规定》(简称《规定》) 正是在总结新闻传播既要扩大报道范围、增加信息量又要保守国家秘密的经验教训的基础上制定出来的。《规定》开宗明义提出：

“新闻出版的保密工作，坚持贯彻既保守国家秘密又有利于新闻出版工作正常进行的方针。”根据这一方针，《规定》的第二章阐述了具体的保密制度。2014 年 6 月，国家新闻出版广电总局印发《新闻从业人员职务行为信息管理办法》，重申新闻单位应健全保密制度，对新闻从业人员在职务行为中接触的国家秘密信息，应明确知悉范围和保密期限，健全国家秘密载体的收发、传递、使用、复制、保存和销毁制度，禁止非法复制、记录、存储国家秘密，禁止在任何媒体以任何形式传递国家秘密，禁止在私人交往和通信中涉及国家秘密。

（一）新闻出版保密审查制度

《新闻出版保密规定》第六条规定：新闻出版保密审查实行自审与送审相结合的制度。

自审，就是新闻出版单位和提供信息的单位，对拟公开出版、报道的信息，根据有关保密规定自己进行审查。从新闻单位角度说，自审也就是自己按照保密规定来判断有关新闻是否属于或含有国家秘密，是否适宜发表，这是新闻单位编辑责任制的延伸。责任和权利是同一事物的两面。新闻单位既然被赋予自审的责任，也就意味着它拥有自己决定新闻是发表还是不发表的权利。而如果它在行使权利的时候没有很好地履行保密审查的责任，致使泄露国家秘密，它就要依法承担相应的法律责任。

送审，就是对是否涉及国家秘密界限不清的信息，送交有关主管部门或其上级机关、单位审定。有关机关、单位应当指定有权代表本机关、单位的审稿机构和审稿人，负责对送审稿是否涉及国家秘密进行审定。对是否涉及国家秘密界限不清的内容，应当报请上级有关机关、单位审定；涉及其他单位工作中国家秘密的，应当负责征求有关单位的意见。有关机关、单位审定在送审稿件时，应当满足新闻单位提出的审定时限的要求。由于新闻单位毕竟不是专门的保密工作部门，掌握情况有限，在自己不能确认有关新闻内容是否属于国家秘密时，请主管部门或上级机关审定，就可以有效地防止泄密。

由此可见，自审和送审相结合的制度实际上是新闻传播活动中的预防制同追惩制相结合在保密制度中的运用。它同新闻检查制度的不同之处在于，不是全面对新闻进行事先的审查，而是首先要求自审，在经过自审不能确认是否涉密时，方才实行送审。

（二）通过内部途径反映涉及国家秘密的信息的制度

据《规定》第八条，新闻单位及其采编人员需向有关部门反映或通报涉及国家秘密的信息，应当通过内部途径进行，并对反映或通报的信息按照规定做出国家秘密的标志。这也就是新闻单位编印“内部参考”的制度。

（三）采访涉及国家秘密的事项的批准制度

据《规定》第九条、第十条，当被采访单位、被采访人向新闻单位提供有关信息时，对其中确因工作需要而又涉及国家秘密的事项应当事先经过批准，并向采编人员申明。新闻单位对被采访单位、被采访人申明属于国家秘密的事项，不得公开报道。对涉及国家秘密但确需报道的信息，新闻机构应当向有关主管单位建议解密或者采取删节、改编、隐去等保密措施，并经有关主管部门审定。新闻机构采访涉及国家秘密的会议或其他活动，应经主办单位批准。主办单位应当验明采访人员的工作身份，指明哪些内容不得报道，并对新闻进行审定。

又据《规定》第十四条，个人拟向新闻单位提供公开报道的信息，凡涉及本系统、本单位业务工作的或对是否涉及国家秘密界限不清的应当事先经过本单位或上级机关、单位审定。

（四）新闻发布制度

据《规定》第十一条，为了防止泄露国家秘密而又有利于新闻活动的正常进行，中央国家机关各部门和其他有关单位应当根据各自职务工作的性质，加强与新闻单位的联系，建立提供信息的正常渠道，健全新闻发布制度，适时通报宣传口径。正当的信息渠道的畅通是防止泄密的有效手段。

在新闻出版工作中，各有关单位因有关信息是否属于国家秘密问题发生争执的，由保密工作部门会同有关主管部门依据保密法规确定。

三、法律责任

违反国家《保密法》和其他法律、法规，致使国家秘密泄露，责任人应当承担法律责任，包括刑事责任和行政责任两种。这里着重介绍《刑法》规定的违反保密法的几种主要罪名。

（一）泄露国家秘密罪

《刑法》第三百九十八条规定：国家机关工作人员违反保守国家秘密法的规定，故意或者过失泄露国家秘密，情节严重的，处三年以下有期徒刑或者拘役；情节特别严重的，处三年以上七年以下有期徒刑。本罪属于渎职罪。犯罪主体是特殊主体，即国家机关工作人员。同时本条第二款规定：非国家机关工作人员犯前款罪的，依照前款的规定酌情处罚。主观方面已在条文中明确规定，故意和过失都可以构成；故意的恶性要大于过失。侵犯客体是国家的保密制度。客观方面表现为具有违反国家保密法的规定、泄露国家秘密、情节严重的行为。首先是违反保密法，包括违反《保密法》和其他有关保守国家秘密的法律、法规、规章的规定。其次是要有泄密的行为，就是使不应知悉国家秘密的人知悉了该项秘密或者使该项秘密超出了限定的接触范围的行为。第三是情节严重。要对泄密行为的主观恶性大小，客观上对国家安全和利益的损害包括秘密的内容、密级、泄露造成的后果等诸方面做综合考虑。

对不构成犯罪的新闻泄密，主要按《保密法》和其他法规、规章的规定对责任人予以行政处罚或行政处分。

互联网兴起后，网上泄密时有发生。最高人民法院2001年年初发布司法解释规定：将国家秘密通过互联网予以发布，情节严重的，依照《刑法》第三百九十八条的规定定罪处罚。

（二）向境外提供国家秘密、情报罪

按《刑法》第一百一十一规定：为境外的机构、组织、人员窃取、刺探、收买、非法提供国家秘密或者情报的，处五年以上十年以下有期徒刑；情节特别严重的，处十年以上有期徒刑或者无期徒刑；情节较轻的，处五年以下有期徒刑、拘役、管制或者剥夺政治权利。本罪属于危害国家安全罪。犯罪主体是一般主体，即所有达到刑事责任年龄具有刑事责任能力的自然人，也包括来自境外的中国人和外国人。侵犯客体是国家安全和利益。主观方面必须出于故意，即明知是国家秘密或情报而非法向境外提供；因过失而被境外人员窃取自己所保管的国家

秘密或情报，不足以构成本罪。但本罪与其他危害国家安全罪不同在于，行为人在主观上并不一定要有危害国家的直接目的，其主观动机可以是为了牟利，或者是碍于朋友情面，或者只是想抢独家新闻，主观动机的差别不影响本罪的成立。在客观方面，行为人要实施违反我国保密法规，采取窃取、刺探、收买等手段，或者将自己保管的国家秘密或情报非法提供给境外的机构、组织、人员的行为；提供给境内的，不属本罪。所谓“情报”，按照最高人民法院司法解释，是指关系国家安全和利益，尚未公开或者依照有关规定不应公开的事项。在执行中，区别“境内”、“境外”，过去是以中华人民共和国政府是否行使主权为界。

该司法解释还规定：“通过互联网将国家秘密或者情报非法发送给境外的机构、组织、个人的，依照《刑法》第一百一十一条的规定定罪处罚。”

我国公民，不论出于何种动机和目的，只要向境外的机构、组织、人员非法提供国家秘密或情报，也不论境外机构、组织、人员是否具有间谍性质，都足以构成本罪。

案例6—1

向境外提供国家秘密、情报获罪

1992年3月，原系新华通讯社国内新闻编辑部编辑的吴士深与前来北京采访七届人大五次会议新闻的香港《快报》记者梁慧珉相识。梁为了获取中共十四大的报告稿，唆使吴士深进行搜集。同年10月4日上午，吴士深利用工作之便，将本单位有关人员内部传阅的江泽民总书记《在中国共产党第十四次全国代表大会上的报告》送审稿（绝密级）私自复印一份，携带回家。当日下午，吴士深指使被告人马涛（原系中国健康教育研究所《中国健康教育通讯》杂志社编辑，吴士深之妻），按事先约定的地点将该“报告”非法提供给梁慧珉。尔后，梁慧珉使用私自安装的传真机将此“报告”全文传回香港《快报》报社。10月5日，香港《快报》全文刊登了这个“报告”。10月21日，梁慧珉与吴士深、马涛在约定地点见面，梁付给吴士深人民币外汇兑换券5 000元。案发后，吴士深、马涛的认罪态度较好，所得的赃款已被查获。

被告人吴士深、马涛身为国家工作人员，为谋私利，违反国家保密法规，为境外人员非法提供国家核心机密，危害国家安全，被告人的行为均已构成为境外人员非法提供国家秘密罪。其犯罪性质恶劣，情节、后果特别严重。吴士深是本案的策划者，系主犯，应依法从重处罚。马涛在共同犯罪中情节较轻，系从犯，且能认罪悔罪，应比照主犯减轻处罚。该院依照全国人民代表大会常务委员会《关于惩治泄露国家秘密犯罪的补充规定》、《中华人民共和国刑法》第五十三条第一款、第五十二条、第二十二条第一款、第二十三条、第二十四条、第六十条的规定，于1993年8月30日判决如下：一、被告人吴士深犯为境外人员非法提供国家秘密罪，判处无期徒刑，剥夺政治权利终身。二、被告人马涛犯为境外人员非法提供国家秘密罪，判处有期徒刑六年，剥夺政治权利一年。三、查获的赃款予以没收。后经上诉，北京市高级人民法院经过二审驳回上诉，维持原判。

资料来源：www.findlaw.cn，有删改。

为境外人员非法提供国家秘密罪，是全国人大常委会《关于惩治泄露国家秘密犯罪的补充规定》（简称《补充规定》）所规定的一种新的罪名。该《补充规定》明确规定：为境外的机构、组织、人员窃取、刺探、收买、非法提供国家秘密的，处五年以上十年以下有期徒刑；情节较轻的，处五年以下有期徒刑、拘役或者剥夺政治权利；情节特别严重的，处十年以上有期徒刑、无期徒刑或者死刑，并处剥夺政治权利。这项规定是对《刑法》的重要补充。

（三）非法获取或非法持有国家秘密罪

《刑法》第二百八十二条规定：以窃取、刺探、收买方法，非法获取国家秘密的，处三年以下有期徒刑、拘役、管制或者剥夺政治权利；情节严重的，处三年以上七年以下有期徒刑。非法持有属于国家绝密、机密文件、资料或者其他物品，拒不说明来源与用途的，处三年以下有期徒刑、拘役或者管制。本罪属于妨害社会管理秩序罪。犯罪主体是一般主体，即凡达到刑事责任年龄具有刑事责任能力的自然人均可成为本罪的主体。主观方面是故意，即行为人明知是国家秘密而故意窃取、刺探、收买，或者明知属于自己不能接触的国家绝密、机密的文件、资料或其他物品而故意非法持有并且拒不说明来源和用途；非法获取或持有国家秘密的具体动机和目的不影响罪名的成立。侵犯客体是国家的保密制度。在客观方面，非法获取国家秘密的行为包括："窃取"，是指行为人以秘密方式非法了解和掌握国家秘密的行为，如秘密进入禁止进入的国家秘密的区域场所、偷窃秘密原件、偷拍、偷录、窃听窃记、秘密复制等；"刺探"，是指行为人隐瞒真实身份和目的通过各种途径和手段探听国家秘密的行为；"收买"，是指行为人使用金钱或其他物质手段向国家秘密的保管者交换国家秘密的行为。非法持有国家秘密的行为是指，行为人非法持有国家绝密、机密，当有关机关责令说明其来源和用途时，行为人拒不说明。本罪只以非法获取或非法持有为特征，而不论行为人非法获取或非法持有的国家秘密是否泄露。

境外新闻机构直接派记者入境非法获取我国国家秘密，按照《刑法》规定凡在中华人民共和国领域内犯罪的除法律有特别规定的以外都适用本法的规定，有关记者就会构成本罪。

2014年11月1日公布施行的《反间谍法》第三十四条规定：境外人员违反本法的，可以限期离境或者驱逐出境。限期离境和驱逐出境都是行政处罚，同《刑法》规定的对于犯罪的外国人适用驱逐出境的刑罚的法律含义是不同的。

第三节 政府信息公开制度

2007年国务院公布《中华人民共和国政府信息公开条例》。该条例的实施对于保障人民群众的知情权、参与权、表达权和监督权，提高政府工作的透明度，促进依法行政，防止权力失控、决策失误和行为失范等意义深远，但也存在不少问题。根据2014年中国社会科学院发布的《中国政府透明度指数报告（2013）》显示，55家国务院部门中仅有六家信息公开透明度指数越过60分（满分100分），及格率仅1/9，得分最高的"教育部"也仅有65分，而得分最低的"国家铁路局"则为0分。31个省级政府中仅7个省的透明度指数超过60分。2013年国务院办公厅发布了《关于进一步加强政府信息公开回应社会关切提升政府公信力的意见》，提出要进一步加强平台建设、加强机制建设、完善保障措施。

一、政府信息公开制度及意义

信息民主是现代民主的重要组成部分。信息民主包括获得信息权、使用信息权与参与信息权。政府作为社会的管理者，在行政管理过程中，制作、搜集、存储了大量的信息。因为政府信息涉及社会生活的方方面面，与人民生活息息相关，而且数量巨大，可以说政府是最为重要的信息源。而只有公开政府信息，才能满足公众获得信息权、使用信息权和参与信息权的需要，因此，信息公开制度是信息民主的保障。

（一）政府信息公开制度的理论基础

在政府信息公开法律制度下，政府是否应当向公众提供政府信息，不是由政府的权力决定的，而是由民众的权利决定的。人民主权理论和知情权理论构成了公众获得政府信息的权利的合理性，成为政府信息公开制度的理论基础。

根据人民主权理论，政府机关有义务向公众公开政府信息，或者说人民有权利获得政府信息。其理由如下：第一，从行政权力的来源看，行政机关所享有的一切权利均来自于人民的权利和宪法的授权。因此，人民必须有一定的途径了解政府是否适当、完整地执行授权；政府必须公开政府信息，接受授权者的监督。第二，从行政权力内容看，行政权力涉及国家的政治、文化等社会生活的组织管理。行政权力内容的广泛性决定了对它监督的重要性。第三，从行政权的行使方式看，行政权行使应当是公开的。

（二）政府信息公开的意义

政府信息公开制度的建立与发展对社会政治、经济和文化的发展都有重要的意义。

其一，促进公众参与国家管理。政府信息公开法律制度，首先是公众了解了行政权力行使的状况，为评价政府行为提供了基本的信息支持；通过了解政府信息，人们可以发表言论，提出意见和建议，直接影响政府的决策。

其二，推动民主政治建设。建设社会主义民主政治，最主要的是做到两条，一条是让人民真正当家做主，另一条是建立法治。这就是说，立法要有公众的参与，法律要为公众所周知。民主和法治的首要前提就是保证公共信息的透明性。因为在人民当家做主的诸种权利中，基础的权利就是知情权。而要建立法治国家，首先要做到的是法规具有透明性。政府信息公开正是促进政务公开、提高政府信息透明化的有效手段。

其三，保障公民权利实现。公民个人很多权益的实现都必须首先了解政府的信息。政府信息不公开，公民个人就不能获得有关信息，甚至对自己权利的状况，如有什么权利、权利是否遭到了侵害及被侵害的程度、是否有救济的途径等，都不了解。

其四，实现监督，防止腐败。一切腐败现象和腐败行为的最大特点在于其行为的隐秘性，阳光是最好的防腐剂，把政府的所作所为让公众知情，接受监督，也就把治理腐败落到了实处。人民群众有权知道政府和政务人员适时的、真实的、透明的相关信息，保障知情权既有助于保护公民的合法权益，又有助于有效地遏制政府腐败。

其五，提高行政效率。从传统的政府保密文化的角度看，通常认为信息公开会增加行政负担，影响行政效率。但是，政府信息公开与行政效率并不矛盾，相反适当地公开政府信息还有助于提高行政效率，促进政府在行为规范、运转协调、公正透明、廉洁高效等方面的建设。

二、《政府信息公开条例》的相关规定

政务公开与政府信息公开是不同的。政务公开的内容是有关行政事务的事项，既有信息的公开也有行为的公开。信息公开是政务公开的一部分，是政务公开的核心内容，因而在政务公开的过程中，政府信息公开也得到发展。随着政务公开的发展，人们的注意力从宽泛的政务公开逐渐转变为关注更具体的政府信息公开。2001 年中国加入世界贸易组织（WTO）前后，在对政府透明度要求的讨论过程中，已经将政府信息公开从政务公开剥离出来，开始强调政府公开信息的义务。2003 年春季，非典型肺炎流行期间，政府对疫情的及时公布，对于控制疫情和稳定社会秩序等都起到了积极的作用，使公众和政府更加认识到了信息公开的重要性。

2007 年 4 月国务院公布了《中华人民共和国政府信息公开条例》（简称《政府信息公开条例》），共 5 章 38 条，分总则、公开的范围、公开的方式和程序、监督和保障、附则。《政府信息公开条例》自 2008 年 5 月 1 日起施行。制定这一条例旨在保障公民、法人和其他组织依法获取政府信息，提高政府工作的透明度，促进依法行政，充分发挥政府信息对人民群众生产、生活和经济社会活动的服务作用。《政府信息公开条例》规定，各级人民政府应当加强对政府信息公开工作的组织领导，各级人民政府及县级以上人民政府部门应当建立健全本行政机关的政府信息公开工作制度，并指定机构负责本行政机关政府信息公开的日常工作。

（一）《政府信息公开条例》的特点

1. 信息公开主体有三类

《政府信息公开条例》第二条规定："本条例所称政府信息，是指行政机关在履行职责过程中制作或者获取的，以一定形式记录、保存的信息。"政府信息公开的主体有三类：第一类是行政机关；第二类是法律法规授权的具有管理公共事务职能的组织，如地震局、气象局、银监会、电监会、保监会等；第三类是与群众利益密切相关的公共企事业单位，像教育、医疗卫生、供水、供电、供气、公共交通等单位。

2.《政府信息公开条例》以公开为原则，不公开为例外

一方面，《政府信息公开条例》规定了主动公开的基本要求和公开的内容，也规定了各级政府主动公开政府信息的重点，还规定了公民、法人和其他组织可以依法申请公开的信息。另一方面，《政府信息公开条例》还规定了政府公开信息除涉及国家秘密、商业秘密和个人隐私的不能公开外，其余都可以公开。

3. 防止公开《政府信息公开条例》变"保密"条例

为了处理好公开与保密的关系，使《政府信息公开条例》与保守国家秘密法等法律、法规

相衔接，实现既可保证公民、法人和其他组织及时、准确地获取政府信息，又能防止出现因公开不当导致失密、泄密而损害国家安全、公共安全、经济安全，影响社会稳定和侵犯公民、法人或者其他组织合法权益的情况，《政府信息公开条例》还建立了相应的政府信息公开审查机制。为了防止以保密审查机制为托词，或者以第三方不同意为由，而不履行公开政府信息的义务，《政府信息公开条例》专门设了第四章“监督和保障”部分，制定了考核评议制度、监督检查制度、举报调查制度、行政复议和司法救济制度，以及法律责任等五个方面的规定。如果公民、法人或者其他组织认为行政机关不依法履行政府信息公开义务的，可以向上级行政机关、监察机关或者政府信息公开工作主管部门举报，收到举报的机关应当予以调查处理。行政机关违反条例规定、不履行政府信息公开义务的，应当承担法律责任。公民、法人或者其他组织认为行政机关在政府信息公开工作中的具体行政行为侵犯其合法权益的，可以依法申请行政复议或者提起行政诉讼。

4. 保证媒体及时准确获得信息

《政府信息公开条例》在总则中规定，必须保证政府信息公开的准确、及时，如果发现影响或者可能影响社会稳定、扰乱社会管理秩序的虚假的或者不完整的信息，政府有关部门都应该在其职责范围内发布准确的信息予以澄清。为了保证媒体获得政府信息的一致性，免得发生混乱，《政府信息公开条例》规定行政机关应当建立健全信息发布的协调机制，行政机关发布政府信息、涉及其他行政机关的，应当与有关机关进行沟通、确认。另外，对于政府信息，应该是上一级机关才有权发布，下一级机关不经批准不能擅自发布，这样就能够保证媒体所获得的政府信息是一致的、准确的。

（二）《政府信息公开条例》确立的主要制度

1. 政府信息的主动公开和依申请公开制度

行政机关对符合下列基本要求之一的政治信息应当主动公开：

（1）涉及公民、法人或者其他组织切身利益的；

（2）需要社会公众广泛知晓或者参与的；

（3）反映本行政机关机构设置、职能、办事程序等情况的；

（4）其他依照法律、法规和国家有关机关规定应当主动公开的。

行政机关应当按照上述要求，确定主动公开政府信息的具体内容。同时，为了保证主动公开的要求能够落到实处，《政府信息公开条例》还根据县级以上各级人民政府及其部门、乡（镇）人民政府的工作职责，分别规定了其应当重点公开的政府信息。

除行政机关主动公开的政府信息外，《政府信息公开条例》还规定，公民、法人或者其他组织可以根据自身生产、生活、科研等特殊需要，向国务院相关部门、地方各级人民政府及县级以上地方人民政府相关部门申请获取相关政府信息。

2. 政府信息公开发布制度

《政府信息公开条例》从以下四方面做了规定：

（1）行政机关应当将主动公开的政府信息通过政府公报、政府网站、新闻发布会以及报刊、广播、电视等方式公开；

（2）各级人民政府应当在国家档案馆、公共图书馆设置政府信息查询场所，配备相应的设施、设备；

（3）行政机关可以根据需要设立公共查阅室、资料索取点、信息公告栏、电子信息屏等场所、设施公开政府信息；

（4）行政机关应当编制、公布政府信息公开指南和政府信息公开目录并及时更新，对属于主动公开范围的政府信息原则上应当在其形成或者变更之日起20个工作日内予以公开。

3. 政府信息公开监督和保障制度

《政府信息公开条例》确立了政府信息公开的考核评议制度、监督检查制度、年度报告制度和对行政机关不依法履行政府信息公开义务的举报制度、申请行政复议或者提起行政诉讼制度。

此外，为了保证行政机关发布的政府信息准确一致，防止因公开不当导致失密、泄密而损害国家安全、公共安全、经济安全，影响社会稳定和侵犯公民、法人或者其他组织的合法权益，《政府信息公开条例》还规定了政府信息发布协调制度和保密审查制度。

案例6—2

上海记者起诉市规划局信息不公开

2006年6月1日，上海某报政法部记者马骋向同行宣布，他起诉上海市城市规划管理局（简称上海市规划局）信息不公开一案，已被上海市黄浦区法院正式受理，这也是国内首例新闻记者起诉政府部门侵犯新闻采访权的案件。

马骋为了对一新闻事件进行深入采访，于2006年4月18日向上海市规划局传真了采访提纲，但该局不予答复。2006年4月23日，他又以挂号信的形式向上海市规划局寄送了书面采访申请，请该局按照《上海市政府信息公开规定》提供应当公开的政府信息，再次遭到拒绝。

马骋在行政诉讼状中称，根据《上海市政府信息公开规定》，政府部门对与经济、社会管理和公共服务相关的政府信息，应当主动公开或者应申请公开；公民、法人和其他社会组织有权依据该规定，要求政府机关向其提供有关政府信息。该规定还制定了政府新闻发言人制度，代表各级政府向社会发布政府信息，那么，对新闻记者的采访申请，各级政府部门也应依申请公开政府信息。马骋在行政起诉状中，要求法院判决上海市规划局按照《上海市政府信息公开规定》向其提供由自己申请应当公开的政府信息。

2006年8月7日，马骋撤诉。国内首例新闻记者起诉政府部门信息不公开的案件至此告终。2006年6月2日在接受《中国青年报》记者采访时，马骋说："最后的结果并不重要，关键是要让有关部门重视记者的新闻采访权。"

资料来源：综合参考以下报道：《记者诉政府信息不公开的双重意义》，载《羊城晚报》，2006-06-03；《上海记者起诉市规划局信息不公开》，载《中国青年报》，2006-06-02；《政府信息公开为啥这么难》，载《检察日报》，2006-06-12。

（三）《政府信息公开条例》规定“主动公开政府信息的范围”

从国外政府信息公开的立法来看，一般都没有规定主动公开的范围，而只是规定了不公开的内容。这意味着除了不公开之外的，都应该公开。这就是所谓以公开为原则、以不公开为例外的原则。我国《政府信息公开条例》也体现了以公开为原则、以不公开为例外的原则。

《政府信息公开条例》明确规定，行政机关对符合下列基本要求之一的政府信息应当主动公开：涉及公民、法人或者其他组织切身利益的；需要社会公众广泛知晓或者参与的；反映本行政机关机构设置、职能、办事程序等情况的；其他依照法律、法规和国家有关规定应当主动公开的。

对于县级以上各级人民政府及其部门，《政府信息公开条例》要求其在各自职责范围内确定主动公开政府信息具体内容的同时，重点公开下列政府信息：行政法规、规章和规范性文件；国民经济和社会发展规划、专项规划、区域规划及相关政策；国民经济和社会发展统计信息；财政预算、决算报告；行政事业性收费的项目、依据、标准；政府集中采购项目的目录、标准及实施情况；行政许可的事项、依据、条件、数量、程序、期限以及申请行政许可需要提交的全部材料目录及办理情况；重大建设项目的批准和实施情况；扶贫、教育、医疗、社会保障、促进就业等方面的政策、措施及其实施情况；突发公共事件的应急预案、预警信息及应对情况；环境保护、公共卫生、安全生产、食品药品、产品质量的监督检查情况。

《政府信息公开条例》要求，乡（镇）人民政府在其职责范围内确定主动公开的政府信息具体内容的同时，还要重点公开八类政府信息。这八类政府信息是：贯彻落实国家关于农村工作政策的情况；财政收支、各类专项资金的管理和使用情况；乡（镇）土地利用总体规划、宅基地使用的审核情况；征收或者征用土地、房屋拆迁及其补偿、补助费用的发放、使用情况；乡（镇）的债权债务、筹资筹劳情况；抢险救灾、优抚、救济、社会捐助等款物的发放情况；乡镇集体企业及其他乡镇经济实体承包、租赁、拍卖等情况；执行计划生育政策的情况。

另外，我们还要重视突发事件的信息公开。由于各种社会矛盾或人为因素导致的重大事件，如恐怖活动、战争、海难、空难、矿难、交通事故、桥塌、楼倒等重大刑事案件或重大责任事故等，近几年来，我国新闻界对突发事件的报道取得了很大的进步，但报道还是过多地着眼于所谓的“政治影响”，不能完全做到及时、公开和满足受众需求。同时，由于某些突发事件往往牵涉到某些部门的“人为灾难”，他们在中间层层阻挠，使媒体在报道时更是有所“忌讳”或受到“控制”和“干预”，成为公众批评的热点。

2011 年 7 月 23 日晚上 20 点 34 分，北京南站开往福州站的 D 301 次动车组列车运行至甬温线上海铁路局管内永嘉站至温州南站间双屿路段，与前行的杭州站开往福州南站的 D 3115 次动车组列车发生追尾事故，后车四节车厢从高架桥上坠下。这次事故造成 40 人（包括 3 名外籍人士）死亡，约 200 人受伤。

这次事故从发生、处理、调查到问责全过程，是网络舆论推动政府信息公开的首要案例。网民通过发表微博、转发微博表达了对掩埋车头的质疑、搜救是否过早结束、是否过早通车、赔偿标准的公平性、温州市司法局干涉律师提供法律援助等问题的关注。网民通过微博表达，与新闻媒体一起，对铁道部新闻发布进行质疑和监督，时任铁道部新闻发言人王勇平“语录”也成网络流行语。在强大的网络舆论压力下，真相逐步披露，最终确定这是一起人为、设备等因素导致的重大责任事故。①

2011年6月20日，微博上一个名叫“郭美美baby”的女孩引起了众人瞩目。她在微博上展示自己的生活照：住豪华别墅、拎爱马仕包、开玛莎拉蒂跑车、骑德国纯种马、出行坐头等舱……这样的网络炫富并不稀奇，但是其微博认证的“红十字会商业总经理”身份引发了公众强烈质疑：其财产来源是否和“红十字会”有关？红十字会接受的捐款会不会有人中饱私囊？在公众借助微博等网络工具进行调查和追问中，一场网络舆情风暴以超乎想象的速度和势头把具有百年历史的中国红十字会推向前所未有的信任危机。网民铺天盖地的质疑汹涌成潮，巨大的力量逼着红十字会做出回应：除了值得商榷的起诉郭美美之举外②，迅速开通中国红十字会总会捐赠信息发布平台，方便公众查询相关捐赠信息及善款使用情况，并就“加快信息公开，打造红十字会公开透明的新形象”做出承诺③。

2011年9月下旬，网络爆出河北馆陶县出现一位“最年轻代县长”，这位29岁县长三年升迁四次，其简历竟然被列为机密。媒体介入调查的同时，网友通过微博质疑这名干部何以提拔如此快、任用程序是否正当等。④ 之后馆陶县政府网站才恢复该代县长的照片、活动介绍，但对网友的其他质疑并未回应。

其实，除了那些涉案的“有罪”或“有错”之人需要追究责任外，有些行政部门及管理人员的某些担心是没有必要的。现代社会行政管理理论认为，政府是一个有限责任政府，它无法包办一切社会事务，即是所谓“有限责任政府”，因为根据宪政原则，公民只是把一部分权利让渡给政府，政府行使的也只是有限的权力。政府和公民的关系，特别在遇到重大突发事件的时候，应该努力创造“一方有难，八方支援”的局面，这就要求政府把事件的真相尽快告知民众，民众充分参与解决危机。因此，现代政府承担的责任之一是及时向社会提供客观的信息，不是等到事情处理得非常圆满之后再告诉人民，才算对人民负责。特别是随着公民社会的成熟和发展，将会有更多的应当由社会自我管理的事务从政府的职能中剥离出来。

在突发事件面前，一个有限责任政府应及时公开信息，告知公众，政府和有关公共机构为维护他们的利益做了哪些工作，还存在哪些问题，需要公众从哪些方面配合，也只有这样，才能树立责任政府的形象，在与公民保持良性沟通的情况下构筑和谐社会。

而从另一方面来看，人民要行使管理国家事务和社会事务的权利，其前提条件是了解政府

---

① 2011年12月25日，国务院“7·23”甬温线特别重大铁路交通事故调查组发布调查报告，认定“7·23”甬温线特别重大铁路交通事故是一起因列控中心设备存在严重设计缺陷、上道使用审查把关不严、雷击导致设备故障后应急处置不力等因素造成的责任事故。见中央政府门户网，2011-12-29。

② 据报道，中国红十字会总会以郭美美虚构事实、扰乱公共秩序为由向警方报案。这种舍弃私权纠纷处理规则，企图借助公权力来达到维护自我目的的做法，显然并非法治社会的常态路径。载《京华时报》，2011-06-25。

③ 2011年7月31日，中国红十字会总会捐赠信息发布平台上线试运行。该平台（fabu.redcross.org.cn）包括社会捐赠总量、收支数据、援助项目、捐赠查询、项目查询、相关资料等栏目，公众可根据捐赠人姓名或捐赠项目名称查询相关捐赠信息及善款使用情况。同时，通过该平台也可了解中国红十字会总会的捐款管理、救灾流程及监督管理等工作。中国红十字会有关负责人表示，中国红十字会一直在为捐赠信息的公开透明做努力，该信息平台的试运行是在这方面迈出的重要一步，今后还将通过各项举措加快信息公开的步伐，打造红十字会公开透明的新形象。

④ 参见《县长今年29》，载《法治周末》，2011-09-21。

的工作情况，不这样无法做出判断，实施监督。信息公开使政府处于公众的监督之下，对防止腐败有不可估量的作用。实践证明，在重大突发事件发生后，总有人为了个人利益或地方利益进行信息封锁，阻止新闻媒体的报道。

信息公开是防止权力腐败和权力不当行使的重要机制。通过信息公开制度，政府将机关的职权、程序、办事结果、办事过程、时限、监督方式等信息公开，避免暗箱操作或腐败现象。通过赋予人民获得政府信息的权利，以及相应的获得救济的权利，可以使对政府机关的被监督机制变得更为丰富，除在传统的上级行政权力对下级行政权力的监督之外，还可以信息公开形成社会对行政权力的监督。信息公开，腐败自然失去了滋生的土壤。[①]

案例6—3

“非典”——恐慌止于信息公开

2002年的11月16日，广东佛山就出现了一例后来被认定为“非典”的病例。2002年12月15日，广东又发现了类似病例。到2003年春节期间，“非典”在广州爆发，其间不少媒体工作者有报道“非典”的要求，但没有获得支持。2003年4月3日，时任中国卫生部部长的张文康出席新闻发布会，在会上，他把“中国局部地区的非典型肺炎疫情已得到有效控制”这句话重复了好几次，还郑重宣布：“在中国工作、生活、旅游都是安全的！”而且他还介绍了北京的疫情：“12个病例，死亡3例。”

由于没有及时告知和预防，本来是地区性的“非典”疫情迅速波及全国25个省份，引起了社会不同程度的恐慌，政府本来希望通过媒体的信息“沉默”来消除社会恐慌，结果却造成了更大规模的社会恐慌。为了达到新的社会稳定，我们不得不付出更大的社会成本。6月24日，世界卫生组织的官员指出，在“非典”疫情爆发的早期，中国向世界卫生组织提供的信息不够透明，也不够及时。

在这个事件中，媒体早期对“非典”的“沉默”与4月20日以后的信息公开形成了鲜明的对比。“非典”早期，信息不公开，造成了两个后果：一方面，由于缺乏正当的获取信息的渠道，谣言、流言、“小道消息”满天飞，造成了社会的恐慌，出现了抢购醋和板蓝根的风潮；另一方面，由于媒体的“沉默”，“非典”在人们不知情的情况下加快了传播速度，最终使一个地区性的传染病迅速成为全国性甚至世界性传染病，从而丧失了最佳的治疗和控制的时机。而后期，政府方面通过“非典”疫情每日播报，让民众了解到最新的实时信息，由于大张旗鼓地报道包括“非典”扩散、蔓延、防治的一切信息和知识，使全国人民都心中有数，感到不必惊慌，而且人们正是从信息的大量公开中，看到整个国家对“非典”的重视而信心大增，因此很快制服了“非典”。

资料来源：李一言：《恐慌止于公开》，载《南方周末》，2003-02-13，有删改。

这个事件不禁让我们反思一些新闻理念。例如，以前我们倾向于对负面信息进行封锁，认为凡是负面信息都是对社会有害的，而公众是缺乏理性和心理承受能力的，负面信息的传播必然会导致社会的混乱和恐慌，所以要尽一切可能地防止负面信息在社会上的传播，即使不可避免地有一些传播出去，也要把负面信息的量控制在最小范围内。

在这种理念的指导下，当某一重大突发事件，尤其是具有负面信息的突发事件发生时，媒体往往被人为地中断正常的信息流动，在一种非正常的传播状态下期望达到社会的稳定状态。但是，我们应该认识到，这样做的结果适得其反，反倒在暗中助长了挑战社会的势力。从长远来看，压抑不同的意见恰恰阻碍了社会的稳定。

另外，在现代电子媒介高度发达的时代，那种希望社会公众完全不能获知这些负面信息的想法是不可能的。因为媒体对负面新闻进行封锁，一旦社会公众从其他途径获知这些信息，由于这些信息不完整，或语焉不详，或欲言又止，这势必会引起公众的猜疑、揣测，社会恐慌就会随之而来，社会稳定很快被打破，结果对社会造成了更大的危害。而要想再达到稳定，就需要付出更大的社会成本。

（四）行政机关公开政府信息、个人隐私服从公共利益

为了使政府信息公开既保证公民和法人、其他组织的知情权，又要防止出现因公开不当而导致的失密、泄密，从而损害国家安全、经济安全和公共安全，影响社会稳定，甚至发生侵犯公民、法人和其他组织合法权益的情况。《政府信息公开条例》规定，行政机关不得公开涉及国家秘密、商业秘密、个人隐私的政府信息，并应当建立健全政府信息发布的保密审查机制。行政机关公开涉及商业秘密和个人隐私的政府信息前，应当征得第三方的同意，第三方不同意公开的，不得公开。但是，如果政府信息与公共利益相关，可能对公共利益造成重大影响的，即使第三方不同意，行政机关也可以公开，比如说像一些重大的经济违法犯罪案件、商业欺诈案件，以及性犯罪等方面案件的问题。

为保障各项规定措施的落实和防止以保密审查机制为托词，或以第三方不同意为由而不履行公开政府信息的义务，《政府信息公开条例》专门在第四章“监督和保障”从五个方面做了严格的规定。其中第二十九条规定“各级人民政府应当建立健全政府信息公开工作的考核制度、社会评议制度和责任追究制度，定期对政府信息公开工作进行考核、评议”；第三十条规定“政府信息公开工作主管部门和监察机关负责对行政机关信息公开的实施情况进行监督检查”；第三十一条规定了政府信息公开工作的年度报告制度；第三十三条规定“公民、法人或者其他组织认为行政机关不依法履行政府信息公开义务的，可以向上级行政机关、监察机关或者政府信息公开工作主管部门举报。收到举报的机关应当予以调查处理”；第三十三条还规定了行政复议和司法救济措施；第三十五条规定了如果行政机关违反本条例的规定，不履行政府信息公开义务的，应当承担法律责任。这些考核评议制度、监督检查制度、举报调查制度、行政复议和司法救济制度，以及法律责任条款的规定，保障了《政府信息公开条例》的贯彻执行。

（五）知情权被侵犯可申请行政复议或提起行政诉讼

政府信息量大面广，涉及社会生产生活各个方面，其中有相当一部分政府信息只涉及部分人和事。基于此，《政府信息公开条例》规定，公民、法人或者其他组织可以主动向政府申请

获取所需要的政府信息。除了行政机关主动公开的政府信息外，公民、法人或者其他组织还可以根据自身生产、生活、科研等特殊需要，向国务院部门、地方各级人民政府及县级以上地方人民政府部门申请获取相关政府信息。

《政府信息公开条例》特别规定，申请公开的政府信息中含有不应当公开的内容，但是能够做区分处理的，行政机关应当向申请人提供可以公开的信息内容。

根据《政府信息公开条例》，行政机关收到政府信息公开申请，能够当场答复的，应当当场予以答复；不能当场答复的，应当自收到申请之日起 15 个工作日内予以答复；如需延长答复期限的，应当经政府信息公开工作机构负责人同意，并告知申请人，延长答复的期限最长不得超过 15 个工作日。

公民、法人或者其他组织认为行政机关不依法履行政府信息公开义务的，可以向上级行政机关、监察机关或者政府信息公开工作主管部门举报。收到举报的机关应当予以调查处理。公民、法人或者其他组织认为行政机关在政府信息公开工作中的具体行政行为侵犯其合法权益的，可以依法申请行政复议或者提起行政诉讼。

《政府信息公开条例》对未建立健全政府信息发布保密审查机制的行为规定了相应的法律责任：由监察机关、上一级行政机关责令改正；情节严重的，对行政机关主要负责人依法给予处分。

知情权与行政机构行政权力也存在着冲突，需要引起重视。美国曾有过相关的案例（见案例 6—4）。

案 例6—4

美国一位记者将市长告上法庭

《火奴鲁鲁星报》记者理查德·伯瑞卡的任务是报道火奴鲁鲁的市政厅新闻，包括参加市长的新闻发布会。1973 年市长法西断言伯瑞卡不负责任，对市长和该市的行政工作报道不准确，并带有偏见和恶意。这一断言是基于伯瑞卡在一篇报道中说市长是“骗子”，还利用一切机会抨击市长。市长也表达了他个人对伯瑞卡的厌恶，声称永远不会和伯瑞卡说话，并宣布伯瑞卡为市政厅不受欢迎的人，还下令他的部下行政助理卢米斯不准伯瑞卡进入市长办公室。此后，卢米斯还不准伯瑞卡参加市长办公室召开的新闻发布会。1973 年 12 月 21 日，伯瑞卡及《火奴鲁鲁星报》所属的甘尼特太平洋公司向法庭提起诉讼，请求法庭发布禁令，禁止火奴鲁鲁市市长法西和他的助理拒绝伯瑞卡获取市政厅新闻的行为，并对记者和报社进行损害赔偿。

美国夏威夷地区法院经审理（1974，309 F. Supp. 906）认为，市长作为火奴鲁鲁市的首席行政长官，他关于市政运作的陈述都属于最基本的行政命令。这是他和他拥有的政府权力所进行的公共传播……当他使用公共建筑和公共雇员来召集关于公共事务的新闻发布会时，他所进行的就是他行为中的公共部分而非私人部分。而新闻界并不必然是一个天使般的新闻界。报纸有自己的立场，特别是在此政治辩论中。新闻记者也并不总是正确而客观的，他们也会受到批评，而政府官员批评记者的权利是受到《宪法第一修正案保护》的。但是，如果因为报纸上发表的文章而将批评转变为利用政府官员的权力来恐吓或约束新闻界或其成员的企图，就必须证明这种强制性的政府利益不能由其他更少约束性的方式来实现，以满足宪法标准。而在本案中，并没有任何强制性的政府利益存在或宣称其存在。因此，原告有权请求公布一个初步的禁令，禁止被告市长法西指挥他人阻止伯瑞卡参加任何新闻发布会，同样，也不得阻止其他新闻记者参加新闻发布会。

资料来源：[美] 约翰·D·泽莱兹尼：《传播法判例：自由、限制与现代媒介》，132～134页，北京，北京大学出版社，2007。

三、几类特殊信息的发布

在我国，某些特殊新闻和信息须由国家指定的部门统一发布，传播媒介不得擅自报道。对此党和政府有一些明确规定。

（一）重要政务新闻

1982年第五届全国人大常委会通过决议，决定“将新华通讯社作为国务院的组成部门，是国家集中统一的新闻发布机关”。1987年中宣部等部门颁布的《关于改进新闻报道若干问题的意见》重申新华社是“党和国家发布新闻的机关”，它的一个主要职能就是负责准确地、及时地统一发布党和政府的重要新闻，主要是指：（1）党和政府的重大政策、决定，（2）重要文件，（3）重要会议新闻，（4）中央领导人的重要活动，（5）中央领导人同外宾会见、会谈时发表的涉及国内、国际重大问题的谈话，（6）重要人事任免，（7）领导人去世等。这个文件中还解释：“在这些重大问题上，有一个统一的发布口子和口径可以避免因多种版本的报道而引起的混乱以及因着重点不同而引起的外界猜测和流言蜚语。这类统一发布的新闻从总体上说，数量并不多，不会形成报纸版面千篇一律的现象。”

（二）有关党和国家主要领导人的作品

中宣部和新闻出版署先后颁布《关于对描写党和国家主要领导人的出版物加强管理的规定》、《关于发表和出版有关党和国家主要领导人工作和生活情况作品的补充规定》，对出版社出版有关书籍和报刊发表有关作品做了严格规定，即“凡发表和出版这类作品，必须严格执行送审制度”。

这里指的党和国家领导人包括：现任或曾任中共中央政治局常委，国家主席、副主席，国务院总理，中央军委主席，全国人大常务委员会委员长，全国政协主席。有关党和国家领导人的作品是指：描写、记述或涉及上述人物工作和生活情况的图书、报刊文章、音像制品、电影、电视作品。据此，新闻报道和其他新闻作品当然包括在内，发表和出版涉及健在的领导人的作品，包括报道领导人的活动、发表他的谈话，都必须征得本人同意。

有关规章还就此规定了罚则：对违反者，由新闻出版署和当地新闻出版局予以行政处罚。如果内容可以发表，但未按规定送审，没收全部利润；如果内容也有问题，除没收利润和加处罚款外，还将追究出版单位和责任者的责任，直至撤销出版单位。

（三）气象预报

气象预报，是对天气预报、气候预测和各种专业气象预报的统称。灾害性天气警报，是指当即将发生台风、寒潮、大风、暴雨雪、冰雹等对国计民生有严重危害的天气时，对可能危及的区域以天气预报的形式向公众发布的紧急通报。公开发布天气预报的主要方式是通过宣传媒介和公共信息发布系统，如广播、电视、报刊、电话等。《气象法》第二十二条规定：国家对公众气象预报和灾害性天气警报实行统一发布制度。各级气象主管机构所属的气象台站应当按照职责向社会发布公众气象预报和灾害性天气警报，并根据天气变化情况及时补充或者订正。其他任何组织或者个人不得向社会发布公众气象预报和灾害性天气警报。

发布气象预报对于各级气象台站既是授权性规范又是义务性规范。按《气象法》第四十条规定，各级气象主管机构及其所属气象台站的工作人员由于玩忽职守，导致重大漏报、错报公众气象预报、灾害性天气警报，以及丢失或者毁坏原始气象探测资料、伪造气象资料等事故的，依法给予行政处分；致使国家利益和人民生命财产遭受重大损失、构成犯罪的，依法追究刑事责任。

在气象预报统一发布制度中，新闻媒介主要承担两项义务：准确及时传播气象台站的气象预报，不擅自发布重要气象新闻。

根据《气象法》规定，各级广播、电视台站和省级人民政府指定的报纸，应当安排专门的时间或者版面，每天播发或者刊登公众气象预报或者灾害性天气警报。广播、电视播出单位改变气象预报节目播发时间安排的，应当事先征得有关气象台站的同意；对国计民生可能产生重大影响的灾害性天气警报和补充、订正的气象预报，应当及时增播或者插播。广播、电视、报纸、电信等媒体向社会传播气象预报和灾害性天气警报，必须使用气象主管机构所属的气象台站提供的实时气象信息，并标明发布的时间和气象台站的名称。另外，《气象法》还规定，通过传播气象信息获得的收益，应当提取一部分支持气象事业的发展。比如在气象栏目或节目中发布广告的收入，就属于这类收益。

在传播活动中的违规行为，一是非法向社会发布公众气象预报、灾害性天气警报；二是广播、电视、报纸、电信等媒体向社会传播公众气象预报、灾害性天气警报，不使用气象主管机构所属的气象台站提供的实时气象信息。对于类似违规行为，按《气象法》第三十八条规定，由有关气象主管机构按照权限责令改正，给予警告，可以并处五万元以下的罚款。

由于气象预报是采取高科技手段获得的，所以它还是一种智力成果。《气象法》第三条规定：气象台站在确保公益性气象无偿服务的前提下，可以依法开展气象有偿服务。所谓公益性气象无偿服务，是指为各级政府指挥生产、组织防灾抗灾和为军事、国防及其他特殊任务提供的气象服务，以及通过广播、电视、报刊等方式向社会提供的天气预报。据此，政府机构、军事机构和新闻单位等可以享有无偿使用天气预报的权利，其他机构、部门、单位使用特别是以营利目的地使用气象服务，应征得气象台站同意并酌情支付费用。

（四）疫情

1989年制定、2004年修订的《中华人民共和国传染病防治法》第三十八条规定：“国务院卫生行政部门定期公布全国传染疫情信息。省、自治区、直辖市人民政府卫生行政部门定期公布本行政区域的传染病疫情信息。传染病暴发、流行时，国务院卫生行政部门负责向社会公布传染病疫情信息，并可以授权省、自治区、直辖市人民政府卫生行政部门向社会公布本行政区域的传染病疫情信息。公布传染病疫情信息应当及时、准确。”这是对政府卫生部门负有及时如实公布疫情的义务性规范。

1989年卫生部颁布的《关于授权公布传染病疫情的通知》（简称《通知》）授权各省、自治区、直辖市卫生厅（局）可以决定及时如实地通报和公布本行政区域内的传染病疫情，但发生鼠疫、霍乱、病毒性肝炎、流行性出血热爆发性大流行的疫情，以及艾滋病、性病病例，在对外通报和公布前须征得卫生部同意。《通知》还规定：“任何单位和个人未经批准，不准对外通报、公布和引用发表未经公布的传染病疫情。”这是对新闻媒介的禁止性规范，即不得报道未经政府卫生部门发布或未经批准的疫情新闻。对上述规定，应当按照法律高于政府部门法令的原则从整体上加以理解执行。新闻媒介应当根据政府卫生部门公布的疫情进行报道，政府卫生部门也应切实履行法定的公开信息的义务。

2004年，卫生部通过了《卫生部机关新闻宣传工作管理规定》，规定新闻办公室负责对新闻宣传工作的组织协调，各司局实行新闻宣传工作责任制。

（1）建立和完善卫生新闻发布制度。卫生部设新闻发言人，由主管新闻宣传工作的办公厅副主任担任。新闻发布会可定期或不定期举行。发布会主要内容是，向社会公布卫生法律、法规、规章和规范性文件，发布卫生改革与发展的政策和重大卫生工作的进展情况，发布公共卫生监督检查结果、重大传染病疫情、突发公共卫生事件信息，以及其他需要发布的重要信息；在发生重大突发公共卫生事件时不定期召开新闻发布会。

（2）新闻通报会制度。新闻通报会不定期召开。通报会主要内容是，向有关部门和新闻单位通报卫生部近一段时间内的工作思路、安排及举办的重大活动，通报主要卫生工作进展情况和各司局重要业务活动等信息，并就新闻单位关心的问题介绍有关情况、沟通相关信息。

（3）重要会议或活动报道制度。全国卫生工作会议等以卫生部名义召开的重要会议，由新闻办公室组织宣传报道，相关业务司局配合。凡部领导参加、由各司局举办的工作会议或活动，如需要宣传报道，应事先、及时通报新闻办公室，协商有关报道工作；对外报道口径要由司局主要负责同志报部领导后统一确定。

（4）新闻采访制度。新闻办公室负责受理和协调组织新闻媒体对部机关的采访。对部领导的采访，由新闻办公室报请部领导同意后，根据采访提纲，由相关司局提供素材，新闻办公室组织实施。

（5）新闻稿件审核制度。新闻稿件审核制度是指各司局和新闻办公室根据司局的工作实际和宣传工作的需要，向社会或媒体提供的新闻稿件必须经过审核。审核原则是：1）中央领导参加的重要活动、讲话及相关内容的新闻稿件以新华社通稿为准；2）部领导参加并讲话的重要会议和活动的新闻稿件，以及需要对外表态的重要突发事件的新闻稿件，由相关司局主要负责同志把关，必要时报请部领导审定；3）一般会议和活动的新闻稿件由各司局负责同志审核；4）凡拟对外公布的工作文件，各司局联络员应及时将文件提供给新闻办公室对媒体发布，同时在卫生部网站上发布。

（五）震情

1997年颁布、2008年修订的《中华人民共和国防震减灾法》（简称《防震减灾法》）第二十九条规定：国家对地震预报实行统一发布制度。1998年12月17日起施行的《地震预报管理条例》第三条将地震预报分为长期、中期、短期、临震四种。长期预报是指对未来10年内可能发生破坏性地震的地域的预报；中期预报是指对未来一两年内可能发生破坏性地震的地域和强度的预报；短期预报是指对三个月内将要发生地震的时间、地点和震级的预报；临震预报是指对10日内将要发生地震的地点、时间、震级的预报。地震预报意见实行评审制度。全国性的地震长期预报和地震中期预报，由国务院发布。省、自治区、直辖市行政区域内的地震长期预报、地震中期预报、地震短期预报和临震预报，由省、自治区、直辖市政府发布。北京市的地震短期预报和临震预报，由国家地震局和北京市政府负责管理地震工作的机构，组织召开震情会商会，提出预报意见，经国家地震局组织评审后，报国务院批准，由北京市政府发布。

《防震减灾法》第二十九条还规定：除发表本人或者本单位对长期、中期地震活动趋势的研究成果及进行相关学术交流外，任何单位和个人不得向社会散布地震预测意见。任何单位和个人不得向社会散布地震预报意见及其评审结果。当发生地震谣传时，防震减灾工作主管部门应当协助政府迅速予以平息和澄清。在地震发生后，政府还负有向社会公告的义务。《防震减灾法》第五十二条规定：地震震情、灾情和抗震救灾等信息按照国务院有关规定实行归口管理，统一、准确、及时发布。

《地震预报管理条例》第十四条规定：新闻媒体刊登或者播发地震预报消息，必须依照本条例的规定，以国务院或者省、自治区、直辖市人民政府发布的地震预报为准。新闻宣传部门应当实事求是地进行地震知识和地震工作的宣传报道。涉及地震短期和临震预报水平的宣传报道，在发表前应征得国家或省级地震部门的同意。新闻媒介如果得到民间与地震有关的异常情况反映时，首先应当与所在地政府及地震部门联系，而不应抢先报道。在地震发生后，应当从政府及地震部门取得可靠信息进行震情和灾情的报道。对有关地震的谣言，应与地震部门配合积极辟谣。

（六）汛情、核事故

1991年颁布、2005年修订的《中华人民共和国防汛条例》第二十九条第二款规定：电视、广播、新闻单位应当根据人民政府防汛指挥部提供的汛情，及时向公众发布防汛信息。根据该条款，新闻媒介应当及时报道防汛信息，而消息来源必须由政府防汛部门提供，这其中当然包含了不得擅自报道非政府部门正式发表的传闻的意思。同时，政府防汛部门也负有及时向新闻媒介提供汛情的职责。

关于核事故《核电厂核事故应急管理条例》第二十三条规定：省级人民政府指定的部门在核事故应急响应过程中应当将必要的信息及时地告知当地公众。这是对省级政府应当向发生核事故的地域的公众公开信息的职责的规定，但不是有关新闻报道的规定。该条例第二十八条规定：有关核事故的新闻由国务院授权的单位统一发布。授权单位一般就是指新华社。1994年卫生部发布部门规章《核事故医学应急管理条例》规定，核事故应急救援的有关信息由国务院卫生行政部门统一发布。《核电厂核事故应急管理条例》还规定，在核事故应急响应过程中如有散布谣言、扰乱社会秩序等行为，应予行政处分、治安管理行政处罚直至追究刑事责任。

四、政府信息公开与新闻媒体的功能

知情权保障与政府信息公开是同一事物的两个方面。不知情，只能是没有意义的胡言乱语。只有知情权实现了，参与权、监督权才有实现可能。而现代社会80%以上的信息都掌握在政府手里，知情权主要是“知政权”，与这项公民权利对应的是政府公开信息的义务。政府信息公开是现代政治文明的体现，已为各国所公认。在经历因信息封锁而蒙受惨痛损失的“非典”后，我国终于迈出信息公开的第一步，颁布实施了《政府信息公开条例》。但该条例实施后，遇到不少问题，专家形象地称，信息公开还没推开“玻璃门”①。

（一）媒介要通过报道建立信息公开治国理念

造成政府信息公开条例实施状况不尽如人意的表现是多方面的。一是条例位阶较低。作为行政法规，其上位法还有保密法和档案法。《政府信息公开条例》第十四条第一款规定：行政机关在公开政府信息前，应当依照《保密法》以及其他法律、法规和国家有关规定对拟公开的政府信息进行审查。公开和保密是一对矛盾，保密法和档案法与信息公开的原则和理念存在冲突。这就使公开的例外事项范围在实际运作中大大扩张。许多根本谈不上国家秘密的信息被确定为秘密材料，大量公众有权了解的政府信息实际上无法得以公开。二是例外情况界定含糊，可操作性差，造成实践中公开范围被缩小。② 三是政府部门该主动公开的不主动，公民依申请公开又屡遭拒绝。比如《政府信息公开条例》的第十三条规定，公民、法人或者其他组织可以根据自身生产、生活、科研等特殊需要，向国务院部门、地方各级人民政府及县级以上地方人民政府部门申请获取相关政府信息。这就等于给行政机关拒绝申请人的申请留下了口子，如果申请人没有证据证明他申请的政府信息与其生产、生活、科研等特殊需要有关，行政机关就可

---

① 2011年9月28日，由北京大学等多个科研机构联合完成的《中国行政透明度观察报告（2010—2011年度）》发布。该报告显示，全国30个省级行政单位及格率达六成以上，较一年前的四成有较大提高。但国务院参与评测的43个下设机构，仅两成及格。其中铁道部、国务院法制办、监察部名列后三名。浙江信息公开规范缺失，内蒙古政府网检索为零，是当前不少政府网站建设“中看不中用”的代表。在省级红十字会中，未能依法履行政府信息公开条例赋予的信息公开职责的数量还占绝大多数。30个省级电力公司中，只有10%的企业按照申请要求公开了相关信息。北京大学公众参与研究与支持中心主任王锡锌教授说，从评测过程来看，在政府信息依申请公开方面，主要存在三方面的问题：一是公民申请信息公开的渠道不畅通。比如有些政府机关将申请途径仅局限于电话，或者仅限于快递、电子邮件等，还有些政府网站的申请栏目实际并不可用，或并不受理网络申请。二是在受理信息公开申请时仍存在过度收集个人信息、要求申请人提供额外证明材料等情况，给公民带来不必要的负担，变相提高了政府依申请公开的门槛。三是还存在未按法定期限答复、答复内容不完整，或拒绝答复，以不合法理由拒绝答复等情形。见 http://news.163.com/11/0929/04/7F3EFJ72000/4AED.html。

② 《政府信息公开条例》并未对国家秘密、商业秘密和个人隐私予以界定，这就使行政机关在实际操作中拥有很大的裁量权，可以轻易地将其不愿公开的信息归入国家秘密、商业秘密和个人隐私的“大口袋”而拒绝公开。中国社会科学院公布的一项调查显示，近两年来，有关部门实际上在有意缩小信息公开范围。虽然立法规定了除了国家机密、个人隐私和商业秘密外都可以公开，但实践中有相当一部分信息因涉及“三安全一稳定”（国家安全、公共安全、经济安全和社会稳定）而被拒绝公开。

以运用自由裁量权决定不予提供该信息。从实行政府信息公开制度的世界各国来看，一般都不对申请人的身份、资格做特别的限制。其原因是，人们获取政府信息的权利是平等的，不应因身份而区别。人人都有对政府活动享有知情权，这种知情权不会因他生活的地域、工作的岗位等因素而存在区别。四是监督和保障手段存在不足。当地方政府不依法公开信息时，受到的监督、约束、制裁基本没有，不履行公开义务也不会承担相应的法律责任。无救济即无权利，司法救济渠道的不通畅让《政府信息公开条例》的执行力打了折扣。

信息公开遭遇的困境，除了源于条例本身的立法缺陷，在很大程度上是由于政府机关工作人员的观念障碍造成的。不少政府部门和官员没有转变观念，依然把政府信息当做权力的象征，而不是公共资源；把信息公开看做职权，而不是一项必须履行的义务。“过滤性公开”、“缩水型公开”痼疾不除，该公开的不公开，习惯于“暗箱行政”，缺乏公开与服务意识，透明政府、阳光政府的理念远没形成。在这种观念下，县长简历才成为机密①，慈善机构财政收支才出问题②。因拆迁等关系民生问题而引发官民冲突，一个重要的原因就是政府部门信息不公开、行为不透明、不尊重公民知情权造成的。③ 个别地方政府的信息公开工作甚至存在退步现象。

政府信息公开的发展动力主要来自政府本身、地方政府、公众热情和国际组织等。国内行政法学专家一致认为，我国政府信息公开制度的症结在于内在动力不足、外在压力不够。内在动力不足是因为法治社会要从全能政府变为有限政府，公权力要在阳光下运行，受到制约。但是权力天然具有扩张性，控权的过程必然遭遇抵抗或消极对待。外在压力不够，则主要指在传统制度框架下，公众及传统媒体对政府信息公开难以形成强有力的监督制约，公众缺乏有效参与制度运行的路径。

现代法治政府的基本原则是“公开为原则，不公开为例外”。但不少政府部门有关人员认为某些信息包含“负面”因素，因此常常不顾法律法规规定，对应当公开的信息进行“选择性公开”或不公开。但政府信息公开的宪政法理基础是公民获得政府信息的权利，而非由政府行政权力径行决定。因此，一些地方政府部门依据信息有无“负面”因素进行判断，或者出于“维护社会稳定”的动机，擅自限缩公民知情权是不合理甚至不合法的。但政府信息公开由谁来监

---

① 中共中央组织部2000年的18号文件《关于推行党政领导干部任前公示制的意见》对干部任前的公示范围、公示内容、公示时间和方式都有详细规定，公示内容包括拟提拔官员的姓名、出生年月、学历学位、政治面貌、现任职务等自然情况和工作简历。馆陶县把县长简历当做机密的做法违反了任前公示制度，也与《政府信息公开条例》规定不符。

② 2011年6月27日，审计署通报中国红十字会总会2010年度预算执行情况和其他财政收支情况审计结果。审计查出中国红十字会总会预算执行中不符合财经制度规定的问题金额219.71万元，其中2010年194.39万元；其他财政收支方面不符合财经制度规定的问题金额420.33万元。我国的基金会超过2 200家，其中1 283家基金会没有建立自己的官方网站，慈善信息不公开、不透明。民政部下属机构的一份《2010年全国慈善组织信息披露现状报告》显示，在经历了南方雪灾、汶川地震等多次捐赠井喷后，中国慈善组织的透明度并未提高，约有75%的慈善组织“完全不披露或仅少量披露信息”。有学者指出，“郭美美事件”之所以能火，在于中国慈善业长期积累的信任危机，如畸高的“手续费”、不透明的财务状况、衙门做派、采购“天价帐篷”等。

③ 中国社会科学院发布的调查显示，2010年，在全国43家地方政府网站中，能提供有效拆迁公告信息的有26家，仅占六成。其中，以文字和图表形式对拆迁流程做出说明的有五家，仅采用其中一种方式说明的九家，能在其各类网站中提供拆迁补偿指导性标准的有20家，仅有四家地方政府能够在网站中提供安置房的位置和价格信息。政府能主动公开拆迁信息的不足5%。参见王梦婕、李博宇：《政府拆迁信息公开状况堪忧》，见中国法院网2011-09-09。

督？仅仅靠普通网民吗？回答是否定的。作为公民在网络上的生存样态，网民享有宪法法律赋予的各项权利是毋庸置疑的，但监督政府行为、调查事实真相更多要靠职业新闻人。诸如2011年6月发生的渤海漏油事故，造成如此严重的环境污染后果，但事故原委至今仍然扑朔迷离。由于政府相关部门没有及时公开信息，媒体在较长一段时间里集体失语，环境保护等公共利益就在这样的“信息封闭”中受到日益扩大的侵害。因此，《政府信息公开条例》的执行首先存在一个监督问题，虽然权利主体是公民，但如果仅限于公民个体的监督，成本是很高的，也是不现实的。因此需要发挥新闻媒体的优势，为民众代言，在政府信息公开中发挥重要作用。

（二）新闻媒体通过报道反映公民要求信息公开的诉求

处于当前的社会转型期，社会公众最关心的政府信息公开主要涉及行政管理成本和行政权力廉洁，政府管理的社会公共产品、公共服务质量和分配的公平公正，再有就是社会公共安全。诸如“三公经费”开支、经济适用房和廉租房建设、招生工作的透明化、医改进程、社会治安、食品药品质量安全、重大灾情和环境污染等信息。这些信息的公开与老百姓的切身利益直接关联，也使政府行政权力能够置于社会公众的监督之下，让权力在阳光下运行，从而更好地树立政府公信力、维护社会公平正义、构建和谐社会。这其中，信息不公开的害处不是针对某个公民个体的，是影响全体公民或整个社会的。政府信息的公开权、知情权主张应由谁代为行使？应该是新闻媒体和新闻从业者。

《政府信息公开条例》从行政法规层面明确了我国政府保障公民知情权的义务。信息公开不仅能保障公民知情权、参与权、表达权、监督权，也是促进“服务型政府”建设的重要举措。

遗憾的是，在中国当代社会，人们仅将这些公民权利定位于普通公民，而把新闻媒体和职业新闻人排除在外，新闻媒体和职业新闻人也没把自己当做这些权利的主体。这是我国政府信息公开条例实施效果不尽如人意、政府信息公开动力不足的另一个重要原因。直至“2010年微博元年”之后，政府信息公开才在新传播技术形成的压力下有所改观。在微博传播环境下，要推动政府信息公开实质进步，我们必须对新闻媒体和新闻记者在政府信息公开上的缺位状况进行深刻思考。①

作为新闻媒体，我们经常关注的重点是发挥媒体的舆论导向作用，不断提高舆情引导的针对性、实效性。但如何贴近实际、贴近生活、贴近群众的要求，如何发挥好媒体及新闻工作者的传播功能，是我们要认真对待的事情。这需要新闻从业者保持清醒头脑，在重大问题、敏感问题、热点问题上不是空谈政治，而是要以十六大、十七大以来党和政府提倡的“以人为本”、“科学发展观”为行动的基本原则，真正与人民（当然也包括网民们）同呼吸，共同理解、思考现实中的问题。十八大以来，国家提倡以法治国，以德治国，新闻媒体及从业者仍是以法治国、以德治国的监督者、倡导者和践行者。

以法治国不是一句空话，离不开新闻媒体及从业者对法治理念和法治价值的践行。2011

---

① 参见陈绚、张文祥：《新闻传播与媒介法治年度研究报告（2011—2012）》，73页，北京，中国人民大学出版社，2013。

年8月，最高人民法院公布的《关于审理政府信息公开行政案件若干问题的规定》规定：公民、法人或者其他组织认为下列政府信息公开工作中的具体行政行为侵犯其合法权益，依法提起行政诉讼的，人民法院应当受理：(1) 在公民、法人或者其他组织向行政机关申请获取政府信息时，行政机关拒绝提供或者逾期不予答复的案件；(2) 公民认为行政机关提供的政府信息不符合其在申请中要求的内容或者法律、法规规定的适当形式的案件；(3) 公民认为行政机关主动公开或者依他人申请公开政府信息侵犯其商业秘密、个人隐私的案件；(4) 公民认为行政机关提供的与其自身相关的政府信息记录不准确，要求该行政机关予以更正，该行政机关拒绝更正、逾期不予答复或者不予转送有权机关处理的案件；(5) 公民认为行政机关在政府信息公开工作中的其他具体行政行为侵犯其合法权益的案件。该司法解释强化了公民申请政府信息公开的权利救济，也可作为新闻媒介及其从业者促进政府信息公开的依据。

在这个“媒介即信息”的时代，新闻媒介要通过传播信息来实现公民的知情权、表达权。一个不能充分传播信息的媒体是没有生存合法性的。我国宪法明确公民享有言论自由，并有对国家机关及其工作人员进行批评、建议等权利，因此公民自然有权就政府工作和其他公共事项发表看法。但我国新闻传播体制和大众媒介传播权的集中妨碍了公众通过传统媒体实现这一目的，普通公众借助媒体发表言论、表达诉求的机会较少。媒介近用权理论认为，每个人都有权在日报、周报或通过电台、电视台表达他们的思想。在网络时代，公民得以“近用”网络媒体，获得有别于传统媒体的发声渠道。微博等网络媒体的开放性、低门槛，允许人们自由传递信息、表达观点。如果传统新闻媒体不积极改变，势必会在当今传播格局中被边缘化，沦为微博信息的“二传手”。新闻媒体应明确和维护自身作为社会公器的角色，成为公众的信息平台和公共论坛，防止在多种外在力量侵蚀下退化或堕落。而以宪政、法治为社会管理目标的政府也应促成大众媒介做出改变，向公众提供接近媒体的机会。

代表公众推进政府信息公开就是新闻媒体保障公众媒介近用权的体现。目前中国的新闻媒体与从业者应从以下四方面督促政府信息公开：一是公共资金运行信息公开。重点推进政府预决算和财政专项资金、国有土地使用权出让、彩票公益金等政府非税收入、社保基金、住房公积金等社会公共资金的信息公开，依法推进审计公开。二是公共权力行使信息公开。重点加大房地产开发、动拆迁、规划、环保等行政审批结果向社会公开的力度，全面推行收费公示制度。三是公共资源分配信息公开。如公共租赁住房、居住证转户籍等重大决策的草案，应公开向社会征求意见。四是公共服务供给信息公开。积极推进教育、卫生、供水等与民生关系密切的企事业单位公开服务信息，围绕价格、服务、质量等要素，公开收费标准、办事结果、监督投诉渠道等。

当然，其中可能会存在着一些冲突。政治的公开和透明往往要牺牲一定的行政效率。然而，与不透明所掩盖的公共财政滥用和政府官员腐败相比，特定行政效率的损失实则是政治清明、政府廉洁的必要代价，是作为纳税人的社会公众愿意承受和宽容的相对低效率。据2011年9月28日发布的《中国行政透明度观察报告（2010—2011年度）》测评结果显示，国务院43个被评测机构平均得分51.7分，九个单位得分及格，仅占被测评机构的两成，其中知识产权局排名第一，铁道部、国务院法制办、监察部名列后三名。[①] 其实，由《中国行政透明度观察报告（2010—2011年度）》，人们可以找到日常所痛感的行政不作为和乱作为的部分原因所在，也可以“倒推”出社会公众无从对政府绩效做出评价的事实。如该报告中所称，国务院部门规章草案意见征集“零参与”，用“公众的钱”最多的铁道部排名最不透明之列等事实，就是一个缩影。[②] 由此我们也可以看出，中国社会政治进步的得益主体是人民，但是否通过信息公开推动社会的清明也考量着中国新闻媒体和新闻从业者的良心和责任感。

关键词

煽动　国家秘密　新闻发布制度　信息公开　特殊新闻信息

思考题

1. 说明煽动的特点，以及我国现行《刑法》关于煽动行为的规定。
2. 我国新闻单位保密制度的特点有哪些？
3. 说明我国国家秘密的概念和内容。
4. 分析政府信息公开与新闻媒体的功能的关系。

---

① 参见《〈中国行政透明度观察报告（2010—2011年度）〉发布》，载《新京报》，2011-09-29。

② 参见《行政透明度是政府治理绩效评价的基础》，见光明网，2011-09-30。

第七章

新闻传播业行政管理

新闻传播事业的行政管理在新闻法制中居于十分重要的地位。按照《出版管理条例》的规定，国务院出版行政管理部门对全国的出版活动实施监督管理；按照行政法规《广播电视管理条例》的规定，国务院广播电视行政部门负责全国的广播电视管理工作。2013年新闻出版总署和广播电影电视总局两个部门合并成立国家新闻出版广电总局，履行管理全国出版活动和广播电影电视的职责。按照行政法规《电信条例》的规定，国务院信息产业主管部门对全国电信业实施监督管理，这里的国务院信息产业主管部门就是工业和信息化部。按上述条例的规定，公用和专用电信网、广播电视传输网的建设都受工信部统筹规划和行业管理。

第一节　新闻记者管理规定

新闻出版总署于2009年修订《新闻记者证管理办法》，并于同年颁行《报刊记者站管理办法》，对记者证的发放、使用、管理和记者站的设立、登记备案、业务范围等做出相应规定。

一、新闻记者证管理

1. 规范新闻记者证发放、使用及管理

（1）按照“统一核发、分级管理、责任到人”的原则，进一步明确各级新闻出版行政管理部门、新闻机构的主管单位、新闻机构对新闻记者证核发、管理各工作环节的职责。其中，特别强调了各新闻机构对所属新闻采编人员记者证的管理职责。

新闻出版总署负责全国新闻记者证的核发工作。其中，中央单位所办新闻机构采编人员申领记者证，要经主管部门审核资格条件后，向新闻出版总署申报、领取；省和省以下单位所办新闻机构采编人员申领记者证，要经主管部门审核资格条件后，向所在地省、自治区、直辖市新闻出版行政部门申报、领取新闻记者证，并向新闻出版总署备案；解放军总政宣传部新闻出版局负责解放军和武警部队（不含边防、消防、警卫部队）新闻机构记者证的审核发放工作，并向新闻出版总署备案。

（2）关于新闻记者证的发证范围和申领资格。新的管理办法规定，申领新闻记者证，必须是新闻机构内从事新闻采编业务、具有大专以上学历并具备国务院有关部门认定的新闻采编从业资格的人员。新闻机构中从事党务、行政、后勤、经营、广告、工程技术等非采编岗位的工作人员、为新闻单位提供稿件或节目的兼职工作人员（含通讯员、党政机关公务员）等一律不发放新闻记者证。

同时，针对新闻单位不断深化体制改革，用人机制发生变化的新形势，新办法突破了原来只给在编人员发放记者证的限制，规定经新闻机构正式聘用的非在编新闻采编人员也可申领记者证，不过，要求此类人员正式签有聘用合同、从事新闻采编工作且连续聘用时间已达一年以上。

(3) 实行新闻记者证年度审核制度，未经年检的新闻记者证一律注销。新的管理办法明确规定，今后，新闻记者证将每五年统一换发一次。新版记者证名称统一为“新闻记者证”，统一编号，统一证件样式，不再区分不同媒体；新版记者证采用了九项高科技防伪技术，可以有效地防止不法分子仿冒伪造；建立“全国新闻记者管理及记者证核验网络系统”（简称“中国记者网”，网址为 http：//press. gapp. gov. cn)，新闻记者证的申请、审核、注销、吊销、年度审核等各项管理工作全部在网上进行；所有经审核发放的合法新闻记者证全部上网，社会公众可随时通过“中国记者网”核验记者证真伪。

(4) 记者证申领和使用中违规行为的处罚。新闻机构为不符合发证条件的人员申领新闻记者证、持证新闻记者从事经营性业务等违规行为将作为处罚重点。此外，新办法规定，任何单位不得擅自制作、发放用于新闻采访活动的证件。对非法仿制、伪造、假冒新闻记者证的组织或个人，要依法追究责任。对利用假记者证进行非法活动构成犯罪的，要移交司法机关，依法追究刑事责任。

2. 任期轮岗制和任职回避制

在新闻采编人员从事新闻报道活动时，如与采访报道对象具有亲属关系、友好关系、利益关系或直接地缘关系等，应实行回避，并不得对稿件的采集、编发、刊播进行干预或施加影响。新闻单位各级分支机构和派出机构的主要负责人（分社社长、记者站站长等)，实行任期轮岗制和任职回避制。

3. 新闻采编人员要严格执行新闻报道与经营活动分开的规定

新闻采编人员不得以记者、编辑、审稿人、制片人、主持人、播音员等身份拉广告，不得以新闻报道换取广告，不得以变相新闻形式刊播广告内容，不得为经营谋利操纵新闻报道。新闻采编人员不得以订阅报刊为条件进行新闻报道，不得直接要求被采访报道单位或个人订阅报刊，更不得以批评曝光为由强迫被采访报道单位或个人订阅报刊、投放广告或提供赞助。

新闻采编人员要杜绝各种有偿新闻行为。不得利用采编报道谋取不正当利益，不得接受可能影响新闻报道客观公正的宴请和馈赠，不得向采访报道对象或利害关系人索取财物和其他利益，不得从事与职业有关的有偿中介活动，不得经商办企业，不得在无隶属关系的其他新闻单位或经济组织兼职取酬。

新闻采编人员有虚假报道、有偿新闻等行为，情节严重的，一律吊销记者证。凡被吊销记者证的新闻采编人员，自吊销之日起五年之内不得从事新闻采编工作；因故意犯罪被判处刑罚的，终身不得从事新闻采编工作。

二、记者站管理

（一）2007 年新闻出版总署提出进一步规范报社记者站管理的七点要求

（1）报社记者站依法从事与报社业务范围相一致的采访、组稿、通联等新闻业务活动，必须由持有新闻记者证的记者开展工作，报社记者站记者的新闻记者证应注明报社及记者站名称，即××报社××记者站，未领取新闻记者证的人员不得在记者站从事新闻业务活动。报社及记者站因工作需要，安排聘用时间未满一年的人员从事新闻采访活动，应在持有新闻记者证的记者带领和指导下进行。

（2）报社记者站人员须为报社正式在编人员或者与报社签有聘用合同的专职人员，党政机关工作人员不得兼任记者站站长和记者，记者站不得自行聘用工作人员。因工作需要聘用的后勤人员必须与报社签订聘用合同，并不得从事新闻采访活动。

（3）报社记者站登记注册后，报社须在三个月内派遣记者站站长或者记者到记者站开展工作。报社应在记者站站长和记者上岗前，严格审核有关人员是否具备领取新闻记者证的资格条件。

记者站人员变更后，报社应立即注销并收回变更记者（包括离任和新任记者）持有的原新闻记者证，并在 15 日内将人员变更情况报所在地新闻出版行政部门备案，在一个月内为新任记者申领新的新闻记者证。

（4）报社记者站不得从事与新闻业务无关的其他活动。记者站及其工作人员不得以新闻报道或者记者名义谋取不正当利益，不得有以新闻报道为名要求采访对象订报纸、做广告，或者以“曝光”相要挟向采访对象索取财物等行为。

（5）报社记者站须接受所在地新闻出版行政部门的指导、监督和管理，并按规定及时参加记者站年度审核。报社记者站参加年度审核时，除提交《报社记者站管理办法》明确规定的材料外，还应报送该站记者本年度发表新闻报道的目录和样报。

（6）报社记者站违反《报社记者站管理办法》和新闻出版总署规定的，由新闻出版行政部门责令报社限期改正；报社未按期改正，情节严重的，由所在地省级新闻出版行政部门撤销该记者站。

（7）各省（区、市）新闻出版行政部门应按照新闻出版总署要求，结合记者站年度审核及日常管理工作，对记者站人员进行重新登记并填写《记者站人员情况登记表》，督促有关报社按规定为符合领取新闻记者证的人员及时申领新闻记者证，责成有关报社清退不符合条件的记者站人员，采取必要措施规范报社记者站的各项工作。

（二）2009 年《报刊记者站管理办法》的相关内容

《报刊记者站管理办法》明确指出，报纸出版单位必须严格实行新闻业务和经营业务分开，记者站不得从事任何形式的经营活动。该办法对报社记者站的设立、职能、驻站记者、年度审核等做了详细的规定。

（1）重申记者站仅限于从事新闻采访业务活动。该办法严格规定，记者站的工作职能是在国家法律、法规允许的范围内开展采访、组稿等新闻业务活动。报刊记者站不得从事与新闻采访无关的其他活动，不得以报刊记者站名义发布新闻，不得从事出版物发行、广告、开办经济实体及其他经营活动，不得利用行政权力摊派发行，不得设立分支机构。

（2）对记者站的建站条件提出了具体、明确的要求，除要求有符合规定的设站范围、建站理由、固定的办公场地和充足的资金，并经报社主管单位同意外，记者站采编人员须为符合申领新闻记者证条件的报刊出版单位专职人员，还规定记者站站长须具有中级以上职称并有五年以上新闻采编工作经历。

（3）明确规定记者站属于报社的派出机构，不得设在或变相设在党政部门，党政机关工作人员不得兼任记者站工作。

（4）规定记者站应在规定时间内接受登记机关年度审核，未通过年检的，由登记机关注销登记。各省级新闻出版行政部门可根据报刊记者站发表新闻报道的数量、质量等情况，对其新闻采编活动进行评估，并根据评估结果实行退出机制。

该办法还规定，除报刊记者站以外，报刊出版单位不得以办事处、通联站、工作站等名义设立从事新闻业务活动的其他派出机构。报刊出版单位设立的从事出版物发行、广告等经营业务的其他机构不得从事新闻业务活动。未经批准任何机构和人员不得设立报刊记者站，任何机构和人员不得假冒、盗用记者站名义开展活动。

该办法还对记者站违规行为设定了罚则，使每一条管理规定都有与之相应的处罚条款，不仅加大了违规处罚力度，而且有利于各级管理部门依法行政、严格执法。

第二节 报刊管理规定

报纸是指有固定名称、刊期、开版，以新闻与时事评论为主要内容，每周至少出版一期的散页连续出版物。在现代社会，报纸是传播新闻的主要载体。期刊是指有固定名称，用卷、期或者年、季、月顺序编号，按照一定周期出版的成册连续出版物。

国家新闻出版广电总局是对全国的出版活动，包括报刊实施监督管理的部门，在省、自治区、直辖市和较大的市则设有新闻出版广电局。1987 年成立新闻出版署，后改为新闻出版总署，2013 年与国家广播电影电视总局职责整合，组建国家新闻出版广电总局。它的职责是：负责拟订新闻出版广播影视宣传的方针政策，把握正确的舆论导向和创作导向；负责起草新闻出版广播影视和著作权管理的法律法规草案，制定部门规章、政策、行业标准并组织实施和监督检查；负责制定新闻出版广播影视领域事业发展政策和规划，组织实施重大公益工程和公益活动，扶助老少边穷地区新闻出版广播影视建设和发展；负责制定国家古籍整理出版规划并组织实施；负责统筹规划新闻出版广播影视产业发展，制定发展规划、产业政策并组织实施，推进新闻出版广播影视领域的体制机制改革；依法负责新闻出版广播影视统计工作等。

国务院于 2001 年颁布并于 2011 年、2013 年修订的行政法规《出版管理条例》规定，出版活动是指出版物的出版、印刷或者复制、进口、发行，出版物包括报纸、期刊、图书、音像制品、电子出版物等。在《出版管理条例》公布前后，国务院公布或经国务院批准公布的有关新闻出版管理的行政法规有《关于严禁淫秽物品的规定》、《关于严厉打击非法出版活动的通知》、《外国记者和外国常驻新闻机构管理条例》。新闻出版总署制定发布的部门规章《期刊出版管理规定》、《报纸出版管理规定》、《报社记者站管理暂行办法》、《关于出版单位的主办单位和主管单位职责的暂行规定》、《关于严格禁止买卖书号、刊号、版号等问题的若干规定》、《出版管理行政处罚实施办法》、《内部资料性出版物管理办法》、《报刊刊载虚假、失实报道处理办法》，以及同中宣部联合发布的规范性文件《关于建立违纪违规报刊警告制度的意见》等，形成了相对系统的法规体系。

一、报刊的创办和登记

各国有不同的创办报刊的制度，主要类型有：保证金制，即向政府缴纳一定数额的保证金以备犯法时受罚所用；审查批准制（许可证制），即向政府提出申请，经批准登记、取得许可证（执照）方可创办，未经许可，不得擅自出版；注册登记制，即向政府注册即可创办而无须批准；无须登记的追惩制，但须在报刊上刊登发行人的姓名、地址等，以备查找。

（一）审批制是我国报刊管理的基本制度

我国创办报刊实行审查批准制。实行审查批准制有利于保证报刊遵循宪法规定的“为人民服务、为社会主义服务”的基本方针。国家可以根据社会发展规划对新闻事业的发展规模进行宏观控制，使新闻事业与国家的经济、文化发展水平相适应，形成多专业、多层次、门类齐全、布局合理、能够满足人民群众多方面需要的报刊体系，保证和不断提高新闻传播和新闻宣传的质量。

（二）审批机构

创办报刊的审批机构是新闻出版广电总局。改革开放后，中央有关文件规定，中央机关和全国性群众团体创办报刊，分别由中宣部等中央部委或国务院有关部委审批，后来改为中央机关和全国性群众团体创办哲学社会科学期刊由文化部审批，自然科学类期刊由国家科委审批，解放军系统创办报刊由政治部审批。地方出版的报刊一直由省、市、自治区党委审批。直至新闻出版总署成立，当年在全国开展报纸、期刊的整顿工作，对报纸、期刊重新登记注册，才统一归口到新闻出版总署审批。2013 年国家新闻出版广电总局成立，相关职责由其履行。

（三）申请创办报刊的条件

创办报刊的条件，即谁有创办报刊的资格。《出版管理条例》所称的“出版单位”，包括报社、期刊社和各类图书、音像、电子出版物的出版社；法人出版报纸、期刊，不设立报社、期刊社的，其报刊编辑部视为出版单位。

《出版管理条例》规定，国务院出版行政部门制定全国出版单位总量、结构、布局的规划，指导、协调出版事业的发展。在此前提下，我国规定设立出版单位应当具备下列条件：（1）有出版单位的名称、章程；(2) 有符合国务院出版行政部门认定的主办单位及其必要的上级主管机关；(3) 有确定的业务范围；(4) 有 30 万元以上的注册资本和固定的工作场所；(5) 有适应业务范围需要的组织机构和符合国家规定的资格条件的编辑出版专业人员；(6) 法律、行政法规规定的其他条件。

根据《出版管理条例》，综合其他规范性文件的内容，在我国设立出版单位的条件还包括以下三个方面。

(1) 指导思想的条件。办报刊的指导思想要符合宪法规定的“为人民服务、为社会主义服务”的基本方针以及党和国家对新闻出版活动的一系列基本原则，要有明确的专业分工范围和编辑方针，即每种报刊在整个报刊体系中要有一个明确而合理的定位。

(2) 组织条件。首先，要有确定的、能切实负责的主办单位和主管部门（单位）。主办单位是申请创办报刊的单位、报刊的上级领导部门，主管单位是主办单位的上级主管部门。其次，要有一批合格的编辑人员及其负责人。如新闻出版总署发布的《关于报刊社社长总编辑任职条件的暂行规定》规定，报刊社社长、总编辑应有较高的马克思主义理论修养和政策水平，应坚持有中国特色社会主义的理论和党的基本路线，坚持为人民服务、为社会主义服务的方针，并且具有一定的专业技术职务的资格。

(3) 物质条件。包括资金、办公场所和印刷手段等。在我国，报刊是党和人民的喉舌，是社会主义的舆论阵地，创办报刊必须使用主办单位自有资金，不得接受私人的和来自国外、境外的投资。

（四）审批程序

按《出版管理条例》的规定，主要是按“申请—批准—登记”的步骤予以办理。申请创办报纸或期刊，应由其主办单位持申请书向所在地省、自治区、直辖市出版行政主管部门提出申请，后者审核同意后，转报国务院出版行政主管部门审批；在得到批准后，主办单位应向所在地省级出版行政主管部门办理登记注册手续，填写报纸或期刊申请登记表，领取出版许可证（“报刊登记证”），编入“国内统一刊号”，方可出版。同时期刊社还须向工商管理部门领取营业执照。

二、报刊的主办单位和主管单位

报刊的主办单位即报刊的创办者，被规定为报刊社的上级领导部门。有关规章赋予报刊的主办单位重要的职责和权限如下。

(1) 在报刊内容方面，主办单位必须领导、监督所办的报刊符合党和国家规定的正确的政治方向；报刊的重要宣传、报道计划和重要稿件（包括评论、报道等）的发表要经主办单位审核批准；主办单位决定报刊的发行或不发行；报刊如发生严重错误和其他重大问题，由主办单位承担直接领导责任。

(2) 在经济责任方面，主办单位要为报刊社提供和筹集必要的资金设备，是报刊社的出资者；报刊社取得企业法人或事业单位法人资格，对本报刊社的国有资产享有经营自主权；主办单位对报刊社的经营活动进行监督和定期审计，确保报刊社财产的保值增值；但报刊社的主办单位同一般企业的出资者不同的是，报刊社如发生政策性亏损，主办单位应给予补贴或其他方式的补偿。

（3）在人事制度方面，主办单位审核报刊社内部机构的设置，考核并提出任用报刊社负责人的建议，报主管单位批准；其中报刊社的主要负责人亦即法人代表必须由主办单位所属的在职人员担任，禁止把报刊交给非主办单位人员“承包”。此外，如果报刊停办，主办单位应承担资产清算、人员安置等善后工作。

主办单位与所办报刊还应该具备两个“一致”：主办单位的业务范围与所办报刊的专业分工范围一致，比如从事经济工作的单位只许举办经济类报刊，从事政法工作的单位只许举办政法类报刊等；主办单位的所在地与所办报刊所在地一致，即两者应在同一个城市或同一个行政区域。

报刊的主管单位必须达到一定的行政等级。主管单位不仅领导主办单位，检查、督促、指导主办单位对报刊的领导和管理工作，扶持、协助主办单位为报刊提供或筹集资金等，而且可以直接实施对报刊的领导，主要包括：监督报刊及其主办单位遵循党和国家规定的正确的政治方向，审核批准报刊的重大宣传报道计划和有重要影响的稿件的发表，对报刊内部发生严重错误和其他重大问题承担领导责任等。此外，报刊停办或变更，要由主管单位决定，并向行政管理部门报告。

有关规章强调主管单位、主办单位与报刊之间必须是领导与被领导关系，不能是挂靠与被挂靠关系。如果某家报刊同主管或主办单位的关系不规范，主管、主办单位没有承担职责或正式表示不承担职责，就意味着这家报刊丧失了存在的合法条件。有关规章规定，如果某报刊主办单位决定不再履行职责，应报告主管单位和行政机关。主管单位代行主办单位职责，并在两个月内指定该报刊新的、适当的主办单位或决定停刊，逾期由行政机关注销登记。主管单位决定不再履行职责，应决定停刊，行政机关予以注销登记。主管、主办单位不能履行职责或违反规章，致使报刊丧失举办条件的，由行政机关撤销登记。

报刊的主管、主办单位是不允许随意变更的。变更主办单位应由主管单位向审批机关申报，变更主管单位应由原主管单位和拟接管的主管单位分别向审批机关审报，经批准后方可变更。擅自变更主管、主办单位是违规行为，不仅没有法律效力，还要受到行政处罚。

三、对报刊的日常监督管理

报刊属于连续出版物，在履行法定登记注册手续取得合法出版权利之后，在出版过程中自始至终必须遵守所有登记事项，不得任意变更。报刊停刊，由所在地省级新闻出版行政部门注销登记，并向国务院出版行政主管部门备案。如果未经审批，擅自改变已登记事项，就属违规行为，要受到处罚。根据《出版管理条例》第六条的规定，新闻出版广电总局和对全国出版活动实施监督管理，其他行政管理部门按照职责分工监督有关出版活动。结合《报纸出版管理规定》第四十七条、《期刊出版管理规定》第四十五条之规定，管理的内容和制度包括以下几个方面。

（一）对报刊方向宗旨的管理

在对报刊的管理中，要求合法出版的报刊必须遵循依法登记的既定办报（刊）宗旨、编辑方针和专业分工范围展开工作。《出版管理条例》第十七条规定，出版单位变更名称、主办单位或者其主管机关、业务范围、资本结构，合并或者分立，设立分支机构，出版新的报纸、期刊，或者报纸、期刊变更名称的，应当依照规定办理审批手续，出版单位属于事业单位法人的，还应当持批准文件到事业单位登记管理机关办理相应的登记手续，属于企业法人的，还应当持批准文件到工商行政管理部门办理相应的登记手续；第二十条规定，图书出版社、音像出版社和电子出版物出版社的年度出版计划及涉及国家安全、社会安定等方面的重大选题，应当经所在地省、自治区、直辖市人民政府出版行政主管部门审核后报国务院出版行政主管部门备案，涉及重大选题，未在出版前报备案的出版物，不得出版，期刊社的重大选题，应当依照前款规定办理备案手续。

（二）报刊出版事后审读制度

审读是新闻出版管理部门了解报刊内容、掌握动态、对报刊进行经常性监督管理的主要手段。1988 年新闻出版总署制定的《加强对报纸、期刊、图书审读工作的通知》，要求新闻出版署所属有关司局和省级新闻出版局应配置或聘任一定数量的审读人员，对已出版的报刊进行审读，并随时写出审读意见。《报纸出版管理规定》和《期刊出版管理规定》相关条款对新闻出版行政主管部门审读、主管单位审读和报刊出版单位阅评做出了具体规定，使审读成为一种有效的管理手段。

（三）报刊出版质量评估制度

近年来，新闻出版工作由以规模数量增长为主向质量效益提高为主转移，质量问题得到管理部门的高度重视。对报刊质量的管理包括政治质量、信息质量、文化质量和编校印装质量等的管理。《报纸出版管理规定》和《期刊出版管理规定》相关条款规定：新闻出版总署制定报刊出版质量综合评估标准体系，对报刊出版质量进行全面评估。经报刊出版质量综合评估，报刊出版质量未达到规定标准或者不能维持正常出版活动的，由新闻出版总署撤销《报纸出版许可证》、《期刊出版许可证》，所在地省、自治区、直辖市新闻出版行政部门注销登记。

（四）报刊出版年度核验制度

年检是新闻出版管理部门对报刊进行阶段性监督管理的有效方法。根据《出版管理条例》第四十九条“出版行政主管部门应当加强对本行政区域内出版单位出版活动的日常监督管理，……出版单位……应当按照国务院出版行政主管部门的规定，将从事出版活动……的情况向出版行政主管部门提出书面报告”的规定，一方面，新闻出版管理部门要加强对报刊的经常性检查和年度检查，另一方面，报刊社应按规定向管理部门提交自己业务活动的书面报告，包括年度的书面报告。新闻出版总署还制定了《报纸登记项目年度核验办法》、《期刊年度核验暂行办法》，明确规定了报刊社如何进行年检报告，新闻出版管理部门如何对报刊社及其年检报告进行审查，以及对年检情况如何处理等。《报纸出版管理规定》和《期刊出版管理规定》相关条款比较系统地规定了报刊出版年度核验的内容、条件、程序以及缓验、不予通过及催告制度，使年度核验成为比较完整的报刊出版管理法律制度。

（五）报刊出版从业人员资格管理制度

《报纸出版管理规定》和《期刊出版管理规定》相关条款对报刊出版从业人员和社长、总编辑的从业资格、任职条件、岗位培训等，从多个层面做出了具体规定：报刊出版从业人员应具备国家规定的新闻出版职业资格条件；报刊出版单位的社长、总编辑须符合国家规定的任职资格和条件；报刊出版单位的社长、总编辑须参加新闻出版行政部门组织的岗位培训；报刊出版单位的新任社长、总编辑须经过岗位培训合格后才能上岗。

（六）违纪违规报刊警告制度

违纪违规报刊警告制度是根据《出版管理条例》的规定，为强化对报刊出版特别是小报小刊出版的宏观管理而采取的一项重要措施。中共中央宣传部和新闻出版总署于 2000 年联合颁布了《关于建立违纪报刊警告制度的意见》和实施细则。

按照分级管理的原则，中共中央宣传部负责对中央级报刊新闻宣传工作的管理，对出现违纪违规问题的中央级报刊提出警告意见，由新闻出版总署发出《警告通知书》，抄送该报刊的主管、主办单位，并向中宣部备案。各省、自治区、直辖市党委宣传部负责对本地报刊，包括中央国家机关和中央级媒体在本地所办报刊的新闻宣传的管理工作，对出现的违纪违规问题提出警告意见，由当地新闻出版管理部门发出《警告通知书》，抄送该报刊的主管、主办单位，并向中宣部、新闻出版总署和当地宣传部门备案。

《警告通知书》发出后，受到警告的报刊的主管、主办单位要做出书面检讨，并对造成错误的报刊负责人和责任人给以相应的处分；检讨和处理意见要在收到《警告通知书》10 天内报送党委宣传部和新闻出版管理部门；对一年内受到三次警告的报刊，由新闻出版署给予停业整顿的行政处罚；该报刊的主管部门要撤换报刊的总编辑或社长，给予责任人必要的行政处分；违纪违规报刊停业整顿结束后，如再发生违纪违规问题、出现严重导向错误，由新闻出版署撤销该报刊的刊号。

2005 年颁布的《报纸出版管理规定》和《期刊出版管理规定》也规定，对于违反规定的报刊出版单位，新闻出版行政部门视其情节轻重，可下达警告通知书。警示通知书由新闻出版总署制定统一格式，由新闻出版总署或者省、自治区、直辖市新闻出版行政部门下达给违法的报刊出版单位，并抄送违法报刊出版单位的主办单位及其主管单位。

第三节 广播电视管理规范

对广播电视的行政管理，既包括对播放广播电视的机构的管理，也包括对通过编制声音、图像而构成的节目的制作、播放、交换的管理，还有对广播电视的频道资源和传输覆盖网的管理等。

目前规范广播电视活动最高位阶的法律文件是国务院颁布的《广播电视管理条例》。1998年九届人大一次会议通过国务院机构改革方案，原广播电影电视部改组为国家广播电影电视总局，2013年其与新闻出版总署合并组建国家新闻出版广电总局，是国务院直属机构，负责广播电影电视的宣传、传播功能的管理。

一、中国广播电视管理体制的特点

中国广播电视事业是直接伴随中央和地方的政权建设而发展起来的，在管理体制上具有下列特点。

（一）中央和地方的双重领导管理

各省、自治区、直辖市、省辖市的广播电视受当地政府和新闻出版广电总局的双重领导，编制、财务、计划和一般行政业务受当地政府领导，广播电视业务、技术和规划受新闻出版广电总局领导。县级以上地方人民政府负责广播电视行政管理工作的部门或机构负责本行政区域内的广播电视管理工作。

（二）广播电视行政管理部门同广播电台、电视台是上下级关系和领导与被领导的关系，也可以理解为是整体和部分的关系

电台、电视台是广播电视管理部门的一个组成部分。广电部成立以后，开始逐步放权，中央三台（中央人民广播电台、国际广播电台、中央电视台）自主权有所扩大，经济上相对独立，日常宣传自行负责，广电部对重大问题和宣传指导思想实行领导，三台成为广电部直属的事业单位。在地方上，虽然各地广电厅局也实行了简政放权，扩大了电台、电视台的自主权，有的还实行了厅局领导下的分级管理，局长、副局长不再兼任台长，但地方电台、电视台的政府台性质不变，作为广电厅局直属单位的地位不变。有的地方如上海，在政府台之外又成立了另外的电台、电视台即东方广播电台、东方电视台，后者同样是广电局的直属单位。20世纪80年代后期各地兴起的行政区域性的有线电视台也都是所在地广电管理部门的下属单位。

《广播电视管理条例》通过规定只有县以上政府的广播电视管理部门才可以设立电台、电视台，把广播电视体制的这个特点以行政法规形式确立下来。该条例公布后，在县级又实行了“局台合一”。

20世纪80年代中期，各地教育部门纷纷创办教育电视台，成为广播电视系统之外的另一个电视系统，广电管理部门同这些电视台不存在直接的上下级关系。另外，各乡镇广播电视站、企事业单位等设立的有线广播电视站，以及经批准设立的广播电视节目制作经营单位，广电机关同它们也不存在直接隶属关系。广播电视事业的主要实体应是政府举办的电台、电视台。

（三）广播电视行政管理部门具有多种领导功能

广电管理部门所领导的电台、电视台都是事业单位，有条件的要实行企业经营。这种体制被称为广播电视宣传工作、事业建设和行政管理“三位一体”体制。在《广播电视管理条例》中，广播电视管理部门的职权被确立为五个方面：（1）广播电台、电视台（包括有线电视台、教育电视台）的设立审批；（2）广播电视传输覆盖网的规划、建设和管理；（3）广播电视节目制作、播放、交流、交易、进出口活动的管理；（4）卫星电视广播地面接收设施的安装使用和进出口管理；（5）广播电视设施的保护。因此，“三位一体”的体制被认为已由《广播电视管理条例》加以肯定，是具有中国特色的社会主义广播电视体制。

所以我国对电台、电视台的管理，与对报刊实施的属地行政管理有很大不同。新闻出版广电总局与报刊社不存在直接的上下级关系（新闻出版广电总局自己创办的报刊社除外），报刊社的上级领导单位是自己的主办、主管单位。新闻出版管理部门也并不直接介入报刊的新闻报道等业务活动，只是以事后检查对报刊的方针、导向进行监督管理。报刊社的建设发展也完全是报刊社自己以及主办、主管单位的事情。而对广电事业，新闻出版广电总局则实施全面的领导。

二、广播电台、电视台的设立和布局

按《广播电视管理条例》的规定，国务院广播电视行政部门负责制定全国广播电台、电视台的设立计划，确定广播电台、电视台的总量、布局和结构。在此前提下，对全国广播电台、电视台、有线电视台的设立格局予以统一规定。

（一）关于设台主体资格

《广播电视管理条例》第十条规定了县以上政府台的体制：广播电台、电视台由县、不设区的市以上人民政府广播电视管理部门设立，明确规定广播电台、电视台只能由代表国家和政府的广播电视管理部门开办和管理。这里说的电视台，包括了无线和有线电视台。另外还取消了县一级教育电视台：“可以由设区的市、自治州以上人民政府教育管理部门设立。”这里有两个限制，一是低于上述层级的广电和教育部门不得设台，二是在上述系统之外的其他任何单位和个人不得设台。

《广播电视管理条例》明确规定：“国家禁止设立外资经营、中外合资经营和中外合作经营的广播台、电视台。”

县以下的乡、镇可以申请设立广播电视站，机关、部队、团体、企事业等单位可以申请设立有线电视站。

（二）关于设台条件

《广播电视管理条例》规定了微观和宏观两个方面的设台条件。微观方面包括：（1）有符合国家规定的广播电视专业人员；（2）有符合国家规定的广播电视技术设备；（3）有必要的基本建设资金和稳定的资金保障；(4) 有必要的场所。宏观方面则规定：应当符合国家的广播电视建设规划和技术发展规划。

《中华人民共和国刑法修正案（九）》于 2015 年 8 月 29 日第十二届全国人民代表大会常务委员会第十六次会议通过，11 月 1 日起正式施行。这一修正案将现行《刑法》第二百八十八条第一款修改为："违反国家规定，擅自设置、使用无线电台（站），或者擅自使用无线电频率，干扰无线电通讯秩序，情节严重的，处三年以下有期徒刑、拘役或者管制，并处或者单处罚金；情节特别严重的，处三年以上七年以下有期徒刑，并处罚金。"

（三）关于审批筹建程序

《广播电视管理条例》明确了国务院广电管理部门对设立广播电台、电视台的统一审批权。除中央广播电台、中央电视台由国务院广播电视管理部门设立外，地方设台由达到设台主体层级的政府广电部门提出申请，经本级政府审查同意，逐级上报，经国务院广电部门审查批准后，方可筹建。中央级的教育电视台由国务院教育管理部门设立，报国务院广电部门审查批准。地方设教育电视台，由达到设台主体资格的政府广电部门提出申请，征得同级广电部门同意并经本级政府审查同意，逐级上报，经国务院教育管理部门审核、国务院广电部门审查批准，方可筹建。这就是先审批、后筹建的程序。

广播电台、电视台应按国家规定的程序和技术标准进行工程建设，建成后还要经国务院广电部门审查合格，发给许可证，方可投入播放。在许可证上，需载明台名、台标、节目设置范围和节目套数等事项，电台、电视台必须按此制作播放节目，不得擅自变更，并且不得出租、转让播出时段。

21 世纪初，广电总局开始着手进行广播电影电视集团化试行工作。广播影视集团属于事业性质，实行企业化管理，是独立的事业法人实体。广播影视集团只能由中央和省级广播影视部门和单位组建，省以下城市一般不组建。集团要以资产和业务为纽带，以广播电台、电视台、电影制片厂、互联网站和传输网络公司为主体，市、县广电机构和其他广电影视单位参加，实现广播、电影、电视三位一体，有线、无线、教育三台合并，省、市、县三级贯通，形成资源共享、人才共用、优势互补、效益明显、富有活力的新的发展格局。但组建集团方案要经本省（区、市）党委同意，报广电总局审批。

（四）行政处罚条款

擅自设立广播电台、电视台的，按《广播电视管理条例》第四十七条规定，由县以上广电部门予以取缔，没收其从事违法活动的设备，并处以投资总额一倍以上两倍以下的罚款。未经批准，擅自变更台名、台标、节目设置范围或者节目套数的，出租、转让时段的，按《广播电视管理条例》第五十条规定，由县以上管理部门责令停止违法活动，给予警告，没收违法所得，可以并处两万元以下罚款；情节严重的，由原批准机关吊销许可证。

三、广播电视节目制作、传播管理

《广播电视管理条例》规定中国广播电视必须坚持为人民服务、为社会主义服务的方向，坚持正确的舆论导向。广播电视节目同其他大众传播媒介传播的作品一样，都应当遵守宪法、法律的规定和党的方针、政策。《广播电视管理条例》和其他规范性文件主要是根据广播电视节目制作的特点，从节目制作、播放的程序方面做出规范。

（一）广播电视节目制作主体

按《广播电视管理条例》规定，制作广播电视节目的主体限于两类：一类是广播电台、电视台，一类是经过省级以上广电部门批准设立的广播电视节目制作经营的单位。设立电视剧制作单位，还必须经国务院广电部门批准，取得电视剧制作许可证。这就是说，未经批准，任何单位和个人都不许制作供广播电台、电视台公开播放的广电节目。《广播电视管理条例》还规定，乡、镇设立的广播电视站不得自办电视节目；擅自设立广电节目制作经营单位或擅自制作电视剧及其他广电节目的，按《广播电视管理条例》第四十八条规定，由县以上广电部门予以取缔，没收其从事违法活动的工具、设备和节目载体，并处一万元以上五万元以下的罚款。

（二）播放、传送广电节目的审批

《广播电视管理条例》第五十一条规定：未经批准，任何单位和个人不得擅自利用有线广播电视传输覆盖网播放节目。广播电视节目的播出及转播业务只能由经广电总局批准设立的广播电视播出机构、转播台和按规定设立的有线广播电视站、广播电视站按各自职能开办。有线电视频道只能由经广电总局批准设立的广播电视机构建立。禁止其他任何单位在各种网络上设立广播电视播出前端或转播广播电视节目。

互联网等信息网络上开设广播电视类节目播出前端向公众传播广播电影电视类节目，须报广电总局批准，取得许可证，在许可证载明的业务范围内播出。

利用各种网络经营广播电视节目传送业务，在省区域范围或跨省经营的须报广电总局批准，在省以下区域范围经营的须报省级广电厅（局）批准，取得许可证，在许可证载明的业务范围内活动。

（三）节目审查

按《广播电视管理条例》规定，广播电台、电视台对其播放的节目内容应当实行播前审查与重播重审。电视剧必须经过审查，方许发行播放。广电总局 2010 年发布《电视剧内容管理规定》，主要包括以下几点。

1. 备案和公示

国产剧、合拍剧的拍摄制作实行备案公示制度，公示内容包括剧名、制作机构、集数和内容提要等。

2. 审查和许可

设立电视剧审查委员会和电视剧复审委员会，省一级设立电视剧审查机构。对国产剧、合拍剧、引进剧实行内容审查和发行许可制度。未取得发行许可的电视剧，不得发行、播出和评奖。送审机构对不予许可的决定不服的，可以自收到该决定之日起六十日内向国务院广播影视行政部门提出复审申请。国务院广播影视行政部门应当在收到复审申请五十日内做出复审决定；其中复审时间为三十日。复审合格的，发给电视剧发行许可证；不合格的，应当通知送审机构并书面说明理由。已经取得电视剧发行许可证的电视剧，国务院广播影视行政部门根据公共利益的需要，可以做出责令修改、停止播出或者不得发行、评奖的决定。

3. 播出管理

电视台对其播出电视剧的内容，应当依照本规定内容审核标准，进行播前审查和重播重审。

境外电视节目的引进、播出由广电总局和受其委托的广播电视行政部门审批。引进境外影视剧和以卫星传送方式引进其他境外电视节目，由引进单位向省级广播电视行政部门提出申请。时事性新闻节目不引进。广电总局《境外电视节目引进、播出管理规定》对此有具体规定。

（四）转播规定

《广播电视管理条例》规定，广播电台、电视台或者广播电视站，应当按照国务院广播电视管理部门的有关规定转播广播电视节目。《关于地方广播电台、电视台必须完整转播中央人民广播电台、中央电视台的通知》规定：各级广播电台、电视台、转播台、电视差转台以及有线电视台（站）和有线广播台（站）都必须以专用频道完整转播中央人民广播电台、中央电视台的第一套节目。有条件的，还应转播中央台的其他节目。其后的《有线电视管理规定》再次规定：有线电视台必须安排专用频道完整地直接传送中央电视台、省级电视台和当地电视台的电视节目以及各级教委办的电视教学节目。

（五）禁播规定

禁播含有违法内容的节目，这与《出版管理条例》、《电影管理条例》规定的基本相同。《广播电视管理条例》第四十九条规定违禁的罚则为：责令停止制作、播放、向境外提供，收缴其节目载体，并处一万元以上五万元以下罚款；情节严重的，吊销许可证；违反治安管理规定的由公安机关给予处罚；构成犯罪的，依法追究刑事责任。

不得播放没有取得合法制作经营许可的单位制作的节目。

不得播放未经批准的境外电影、电视剧和其他节目。

不得擅自以卫星等方式进口、转播境外广电节目，违者按《广播电视管理条例》第五十一条规定，由县以上广电部门责令停止违法活动，给予警告，没收违法所得和从事违法活动的工具、设备，可以并处两万元以下罚款，情节严重的吊销许可证。

不得播放按《著作权法》规定必须经著作权人许可方可使用的作品。

（六）限制播放规定

对播放境外节目的时间与总播放时间的比例的限制，根据2015年《广电总局关于进一步加强和改进境外影视剧引进和播出管理的通知》，在各电视台每天播出的每套节目中，境外电视剧不得超过电视剧总播出时间的25%，其中每日19时至22时不得播出。

对广告播出时间的限制，根据《广电总局关于进一步加强广播电视广告播出管理的通知》

规定，应该严格执行《广播电视广告播出管理办法》，播出机构每套节目每小时商业广告播出时长不得超过 12 分钟。其中，广播电台在 11 时至 13 时之间、电视台在 19 时至 21 时之间，商业广告播出时长不得超过 18 分钟。

对教育电视台节目的限制，按《广播电视管理条例》规定，应当播放各类教育教学节目，不得播放与教学内容无关的电影、电视片，违者按《广播电视管理条例》第五十条规定予以处罚。

2011 年 11 月 25 日，国家广电总局发出《〈广播电视广告播出管理办法〉的补充规定》（广电总局令第 66 号），明确自 2012 年 1 月 1 日起，在播出电视剧时，每集（以 45 分钟计）中间不得再以任何形式插播广告。这一规范性文件是政府主管部门对广电媒体播出广告行为的一种管理措施，被媒体称作“限广令”。

2011 年 11 月 25 日，广电总局下发了《关于进一步加强电视上星综合频道节目管理的意见》（外界所称“限娱令”），要求全国各电视上星综合频道要扩大新闻、经济、文化、科教、少儿、纪录片等多种类型节目播出比例。从 2012 年 1 月 1 日起，每个电视上星综合频道每日 6 时至 24 时新闻类节目不得少于两小时；18 时至 23 时 30 分必须有两档以上自办新闻类节目，每档新闻节目时间不得少于 30 分钟；各电视上星综合频道还要开办一个弘扬中华民族传统美德和社会主义核心价值体系的思想道德建设栏目。对节目形态雷同、过多过滥的婚恋交友、才艺竞秀、情感故事、游戏竞技、综艺娱乐、访谈脱口秀、真人秀等类型节目实行播出总量控制。媒体将该《意见》称作“限娱令”。①

2013 年 10 月 12 日，新闻出版广电总局下发《关于做好 2014 年电视上星综合频道节目编排和备案工作的通知》（又被称为“加强版限娱令”）至全国近 40 家有上星频道的电视台。该通知确定了 2014 年上星综合频道调控政策，主要内容如下。

（1）优化节目结构，丰富节目类型。进一步扩大电视上星综合频道新闻、经济、文化、科教、生活服务、动画和少儿、纪录片、对农等类型节目的播出比例，总播出时长按周计算不少于 30%。道德建设类节目需安排在 6 时至 24 时之间播出。按周计算平均每天 6 时至次日 1 时之间至少播出 30 分钟的国产纪录片；平均每天 8 时至 21 时 30 分之间至少播出 30 分钟的国产动画或少儿节目。

（2）坚持自主创新，加强引进管理。总局将对原创性节目在节目备案进入黄金时段、各类评优评奖等方面给予优先考虑。各电视上星综合频道每年播出的新引进境外版权模式节目不得超过一个，当年不得安排在 19 时 30 分至 22 时之间播出。

（3）抵制过度娱乐，防止雷同浪费。每季度总局通过评议会择优选择一档歌唱类选拔节目安排在黄金时段播出，其余不得安排在 19 时 30 分至 22 时 30 分之间播出；总局将对电视晚会进行调控，原则上重要节假日期间每日不超过三台。

（4）履行社会责任，实行年报制度。自 2013 年起，各电视上星综合频道须在每年年末向总局提交本频道落实各项管理规定、履行社会责任的年度报告，内容包括完成《关于进一步加强电视上星综合频道节目管理的意见》以及本通知等文件中各项规定、指标具体情况。总局将对各频道年度报告进行审核，并依据实际情况做出奖惩。

① 参见《广电总局就进一步加强电视上星综合频道节目管理答问》，见国家广电总局网站，2011－10－26。

（5）切实加强管理，做好备案工作。凡拟在2014年1月1日起每天任何时段播出的新闻类、道德建设类、歌唱选拔类、晚会类、引进境外版权模式节目需要提前两个月申报备案；每天19时30分至22时播出的婚恋交友、才艺竞秀、情感故事、游戏竞技、综艺娱乐、访谈脱口秀、真人秀等类型的节目，需按规定履行备案手续。

文件下达后各卫视不仅要在引进版权模式节目、歌唱类节目上做控制和调整，很多卫视还要为那30%也就是相当于每日七个半小时的其他内容重新布置工作："等于这七个半小时不能播综艺节目、电影、电视剧，很头疼，我们还没有动画片可以备播，而把所有新闻、经济、文化、少儿、体育节目加起来也不够七个半小时，还有几十分钟的空当不知道该怎么办。估计很多台都会有这个问题，因为白天时段很多台都在重播电视剧、综艺节目以及电影。"① 限制引进版权模式节目之后，还有一个问题就是："肯定很多电视台只能去山寨和抄袭国外模式，因为原创能力毕竟有限。"②

业内人士表示，要求歌唱类选拔节目每季度只能有一档在黄金档播出，其实对一线卫视现有节目的影响并不大，"大家熟悉的歌唱类节目《快乐男声》、《中国梦之声》、《我是歌手》、《全能星战》等本来就不是在黄金时间播出的，只有《中国好声音》是在黄金档"。东方卫视党总支书记、《中国梦之声》、《中国达人秀》宣传总监吴朝阳表示："即使是引进版权模式的节目比如《中国达人秀》，我们也已经做到非常本土化，而且我们的节目类型一向很丰富，10年来每天播出四个半小时的新闻节目，这是任何其他卫视没法比的。"③

（七）群众参与的直播节目的审批管理

群众参与的广播电视直播节目是指听众、观众通过热线电话等方式参与的电台、电视台的直播节目和听众、观众现场参与的广播电视直播节目，以及现场转播有听众观众参与的节目。广电总局颁布的《群众参与的广播电视直播节目管理暂行办法》对此进行了规范。

该暂行办法规定开设群众参与的直播节目，中央级电台、电视台须报广电总局审批，省级台须报省级广电厅（局）审批、广电总局备案，地、县级台须报地级广电局审批、省级广电厅（局）备案。

开设这类直播节目，必须具备如下条件。

（1）具备"延时装置"、"储存电话"等技术保障措施；

（2）具有较高政策水平、熟练掌握有关操作技能的相对固定的编播人员；

（3）电台、电视台的导演、导播必须经过培训、持证上岗，电话编辑、节目监制等编播人员必须具有中级以上的专业技术职务；

（4）有比较完善的节目操作程序和管理规定；

（5）有处理不测情况的应对预案。

未经批准擅自开设直播节目的要责令立即停止，通报批评。发生政治性事故的，应当暂停节目，予以行政处罚，对负责人和责任人予以行政处分。

---

①②③ 《广电总局限娱令升级：每天7.5小时禁播电视剧综艺》，见北青网，2013-10-20。

案　例7—1

为丑恶言行提供展示舞台，《棒棒棒》遭停播

2012年11月24日，江苏教育电视台综艺节目《棒棒棒》请来了干露露及其母亲、妹妹为嘉宾，参加这档每周日19点45分播出的竞猜节目。在制作过程中，嘉宾放泼撒野、大曝粗口，该节目片段被现场网友上传网络。11月28日，广电总局发出公告，责令江苏教育电视台停播《棒棒棒》节目，同时声明严禁丑闻劣迹者发声出镜。该公告认为，江苏教育电视台违反《广播电视管理条例》，罔顾媒体社会责任，为丑恶言行提供展示舞台，造成恶劣社会影响，应当受到严厉谴责。根据《广播电视管理条例》，教育电视台只能制作播出教育教学节目，而江苏教育电视台擅自改变频道定位，违规制作播出低俗娱乐节目，明显违反法规规定。《棒棒棒》节目无视相关规定，对录制现场的恶言丑行不加制约，任其放肆，致使粗俗视频网上流传，放大了丑恶现象，违背了媒体职业道德，败坏了媒体形象。

我国对电视节目的制作播出有着严格的规定，必须符合《广播电视管理条例》坚持正确舆论导向的规定，禁止制作、播放载有下列内容的节目：(1) 危害国家的统一、主权和领土完整的；(2) 危害国家的安全、荣誉和利益的；(3) 煽动民族分裂，破坏民族团结的；(4) 泄露国家秘密的；(5) 诽谤、侮辱他人的；(6) 宣扬淫秽、迷信或者渲染暴力的；(7) 法律、行政法规规定禁止的其他内容。如制作、播放、向境外提供含有禁止内容的节目的，县级以上人民政府广播电视行政部门可根据情节处以责令停止制作、播放、向境外提供，收缴其节目载体，并处罚款、吊销许可证等；违反治安管理规定的，由公安机关依法给予治安管理处罚；构成犯罪的，依法追究刑事责任。

四、网络视听内容监管①

网络视听内容监管主要就是指对于网上视频服务的监管。尽管对于网上视频服务监管现在已经涉及工信部、国家网信办等多个机构，但广电部门仍是主角。广电管理部门在网络视听内容监管的举措体现在：一方面是通过推动各类规范性文件，明确广电部门与相关参与主体之间的权力义务关系。这些法律文件包括三类：一是互联网视听监管类，主要有《互联网等信息网络传播视听节目管理办法》、《互联网视听节目服务管理规定》及《广电总局关于加强互联网视听节目内容管理的通知》；二是网络视频、网络剧监管类，主要有《关于进一步加强网络剧、微电影等网络视听节目管理的通知》、《国家新闻出版广电总局关于进一步完善网络剧、微电影等网络视听节目管理的补充通知》；三是网络境外剧监管类，涉及《广电总局关于进一步加强和改进境外影视剧引进和播出管理的通知》、《关于加强互联网传播影视剧管理的通知》、《国家

① 参见陈绚、杨秀：《新闻传播与媒介法治年度研究报告（2015）》，北京，中国人民大学出版社，2015。

新闻出版广播电视总局办公厅关于加强有关广播电视节目、影视剧和网络视听节目制作传播管理的通知》等。另一方面，2014年广电部门开展了一系列网络视频内容的监管行动，产生了很大的社会影响。这些举措主要包括对于网上境外剧监管加强，严格“先审后播”致使观众无法同步收看美剧以及单独出台针对涉毒艺人网络传播内容的监管文件等。下面就从网上视频服务监管规范性文件的角度，通过对这些法律文件的梳理，管窥广电监管政策演化的脉络，揭示广电在媒介融合背景下对于网络空间监管的基本逻辑。再通过对其所暴露出的相关问题的分析，进一步探讨如何从法律层面完善广电对于互联网发展的监管。

（一）广电互联网监管法规的发展历史

互联网发展的近十几年以来，广电部门对于互联网及其内容的监管已经走出了一条相对清晰的路径，下面就从法律发展的角度对广电的互联网监管历程进行简单的回顾。

1. 网上视听服务监管的相关规范

早在1999年，国家广电总局《关于加强通过信息网络向公众传播广播电影电视类节目管理的通告》发布，这是广电总局首次就互联网信息平台传播广播电影电视作品的行为出台行政规范，而且也是广电监管互联网电视节目的“大框架”。进入新世纪，2003年1月7日国家广播电影电视总局令第15号公布《互联网等信息网络传播视听节目管理办法》第二条界定了广电部门互联网视听监管的适应范围：“适用于在互联网等信息网络中开办各种视听节目栏目，播放（含点播）影视作品和视音频新闻，转播、直播广播电视节目及以视听节目形式转播、直播体育比赛、文艺演出等各类活动。”而且，还特别提到，“广播电视播出机构在广播电视传输覆盖网中开办广播电视频道播放广播电视节目的，由《广播电视管理条例》规范，不适用本办法”。这一表述说明广电开始将网上视频与电视频道中的节目区分开来，单独进行管理。在这份文件中不仅对信息网络、视听节目、信息网络传播视听节目、视听节目的网络传播者，信息网络经营者这些概念都进行了逐一的界定，而且指出“国家广播电影电视总局对通过信息网络传播的视听节目按以下四个类别实行分类管理：（1）新闻类；（2）影视剧类；（3）娱乐类，包括音乐、戏曲、体育、综艺等；（4）专业类，包括科技、教育、医疗、财经、气象、军事、法制等”。（《互联网等信息网络传播视听节目管理办法》第六条）而且明确规定：“国家广播电影电视总局对视听节目的网络传播业务实行许可管理。通过信息网络向公众传播视听节目必须持有《网上传播视听节目许可证》。”（《互联网等信息网络传播视听节目管理办法》第五条）从中可以看出广电对于视频监管内容持一种广义的理解，影视剧就是视频内容中非常重要的一种类型。特别是其中对于新闻视频内容的规定体现了广电对于新闻视频仍拥有监管权力，要求开办新闻类视听节目的网络传播业务除了要有国务院新闻办公室的网上发布新闻的资格，同时还需要持有《网上传播视听节目许可证》[①]。而只过了一年多15号令就被废除，2004年7月6日国家广播电影电视总局公布第39号令，不

---

① 该文件第八条规定：“开办新闻类视听节目的网络传播业务，除具备本办法第七条规定的基本条件外，还应当同时具备以下条件：（一）经国务院新闻办公室批准，具有网上发布新闻的资格；（二）已取得从事娱乐类或专业类节目网络传播业务《网上传播视听节目许可证》三年以上的机构。”

过，39 号令的名称依然是《互联网等信息网络传播视听节目管理办法》。其中，对于视听节目的概念也做出了界定，并且重复了 15 号令中关于监管主体以及监管制度的规定。监管主体方面，规定"（第三条）国家广播电影电视总局（简称广电总局）负责全国互联网等信息网络传播视听节目（简称信息网络传播视听节目）的管理工作"。同时，也明确了网络视听服务许可制度。但是，2007 年 12 月颁布的《互联网视听节目服务管理规定》中对于监管主体的范围有所扩大，增加了"国务院信息产业主管部门作为互联网行业主管部门，依据电信行业管理职责对互联网视听节目服务实施相应的监督管理"。而这也随之引发了信息产业主管部门与广电在视频的监管权力的纷争。39 号令中提出了系统的监管思路，即根据业务类别、接收终端、传输网络等项目分类核发许可证，这是看到了媒介融合背景下视频服务的复杂形态，同时也为广电权力扩张打下了基础。[①] 此外，该文件还特别对新闻业务与互联网电视视频节目两类网络视频类型做了具体规定，在新闻视频业务方面指出"依法享有互联网新闻发布资格的网站可以申请开办信息网络传播新闻类视听节目业务"。这依然是巩固了对于新闻视频业务的监管权力。2007 年年底，《互联网视听节目服务管理规定》由广电总局联合信息产业部共同发布，其中对于新闻类的视听节目做出了更加详细的规定；要求从事广播电台、电视台形态服务和时政类视听新闻服务的，还应当持有广播电视播出机构许可证或互联网新闻信息服务许可证；对于从事主持、访谈、报道类视听服务的，还需要同时持有广播电视节目制作经营许可证和互联网新闻信息服务许可证；对于从事自办网络剧（片）类服务的，应当持有广播电视节目制作经营许可证。同时，严禁个人上载时政类新闻，未持有《许可证》的单位不得为个人提供上载传播视听节目服务。2009 年 4 月广电总局发布的《关于加强互联网视听节目内容管理的通知》中细化了监管内容的具体形式，要求服务单位完善节目内容管理制度和应急处理机制，承担起审核把关的责任（第三条），并且强调网络视听业务的审批制度，从事相关业务需依法取得广播影视行政部门颁发的各类许可证（第四条）。

2. 微视频、网络剧相关监管规范

广电部门对于互联网内容监管逐步走向细化与深入，体现在对于不同类型的内容发布专门的规范性文件进行监管。同时，也反映出微视频、网络剧、境外剧成为近些年广电部门网络内容监管的重点。2012 年国家广播电影电视总局与国家互联网信息办公室联合发布《关于进一步加强网络剧、微电影等网络视听节目管理的通知》，该通知主要涉及六方面的内容：第一，鼓励生产制作健康向上的网络剧、微电影等网络视听节目；第二，强化网络剧、微电影等网络视听节目播出机构准入管理；从事生产制作并在本网站播出网络剧、微电影等网络视听节目的互联网视听节目服务单位，应同时依法取得广播影视行政部门颁发的《广播电视节目制作经营许可证》和相应许可的《信息网络传播视听节目许可证》，如果仅是从事网络剧、微电影等网络视听节目播出的互联网视听节目服务单位，应依法取得广播影视行政部门颁发的《信息网络

① 该文件第六条规定：从事信息网络传播视听节目业务，应取得《信息网络传播视听节目许可证》（之前叫做网上视听信息传播许可证）。《信息网络传播视听节目许可证》由广电总局按照信息网络传播视听节目的业务类别、接收终端、传输网络等项目分类核发。业务类别分为播放自办节目、转播节目和提供节目集成运营服务等。接收终端分为计算机、电视机、手机及其他各类电子设备。传输网络分为移动通信网、固定通信网、微波通信网、有线电视网、卫星或其他城域网、广域网、局域网等。

传播视听节目许可证》。第三，强化网络剧、微电影等网络视听节目内容审核；第四，强化网络剧、微电影等网络视听节目审核队伍建设；第五，强化网络剧、微电影等网络视听节目监管①；第六，强化退出机制。该通知的重点是明确了如何对服务企业进行监管、服务商的责任以及服务商的工作内容，即“先审后播”、“建立和完善本单位网络剧、微电影等网络视听节目内容审核流程，严把网络剧、微电影等网络视听节目播出关，所有网络剧、微电影等网络视听节目一律先审后播”，明确主体要承担大众传媒的责任。② 2014 年 1 月，《国家新闻出版广电总局关于进一步完善网络剧、微电影等网络视听节目管理的补充通知〔2014〕》发布。该补充通知要求加强对网络剧、微电影的监管，服务单位要核实其身份信息。而且，对于服务商的监管也进一步明确，指出内容存在问题的可完善后播出。其中就提到，“有些节目虽然存在问题，但重新编辑后可以播出的，要立即联系节目制作机构重新编辑，重编节目经相应行政部门审核通过并形成统一版本后，方可重新上线”。另外，加强网络服务商的监管，重申要求生产制作网络剧、微电影应取得《广播电视节目制作经营许可证》，而且内容出现问题要按照《广播电视管理条例》、《广播电视节目制作经营管理规定》（广电总局令第 34 号）予以处罚。而且，对于自行播出网络剧的需要在播出前完成节目信息备案和备案号标注工作，对于互联网视听节目服务单位自审自播的网络剧、微电影等网络视听节目，应在上网播出前完成节目信息备案和备案号标注工作；未按要求备案或未标注备案号的节目不得上网播出。由此可以看出，广电总局对于网络内容监管更严，对于网络剧市场而言更严格。

3. 网络境外剧相关的规范性文件

电影领域的监管是在三网融合的背景下广电部门监管权力向互联网的延伸、过渡。2007 年年底广电总局发布《关于加强互联网传播影视剧管理的通知》，主要内容是明确广电部门对于互联网上影视剧管理的主体身份和责任，并做出对监管主体权限的规定：“加强互联网站管理，依法开展视听服务。各地广电局要加强领导、明确职责、落实任务，通过多种方式向本辖区内网站传达总局管理要求，要努力做到让网站法人代表和本地电信企业各级分公司负责人熟知、掌握相关管理规定和管理要求。”其对影视剧播出的要求是，“用于互联网传播的影视剧，必须符合广播电影电视管理的有关规定，依法取得国家广电总局颁发的《电影片公映许可证》、《电视剧发行许可证》或《电视动画片发行许可证》，同时获得著作权人的网络播映授权”。而 2012 年广电总局出台的《关于进一步加强和改进境外影视剧引进和播出管理的通知》主要从加强对境外影视剧引进立项和审批管理、加强引进剧播出管理等方面对境外剧的监管提出要求。虽然这一规定并非专门针对互联网上的影视剧，但是如同《广播电视管理条例》一样，其依然会对广电部门对于网上影视剧的监管思路产生重要影响。此后，《国家新闻出版广电总局关于进一步落实网上境外影视剧管理有关规定的通知》（新广电发〔2014〕204 号文）的出台充分体现了广电

① 包括备案制度：“互联网视听节目服务单位开设和自审的专业类视听节目栏目，应将审核通过的节目栏目名称、栏目内容概要等信息报本单位所在地省级广播影视行政部门备案。”

② “《通知》要求互联网视听节目服务单位，切实履行开办主体职责，承担大众传媒的社会责任，对播出的网络剧、微电影等网络视听节目负责。在节目播出前，应组织审核人员进行内容审核，审核通过后方可上网播出。”参见《广电总局新闻发言人就〈关于进一步加强网络剧、微电影等网络视听节目管理的通知〉答记者问》，见新华网，2014-11-02。

部门对于网络影视剧监管的思路和方法。其中主要是提出了“30%引入比例”（单个网站年度引进播出境外影视剧的总量，不得超过该网站上一年度购买播出国产影视剧总量的30%）和“先审后播”两大规定，这两个规定一经推出就引起了不小的争论。[①]“先审后播”制度最直接地体现了广电总局在三网融合中对于内容的监管延续原有监管模式的逻辑：“……专门用于信息网络传播的境外影视剧的网站，应当将本网站年度引进计划于上一年度年底前经省级新闻出版广电局初核后，向国家新闻出版广电总局申报（中央直属单位所属网站直接向总局申报），包括拟引进影视剧的名称、集数、产地、著作权人、内容概要等信息，以及该网站上一年度购买国产影视剧的相关证明。国家新闻出版广电总局于每年2月20日前，将各网站申报的符合总体规划要求的拟引进境外影视剧相关信息，在‘网上境外影视剧引进信息统一登记平台’上发布，供相关网站查询。”这一“先审后播”的规定就使得境外剧的同步网络直播几乎不可能。网上境外剧播放实行引进许可制度，“网上播出的境外电影、电视剧，应依法取得新闻出版广电部门颁发的《电影片公映许可证》和《电视剧发行许可证》等批准文件，并取得著作权人授予的信息网络传播权……”不过，其中并没有直接照搬原有监管规定的一点是对于境外剧的审批。以前电视剧、电影的审核需要到国家广电总局，而该文件中对此降低了门槛。[②]此外，该通知还扩大了可以引进影视剧的主体范围：“依法取得国家新闻出版广电总局颁发的《信息网络传播视听节目许可证》，且许可项目含有‘第二类互联网视听节目服务第五项：电影、电视剧、动画片类视听节目的汇集、播出业务’的网站，可以引进专门用于信息网络传播的境外影视剧。”

相较于《关于加强互联网传播影视剧管理的通知》，2014年发布的《国家新闻出版广电总局关于进一步落实网上境外影视剧管理有关规定的通知》内容大幅度增加，表现出对于网络境外剧监管的重视，虽然该通知中主要延续了2012年加强境外剧管理的思路，不过直接嫁接原有制度，使得网络境外剧传播现在更严格了，导致部分境外剧无法同步成为大问题。当然，其在一些方面也有所突破，从而使得规范能够适应技术及传播环境的变化。

（二）广电网络监管的基本逻辑及问题

在对广电网络规制规范性文件研究的基础上，笔者将广电网络监管的逻辑总结如下。

1. 从全面监管到突出重点，广电网络监管的问题更聚焦、更深入

2012年《关于进一步加强网络剧、微电影等网络视听节目管理的通知》第五条提到，凡在广播影视行政部门备案公示，但未取得《电影片公映许可证》、《电视剧发行许可证》的电影和电视剧等，不得在网上播出。对于微电影、境外剧的监管之前都是包含在广电网络视听内容监管的一系列文件中的。事实上，从广电的互联网监管规范的发展中不难看出，的确遵循着从“总”到“分”的脉络。针对视听节目的监管类似于“总论”，该阶段主要是在2012年之前，

---

① 参见《广电总局要求引进剧先审后播 同步看美剧成泡影》，参见浙江在线，2014-11-02。

② 国务院1997年颁布的《广播电视管理条例》中规定：“用于广播电台、电视台播放的境外电影、电视剧，必须经国务院广播电视行政部门审查批准。”广电总局2004年出台的《境外电视节目引进、播出管理规定》（总局42号令）再次明确要求，由省级广播电视行政部门负责本辖区内境外影视剧引进的初审，总局负责境外影视剧的审批。而新规第六条规定，依照“网上境外影视剧引进信息统一登记平台”发布的相关信息，各网站按年度引进计划与著作权人签订引进协议，签约后，将引进专门用于信息网络传播的境外影视剧的样片、合同、版权证明、剧情概要等材料，报所在地省级新闻出版广电部门进行内容审核，审核通过的发给《电视剧发行许可证》（注明专用于信息网络传播）。

如《互联网等信息网络传播视听节目管理办法》(15号)、《互联网等信息网络传播视听节目管理办法》39号令、《互联网视听节目服务管理规定》及《广电总局关于加强互联网视听节目内容管理的通知》。这些文件将不同类型的视听节目服务都纳入一个文件中，根据网络视听监管内容分成四大类：新闻类；影视剧类；娱乐类，包括音乐、戏曲、体育、综艺等；专业类，包括科技、教育、医疗、财经、气象、军事、法制等。[①] 也有文件从网络服务组成部分的角度界定广电网络监管的范围，如广电总局按照信息网络传播视听节目的业务类别、接收终端、传输网络等项目进行管理，分类核发《信息网络传播视听节目许可证》。[②] 但是，从2012年之后开始广电总局对微电影、境外剧监管的趋势是不断强化，针对互联网的监管范围更聚焦、重点更加突出。在微电影、网络剧的监管方面，是《关于进一步加强网络剧、微电影等网络视听节目管理的通知》、《国家新闻出版广电总局关于进一步完善网络剧、微电影等网络视听节目管理的补充通知》的出台。在影视剧监管方面则是《国家新闻出版广电总局关于进一步落实网上境外影视剧管理有关规定的通知》。其中，比较特殊的是《关于加强互联网传播影视剧管理的通知》，该文件早于2007年就已经颁布。广电部门这一监管政策发展的背后主要动因是2010年以后国家三网融合对于媒介统一监管制度的要求。不同主体的加入使得广电部门的网络监管需要进一步突出自身的特点与价值。直至今日，虽然在形式上网络内容是由不同部门共同管理的，分工更加细化，但是不同部门各自的权限范围还需要进一步加以明确。2007年年底《互联网视听节目服务管理规定》由广电总局联合信息产业部共同发布。2012年国家广播电影电视总局与国家互联网信息办公室联合发布《关于进一步加强网络剧、微电影等网络视听节目管理的通知》。特别是2011年5月，国家互联网信息办公室成立，其职能包括落实互联网信息传播方针政策和推动互联网信息传播法制建设，指导、协调、督促有关部门加强互联网信息内容管理等。2014年8月26日国务院发布国办(2014)33号通知，称为促进互联网信息服务健康有序发展，保护公民、法人和其他组织的合法权益，维护国家安全和公共利益，国务院授权重新组建的国家互联网信息办公室(简称国家网信办、国信办)负责全国互联网信息内容管理工作，并负责监督管理执法。国家网信办还同时加挂中央网络安全和信息化领导小组办公室的牌子，这就使其在网络信息内容的监管方面实质上是处在优势地位。

2. 从权力监管的“松紧”趋势来看，以趋“紧”为主

近年来广电网络视听内容的监管以及2014年广电总局的“限外令”引发了媒体上激烈的争论，有人认为这只是之前监管政策的落实，只具有象征意义，监管并未强化，不过，更多的观点却认为这是广电监管更加严厉的表现。[③] 媒介环境的变化导致原有的社会关系发生了变化。社会公众从过去对于电视媒体的收视进入三网融合背景下媒体使用的多屏时代，而这也是生产力发展的结果。随着技术的变革，公众对媒介的使用也在变化，他们对于媒体内容的选择也越发的多样化，而新媒介提供的多种选择满足了更多的需求。面对新“事物”，有人批评广

① 2003年1月7日国家广播电影电视总局令第15号。

② 2005年《互联网等信息网络传播视听节目管理办法》第39号。

③ 体现监管宽松观点的，如《广电总局解释视频新规：网播剧审查比较宽松》，表达相反观点的如《“限外令”细化两规定 部分美剧再难同步播出》、《网络境外剧新通知，或将改变世界影视圈?》、《总局颁“限外令”先审后播 四大规定影响剧迷(媒体解读境外影视剧)》。

电部门的“限外令”是一种“懒政”。境外剧由于多是季播，其生产机制是为了适应公众在媒介发达时代对于影视更高的需求，此时，监管政策如果一味地为了“审查”而对其发展加以限制，这就是以牺牲公民的文化传播权换取秩序的稳定，这本身就是值得探讨的。事实上，法律制度在生产关系变化时需要及时调整才能不被淘汰，而要解决这一问题需要在两种利益之间进行平衡，而不能按照权力思维随意地对社会权利进行限制。

3. 管理模式体现传承与创新结合特点

媒介融合这一新形势给媒介的监管也带新的挑战。对于这一挑战，广电部门将原有的视听内容监管模式和经验“嫁接”到互联网空间中，这是监管法规中的一大“共性”。很多广电部门的法规直接被应用于互联网空间的监管。《关于进一步加强网络剧、微电影等网络视听节目管理的通知》中提到，在网络从事生产制作并在本网站播出网络剧、微电影等网络视听节目的互联网视听节目服务单位，应同时依法取得广播影视行政部门颁发的《广播电视节目制作经营许可证》和相应的《信息网络传播视听节目许可证》，而且在处罚时也要依照《广播电视管理条例》等过去电视节目的规范，因此对于网络视听内容遵循的是互联网与电视规范的双重约束。《国家新闻出版广电总局关于进一步完善网络剧、微电影等网络视听节目管理的补充通知》指出，广播电视节目制作经营机构生产制作网络剧、微电影等网络视听节目，节目内容违反广播影视有关管理规定的，主管部门要按照《广播电视管理条例》、《广播电视节目制作经营管理规定》（广电总局令第 34 号）予以处罚。对于影视剧、电视剧的管理原来是按照审批制，比如对于境外剧的引进数量等都有诸多限制，这些要求在广电部门对于互联网影视剧的监管中也逐步地体现出来。但是，监管规范也会根据形势变化进行一些调整，这一特点也非常鲜明。2003 年 1 月 7 日国家广播电影电视总局令第 15 号公布《互联网等信息网络传播视听节目管理办法》第二条指出，这一文件的适应范围，“适用于在互联网等信息网络中开办各种视听节目栏目，播放（含点播）影视作品和视音频新闻，转播、直播广播电视节目及以视听节目形式转播、直播体育比赛、文艺演出等各类活动”。而且，还特别提到，“广播电视播出机构在广播电视传输覆盖网中开办广播电视频道播放广播电视节目的，由《广播电视管理条例》规范，不适用本办法”。还有《国家新闻出版广电总局关于进一步落实网上境外影视剧管理有关规定的通知》（新广电发〔2014〕204 号文）扩大了引进影视剧的主体范围：“依法取得国家新闻出版广电总局颁发的《信息网络传播视听节目许可证》，且许可项目含有‘第二类互联网视听节目服务第五项：电影、电视剧、动画片类视听节目的汇集、播出业务’的网站，可以引进专门用于信息网络传播的境外影视剧。”再比如，对于网络视听内容监管的最新趋势是，与其他网络信息内容的监管相类似，采取利用社会力量监管视听内容的传播，主要是发挥网络服务商的“审查”功能，再由广电部门备案。

五、广电网络内容监管的法律完善

广电部门互联网视听监管涉及机构、保障制度、法律等诸多方面的问题，下面笔者就如何通过法律的完善来实现媒介融合对于制度要求的目标谈一些看法。

(一)应当重视权力的合法性

媒介融合时代出现的新问题迫切需要法律来规范发展中的问题，但是这也不能够忽视“权力”合法性不足，甚至是权力的滥用问题。对于境外影视剧的监管导致影迷的权益受到损害，无法与以前一样同步收看境外剧，对此就有人批评是管理部门“懒政”思维的表现。《互联网视听节目服务管理规定》中曾将民营企业排除在网络视听节目服务的资格范围之外，有人就指出这是逃避责任的做法。[①] 事实上，在媒体的监管领域长期存在着对于“被监管者”权利忽视的现象，而相关主体的缺席就很容易造成规范正当性不足的问题。“……在现行法规范秩序的框架内，卫星电视事业的此种发展所本应保障的公民依据宪法而享有之‘知情权’、广播电视播出机构之媒体自由以及在其他国家颇受重视的广播电视领域中意见的多元化等等价值却受到有意无意的轻视。”[②] 从国外网络内容监管立法倾向来看，一般来说，对于网络内容的监管要轻于对媒体内容的监管。虽然我国在网络内容监管中一些方面是有所放松，但整体趋势还是监管力度在不断加强。比如，《国家新闻出版广电总局关于进一步落实网上境外影视剧管理有关规定的通知》提到，引进的境外影视剧报所在地省级新闻出版广电部门进行内容审核，审核通过的发给《电视剧发行许可证》(注明专用于信息网络传播)，这就是专门针对网络传播的规定，但这整体上，互联网视听内容的监管并不比媒体内容“宽松”。而在我们对于网络视听内容的监管呈现出权力不断强化的状况下，对于权力更需要从合法性、正当性、必要性等几个方面做好论证，满足设立权力的法定要件。因此，在新媒体环境中对于监管权力的延伸要充分说明权力的合法性；要特别注意保障公民的言论自由和传播权(比如设置权利的救济途径)，这就要求广电部门在制定法规时将公众的利益纳入法规的制定过程中。

(二)重视规范的体系性、科学性、实效性

首先，要健全监管的基本原则。一是从三网融合宏观政策的高度对于监管机构之间的权限做出协调，由国务院统一协调规范的制定，做到既有统筹又有明确的分工。按照国务院《三网融合总体方案》要求，2012—2015 年三网融合将在全国全面推广，“适应三网融合的体制机制基本建立，相关法律法规基本健全，职责清晰、协调顺畅、决策科学、管理高效的新型监管体系基本形成”。中宣部、信产部、国新办、文化部、广电总局、新闻出版总署等 16 个部委联合出台的《互联网站管理协调工作方案》详细规定了专项内容监管部门的分工。[③] “按照 16 部委协调方案的相关规定，广电部门对互联网的监管职能定位于专项内容主管部门和前置审批部门。其中，专项内容主管对应内容监管，前置审批强调安全监管。因此，广电部门在互联网监管模式中处于内容监管的重要地位，以安全监管为根本要求。这是广电部门对互联网视听节目实施监管时要坚持的指导原则。”[④] 因此，广电部门需要在三网融合的监管法律制度当中结合

---

① 参见王斌：《广电出台视频新规是为了逃避监管责任?》，载《IT 时代周刊》，2008 (Z1)。

② 乔宇娟：《论电视娱乐节目内容的行政规制》，中央民族大学硕士论文，2013。

③ 参见《互联网站管理协调工作方案》，见 http: //www. sda. gov. cn/WS01/CL0306/10768. html，检索时间 2014 - 11 - 03。

④ 任军庆：《互联网视听节目监管模式研究》，载《声屏世界》，2007 (8)。

互联网视听节目的特征找准自身的定位，在“顶层设计”中就突出监管的重点。二是对于网络视听应当建立与媒体视听不同的监管规则。“在美国，融合监管机构为联邦通信委员会(FCC)。FCC内部设置了不同部门分别对广播电视和电信实行监管，制定不同的规则。例如，在内容监管方面，对广播电视业监管严格，但对电信业则没有如此苛刻的要求。新加坡通过《广播法》对监管机构的权限划分做出了清晰的界定，广电、电信分业管理，权限划分泾渭分明，避免了多重管理给产业发展带来的束缚。同时，广电、互联网分别对待，对传媒和信息传播实行严格的管理，但对互联网产业的基本原则轻手管制，在内容管理上强调行业自律。”[①] 三是在规范设置上，倡导性内容与约束性规范应当并重。虽然对于互联网视听内容的监管需要权力的介入，也有其必要，但是目前的监管从总体来看，忽视了对于公民传播权利的保障和传播行为的鼓励。《广播电视管理条例》第三十四条“广播电视新闻应当真实、公正”就具有引导电视新闻发展的作用，而在网络视听监管的规范中，对于网络上的新闻、电视剧、电影视听应当如何发展，以及对这方面如何加以支持的具体内容涉及的较少。

其次，法律规范中一些具体监管内容的缺失是网络视听监管的最大问题，要逐步细化和完善网络视听内容监管的标准。国家网络监管的基本原则是发展与治理并重，然而，实践中“一刀切”禁止的做法更容易管住问题，但却不能促进产业的发展。比如，对于网络剧的制作监管政策设置了严格的准入门槛，需要经过政府许可，但规范的不完善却可能损害一部分人的利益，甚至阻碍整个产业的健康发展。《关于进一步加强网络剧、微电影等网络视听节目管理的通知》发布后，有人就指出“一大批活跃在网络自制剧和微电影平台上的草根创作者对新政的反应要远比视频商业机构激烈。尽管他们面前仍有两条出路：一是自行办理许可证照：二是挂靠在有资质的机构名下进行创作。但不管走哪条路，都将面临制作成本加大、人员短缺、周期拉长等困境，业务准入门槛的抬高的确令之忧心”[②]。而且，这样对于“草根创作者”这样苛刻的限制还可能在执行中遇到困难。新媒体平台上的视听内容的特征是形式更多样，多终端传播、多主体参与以及产品的社会化传播，特别是在移动终端上的视听内容的制作与传播情况更是十分复杂，这都会给法律的执行增加难度。而要应对这一问题，就需要在规范制定中进一步地明确网络自制剧、微电影的判断标准，针对不同的主体推出相应的监管制度。还有，对于网络视听中的低俗内容也应当明确标准，以及提出未成年网络视听内容分级的法律规范，行业、网络媒体、公民自律的规范等网络内容监管相关规范都需要逐步加以完善。网络视听内容作为一种新的社会现象和社会关系，需要逐步探索适合视听节目等网路内容自身特点的监管规范。

再次，还应当健全网络空间治理整体的法律体系。网络空间在整个社会中地位与作用越来越突出，所以，在很多的法律制定中都将涉及网络内容的监管，而各类法律法规中网络监管相关的内容对于减少网络上的不良行为、净化网络空间都有非常重要的作用，是整个网络治理规范中不可或缺的部分，因此，要注意通过传媒法律之外的规范体系的建设来推动对于网络监管规范的发展。

最后，还需要加强网络视听内容的影响以及相关监管法律实施效果的实证研究，为法律制

---

① 张伟等：《三网融合下的视听新媒体监管体系研究》，载《现代电视技术》，2011（10）。

② 常昕：《互联网影视产品的自制与“自治”》，载《声屏世界》，2012（9）。

定和完善提供更多经验资料的支撑。法律不只是逻辑的推理，它需要经验的数据提供参考，而实证的数据能够帮助减少“失效”规范的出台，同时也可以增强法律的“合理性”。

第四节　互联网新闻传播规范

由于互联网对社会的巨大影响，我国从互联网产生之日起就十分重视互联网管理的法制建设。按照《中华人民共和国电信条例》的规定，它的主管部门是2008年设立的工业和信息化部，在各省、自治区、直辖市则设有相应的管理机构。互联网站在从事专项的信息服务时，还应该同时接受其他主管行政部门的监督管理，如从事新闻信息服务的网站，其登载新闻业务就要接受国家互联网信息办公室或省、自治区、直辖市的相关部门的监督管理。同时，公安、国家安全等部门对于互联网站也负有依法监督管理的职责。

现行管理体制存在明显弊端，主要是多头管理、职能交叉、权责不一、效率不高。为了有效解决上述问题，2013年党的十八届三中全会提出坚持积极利用、科学发展、依法管理、确保安全的方针，加大依法管理网络力度，完善互联网管理领导体制；2014年2月，中央网络安全和信息化领导小组成立，小组第一次会议上指出要“依法治理互联网空间”，小组办公室设在国家互联网信息办公室；2014年8月，《国务院关于授权国家互联网信息办公室负责互联网信息内容管理工作的通知》授权重新组建的国家互联网信息办公室负责全国互联网信息内容管理工作，并负责监督管理执法。

一、现行法律的适用

我国互联网法制建设的重要内容就是要阐明现行法律原则适用于互联网活动。对于互联网新闻传播活动的规范，首先考虑的是应当遵循我国宪法和刑法、民法、行政法等与新闻传播有关的基本规范。2000年的《全国人大常委会关于维护互联网安全的决定》、2013年的《关于办理利用信息网络实施诽谤等刑事案件适用法律若干问题的解释》，以及2014年的《关于审理利用信息网络侵害人身权益民事纠纷案件适用法律若干问题的规定》等法律文件及司法解释都是为了解决已有法律在互联网领域的适用问题。

另外还要根据互联网的特点制定一些专门规范，这些规范必须同国家的宪法及其他基本法律不相抵触。2000年《互联网站从事登载新闻业务管理暂行规定》（简称《暂行规定》）颁布。2005年颁布的《互联网新闻信息服务管理规定》（简称《管理规定》）取代了《暂行规定》，是我国规范互联网新闻信息服务的一个重要规章。此类规章及规范性文件数量众多，在我国互联网管理中扮演着重要角色。

二、网络新闻传播审批制

互联网新闻传播是互联网信息服务的一个项目。这项业务被称为“登载新闻”，指通过互联网发布和转载新闻。按《互联网信息服务管理办法》的规定，“从事新闻、出版、教育、医疗保健、药品和医疗器械等互联网信息服务，依照法律、行政法规以及国家有关规定须经有关主管部门审核同意”，在申请经营许可或履行备案手续之前，还必须经有关主管部门即国务院新闻办公室或省级政府新闻办公室的审核同意。

按照《管理规定》第五条，互联网新闻信息服务单位分为三类：(1) 新闻单位设立的登载超出本单位已刊登播发的新闻信息、提供时政类电子公告服务、向公众发送时政类通讯信息的互联网新闻信息服务单位；(2) 非新闻单位设立的转载新闻信息、提供时政类电子公告服务、向公众发送时政类通讯信息的互联网新闻信息服务单位；(3) 新闻单位设立的登载本单位已刊登播发的新闻信息的互联网新闻信息服务单位。其中，设立前两类互联网新闻信息服务单位，应当经国务院新闻办公室审批；设立第三类互联网新闻信息服务单位，应当向国务院新闻办公室或者省、自治区、直辖市人民政府新闻办公室备案。

新闻单位与非新闻单位合作设立互联网新闻信息服务单位，新闻单位拥有的股权不低于51%的，视为新闻单位设立互联网新闻信息服务单位；新闻单位拥有的股权低于51%的，视为非新闻单位设立互联网新闻信息服务单位。

在上述第 (1)、(2) 类互联网新闻信息服务单位中，通过省、自治区、直辖市人民政府新闻办公室提出申请设立互联网新闻信息服务单位的，省、自治区、直辖市人民政府新闻办公室应当自收到申请之日起 20 日内进行实地检查，提出初审意见报国务院新闻办公室；国务院新闻办公室应当自收到初审意见之日起 40 日内做出决定。向国务院新闻办公室提出申请的，国务院新闻办公室应当自收到申请之日起 40 日内进行实地检查，做出决定。批准的，发给互联网新闻信息服务许可证；不批准的，应当书面通知申请人并说明理由。

在第 (3) 类互联网新闻信息服务单位中，属于中央新闻单位设立的互联网新闻信息服务单位，应当自从事互联网新闻信息服务之日起一个月内向国务院新闻办公室备案；属于其他新闻单位设立的，应当自从事互联网新闻信息服务之日起一个月内向所在地省、自治区、直辖市人民政府新闻办公室备案。在办理备案时，应当填写备案登记表，并提交互联网新闻信息服务管理规章制度和新闻单位资质证明。互联网新闻信息服务单位依照规定设立后，应当依照有关互联网信息服务管理的行政法规向电信主管部门办理有关手续。

《管理规定》第九条还指出，任何组织不得设立中外合资经营、中外合作经营和外资经营的互联网新闻信息服务单位。该规定强调，互联网新闻信息服务单位与境内外中外合资经营、中外合作经营和外资经营的企业进行涉及互联网新闻信息服务业务的合作，应当报经国务院新闻办公室进行安全评估。

(一) 即时通信工具（微信）管理

2014 年 8 月，国家互联网信息办公室发布《即时通信工具公众信息服务发展管理暂行规定》（简称“微信十条”）。根据此规定，未经批准的公众账号不得发布、转载时政类新闻。

时政类的公众号要经过国信办的资格审批：“本规定所称公众信息服务，是指通过即时通信工具的公众账号及其他形式向公众发布信息的活动。”对于公众号的开通设置了提前审批的规定：“即时通信工具服务使用者为从事公众信息服务活动开设公众账号，应当经即时通信工具服务提供者审核，由即时通信工具服务提供者向互联网信息内容主管部门分类备案。”这里的审批是由服务商而不是政府来承担，审批后即时通信工具服务提供者仅需要向主管部门备案即可。而对于非公众号实行的是用户与服务提供者签署原则性协议的方式，不必在主管部门备案：“即时通信工具服务提供者应当按照‘后台实名、前台自愿’的原则，要求即时通信工具服务使用者通过真实身份信息认证后注册账号。”这也就是说，非公众号使用的是实名制的管理方式。

微信十条将公众号作为重点监管的对象。由于其能够产生相较于个体账号更大范围的影响，通过公众号，在微信平台上实现和特定群体的文字、图片、语音、视频的全方位沟通、互动。

对于发布、转载时政类新闻的公众号需要经过资格认证，审批之后方可发布、转载。其他非时政类的公众号只需要由网络信息服务商审核、备案即可。规定要求，“新闻单位、新闻网站开设的公众账号可以发布、转载时政类新闻，取得互联网新闻信息服务资质的非新闻单位开设的公众账号可以转载时政类新闻。其他公众账号未经批准不得发布、转载时政类新闻”。事实上，我国对非新闻单位转载时政新闻其申请的程序，要求是相当严格的，所以说，对于在即时工具上从事新闻内容的发布、转载是有严格要求的。① 不过，需要注意的一点是，对于个人账号包括个人的公众账号发布、转载新闻信息的问题仍是监管中的难点。网信办发言人指出：“自媒体公众账号是否会被关闭，取决于其是否依法依规发布内容。”②

对违反协议约定的即时通信工具服务使用者，即时通信工具服务提供者应当视情节采取警示、限制发布、暂停更新直至关闭账号等措施，并保存有关记录，履行向有关主管部门报告义务。而群组和朋友圈具有私密和公众双重属性，对用户的私密社交行为，《即时通信工具公众信息服务发展管理暂行规定》明确要求即时通信工具服务提供者应当落实安全管理责任，保护用户信息及公民个人隐私。

（二）网络实名制

实名制是通俗的说法，准确的说法是“真实身份信息的注册”。其不是在所有互联网的应用中进行，主要是在微博客当中进行。为什么要在微博客当中进行呢？微博客是互联网的一种新应用，具有传播快、影响大、覆盖广的特点，而且有很强的社会动员能力。微博客一方面确实可以反映社情民意，传播正面声音，丰富信息服务，可以通过各种各样的生活的、社会的信息服务，也可以进行舆论监督，确实有促进社会发展进步的一面。另一方面，微博客作为一种自媒体，改变了这种舆论传播的格局，也容易使一些非理性的声音和一些负面的舆论、有害的信息迅速传播。比如说淫秽色情、编造谎言、诬陷他人、假冒别人身份等，现有的管理很不适应，对网络信息安全和社会和谐稳定提出了新挑战。

---

① 《互联网新闻信息服务管理规定》（新闻办第37号令）第八条：设立本规定第五条第一款第（二）项规定的互联网新闻信息服务单位，应当具备下列条件：（一）有健全的互联网新闻信息服务管理规章制度。（二）应当有10名以上专职新闻编辑人员，其中，在新闻单位从事新闻工作三年以上的新闻编辑人员不少于五名。（三）有必要的场所、设备和资金，资金来源应当合法。可以申请设立前款规定的互联网新闻信息服务单位的组织，应当是依法设立两年以上的从事互联网信息服务的法人，并在最近两年内没有因违反有关互联网信息服务管理的法律、法规、规章的规定受到行政处罚；申请组织为企业法人的，注册资本应当不低于1 000万元人民币。

② 《网信办发言人就十条新规约束微信等即时通信工具答记者问》，见观察者网，2014-08-07。

2012年12月28日，《关于加强网络信息保护的决定》（简称《决定》）提交全国人大常委会审议并通过。《决定》共有12个条文。其中，前四条都是说有关“国家保护公民个人电子信息”等内容的。《决定》的核心内容是5～12条的内容。前四条“个人信息保护”的内容与以往互联网立法一样，强化管控，追求网络信息传播的“秩序”和“安全”。《决定》的主要文本内容体现了全国人大常委会的“高级立法”对行政主导下的低位阶立法效力的确认，因此体现为对我国互联网立法中管控思维的延续，“加强网络信息保护”的最终目的还是“加强网络信息安全”。

《决定》第五条要求网络服务提供者应当加强对用户发布的信息的管理，发现法律、法规禁止发布或者传输的信息的，应当立即停止传输该信息，采取消除等处置措施，保存有关记录，并向有关主管部门报告。即在实际操作中网络服务商成了言论的“裁判官”，为删帖、禁言、封号提供的法律依据。这个“裁判官”裁判言论的依据就是多部行政法规、部门规章中有关网络信息制作、发布的“九不准”、“十不准”、“十一不准”等。

《决定》第六条要求，网络服务提供者为用户办理网站接入服务，办理固定电话、移动电话等入网手续，或者为用户提供信息发布服务，应当在与用户签订协议或者确认提供服务时，要求用户提供真实身份信息。这是迄今为止最为全面的网络实名制，覆盖了网站接入、电话入网、网络用户发布信息等环节，比早先的微博实名制范围更广。

《决定》第十条明确，有关主管部门应当在各自职权范围内依法履行职责，采取技术措施和其他必要措施，防范、制止和查处窃取或者以其他非法方式获取、出售或者非法向他人提供公民个人电子信息的违法犯罪行为以及其他网络信息违法犯罪行为。当有关主管部门依法履行职责时，网络服务提供者应当予以配合，提供技术支持。

“有关主管部门”到底是哪些部门还有待明确。我国互联网管理一直是多部门齐抓共管、综合治理，多头管理特征明显。据初步统计，现有部门规章的制定、发布主体有17个。在部门规章以下的其他规范性文件的制定、发布主体中，主要的中央行政机关有21个、参与发布规范性文件的其他中央行政机关和国务院工作机构有12个、参与发布规范性文件的党群团组织和其他临时机构有10个。从规章和规范性文件的制发布主体看，我国互联网信息传播的管理主体共计43个。《决定》授权查处网络信息违法犯罪行为的“有关主管部门”，应是公安部、安全部、保密局、工信部等部门。

授权“采取技术措施”，是什么措施还有待明确。是否意味着网络技术过滤、监看等合法化。合理合法的监管与网络表达自由还需要找到平衡点。

第十一条是罚则明确规定，对有违反本决定行为的，依法给予警告、罚款、没收违法所得、吊销许可证或者取消备案、关闭网站、禁止有关责任人员从事网络服务业务等处罚，记入社会信用档案并予以公布；构成违反治安管理行为的，依法给予治安管理处罚。构成犯罪的，依法追究刑事责任。侵害他人民事权益的，依法承担民事责任。

三、合法稿源及互联网站采访权

根据《管理规定》第十六条，前述两类网站——（1）新闻单位设立的登载超出本单位已刊登播发的新闻信息、提供时政类电子公告服务、向公众发送时政类通讯信息的互联网新闻信息服务单位，和（2）非新闻单位设立的转载新闻信息、提供时政类电子公告服务、向公众发送时政类通讯信息的互联网新闻信息服务单位——转载新闻信息或者向公众发送时政类通讯信息，应当转载、发送中央新闻单位或者省、自治区、直辖市直属新闻单位发布的新闻信息，并应当注明新闻信息来源，不得歪曲原新闻信息的内容。这其实部分延续了《暂行规定》第七条的做法：非新闻单位依法建立的综合性互联网站，即综合性非新闻单位网站，经批准可以从事登载中央新闻单位、中央国家机关各部门新闻单位以及省、自治区、直辖市直属新闻单位发布的新闻的业务。

此外，根据《管理规定》第十六条第二款，上述第（2）类互联网新闻信息服务单位不得登载自行采编的新闻信息。但因《管理规定》对"新闻信息"做出了具体界定，指时政类新闻信息，包括有关政治、经济、军事、外交等社会公共事务的报道、评论，以及有关社会突发事件的报道、评论，所以第（2）类互联网新闻信息服务单位对"非时政类新闻信息"可以较为自由地进行采编、传播。而根据《暂行规定》第七条：非新闻单位依法建立的综合性互联网站……不得登载自行采写的新闻和其他来源的新闻，《暂行规定》并未对新闻做细分，因此这类网站没有任何新闻的采访权，只能转载来自合法稿源的新闻信息。

2014 年 10 月，国家互联网信息办公室和国家新闻出版广电总局联合下发了《关于在新闻网站核发新闻记者证的通知》：从 2015 年年初开始，中央、地方的重点新闻网站以及全国性行业新闻网站的采编人员将分批获得新闻记者证。其中商业网站未被列为发放对象。

四、互联网新闻的著作权问题

《暂行规定》要求综合性非新闻单位网站从事登载新闻业务，应当与有关新闻单位签订协议，《管理规定》中也有类似的规定。除不适用著作权法保护的时事新闻外，对于新闻单位发表的有著作权的新闻作品，其中大多数作品、包括职务作品，其著作权应归作者所有，是否许可他人使用的权限在作者而不在新闻单位。2006 年修订《关于审理涉及计算机网络著作权纠纷案件适用法律若干问题的解释》时，删除了网站转载已在报刊上刊登或网络上传播的作品适用"法定许可"的规定，所以在与新闻单位签订协议时，应该明确对于那些受著作权保护的新闻作品，是由收取费用的新闻单位把一部分费用转交作者作为稿酬呢，还是由网站另行付作者稿酬，否则以后有可能发生著作权纠纷。此外，《信息网络传播权保护条例》中还规定了与网络服务提供者相关的通知与移除规则、避风港原则和"红旗标准"等条款。上述内容详见《新闻传播与著作权》第三节中"法定许可"部分，以及第四节"著作权侵权"中的相关部分，此处不再赘述。

关键词

记者管理　报刊管理　广播电视管理　互联网新闻规范

思考题

1. 记者证管理规定的主要内容有哪些？
2. 广播电视节目制作、传播管理规范包括哪些内容？
3. 简述网络新闻传播审批制的特点。
4. 互联网新闻传播管理的主要内容有哪些？

第八章

舆论监督与司法独立平衡

行使司法权的国家机关，狭义仅指法院，广义还包括检察机关，在本章中我们主要讨论新闻传媒与法院的关系。法院的司法公开的内涵是什么？我国《宪法》第一百二十五条规定，人民法院审理案件，除法律规定的特殊情况外，一律公开进行。司法公开的内容一般被理解为两项：一是对群众公开，除了合议庭评议秘密进行外，允许群众旁听案件的审理和宣告判决；二是对社会公开，允许新闻记者报道开庭审判的情况，将案情公之于众。但从专业的角度来看，司法公开“应当包括实质意义上的公开和形式意义上的公开。前者表现为庭审过程中的举证公开、质证公开、认证公开，庭审中法官的心证公开、判决公开（包括判决的理由公开、判决所适用的法律公开、判决的结果公开）；后者表现为案件的审判对当事人公开，对社会公开”①。

司法公开与司法公正的关系如何？公平正义，是人类发展所追求的理想目标和社会制度的首要价值。公正是一种人与人之间的正当关系，其实质在于合理地分配社会资源，使每个人都各得其所。当由于种种原因出现社会不公的现象时，就需要司法来形成社会公正的最后屏障。司法是最后也是最有效的保证社会公平正义的环节，通过法律手段矫正和补救社会不公正的行为，将法律静态、抽象的公正转化为动态、具体的公正。实现社会的公平正义，离不开司法公正。因此，对于整个司法系统而言，公平正义的实现需要的是司法公开。人们不能想象，在一个不透明的社会里，如何能够寻求公正；也不能想象，在一个不接受社会各界监督的司法机关里，如何能够实现司法人员的廉洁奉公。而保证司法公正的最有力手段就是依照宪法和法律实现司法公开。

第一节　新闻传播与司法公开

我国《宪法》第一百二十五条、《刑事诉讼法》第十一条及第一百八十三条、《民事诉讼法》第一百三十四条、《行政诉讼法》第四十五条、《人民法院组织法》第七条都对公开审判做出了明确的规定。公开审判制度在《宪法》和其他四部法律中都予以规定，可见其重要性。所谓“公开”，就是对社会公开，对于开庭审判的全过程，除合议庭评议外，都允许公民旁听，允许新闻记者采访和报道。对依法应予公开审理的案件，法院在开庭前要公布案由、当事人的

① 刘敏：《论司法公开的扩张与限制》，载《法学评论》，2001（5）。

姓名、开庭时间和地点。

党的十八届三中全会《中共中央关于全面深化改革若干重大问题的决定》提出要推进审判公开，推动公开法院生效裁判文书。十八届四中全会首提建设“法治体系”，提出“构建开放、动态、透明、便民的阳光司法机制，推进审判公开、检务公开、警务公开、狱务公开，依法及时公开执法司法依据、程序、流程、结果和生效法律文书，杜绝暗箱操作。加强法律文书释法说理，建立生效法律文书统一上网和公开查询制度”。在我国，新闻舆论监督是人民群众行使社会主义民主权利的有效形式。

一、司法公开的意义和基本原则

2007年最高人民法院公布和正式实施了《关于加强人民法院审判公开工作的若干意见》（简称《若干意见》）。这是继《关于严格执行公开审判制度的若干规定》后，由最高法院出台的第二个司法解释。2009年最高人民法院又公布了《关于司法公开的六项规定》和《关于人民法院接受新闻媒体舆论监督的若干规定》。2013年，最高人民法院发布《关于推进司法公开三大平台建设的若干意见》和《关于人民法院在互联网公布裁判文书的规定》。

（一）司法公开的意义

根据上述规定，司法公开的意义两个。

1. 加强审判公开工作是构建社会主义和谐社会的内在要求

审判公开是以公开审理案件为核心内容的、人民法院审判工作各重要环节的依法公开，是对宪法规定的公开审判原则的具体落实，是我国人民民主专政本质的重要体现，是在全社会实现公平和正义的重要保障。

司法公开，可以及时吸收当事人及社会公众对司法的意见，为诉讼双方提供一个可以平等陈述理由的机会和场合，化解诉讼中产生的不满情绪，避免酿成新的法律纠纷或对判决执行产生抵触情绪。

司法公开还可以促进传播法律知识，强化公众的法治观念和意识。各级人民法院要充分认识到广大人民群众和全社会对不断增强审判工作公开性的高度关注和迫切需要，从发展社会主义民主政治、落实依法治国方略、构建社会主义和谐社会的高度，在各项审判和执行工作中依法充分落实审判公开。

2. 加强审判公开工作是建设公正、高效、权威的社会主义司法制度的迫切需要

司法公正应当是“看得见的公正”，司法高效应当是“能感受的高效”，司法权威应当是“被认同的权威”。各级人民法院要通过深化审判公开，充分保障当事人诉讼权利，积极接受当事人监督，主动接受人大及其常委会的工作监督，正确面对新闻媒体的舆论监督，建设公正、高效、权威的社会主义司法制度。

司法公开也便于公众和媒体对司法进行监督，避免法官滥用权力。没有监督的权力会导致腐败，而公开是监督的前提。

（二）公开审判的基本原则

《若干意见》还指出，公开审判的基本原则有三个方面。

1. 依法公开

要严格履行法律规定的公开审判职责，切实保障当事人依法参与审判活动、知悉审判工作信息的权利。要严格执行法律规定的公开范围，在审判工作中严守国家秘密和审判工作秘密，依法保护当事人的隐私和商业秘密。

2. 及时公开

法律规定了公开时限的，要严格遵守法律规定的时限，在法定时限内快速、完整地依法公开审判工作信息。法律没有规定公开时限的，要在合理时间内快速、完整地依法公开审判工作信息。

3. 全面公开

要按照法律规定，在案件审理过程中做到公开开庭，公开举证、质证，公开宣判；根据审判工作需要，公开与保护当事人权利有关的人民法院审判工作各重要环节的有效信息。

二、审判公开的基本要求

（一）针对影响当事人正当行使诉讼权利的突出问题，规定人民法院应当履行的六个方面的告知义务

对当事人起诉材料、手续不全的，要尽量做到一次性全面告知当事人应当提交的材料和手续，有条件的人民法院应当采用书面形式告知。

对决定受理适用普通程序的案件，应当在案件受理通知书和应诉通知书中告知当事人所适用的审判程序及有关的诉讼权利和义务。

当事人及其诉讼代理人请求人民法院调查取证的，应当提出书面申请。人民法院决定调查收集证据的，应当及时告知申请人及其他当事人；决定不调查收集证据的，应当制作书面通知，说明不调查收集证据的理由，并及时送达申请人。

人民法院裁定采取财产保全措施或者先予执行的，应当在裁定书中写明采取财产保全措施或者先予执行所依据的事实和法律根据，及申请人提供担保的种类、金额或者免予担保的事实和法律根据。

申请执行人向人民法院提供被执行人财产线索的，人民法院应当在收到有关线索后尽快决定是否调查；决定不予调查的，应当告知申请执行人具体理由。

人民法院应当公告选择评估、拍卖等中介机构的条件和程序，公开进行选定，并及时公告选定的中介机构名单。

（二）推出三项审判公开方面的便民措施

人民法院应当以设置宣传栏或者公告牌、建立网站等方便查阅的形式，公布本院管辖的各类案件的立案条件、由当事人提交的法律文书的样式、诉讼费用的收费标准及缓、减、免交诉

讼费的基本条件和程序、案件审理与执行工作流程等事项。

有条件的人民法院对于庭审活动和相关重要审判活动可以录音、录像，建立审判工作的声像档案，当事人可以按规定查阅和复制。

各高级人民法院应当根据本辖区内的情况制定通过出版物、局域网、互联网等方式公布生效裁判文书的具体办法，逐步加大生效裁判文书公开的力度。

（三）提出进一步规范各类案件公开开庭或不开庭审理的四个方面要求

人民法院必须严格执行《刑事诉讼法》、《民事诉讼法》、《行政诉讼法》及相关司法解释关于公开审理的案件范围的规定，应当公开审理的，必须公开审理。当事人提出案件涉及个人隐私或者商业秘密的，人民法院应当综合当事人意见、社会一般理性认识等因素，必要时征询专家意见，在合理判断基础上做出决定。

审理刑事二审案件应当积极创造条件，逐步实现开庭审理；被告人一审被判处死刑的上诉案件和检察机关提出抗诉的案件，应当开庭审理。要逐步加大民事、行政二审案件开庭审理的力度。

刑事二审案件不开庭审理的，人民法院应当在全面审查案卷材料和证据基础上讯问被告人，听取辩护人、代理人的意见，核实证据，查清事实；民事、行政二审案件不开庭审理的，人民法院应当全面审查案卷，充分听取当事人意见，核实证据，查清事实。

要逐步提高当庭宣判比率，规范定期宣判、委托宣判。人民法院审理案件，能够当庭宣判的，应当当庭宣判。定期宣判、委托宣判的，应当在裁判文书签发或者收到委托函后及时进行，宣判前应当通知当事人和其他诉讼参与人。宣判时允许旁听，宣判后应当立即送达法律文书。

（四）制定规范听证工作的原则性意见

《若干意见》也加大了向全社会公开人民法院工作的力度，主要涉及：持有效证件旁听公开审理的案件成为一般原则，发放旁听证限制旁听人数作为例外并应作出必要的说明和解释。

依法公开审理的案件，我国公民可以持有效证件旁听，人民法院应当妥善安排好旁听工作。因审判场所、安全保卫等客观因素所限发放旁听证的，应当做出必要的说明和解释。

对群众广泛关注、有较大社会影响或者有利于社会主义法治宣传教育的案件，可以有计划地通过相关组织安排群众旁听，邀请人大代表、政协委员旁听，增进广大群众、人大代表、政协委员对法院审判工作的了解，方便对审判工作的监督。

人民法院应当建立和公布案件办理情况查询机制，方便当事人及其委托代理人及时了解与当事人诉讼权利、义务相关的审判和执行信息。

通过电视、互联网等媒体对人民法院公开审理案件进行直播、转播的，由高级人民法院批准后进行。

（五）规范审判公开工作，维护法律权威和司法形象

人民法院公开审理案件，庭审活动应当在审判法庭进行。巡回审理案件，有固定审判场所

的，庭审活动应当在该固定审判场所进行；尚无固定审判场所的，可根据实际条件选择适当的场所。

人民法院裁判文书是人民法院公开审判活动、裁判理由、裁判依据和裁判结果的重要载体。裁判文书的制作应当符合最高人民法院颁布的裁判文书样式要求，包含裁判文书的必备要素，并按照繁简得当、易于理解的要求，清楚地反映裁判过程、事实、理由和裁判依据。

人民法院工作人员实施公务活动，应当依据有关规定着装，并主动出示工作证。

人民法院应当向社会公开审判、执行工作纪律规范，公开违法审判、违法执行的投诉办法，以便于当事人及社会监督。

三、新闻发言人制度

2006年，最高人民法院和高级人民法院两级新闻发布体制正式建立。至此，全国各高级人民法院都已设立新闻发言人，这使法院新闻宣传工作由被动式变为主动式，由封闭式变为开放式；在报道方式上也将由终了式报道变为进行式报道，由工作式报道变为信息式报道。法院新闻发布制度的建立，是对公开审判制度的完善。

最高人民法院明确，新闻发布的主要内容应当是：介绍人民法院的有关工作，包括法院制定的重要的司法文件和各种政策规定，有关法律法规、司法政策的执行情况及进展；人民法院的重大先进典型的事迹，重大的工作部署和重要举措；各类大案要案及社会关注案件的审理情况；针对外界对法院工作所产生的误解、疑虑，以及歪曲和谣言，通过及时发布权威信息，解疑释惑，澄清事实，驳斥谣言；也包括其他须向社会公布的法院信息。

对法院系统要求：司法个案原则上按照属地原则发布，重大的、特殊的案件或在全国有影响的案件，由最高人民法院发布。高级法院在重大事项发布新闻前，应将要发布的新闻及发布口径报最高人民法院备案，以保持在重大事项上全国法院的协调一致。地方法院发布的重大新闻，必要时也可商请中央新闻媒体及时转发。重大事项统一由新闻发言人发布，并接受记者采访。法院其他工作人员因工作需要接受新闻媒体采访，应由新闻宣传部门统一管理，严格履行审批手续。未经批准，人民法院的法官和其他工作人员一律不应擅自接受记者采访，或在新闻媒体上对重大敏感问题发表议论。

四、司法公开存在的问题

我国最高法院制定的《人民法院法庭规则》（简称《法庭规则》）规定，“公开审理的案件，公民可以旁听；旁听人员必须遵守下列纪律：（一）不得录音、录像和摄影……”，“新闻记者应遵守本规则。未经审判长和独任审判员许可，不得在庭审过程中录音、录像和摄影”。从上述内容来看，对于是否允许新闻记者录音、录像、摄影、转播法庭情况，似乎仅仅是法庭权力的行使问题，反映的似乎仅仅是法院与媒体之间的关系问题，而与诉讼当事人丝毫无关。在公开审判实践中，法院允许媒体报道庭审，甚至允许对庭审进行电视直播，考虑的也并不是保障当事人获得公正的审讯，而是以案说法、以案普法，参与社会治安综合治理，甚至是对媒体的迎合。而新闻媒体在报道中考虑的也不是保障当事人获得公正审讯，而是法庭新闻对读者、听众、观众的吸引力。显然，这是公开审判的误区。

对于公开审判问题，我们必须明确这样一种理念：审判是否公开进行都不是绝对的，是否公开审判以及审判如何公开，应该始终以诉讼当事人的权利和利益保障为归依，即使法律规定应该公开审判的案件，如果考虑公开审判不利于诉讼当事人利益的保障，法院也可以根据诉讼当事人的意愿，实行不公开审理，不允许媒体记者听审和报道；同时，对法律规定不公开审理或者可以不公开审理的案件，法院也可以根据诉讼当事人的意愿，在不致产生不良社会效果的情况下，实行公开审理，允许媒体记者听审和报道。

对于公开审理，允许媒体记者听审和报道的案件，是否允许进行庭审实况直播，甚至是否允许记者录音、录像、摄影，都应该尊重诉讼当事人的意见。特别是对庭审电视直播，应充分尊重当事人的意见：如果当事人反对，法院就不应允许，否则，就是对当事人诉讼权利的漠视——当事人及其代理人、辩护人没有义务配合直播。对未经当事人同意，法院允许媒体进行庭审直播的，应该视为程序违法。这是一个方面的问题。另一方面，对公开审理的案件，在当事人希望对审判更大范围地公开，甚至要求对庭审进行直播，同时也有媒体提出直播要求的情况下，法院应当允许直播，并为直播创造必要的条件。同时，对于关系公众重大利益、民众广为关注、要求旁听的群众过多而法院难以满足群众旁听要求的案件，法院也可以直接邀请媒体进行庭审直播。当然，法院邀请媒体进行庭审直播，必须保证不损害当事人获得公正审判的权利；而且原则上仍需要尊重当事人的意见，否则当事人不予配合，直播效果也会大打折扣。需要指出的是，在直播可能危害公共利益、公共秩序的情况下，比如，对暴力、恐怖、诈骗等可能损害青少年身心健康和容易诱导犯罪的案件，即使当事人请求进行庭审直播，媒体也愿意进行直播，法院也可以不批准。

第二节　新闻传播与司法公正

联合国通过的《公民权利与政治权利国际公约》第十四条中规定：所有的人在法庭和裁判前一律平等。在判定对任何人提出的任何刑事指控或确定他在一件诉讼案中的权利和义务时，人人都有资格由一个依法设立的、合格的、独立的和无偏倚的法庭进行公正的和公开的审讯。

我国《刑事诉讼法》第十二条规定：“未经人民法院依法判决，对任何人都不得确定有罪。”党的十八大报告中提出要进一步深化司法体制改革，确保审判机关、检察机关依法独立公正行使审判权、检察权。十八大四中全会提出要完善确保依法独立公正行使审判权和检察权的制度，还指出，公正是法治的生命线。司法公正对社会公正具有重要的引领作用，司法不公对社会公正具有致命的破坏作用。政府必须完善司法管理体制和司法权力运行机制，规范司法行为，加强对司法活动的监督，努力让人民群众在每一个司法案件中感受到公平正义。

一、媒体与司法独立的关系

媒体与司法之间的良性互动并非来自双方机构的简单宣称，而是源于对共同的社会价值的体认。在媒体与司法机构之间，最大的共识在于对公众知情权的充分尊重与价值认知，在此基础上，建立积极合作与良性互动的主导关系将成为可能。

言论自由是公民政治权利中最重要、从宪法层面得到保障的权利之一，同时，由言论自由导出的媒体的舆论监督是法治社会的一种重要的制衡力量（包括制约行政权、司法权）。对于司法领域而言，如果滥用媒体自由反而会影响司法公正；但动辄禁止、缺乏监督，同样可能导致司法不公（在司法不独立，司法腐败现象严重的社会，危害尤甚）。因此，必须本着两害相权取其轻的原则，寻找到一条两相兼顾的“最优路径”。

1994 年 8 月，40 名来自世界各地的杰出法学家和媒体代表在西班牙的马德里相聚，研讨媒体与司法的矛盾关系，通过了《关于媒体与司法独立关系的马德里准则》。[①] 该准则在导言中就给两者之间的关系做了一个明确的定位：媒体自由是表达自由的一部分，是民主社会实行法治的基础。该准则把媒体的自由放在第一位，司法在其次。其原因在于公民权利应当高于政府的权力，只有如此，才能防止政府以司法作为工具压迫人民。

因此，在处理表达自由与司法独立之间关系时应坚持以下原则。

（1）自由价值优先原则。从静态的宪法规定来看，表达自由与司法独立均属于宪法价值体系中重要的价值，似乎应该采取均衡的原则。然而，从动态的宪政实践来看，任何价值的实现必有其发展趋势的根本性与紧迫性之分。表达自由更具有根本性，司法独立的价值也有赖于表达自由的社会性支持。

（2）对限制所进行的限制原则。在采限权宪法的国家，表达自由属于限制立法机关立法的范畴，其自由价值的优先原则在其制度上和宪政实践上自然较易保障，其坚持的原则则是对限制所进行的限制原则。否则势必造成对表达自由进行限制的泛化和泛滥。

二、传媒司法报道与法官裁判

公正是人类公认和追求的至高无上的价值，是评价一切行为的终极标准司法审判活动的基本目标就是为了实现公正。

司法公正主要是通过审判的结果来体现的。审判结果的公正，通常被称为实体公正。然而，裁判结果是否公正，完全在于人们的主观评价。在一定时期内，一个社会的法律、道德等社会规范具有相对的稳定性，而人们接受的社会教育和意识形态也使人们的认识和思维在总体上呈现趋同性，这使人们对一个具体纷争的评价在总体上必然呈现趋同性，从而使公正成为一种人们可期待的东西。一个具体的司法裁判是否公正，人们一般都会得出

---

① The Madrid Principle on the relationship between the media and judicial independent. CJJL yearbook. vol. 4 (1995).

大致一致的结论。但人们的认识和思维在总体上的趋同并不排除人们的认识和思维会存在差异，再加上人类不可避免地会存在自私、褊狭等弱点，具体的人（法官）对具体纷争的评价有时可能并不被其他人接受，其认为公正的评价，他人可能认为并不公正；而有的人也可能出于私利的原因而不能公正地评价具体的纷争。因此，如果没有具体的制度和措施做保障，实体的公正往往难以实现，即使在具体纷争的裁判上达到了公正，这样的公正也可能会被大打折扣。“迟来的正义为非正义”这样的法律格言，正说明了这一点。于是，保障实体公正得以实现的制度和措施，比如，司法独立、公开审判、法官回避亲近当事人、审判期限等，就具有极为重要的价值；准确执行这些制度和措施本身也就成为公正的一部分——我们称之为程序公正。对程序公正重要性的强调，并不意味着实体的公正不再重要，也不意味着程序公正比实体公正更重要。实际上，我们通常所指的公正，一般既包括实体公正，也包括程序公正。

司法公正作为一种价值，仅仅是司法审判追求的目标，不是司法审判的必然结果。司法公正与否，涉及认识和评价问题。每一位法官可能都会认为自己所做的判决是公正的（在司法不独立的情况下，法庭审判可能面临各种权力的干预，法官可能也会在压力之下违心地做出判决，从而也可能有法官并不认为自己做出的判决是公正的）。但是，任何法官都只能对纷争本身做出裁判，并由国家强制力强令当事人接受裁判结果，而不能对自己所做判决是否公正做出裁判并强令人们接受。因此，司法是否公正，理应接受民众的评判。在此意义上，舆论评判作为民众对司法审判活动的评价，乃是对司法公正的检验，是一种合理而正常的现象，而非对法庭独立审判权的干预和僭越。①

媒体报道和公众舆论对案件的关注不可避免地会对法官产生影响。但对于媒体报道和舆论，一位合格的、称职的、有理性的法官，理应清楚媒体报道和舆论与司法审判是什么关系，应该明白自己判案是以法庭审理查明的“事实”为依据、以法律为准绳，而不是以媒体报道的“事实”为依据、以“舆论”为准绳；不能无视案件事实和法律，任由媒体的报道和舆论牵着鼻子走。当然，这并不意味着媒体报道和舆论对法官是毫无意义的。法官作为具体的人，并不是全知全能的，其在案件审理中对具体问题的认识和判断不可避免会受到自己知识和视野的限制，而充分的媒体报道和种种舆论无疑可以给法官认识问题提供充分的知识补给。当然，媒体的报道可能是不客观的，甚至是不真实的，其评论可能是偏颇的，公众舆论也可能是被媒体报道误导的。但对于一位足够理性的、合格的法官来说，对媒体报道的新闻来源是什么，是否属于权威的新闻源，媒体报道是否符合情理和逻辑，媒体报道是客观的报道还是一面之词，舆论是理性的言说还是情绪的宣泄等问题，是完全能够做出准确判断的。

在目前我国的司法实践中，存在法官受媒体不当报道所误导的舆论影响而对案件做出错误裁判的情况。具体来说，可能有如下一些情形：首先，法官受到媒体的误导而做出错误的判决。其次，法官受到因媒体报道形成的舆论压力，而不能坚持自己对案件事实和法律的认识，违心地做出判决，尤其是媒体在我国长期以来被视为党和政府的喉舌、媒体报道被视为党委和

① 参见周泽：《舆论评判：正义之秤——兼对“媒体审判”、“舆论审判”之说的反思》，载《新闻记者》，2004（9）。

政府的声音的情况下，媒体的报道往往会令法官、法院面临较大的压力。最后，媒体报道经常通过影响某些机关及其领导而间接影响到法院的审判；同时，法院内部的行政化管理模式，也使受到媒体影响的法院领导往往左右着法官对案件的裁判。这种种情形也正表明，我国司法权力的配置及其运行还存在问题，而并不是媒体报道和舆论妨碍了法庭的独立审判。因为“从实际看，法官能否独立审判，媒体的影响只是一个方面；权力的不当干预则恐怕是更重要的方面”①。在司法权力的配置及其运行存在问题的情况下，对于一个具体案件，即使没有媒体的报道和舆论关注，也难以保证审判的公正。甚至可以说，没有媒体报道和舆论的关注，审判可能会更不公正，尽管我们无法证实这一点，但经验告诉我们，阳光是最好的防腐剂。

第三节　新闻传播与司法的平衡

党的十八届四中全会提出要加强对司法活动的监督。司法机关要及时回应社会关切。规范媒体对案件的报道，防止舆论影响司法公正。

一、导致新闻传播与司法冲突的原因

作为言论自由的表现形式，新闻传播具有强大的引导和评价功能。由于其评价对当事人纷争不具有支配性和强制执行力，所以传媒可以按自己的意愿表达，但由于取证困难等原因，可能导致其评价与事实不符，甚至是偏颇错误的。司法裁判则不同，司法承担平定纷争、实现社会正义的功能，司法对纷争所做的裁判将在当事人之间产生特定的权利义务关系，对当事人具有支配性和强制力。媒体追求自然正义，而司法基于对程序性、规则性的强调或司法主体认识能力的局限性，司法评价未必总能做到公正、准确和合理，其司法评价结果也不一定符合自然正义，这使其不可避免地成为媒体的关注点，导致两者发生冲突。

（一）两者承担的社会功能不同

现代社会的发展方向是保障权利、规范权力，对媒体报道需要的是保障而不是限制。确实，媒体报道反映的自发性评价可能是不准确的，甚至是偏颇的、错误的，但由于其并没有强制性，而且其自身也面临其他媒体报道的自发性评价，因而，即使媒体报道存在偏颇甚至错误，其对评价对象的损害也应该是有限的，而且可以由媒体自身连续的报道、更正、答辩及其他媒体的报道，对报道中的偏颇和错误进行校正。

司法独立强调的是国家在权力配置上要保证司法权力是独立的，不能受行政和立法权力的干涉，法庭对案件的裁判完全由法官根据案件的具体情况和自己的职业素养（包括专门知识和职业道德）进行而不受其他因素的干扰。也就是说，司法独立是对国家权力安排和运行的要求，而不是对并不拥有国家权力的民众的要求，而且司法独立也不可能通过对并不拥有国家权

① 马少华：《媒体评论案件不能简单归为“媒体审判”》，见人民网“媒介批评”专题，2006－09－21。

力的民众言论（媒体报道仅仅是民众言论的反映）的限制来实现。

（二）关注焦点视点的不同

媒体采写新闻、制作节目要维护新闻自由，满足公众的知情权，伸张社会正义；法院要维护审判权的独立行使，确保司法公正与权威。由于双方的价值目标都基于宪法原则，同等重要，以致双方都强调各自的权利和权力。由于电视节目的时长要求，传媒报道倾向于在错综复杂的案情中寻找难得的卖点，进行炒作，它更多地表现情感、直觉，往往将法律评判的问题从道德角度进行评判，这一点在对司法的批评性报道中尤为突出，其认定的理念往往与法庭经质证、认证查明的法律事实有距离；而司法必须以事实为根据、以法律为准绳、遵照法定的程序裁判。司法关注的是法律与证据支撑的事实。于是两者的价值取向发生了分歧。而事实上存在的误判、错判、司法不公，又为媒体的干预提供了可能。

二、法律并不是法官的专利

有一种看法认为，由于社会关系的错综复杂，因而法律越来越被体现为一种很深的专业知识，审判活动也成为一项专业性很强的活动，从事司法活动的法官要求全面掌握专业很强的法律知识；而新闻记者一般不具备这方面专业知识。

其实法律并不是法律专家的专利，对于很多案件的是非，一个具有正常思维判断能力的人，只要把握足够的事实通过旁听庭审完全可以对案件是非做出判断。在一些实行陪审制度的国家，选择陪审员并不要求其是法律专家，这正反映出普通人也能判断案件是非的常理。在实践中，媒体报道反映的往往多为专家的观点和意见；而在媒体报道越来越专业化的今天，很多媒体都非常重视报道的专业水准，从事司法活动报道的记者大多受过专业的法律训练，有的还是法律方面的专家——法学硕士、博士在媒体中并不少见。

案例8—1

汤计：“为‘呼格案’奔走九年，我一直相信正义等得到”

1996年4月9日，内蒙古自治区呼和浩特市毛纺厂时年18周岁的职工呼格吉勒图被认定为一起奸杀案（“4·9毛纺厂女厕女尸案”）的凶手。案发61天后，法院判决呼格吉勒图死刑，并立即执行。2005年，内蒙古系列强奸杀人案凶手赵志红落网。其交代的第一起杀人案就是4·9毛纺厂女厕女尸案，从而引发媒体和社会对“呼格案”的广泛关注。

自治区公安厅成立了“4·9”专案组复核“呼格案”。但当时呼市公安局主要领导不愿再翻这起陈年旧案，复查困难很大。新华社内蒙古分社记者汤计根据采访到的情况，于2005年11月23日写了内参《内蒙古一死刑犯父母呼吁警方尽快澄清十年前冤案》反映情况。报道引起了中央有关领导的关注，自治区党委政法委于2006年3月初成立“呼格吉勒图流氓杀人案”复查组。同年3月案件复核得出明确结论：“……证据明显不足……要求自治区高级法院复查，向最高人民法院汇报，两家成立复查组，然后走法律程序。”在复查中，公检部门认为案件有问题，但法院认为没有新的物证，仅凭赵志红的口供不能重启审判程序。11月28日，呼市中级人民法院开庭审理赵志红案件，但并未涉及“4·9”案。若杀了赵志红，“呼格案”将永久成谜，汤计于12月8日写了第二篇内参《呼市“系列杀人案”尚有一起命案未起诉让人质疑》。12月20日，赵志红从看守所递出一份偿命申请书，承认“4·9”案件确实是自己所为。汤计当日写了第三篇内参《“杀人狂魔”赵志红从狱中递出“偿命”申请》，此情况反映引起了相关部门的关注，赵志红一审被暂时“休庭”。2007年年初，汤计又写了第四篇内参《死刑犯呼格吉勒图被错杀？——呼市1996年“4·9”流氓杀人案透析》（上、下）。此后，新华社《瞭望》新闻周刊与汤计联系，刊发了题为《疑犯递出“偿命申请”，拷问十年冤案》的首次公开报道。“呼格案”成为国内众多媒体和网络关注的焦点。但“呼市中级人民法院有关人士说，仅有赵志红的口供，没有犯罪物证，不能认定‘4·9’案件的真凶就是赵志红。不能认定赵志红是‘4·9’案件的真凶，也就不存在呼格吉勒图的错判问题”。按照“疑罪从无”的原则证据不足，呼格吉勒图应该获得无罪判决。时任内蒙古自治区人民检察院检察长邢宝玉说：“按照审判监督程序，检察机关应该就呼格吉勒图案件提起抗诉，但从内蒙古高院目前的情况看，如果最高法不采取跨省区异地审理，很难有一个正确的审判结果。”汤计了解到，“每当自治区政法委研究呼格吉勒图案件时，内蒙古高院派出的参会领导都是那位呼格案的二审审判长”，他于2007年11月28日撰写了第五篇内参《内蒙古法律界人士建议跨省区异地审理呼格吉勒图案件》。2008年后，自治区党委、政法委领导人的更替使呼格案转入低潮。

2011年1月，胡毅峰（曾任自治区政法委常务副书记，积极推动过“呼格案”的复查工作）被任命为自治区高级人民法院院长。同年清明节，汤计组织分社电视记者邹俭朴、林超做了一档《十五年冤案为何难昭雪》的节目。5月5日，又与记者林超写了一篇舆情反映“呼格吉勒图冤死案复核6年陷入僵局，网民企盼让真凶早日伏法”，再次引起高层的关注，自治区高级人民法院首次组成了五名法官参加的呼格案复查组。2013年年初，内蒙古高院正式复查完“呼格案”，结论认定“呼格案”原审判决证据不足……上报自治区党委。经自治区党委同意，上报了最高人民法院。2014年11月20日，呼格吉勒图案进入再审程序。12月15日，内蒙古自治区高院对再审判决宣告原审被告人呼格吉勒图无罪，之后启动追责程序和国家赔偿。12月19日，内蒙古公、检、法等部门启动“呼格案”的追责调查程序。12月30日，内蒙古高院依法做出国家赔偿决定，决定支付呼格父母李三仁、尚爱云国家赔偿金共计2 059 621.40元。

资料来源：汤计：《为“呼格案”奔走九年，我一直相信正义等得到》，载《新华每日电讯》，2004-11-28。

在转型期的中国，媒体在杜绝冤假错案、揭露司法腐败、推动法治建设方面应起重要作用。呼格案的推动者汤计在三十余年新闻职业生涯里，采写了“王木匠诈骗案”、“万里大造林案”、“草原巨贪徐国元”、“黄金大盗宋文代”等多篇有较大影响的新闻作品。2015年1月，中共新华社党组决定对汤计予以表彰，记个人一等功。汤计作为个体坚守职业操守、为冤案重见天日不懈努力，但也应看到：在呼格吉勒图被卷入“4·9”案件十余天后就有媒体发表《“4·9”女尸案侦破记》，当时此案尚未经审理，媒体已作出有罪推定。更应看到，杜绝冤假错案应倚重法治的力量、倚重健全的司法制度本身，毕竟司法才是正义的最终守护者。

“从现代社会的组织构架来看，司法与媒体之间存在着广泛而密切的联系。司法过程所蕴涵或展示的丰富内容，对于媒体来说具有永恒的吸引力。司法实践所衍生、引发的事件与问题，从来都是媒体关注的热点。而现代媒体所拥有的信息传播力量、广泛的社会影响、舆论监督作用，也使得司法机关无法忽视媒体的作用。总的来看，司法与媒体的政治责任和社会责任是一致的，在加强、促进和保证社会公平正义上是一致的，双方积极合作、良性互动理应成为主导性的关系。人民法院的新闻发布机构和新闻发言人要尊重新闻媒体采访报道的权益，加强与新闻媒体的联系沟通，定期或不定期地向新闻单位通报工作进展情况，提供宣传报道线索；对于涉及公共利益的复杂判决，要向媒体提供简要的说明，解释必要的司法程序和司法规范语言，引导新闻媒体在采访报道工作中，尊重有关法律法规所保护的个人权利和司法部门依法独立行使的审判权，尊重司法事实，尊重司法程序和诉讼规则；或者给予其他帮助，为新闻记者深入基层、深入实际采访报道创造便利条件。”①

三、司法尊严需要维护

维护司法尊严是实现法治的需要。司法尊严内在地要求人们尊重法官、尊重法庭、尊重司法裁判。然而，司法的尊严并不是设计出来的，而是通过司法机关、司法人员良好的职业操守和公正司法塑造出来的。如果司法机关、司法人员缺失职业操守，不能公正司法，就不可能获得社会的尊重；如果司法裁判不公正，却要求当事人和公众媒体尊重它，那就更是不公平的。

《中国新闻工作者职业道德准则》规定，新闻工作者“对于司法部门审理的案件不得在法庭判决之前做定性、定罪和案情的报道；公开审理案件的报道应符合司法程序”。很多国家的新闻工作者职业伦理规范都有类似规定，但这是就媒体对案件的报道和评论危害司法公正的情形而言的，如果仅仅就媒体报道与司法尊严的关系这一问题而言，我们应从以下方面考虑。

（一）媒体报道应该维护法官的尊严

媒体报道应该维护法官的尊严，这是毫无疑问的。但我们不应该将具体的法官与作为一个职业的法官等同起来。媒体报道对法官尊严的维护，应该是通过报道树立法官这样一个职业的神圣感。法官的职业决定法官要与当事人接触，要与律师接触，要与检察官接触，对于公开审判的案件，还得在旁听庭审的公众和记者的注视下进行审判活动。某些法官的业务水平如何，职业道德如何，司法是否公正，也不可避免地会成为体现民众言论自由的自发性评价的对象。作为反映民众自发性评价的媒体报道，当然可以不反映民众对这些法官的评价，但这并不等于人们对这些法官没有自己的评价；媒体报道对人们就法官的评价不作反映，有违人人平等的价

① 《首席大法官肖扬“解读”司法与媒体关系》，见新华网，2006-09-12。

值理念，而且势必使某些法官产生骄横之气。因此，媒体报道对法官尊严的维护，不是对法官敬而远之，也不是要对某些法官的悖德失职滥权枉法等行为听之任之，而是应该忠实地反映人们对这些法官的评价。这样的媒体报道并无损于一位职业的法官个人的尊严。当然，媒体报道应该体现对具体的法官的尊重，不应该对具体法官做无端的指责。对于具体法官来说，在对待媒体报道上，也应该体现出作为一位法官的尊严感，没有必要动不动就与媒体对簿公堂。目前，在我国已发生很多起法官告媒体侵害名誉权的官司，这些官司虽然绝大多数或者说几乎都是法官胜诉，但很难说法官在这些官司中是否真正维护了自己的尊严。

（二）媒体报道应维护法庭的尊严

法庭作为实现正义的地方，应该是一个庄严、肃穆、神圣的殿堂。任何人走进这个殿堂，都应该心存敬畏。为了维护法庭秩序，保障审判顺利进行，我国最高人民法院专门制定了《法庭规则》，在开庭审理案件前，书记员一般都要宣布法庭纪律。媒体报道对法庭尊严的维护主要体现为对《法庭规则》和法庭纪律的遵守，未经法庭许可，媒体记者不得进行录音、录像、摄影等采访报道行为。

（三）媒体报道应维护司法裁判的尊严

司法裁判尊严主要体现为人们对司法解决纷争的裁判终局性的认同，其强调的是裁判的权威性，判决一经生效，即应予以执行。司法裁判的尊严是通过两个方面的力量来维护的：一是国家的强制力，二是司法裁判自身的公信力。国家强制力对司法尊严的维护作用是制度的设计，是国家权力的安排，是维护司法尊严的外在力量；司法裁判自身的公信力则是维护司法尊严的内在力量。只有这两种力量内外结合，司法的尊严才能得以维护。如果没有国家强制力的支撑，即使再公正的司法裁判，负有义务的当事人也可能不去执行；如果司法裁判不公正，缺乏公信力，通过国家强制力强迫当事人去执行“义务”，就是一种司法暴政，不仅难以达到司法平定纷争的目的，还可能引致当事人反抗，产生新的纷争。

媒体报道对司法裁判尊严的维护，并不是要将司法裁判奉若神明，不能有任何批评。相反，媒体报道作为自发性社会评价的反映，完全应该准确地反映包括媒体编辑、记者在内的民众对司法裁判的评价。这种评价可能是正面的，也可能是负面的，但无论是正面的还是负面的评价，媒体报道无疑都是对司法公正的促进和彰显，都有助于塑造司法裁判的公信力，增强维持司法尊严的内在力量。但作为职业报道者的媒体编辑、记者，在通过媒体反映社会自发性评价的同时，也需要尊重司法活动的规律，正确认识司法裁判尊严的社会价值，正确引导舆论；要让民众认识到，由于司法活动自身的规律（如对程序、规则的强调）使然，司法的公正本身是有限的和相对的，而执行生效的司法裁判不仅是法治的要求，也是诉讼当事人的义务。①

四、新闻传播司法报道的操作规范

司法机关作为国家机关，必须接受人民的监督，这种监督包括新闻舆论监督。新闻舆论监

---

① 参见周泽：《媒体报道与司法公正关系的反思与再构》，见人民网，2006-10-31。

督与司法独立都是宪法原则，维护司法独立、反对“新闻审判”不是不要对司法的舆论监督，而新闻舆论监督也不意味着新闻可以干预司法。这两者之间要有一个合理的平衡。

新闻的基本功能是传播，新闻的主要威力在于公开。监督的前提就是公开，公开本身就意味着监督。公开报道事实是新闻舆论监督的基本方式，也是新闻既监督司法又避免干预司法、实现舆论监督和司法独立两者平衡的立足点。

（一）案件报道的规则与内容标准

2012 年 3 月 14 日，第十一届全国人民代表大会第五次会议经表决，审议通过了全国人民代表大会关于修改《刑事诉讼法》的决定，自 2013 年 1 月 1 日起施行。

新的《刑事诉讼法》修改内容有 100 余处，其中不下 20 处涉及媒体报道行为，主要是对司法信息公开与保密的规制、禁止强迫犯罪嫌疑人自证其罪、“亲亲相隐”制度以及未成年人涉案信息的封存等。

《刑事诉讼法》的这些修改意味着给媒体报道带来了新的规则。这些规则顺应了国际人权保护大趋势，突出了对个人信息的保护，为新闻媒体的报道划定了明确的法律边界。它们要求新闻媒体在报道刑事案件时要遵守保密规定，即报道权在法定条件下让位于社会秩序或公民个人隐私，以实现公平审判及保护公众安全、维护社会秩序的目的。

刑案报道是法治新闻的主要组成部分，也被认为是最能体现媒体专业水平的新闻类别。

1. 新闻媒体要尊重嫌疑人的沉默权

广州《新快报》记者陈永洲被长沙警方跨省抓捕后，中央电视台的报道成为社会舆论议论的热点——10 月 26 日早上，央视《朝闻天下》播出以涉嫌损害商业信誉罪而被刑拘在押的陈永洲认罪录像：陈永洲面对镜头承认自己收受他人钱财，连续发表攻击中联重科的失实报道。央视这档节目让一个尚处于侦查阶段、未经法院审判认定有罪的犯罪嫌疑人面对电视镜头，向全国公众供认自己收受钱款、毁损一家上市公司信誉的“犯罪事实”，不符合刑事诉讼法确立的原则，违反了刑事诉讼法关于“未经人民法院依法判决，对任何人不得确认有罪”的规定，是典型的媒介审判，未审先判。①

让嫌疑人对着镜头悔罪现象屡见不鲜。电视法制节目中经常会出现犯罪嫌疑人在镜头前自述其罪，讲述作案经过，表达对受害人的悔过或者对自己亲人的愧疚。其中，多数案件尚未经法院审判认定有罪，新闻媒体就按照侦查机关的意志，认定犯罪嫌疑人为罪犯，违反刑事诉讼法早已确立的“无罪推定原则”，损害犯罪嫌疑人和被告人的诉讼权利。

无罪推定原则是刑事诉讼法乃至宪法的一项基本原则，是维护犯罪嫌疑人、被告人权益的基础。按照这一原则，任何人在法院未曾做出生效的有罪判决之前，都应被推定为无罪之人。《刑事诉讼法》第十二条规定“未经人民法院依法判决，对任何人不得确定有罪”。这是对无罪推定原则的确认。新修订的《刑事诉讼法》又确认了无罪推定原则的两条重要的派生规则，其一是被告人不负证明自己有罪的证明责任规则，即第五十条“不得强迫任何人证实自己有罪”。其二是疑罪从无规则。其体现在第一百九十五条第三项中：“证据不足，不能认定被告人有罪

---

① 参见魏永征：《央视播出陈永洲认罪节目得失辨》，见 http：//yongzhengwei.com/archives/32750。

的，应当做出证据不足、指控的犯罪不能成立的无罪判决。”这是无罪推定原则在制度上的进一步体现，有学者将之称作“沉默权制度第一次进入我国的刑事诉讼法”，尽管多数学者认为我国离真正的沉默权制度还有距离，但对刑案新闻报道的影响是显在的。修订后的《刑事诉讼法》第一百一十八条规定：“犯罪嫌疑人对侦查人员的提问，应当如实回答。”如实回答义务意味着犯罪嫌疑人无权保持沉默。

沉默权是世界各国刑事诉讼法中的重要原则。最典型的如《美国宪法第五修正案》，规定任何人“不得在刑事案件中被迫自证其罪”。在司法实践中又确立了“米兰达规则”，该规则要求警察在讯问犯罪嫌疑人时须告知其应有的权利：（1）你有权保持沉默；（2）你所讲的一切都可以在法庭被用作对你不利的证据；（3）你有获得律师帮助的权利，讯问时有权要求律师在场；（4）如果你没有钱委托律师，我们将为你指定一名律师。该规则明确了嫌疑人从侦查阶段就享有沉默权，并为侦查机关规定了向嫌疑人告知的义务。修改后的《刑事诉讼法》明确犯罪嫌疑人（被告人）不得自证其罪，也就是明确禁止自我归罪，作为沉默权的主要内容，已为我国法律制度所确立。这一制度也是我国法律制度与《公民权利与政治权利公约》相衔接的一个突破。[①] 这对我国人权保障和司法公正有着不可低估的意义。

2. 未成年人犯罪案件报道的规范与标准

从 2013 年年初到年终，李双江、梦鸽之子李某某轮奸案持续发酵，成为舆论关注的焦点。该案中，办案机关的信息披露、新闻媒体的报道存在很大问题，明显违背了《未成年人保护法》和新修订的《刑事诉讼法》，对未成年犯罪嫌疑人的隐私权等正当权利造成损害。

2013 年 2 月 22 日，北京市公安局某分局以真实姓名向全社会披露了所谓李某某涉嫌强奸案，媒体几乎是第一时间也以真实姓名披露李某某涉嫌强奸案。

梳理李某某所涉轮奸案的报道发现，最早曝出这一消息的是自称为“香港《南华早报》网站编辑”的网友，当时案发已有三日之久，网友同时曝出李某某的真实姓名，还附以李双江之子的网页链接。后来媒体向北京警方询问此事，警方予以证实，也没有对李某某的真实姓名表示否认。李双江之子李某某的信息开始在网络上疯狂传播。

按照公安机关确认的信息，李某某为未满 18 周岁的未成年人。媒体指名道姓的报道受到公众质疑后，才纷纷把“李天一”改为“李某某”，而这一隐名已没有什么意义。虽然媒体对未成年人保护的规则认识参差不齐，但对李某某案情的持续关注却是惊人的一致。

我国对未成年人的保护主要有两个方面。其一是遵循国际公约。按照《儿童权利公约》，关于儿童的一切行为、行动，均应以儿童的最大利益为首要考虑。各国国内立法必须给予 18 周岁以下的未成年人特别关心和保护。其二是我国两部保护未成年人合法权益的专门法。第一部是 1991 年通过、2006 年 12 月修订的《未成年人保护法》，另一部是 1999 年 6 月通过的《预防未成年人犯罪法》。《未成年人保护法》明确规定，“对未成年人犯罪案件，新闻报道、影视节目、公开出版物、网络等不得披露该未成年人的姓名、住所、照片、图像以及可能推断出该未成年人的资料”。

---

① 《公民权利和政治权利国际公约》第十四条第三款规定：“受刑事追诉的人不被强迫做不利于自己的证言或强迫承认犯罪。”

在新修改的《刑事诉讼法》中，新增加的特别程序中专设一章，共包含11条关于未成年人刑事诉讼案件的规定。其中对未成年人犯罪行为的调查、审理和犯罪记录封存的相关规定、不公开审理制度等，与媒体的新闻报道密切相关。

未成年人犯罪案件不公开审理制度在修订前的《刑事诉讼法》中已经确立，这次修改使得未成年人犯罪案件的不公开审理更加严格，即被告人犯罪时未满18周岁的一律不公开审理。新《刑事诉讼法》第二百七十四条规定："审判的时候被告人不满十八周岁的案件，不公开审理。但是，经未成年被告人及其法定代理人同意，未成年被告人所在学校和未成年人保护组织可以派代表到场。"这一规定安排了两个新制度：一是把"一般不公开审理"的"十六岁以上不满十八岁未成年人犯罪的案件"列为"一律不公开审理"。尽管不公开审理不能完全避免公开报道，但媒体报道的范围和内容受到很大限制。二是对未成年人犯罪案件不公开审理的制度做出了更具体的安排，规定某些特定组织与人员可派代表到庭，其中并不包括新闻记者。这是对现行《刑事诉讼法》相关内容的一次完善与细化。

未成年人犯罪记录封存制度是新修订的《刑事诉讼法》中最大亮点。该法第二百七十五条规定："犯罪的时候不满十八周岁，被判处五年有期徒刑以下刑罚的，应当对相关犯罪记录予以封存。犯罪记录被封存的，不得向任何单位和个人提供，但司法机关为办案需要或者有关单位根据国家规定进行查询的除外。依法进行查询的单位，应当对被封存的犯罪记录的情况予以保密。"这一点与《刑法》第八次修订后的第一百条"依法受过刑事处罚的人，在入伍、就业的时候，应当如实向有关单位报告自己曾受过刑事处罚，不得隐瞒。犯罪的时候不满十八周岁被判处五年有期徒刑以下刑罚的人，免除前款规定的报告义务"的规定相对接。从国际规则看，犯罪记录封存与国际上的前科消灭制度相似，从程序上保障未成年人以后重新做人。

在犯罪记录封存制度下，无论当事人已经成年或者仍未满18周岁，他们未成年时期、五年刑期以下的犯罪记录都将处于被封存状态，任何单位和个人未经允许不得查询，而依法可以查询的也负有保密义务。但在我国媒体的新闻报道中，类似于背景资料的介绍性内容随处可见，在这种报道模式下，诸如犯罪"前科"的信息往往会作为补充资料被再次披露出来。《刑事诉讼法》实施后，对于符合犯罪记录封存条件的未成年人犯罪案件，媒体刻意挖掘和传播相关信息的行为将具违法性，即便之前曾经被公开披露过，媒体也不得将该部分资料再次挖掘出来公开报道。①

《刑事诉讼法》新设置的多项制度从源头上保证未成年犯罪嫌疑人、被告人的个人及犯罪信息不被公开传播，有助于他们的改造与回归社会，对司法机关来说是权力运用的规范，对媒体而言则是压缩了未成年人犯罪案件的报道空间，甚至为媒体的未成年人刑事案件报道设置了更多的禁区。

3. 新闻报道应遵循"亲亲相隐"

翻看报纸、浏览电视新闻，总会看到诸如"某某屡劝不听，母亲大义灭亲"的报道，似乎亲属泯灭亲情，举报、扭送亲属到公安机关或为亲属犯罪作证是应受鼓励的好行为。新闻媒体

---

① 参见徐迅、张立芳：《2012年刑诉法大修：未成年人犯罪或成媒体禁区》，见http://m.sohu.com/n/346547879/。

还屡屡打扰犯罪嫌疑人近亲属，从亲属处“深挖”犯罪新闻，甚至逼访亲属的现象也屡见不鲜。但按照新《刑事诉讼法》，媒体再这样做不行了。

新《刑事诉讼法》第一百八十八条规定：“经人民法院通知，证人没有正当理由不出庭作证的，人民法院可以强制其到庭，但是被告人的配偶、父母、子女除外。”“但书”内容，是本次《刑事诉讼法》大修新增的内容。不能强制被告人亲属作证，被有的学者解读为传统中华法系“亲亲相隐”制度的复活。

“亲亲相隐”制度又称“亲属容隐制”，指一定范围内的亲属之间互相隐瞒罪行而不受法律的制裁。孔子在《论语》中说：“父为子隐，子为父隐，直在其中矣。”这被看做是“亲亲相隐”制度的源头。到汉代，终于形成了“亲亲得相首匿”的容隐制度。该制度注重维系亲情伦理关系，一直延续至清朝。但1949年后全面废除“旧法统”，这一传统为“大义灭亲”的思想所取代。

目前媒体的采访报道行为、价值取向、议题选择与设置等方面，与保护亲情伦理的传统价值观相悖甚多。在新闻报道中，媒体记者为了克服采访已被采取强制措施的犯罪嫌疑人的困难，常将采访视角集中在嫌疑人亲属的身上，希望挖到有价值的案情信息。对一些重大案件的采访，面对各路记者轮番轰炸，犯罪嫌疑人的亲属们的生活不堪其扰。依照刑法“罪责自负”原则，犯罪嫌疑人的亲属并未犯罪，他们不承担犯罪责任。新《刑事诉讼法》还免除了强制作证的义务，他们对是否在法庭上作证有了选择权。即使这并不意味着犯罪嫌疑人的亲属没有义务向公众说明案件情况，起码在新闻采访过程中，记者应当尊重近亲属对是否接受媒体采访、接受哪家媒体采访的选择权。特别是记者采访中应当避免对犯罪嫌疑人亲属构成打扰、逼访。更不应该无端指责和攻击犯罪嫌疑人的亲属。媒体应在遵从基本的法治精神的基础上，更具人文关怀，做有专业精神和负责任的媒体，做法治社会的守望人而不是公民人权的侵害者。

（二）媒体与警方应平衡宣传配合与监督关系

在法治社会，新闻和司法具有同等重要的宪政价值。新闻与司法主要体现为监督关系，以新闻报道的自由来促成和维护司法公正。但在我国，传媒和司法曾经同为执政党的统治工具，前者为宣传工具，后者为专政工具。在社会转型的当下，传媒与司法呈现出区别于过去的复杂情形：一方面，公检法行业的媒体和传统主流媒体与公检法机关之间，维持传统的政治配合性关系、业务宣传利用性关系；另一方面，社会性的一般媒体与公检法机关形成监督关系。

新《刑事诉讼法》实施后，不得自证其罪等一系列原则的确立，在保障犯罪嫌疑人或被告人人权的同时也会调整和重构媒体与司法机关的关系，会在一定程度上避免媒体沦为公检法机关的宣传机器。

这里有一个问题是：刊发公检法机关的新闻通稿存在失实、引起纠纷的，媒体是不是可以免责?

国家机关或者执法部门针对某些案件向新闻媒体投稿，或者准备新闻通稿供记者使用，这是一类并不少见且极具中国特色的法律问题。客观、公正、独立本该是公安机关、新闻媒体各自最基本的立场，而现实中两者却时常站到一起，统一了战线，这本身就是一种较为畸形的共生关系。① 徐迅教授在《盖公章的新闻稿失实媒介难以免责》一文中，曾经统计过七例因为公

① 参见朱莉：《“律师造假”报道三问三答》，载《青年记者》，2010（1）。

权力机构向媒体投递加盖公章并确认属实的稿件而引发的新闻侵权纠纷。在新闻稿上盖章确认"情况属实"的机构有党委、公安局、司法局、工商局、人大甚至法院，而其中媒体获得免责判决的仅有两例。[①]

媒体使用公权力机关提供的新闻通稿却不能获得法律支持而免责，原因在于法律严格限定侵权免责的事由。1998 年最高人民法院《关于审理名誉权案件若干问题的解释》规定，"新闻单位根据国家机关依职权制作的公开的文书和实施的公开的职权行为所作的报道，其报道客观准确的，不应当认定为侵害他人名誉权"，这是目前我国新闻媒体的公开报道能够享有"特许权保护"因而免责的唯一规定。这其中有一个关键的概念是"依职权制作的公开的文书"，它有着严格的法定制作程序，"公开"而非秘密，且保留当事人对文书内容提出异议的合法权利，而公安、检察和法院等司法机关的新闻通稿并不在这一范围内。即便是盖了公章的新闻稿也不能完全得到法律支持。

因此，新闻媒体应严守自身独立性，履行监督公权、守望社会的职责，妥善处理与司法机关之间的关系，努力使自身法治新闻报道的内容做到真实、客观、中立和专业。

2007 年 6 月 4 日，最高人民法院公布《关于加强人民法院审判公开工作的若干意见》(2007 年 6 月 4 日实施)，明确规定了审判公开的"三原则"，即依法公开、及时公开和全面公开。"依法公开"原则从两个方面做了规定：既要依法切实保障当事人"知"的权利；也要依法确保国家秘密、商业秘密等"禁知"的范围。"及时公开"原则也从两个方面做了表述：对于法律有明确时限规定的，应当严格遵照执行；对于没有明确规定的，要在合理时间内快速完整公开。"全面公开"原则亦从两个方面进行表述：对于法律有明确规定的案件审理过程，要保证公开开庭，公开举证、质证，公开宣判；对于法律没有明确规定，但审判工作需要并与保护当事人权利有关的审判工作各重要环节的有效信息，也要予以公开。上述"三原则"是新闻媒介对司法活动进行监督的依据。另外，《政府信息公开条例》也于 2008 年出台。在"公开、透明"的大环境下，新闻媒体也有条件通过舆论监督进一步推动中国的法制建设。

在新的历史条件下，如何做到把司法权力运行置于有效的制约和监督之下，是一个必须深入研究和认真解决的重大课题。媒体通过公开传播专家的意见，公众的看法，集中民智，凝聚民力，体现民意，为完善社会主义法律制度贡献力量。进一步落实新闻媒体对司法工作的批评权、建议权，对某些消极腐败的现象进行揭露，也是建立健全我国法制体系的重要环节。公开报道事实，是新闻舆论监督的基本方式，也是新闻既监督司法又避免干预司法、实现舆论监督和司法独立两者平衡的立足点，其要求：(1) 同步报道；(2) 准确报道；(3) 连续报道；(4) 客观报道；(5) 适度评论。

对于案件评论，中国学术界大致提出过这样一些原则：其一，可以对案件的审理程序和纪律中的问题做评论，避免对实体问题做评论。其二，在一审判决后，如果确实在社会上争议很大，可以对判决做评论。对此类评论又有如下界限：(1) 应当在充分报道事实的基础上评论，评论和事实要分清楚，避免事实没有弄清楚就空做评论，把评论混同于事实；(2) 应当着重从法理、法律意识层面加以评论，避免简单化的"表态"和煽情性的"呼吁"、"声讨"之类的文

① 参见徐迅：《中国新闻（媒体）侵权案件精选与评析五十例》，北京，法律出版社，2009。

词；（3）应当着重发表社会公众包括法律专家的评论，避免直接以新闻媒介和记者的名义做评论；（4）应当注意发表不同意见的评论，避免只发表一种意见的评论。其三，终审判决以后，不再有限制。

对照上述原则规定，吴英案媒体的报道并无“媒体审判”或“舆论审判”之嫌。因为在长达几年的吴英[①]案报道中，媒介真正明确提出对案件性质、量刑质疑的，基本上都是在一审判决发生之后。一审判决前，媒体（特别是收视和阅读率比较高的，有影响的媒体）报道事实和现象的比较多，并无涉及司法本身。

另外，媒体报道在具体操作时注意使用中性词语叙述案件，不用煽情式的描述，如“黑老大咆哮公堂”、“五毒书记”等；尊重案件当事人的正当权利，不做有罪推定，如不对当事人的自我辩护使用狡辩、诡辩、死不认罪等词语。

辩护是法律赋予的权利，上述案例中的有些媒体的所作所为违反了新闻传媒报道司法活动的规范。就算法庭最终的判决与媒体的报道相同，也容易让人们怀疑法院受到了报道的影响，不利于树立司法的权威，另一个方面也不利于人们正确权利观念、现代法治意识的养成。在中国现阶段应理性看待舆论与民意，提升司法质量，坚守法律精神。

如在吴英案中，媒体监督不但不是在干预司法独立，恰恰是在干预司法“不独立”。因为一审和二审的判决都受到当地行政权力的干预。这个“死刑”的判绝不是一定法律判决，公众认为更像一个政治决定（一审前，东阳市当局十几个人曾写联名信，要求一审法官判处吴英死刑。一审判决完后，这些人又到省高院，要求二审维持原判）。这与药家鑫案引发的社会争论反差极大。有关药家鑫案，凡是主张迎合世界文明的潮流废除死刑者，均在网络上收到了大量的砖头和口水。尽管吴英案也偶尔会被牵涉人这场辩论之中，然而，为吴英辩护、呼吁吴英免死者却较少受到质疑。其表面的原因在于，药家鑫身上有人命，而吴英主要是涉及钱的问题。公众很难对恶性杀人犯宽恕，而对于经济性非暴力犯罪取消死刑，则能够理解、容忍，并且也有相当广泛的社会共识。同样是两个可能会被判死刑的人，公众为什么又都体现出同样的焦虑？为什么那么多的人在主张判药家鑫死刑的同时，又认可吴英免死呢？人命不都是同样宝贵的吗？如果是基于对生命权利的珍视，那么这两条人命都不应被判死刑；如果公众真是嗜血如命，那么暴戾者或许都会主张把这两个人杀死。我们认为，大多数公众在这同时发生的两件案件上执行双重标准最合理的解释是：民众关注的并非两个案件最终的审判结果，而是在审判过程和结果中能否实现真正的公平和正义。在药家鑫案的争论中，很多公众的死刑主张其实是担心媒体或者一些人士的言论和观点被药家鑫方所利用，并进而影响案件的判决，从而不能令受害者张妙及其家人获得应有的公正；而在吴英案中，大家为吴英所打抱不平的则是，严厉而滞后的法律可能会令吴英获得不公正的审判。

---

① 吴英，女，1981年5月20日出生于浙江省东阳市，汉族，中专文化，浙江本色控股集团有限公司法定代表人。吴英自2003年8月6日开办东阳吴宁贵族美容美体沙龙（注册资金人民币2万元）开始，至2006年10月10日组建本色控股集团，其母公司为本色集团；子公司包括：本色广告公司、本色酒店管理公司、本色洗业管理公司、本色电脑网络公司、本色婚庆公司、本色装饰材料公司、本色物流公司。这些公司股东工商登记为吴英、吴玲玲，但吴玲玲实际并未出资。自2005年3月开始，吴英就以合伙或投资等为名，向社会中少数个人集资达人民币1 400余万元。至成立本色集团有限公司前，吴英已实际负债达人民币1 400余万元。

吴英案是当前中国金融垄断体制下的产物，这种案件背后有深刻的体制背景。观察中国金融市场的复杂现实，建立自由、合理的金融制度是大的方向。吴英死刑被裁定不核准，应该视为对此前不适当量刑的纠正，更不排除是案件二审后舆论铺天盖地的"呼吁"（舆论监督）之功劳。

关键词

司法公开　媒介审判　司法独立　司法尊严

思考题

1. 简述司法公开的意义和内容。
2. 新闻从业者如何避免媒介审判？
3. 新闻报道如何维护司法公正？
4. 新闻传播司法报道应注意哪些操作规范？

第九章

禁止传播色情暴力有害内容

在传播活动中，各国都特别重视对淫秽色情、暴力等有害内容的禁止。特别是近年来随着互联网传播的兴起，淫秽色情、暴力等有害内容的传播亦显猖獗。国家广电总局曾于2007年12月20日至2008年2月20日依据《互联网视听节目服务管理规定》，对部分网站开展互联网视听节目服务的情况进行了抽查。①

第一节　禁止传播淫秽色情内容

大众传播活动对于社会秩序的影响是众所公认的，然而新闻媒介也可能传播不利于社会秩序的内容，这就需要借助法律予以制裁。对于什么是淫秽色情信息，这个问题国内并没有取得一致的认识。有人认为，淫秽色情信息是指法律上规定具有社会危害性的信息，这是从法律标准角度而言。从价值角度，有人认为，淫秽色情信息全部是负能量，也有人认为它也有积极、正面的作用，这就包括经济价值、艺术价值等。也有观点指出，色情信息构成了人类的非理性，是与理性的存在一样正常的，因此也是不可能从根本上清除的。总之，林林总总，看法不一。② 由此可见，网络淫秽色情信息概念的理解还是存在分歧的，这也可以看出其本身的复杂性。但是网络淫秽色情的传播还是需要有边界，从世界范围来看，这个边界就是针对未成年人的传播。除此之外，就是淫秽色情的法律标准，如果传播淫秽色情触犯了法律就应当承担相应的责任。所谓法律上的标准有其严格的界定方法，法治社会，这个标准就在于一定要得到利益最可能受到侵犯的那部分人的认定，也就是说要使最可能宽容色情内容的那部分人同意，依据这个最低标准进行判断。“……许多情况下，看来是不好的文学、艺术作品，很可能是解放民族思想与灵魂的好作品。所以，《刑法》不是以社会大众的‘一般人’，也不是以政府人士的看法为准，而是交由中立的司法机关进行判断，交由专业的作家进行判断，这基本上是符合最低

---

① 参见《25家视频网站被叫停 内容涉及色情宣扬暴力》，见中国新闻网，2008-03-25。

② 参见“打造清朗网络空间环境——网络色情安全挑战与应对策略研讨会”发言，见博客中国，2015-01-10。

法治要求的。”[①]

一、禁止传播淫秽色情作品的法律法规

1985 年《关于严禁淫秽物品的规定》（现已废止）的第二条指出，查禁淫秽物品的范围是：具体描写性行为或露骨宣扬色情淫荡形象的录像带、录音带、影片、电视片、幻灯片、照片、图画、书籍、报刊、抄本，印有这类图照的玩具、用品，以及淫药、淫具。

1989 年新闻出版总署发布的《关于部分应取缔出版物认定标准的暂行规定》中对如何确定“夹杂淫秽色情内容、低级庸俗，有害于青少年身心健康的”出版物做了具体的解释和规定。1990 年全国人大常委会《关于惩治走私、制作、贩卖、传播淫秽物品的犯罪分子的决定》第八条指出：“本决定所称淫秽物品，是指具体描写性行为或者露骨宣扬色情的诲淫性的书刊、影片、录像带、录音带、图片及其他淫秽物品。有关人体生理、医学知识的科学著作不是淫秽物品、包含色情内容有艺术价值的文学、艺术用品不视为淫秽物品。淫秽物品的种类和目录，由国务院有关主管部门规定。”这一定义后来被《刑法》第三百六十七条沿用：“本法所称淫秽物品，是指具体描写性行为或者露骨宣扬色情的诲淫性的书刊、影片、录像带、录音带、图片及其他淫秽物品。有关人体生理、医学知识的科学著作不是淫秽物品。包含色情内容的有艺术价值的文学、艺术作品不视为淫秽物品”。这是我国法律关于淫秽物品的最权威定义和认定标准。

二、色情淫秽内容的判定

对“淫秽”、“色情”、“低俗”的内涵界定是有难度的。淫秽信息主要是指在整体上挑动人们性欲，导致普通人腐化、堕落，又没有艺术或者科学价值的文字、图片、音频、视频等信息内容。色情是指对普通人，特别是未成年人的身心健康有毒害的信息内容。至于低俗，不同的文化、不同的国度，往往有不同的标准，也就是说标准有差异。但是有一些共同的认识，比如说，对青少年构成毒害的，以及危害社会公德或者民族优秀文化传统的。低俗不完全是一个法律的范畴，更多的是一种道德规范，但又不完全是道德规范。

（一）注意从整体上分析判断

判断某件作品是否属于色情淫秽作品，应当注意从作品的整体上进行分析和判断，而不应当仅仅关注其中的某些部分。在判断某件作品是否属于色情淫秽的问题上，应当避免对作品进行断章取义、肢解作品、脱离开作品的整体而仅仅盯着某些具体的情节、细节不放的做法。那种“只见树木、不见森林”的片面做法，只会引导人们做出错误的判断和结论。

（二）注意载体和传播特征

某件作品是否属于色情淫秽作品，也应当注意作品的载体和传播特征。所谓“载体”，是

---

① 曲新久：《关于网络色情问题的几点看法》，参见“打造清朗网络空间环境——网络色情安全挑战与应对策略研讨会”发言，见博客中国，2015-01-10。

指作品的具体存在形式，例如书籍、绘画、影视作品、照片等。如果作品采取了不恰当的载体，即作品的载体不是通常被人们所认可的作品表现形式，那么就会降低作品的科学性和积极价值。例如，美术工作者绘制的人体绘画不属于色情淫秽作品，但是如果有人不加任何修饰地拍摄裸体照片，就有色情淫秽作品的嫌疑。

所谓“传播特征”，主要是指作品传播的方式和对象。同样的包含色情内容的书籍，如果是为指导新婚夫妇的性生活而向他们提供的，或者是为了进行性治疗而由医生向有性功能障碍等问题的特定的个人提供的，那么就不是通常所说的“色情淫秽作品”。但是，如果毫无限制地向未成年人提供，就可能属于“色情淫秽作品”。

（三）重视鉴定的法律程序

判断某件作品是否属于色情淫秽作品，是一件严肃的事情，不仅涉及有关当事人的合法权益问题，也涉及重要的社会利益，因此，应当依照法定程序进行鉴定，通过专门的程序和人员判断作品是否具有色情淫秽的性质。具体的执法人员个人无权根据自己的偏好、偏见等因素，随意认定某件作品是否属于色情淫秽作品。

1. 明确鉴定权限

关于淫秽物品的鉴定权限，有关规定的内容有一个发展过程。在新闻出版署于 1989 年发布的《关于鉴定淫秽、色情出版物权限的通知》中规定，鉴定淫秽色情出版物的最低权限属于省、直辖市、自治区人民政府。但是，后来由新闻出版署和公安部于 1993 年联合发布的《关于鉴定淫秽录像带、淫秽图片有关问题的通知》规定，在“办理走私、制作、贩卖、传播淫秽物品案件中，对查获的录像带、图片、扑克、手抄本等，需审查认定是否为淫秽物品的，国内出版单位正式出版发行的录像带、图片等出版物由省级以上新闻出版管理部门、音像归口管理部门负责鉴定：其他由地、市以上公安机关治安部门负责鉴定”。据此，地、市公安机关治安部门就有权鉴定淫秽物品。

因此，根据现行规定，对于淫秽物品的鉴定至少应该由地、市以上公安机关治安部门、新闻出版管理部门等鉴定，县级或者县级以下部门无权进行这类鉴定。

2. 应当有正规的书面鉴定意见

《关于鉴定淫秽录像带、淫秽图片有关问题的通知》指出：“审查鉴定淫秽物品应当制作《淫秽物品审查鉴定书》一式三份，鉴定结论必须准确、简明。由两名以上鉴定人员签字，并加盖‘淫秽物品审查鉴定专用章’。”这项规定意味着：第一，鉴定是否属于淫秽物品，应当有正式的书面鉴定书，口头鉴定是无效的；第二，鉴定书必须加盖“淫秽物品审查鉴定专用章”，不加盖这样的印章的书面鉴定人员签字，没有鉴定人员签字或者仅仅有一名鉴定人员签字的鉴定书，也是无效的。

3. 对第一次做出的鉴定结论有异议的，可以要求重新鉴定

《关于鉴定淫秽录像带、淫秽图片有关问题的通知》指出：“当事人对鉴定结论提出不同意见需要重新鉴定的，应当由地、市级的宣传、新闻出版、音像归口管理机关、公安机关等部门的鉴定组重新鉴定。出版单位对鉴定结论提出不同意见时，由省级新闻出版管理部门、音像归口管理部门报新闻出版署鉴定。其他出版物的审查鉴定，仍按规定执行。”

4. 最高行政鉴定机关是国务院主管部门

《关于惩治走私、制作、贩卖、传播淫秽物品的分子的决定》第八条规定，“淫秽物品的种类和目录，由国务院有关主管部门规定”。这里的国务院主管部门是指国务院直属的国家新闻出版总署等部门。①

三、“黄色出版物”的类型及法律制裁

我国早在1979年颁布的《刑法》中就规定了制作、贩卖淫书、淫画罪。1997年修订的《刑法》在第六章“妨害社会管理秩序罪”中以专节规定了“制作、贩卖、传播淫秽物品罪”。此后国务院颁布的有关管理音像制品、电影制品、出版物、广播电视等行政法规中，也都有禁止传播淫秽、色情的内容的规定。这些禁止内容在一般的查处行动中又称为“扫黄”，这些出版物又被称为“黄色出版物”。

到底怎么界定黄色出版物呢？新闻出版总署为此先后发布了《关于重申严禁淫秽出版物的规定》(1988)、《关于认定淫秽及色情出版物的暂行规定》和《关于部分应取缔出版物认定标准的暂行规定》。根据这些规章，“黄色出版物”被区分为三种不同的类型。

（一）淫秽出版物

《关于认定淫秽及色情出版物的暂行规定》第二条规定，淫秽出版物是指在整体上宣扬淫秽行为，具有下列内容之一，挑动人们的性欲，足以导致普通人腐化堕落，而又没有艺术价值或者科学价值的出版物：（1）淫亵性地具体描写性行为、性交及其心理感受；（2）公然宣扬色情淫荡形象；（3）淫亵性地描述或者传授性技巧；（4）具体描写乱伦、强奸或者其他性犯罪的手段、过程或者细节，足以诱发犯罪的；（5）具体描写少年儿童的性行为；（6）淫亵性具体描写同性恋的性行为或者其他性变态行为，或者具体描写与性变态有关的暴力、虐待、侮辱行为；（7）其他令人不能容忍的对性行为的淫亵性描写。

淫秽出版物属于查禁之列，通过制作、贩卖等行为而传播淫秽出版物的，根据情节的不同，会受到三类处理。

1. 行政处罚

根据《关于重申严禁淫秽出版物的规定》，淫秽出版物应一律查禁。对出版、印刷、贩卖、出租、窝藏淫秽出版物者，根据法律规定，应由公安、司法机关依法惩处。在公安、司法机关惩处之前，可先按本规定中关于对“色情出版物”的处罚内容，给予经济的、行政的处罚。具体处罚措施包括停印、停售、没收所得全部收入、罚款、停业整顿、吊销社号刊号或营业执照。

新闻传媒刊播了禁载内容，有关大众传播管理机关可以根据相应的管理条例中关于违反禁载禁播的制裁条款，给予处罚。《出版管理条例》第六十二条规定，出版行政主管部门责令限期停业整顿，没收出版物、违法所得，违法经营额一万元以上的，并处违法经营额5倍以上10

---

① 参见吴宗宪：《中国法律中的色情淫秽规定》，载《中国性科学》，2000（4）。

倍以下的罚款；违法经营额不足一万元的，可以处五万元以下的罚款；情节严重的，由原发证机关吊销许可证。按《广播电视管理条例》第四十九条规定，对广播电视单位除责令停止制作播放、收缴节目载体外，并处一万元以上五万元以下罚款，情节严重的，吊销许可证。

案例9—1

电影《苹果》因色情内容被广电总局禁止公映

2007 年 2 月，一部都市题材影片《苹果》在柏林电影节举行首映式，并未放映经电影局审查通过的删减版，而是放映了完整版，其中包括男女演员的全裸镜头及赌博场景。制片人方励曾在接受采访时称，这是由于时间紧迫，德语和英语字幕的删节版拷贝未能制作出来导致的。11 月 30 日，《苹果》在内地上映，内容引起争议。该片在香港被定为三级片。

2008 年 1 月 3 日广电总局在网站上公布了《关于处理影片〈苹果〉违规问题的情况通报》。该通报说，《苹果》在电影制作、参加国际电影节、互联网传播及音像制品制作等方面，严重违反《电影管理条例》及相关法规。为加强和规范电影制片及发行放映的管理，确保电影及各种媒体的传播健康有序，广电总局决定吊销该片的《电影片公映许可证》，停止该片在影院发行、放映及其网络传播。

通报指出，由北京劳雷影视文化有限责任公司等联合出品的影片《苹果》违规制作色情内容的片段（未经审查通过），并擅自将未经审查通过的含有色情内容的影片在互联网上传播及制作音像制品，违反了《电影管理条例》第二十五条的规定；将未经审查通过的电影版本，送第 57 届柏林电影节参赛，违反了《电影管理条例》第二十四、三十五条的规定；在影片发行放映中进行不健康、不正当的广告宣传，违反了《电影管理条例》第三条和《广告法》的相关规定。根据《电影管理条例》等相关法规，并按照《广电总局关于重申禁止制作和播映色情电影的通知》、《广电总局关于加强互联网传播影视剧管理的通知》等要求，广电总局决定吊销影片《苹果》的《电影片公映许可证》，没收未经审查通过的影片拷贝及相关素材，制片单位 15 天内将拷贝等送达总局电影局；停止该片在影院发行、放映；停止其网络传播；建议有关行政部门停止其音像制品的发行。与此同时，对负有主要责任的北京劳雷影视文化有限责任公司，取消其两年内摄制电影的资格；该公司的法定代表人方励，两年内不得从事相关电影业务；对负有相关责任、参与投资拍摄的两家公司，进行通报批评，责令其限期整改。对参与该片拍摄的制片人、导演及相关演员，则进行严肃的批评教育，并要求其做出深刻检查。

资料来源：参见《〈苹果〉因色情内容被广电总局禁止公映》，载《京华时报》，2008-01-04；朱雅清、曾家新：《电影〈苹果〉大胆涉黄 广电总局坚决“封杀”》，载《京华时报》，2008-01-04。

2007 年 12 月 29 日，国家广电总局向各省、自治区、直辖市广播影视局、各电影制片单位发出《广电总局关于重申禁止制作和播映色情电影的通知》的通知，其中两点比较重要：

（1）要进一步完善管理制度，加强内容审查，认真贯彻执行各项管理规定。不得制作和播映夹杂淫秽色情和庸俗低级内容，展现淫乱、强奸、卖淫、嫖娼、性行为、性变态等情节及男女性器官等其他隐私部位，夹杂肮脏低俗的台词、歌曲、背景音乐及声音效果等内容的有害影视作品，不得制作、传播未经广电总局的审查机构审查通过的第二个版本或内容片段，不得将未经审查通过或未按审查意见修改的作品在电影院、电视台播映，也不得在音像市场和互联网上传播，不得将未获得《电影片公映许可证》的作品及其内容片段提交国际电影节展和国际市场参展参赛。

（2）要进一步落实管理责任，完善市场准入和退出机制，强化管理措施，创新管理手段，加强自律和自查。进一步明确"谁经营谁负责，谁审批谁负责"的属地管理原则，加强市场管理和网络搜索，一旦发现问题要及时提出纠正意见，并依法处理。对违反本通知规定的违法违规单位，依据《电影管理条例》予以处罚，并停止发行、放映违规影片；情节严重或不改正的，吊销《摄制电影许可证》或《摄制电影片许可证（单片）》，并按《电影管理条例》的相关规定变更、注销或吊销营业执照，三年内不能申请从事互联网视听节目服务，其法定代表人或主要负责人五年内不得从事相关电影业务；凡故意参加淫秽、色情电影制作的影片主创人员，一律不得参加各类影视评奖活动；情节严重或不改正的，给予纪律处分；屡教不改、造成恶劣社会影响的，国家影视审查机构对其所参与制作的所有电影电视片一律不予受理审查。[①]

2. 治安管理行政处罚

制作、复制、出售、出租或者传播淫书、淫画、淫秽录像或者其他淫秽物品的，处15日以下拘留，可以单处或者并处3 000元以下罚款；或者依照规定实行劳动教养。

3. 刑事处罚

制作、复制、出售、出租或者传播淫书、淫画、淫秽录像或者其他淫秽物品，情节严重，构成犯罪行为的，按照《刑法》规定的有关罪名进行处罚，包括走私淫秽物品罪、制作、复制、出版、贩卖、传播淫秽物品牟利罪、为他人提供书号出版淫秽书刊罪、传播淫秽物品罪、组织播放淫秽音像制品罪等。

上述罪行的主体是一般主体，包括自然人和单位。上述罪行侵犯客体是社会管理秩序，在客观方面必须实施了制作、复制、出版、贩卖、传播淫秽物品的行为。其中制作是指编写、摄影、绘画、录音、录像等行为；复制是指用印刷、影印、翻拍、翻录等手段使淫秽物品从一件变成许多件、从少量变成大量；出版是指以书籍、报纸、杂志、图片、音像制品等形式向社会公开出售，不管是否具有"合法"的形式（例如取得书刊号）；贩卖，是指通过购买销售淫秽物品赚钱的行为；传播，是指向他人扩散淫秽物品的行为，如出租、播放、互联网传输等。这五种行为不要求同时具备，只要实施其中行为之一，即构成本罪；而同时实施几种行为，也只定一罪，不实行数罪并罚。主观方面必须是出于故意，即明知是淫秽物品而予以制作、贩卖等并且要有牟利目的。不是以牟利为目的，如将淫秽物品赠送他人，不构成本罪（但构成《刑法》第三百六十四条的传播淫秽物品罪），是否牟利和牟利多少，不影响犯罪的成立。

---

① 参见《广电总局重申禁止制作和播映色情电影》，见中国新闻网，2008-01-05。

（二）色情出版物

根据《关于认定淫秽及色情出版物的暂行规定》，色情出版物是指有部分内容符合《规定》列举特征，对普通人尤其是未成年人身心健康有害而缺乏艺术或者科学价值的出版物。

对于色情出版物，也应该根据有关行政法规处理。虽不属于淫秽物品，但是色情内容突出、毒害青少年身心健康的，一律不得出版、印刷、贩卖、出租、窝藏。如有违反，应该给予单位一项或几项处罚，包括停印、停售、没收所得全部收入、罚款、停业整顿、吊销社号刊号或营业执照。各省、自治区、直辖市新闻出版局有权对本地区的出版物和违法单位与个人做出处理决定，报新闻出版总署备案；对外省的出版物可提出处理意见，报新闻出版总署做出决定；对中央一级出版单位的出版物和违法单位及个人，由其上级主管单位做出处理决定，报新闻出版总署备案。各地方或部门迟迟不作处理或处理不当的，新闻出版总署可以直接或另行处理。

（三）夹杂淫秽内容的出版物

根据《关于部分应取缔出版物认定标准的暂行规定》，夹杂淫秽内容的出版物即“夹杂淫秽色情内容、低级庸俗、有害于青少年身心健康的”出版物，“是指尚不能定性为淫秽、色情出版物，但是具有下列内容之一，低级庸俗，妨害社会公德，缺乏艺术价值或者科学价值，公开展示或阅读会对普通人特别是青少年身心健康产生危害，甚至诱发青少年犯罪的出版物：（1）描写性行为、性心理，着力表现生殖器官，会使青少年产生不健康意识的；（2）宣传性开放、性自由观念的；（3）具体描写腐化堕落行为，足以导致青少年仿效的；（4）具体描写强奸、通奸、淫乱、卖淫细节的；（5）具体描写与性行为有关的疾病，如梅毒、淋病、艾滋病等，令普通人厌恶的；（6）其他刊载有猥亵情节，令普通人厌恶或难以忍受的”。

根据新闻出版总署发布的《关于重申严禁淫秽出版物的规定》，对于“夹杂淫秽内容的出版物”应该做如下处理：对虽有艺术价值但夹杂淫秽内容，对青少年产生不良影响的文艺作品如果安排出版，地方出版单位必须事先将选题、印数和发行范围上报省、自治区、直辖市新闻出版局审核批准，并报新闻出版署备案。中央一级出版单位必须事先报新闻出版署审核批准。如有违反，应给以出版单位以一项或几项行政处罚，包括没收所得利润、罚款、停业整顿。对地方出版单位的处罚决定，由省、自治区、直辖市新闻出版局做出，由其上级主管单位做出。必要时新闻出版总署可以直接处理。同时，《关于重申严禁淫秽出版物的规定》也指出，除文艺作品外，其他出版物有违反上述规定的类似问题的，参照此条规定办理。印刷、贩卖、出租单位和个人违反上述规定的，由省、自治区、直辖市新闻出版局给予经济的、行政的处罚。

四、网络色情淫秽信息政府监管

一般而言，对于“色情”、“淫秽”信息的监管主要是为了防范其对未成年人的侵害。此外，有的国家，如新加坡对于色情信息的监管还有一个理由——维护社会稳定和传统价值观。“从新加坡网络色情管制来看，政府认为网络色情不仅侵蚀年青一代，而且对现有社会道德基础上构建的社会规范和社会秩序带来冲击，成为社会动荡的隐患，因此政府有权力进行管制。”[①] 当然，这种导向是容易产生争议的，毕竟对于道德的理解因人而异。此外，我国法律要求个人在行使权利时不能侵害其他人的利益，淫秽色情信息也应限定在“不侵害其他人利益”的范围之内，即不能超出社会中不愿意接受色情信息那部分人的“容忍度”。对于网络色情信息的社会容忍度就是公众对于色情影响的忍耐程度。在我国社会组织不是十分发达的情况下，政府经过一定的程序，可以根据社会容忍度对网络色情进行治理。但这种需要必须是从这部分群体的需要出发，通过一定的协商程序，制定共同的标准。在政府介入网络色情治理问题上，让公众自己拥有选择权或者控制权，这也是政府保障言论自由权的体现。最后，对于因网络色情信息传播引发的“次生灾害”，网络色情很可能引发其他的违法犯罪活动，所以，应当制定明确的法律加以规范。

由于涉及宪法所保护的言论自由与保护未成年人的利益，美国在法律上推动淫秽色情信息的监管遇到了很大的困难。美国《通讯庄重法》（The Communications Decency Act），也就是CDA法案，规定通过网络向十八岁以下未成年人传输淫秽、粗鄙、不雅信息的，处以刑事处罚。同时规定，通过互动式网络服务，以十八岁以下未成年人可以取得的方式，展示任何在当前社区标准之判断下系以明显令人不悦的方式，描写淫秽行为或淫秽物品的行为，应当处以刑事处罚。不过，在CDA法案签署仅四个月后的1996年6月12日，费城东区法院的法官就阻止了CDA法案的继续生效。理由是其对于保护未成年人免受色情信息侵害的范围界定过于宽泛。而《未成年人在线保护法》（Children Online Protection Act，COPA）也坚持“当前社区标准”作为判断色情信息的依据，但这一标准本身也很模糊。1997年6月22日，美国联邦最高法院在审理雷诺诉美国公民自由联盟案（Reno v. ACLU）时，CDA法案被宣布为违宪。之所以遭到否决，是由于美国社会对于个人权利的重视，而保护未成年人免受色情信息侵害就很可能以牺牲成年人言论自由这一宪法权利为代价。约翰·保罗·史蒂文斯（John Paul Stevens）大法官认为：“尽管政府致力于防止未成年人免受互联网有害信息的侵害，但CDA法案通过限制成年人的言论自由权而实现上述目的，无法满足《美国宪法第一修正案》的言论内容精确性要求。CDA法案通过增加成年人的言论权的负担，而不是设置更少的限制性替代措施来实现其立法目的是不能被接受的。”[②]美国司法部门并不赞成将过去用于大众媒体上网络色情的政府规制措施直接适用于互联网。有些通过技术手段来监管淫秽色情信息也会受到违宪的质疑。由政府来主导控制网络淫秽色情信息在美国几乎没有取得成效。

在限制淫秽色情问题上，规制的理念的重要性要远超于网络分级或者标识制度等这些执行层面的问题。网络内容分级制度是当前世界上很多国家应对网络色情淫秽信息最为重要的手段，就是通过设定不同级别的标准对网络色情淫秽内容进行分级，网络内容提供者根据标准在网页上进行自我标示，由内容接受者自行决定是否接入网站内容的制度。[③] 但是，这种标识背后的问题是，它并不具有强制性，选择权在使用者手中，而且网络面向所有人，包括未成年

---

① 徐天晓：《新加坡网络色情管制分析及对我国的启示》，北京交通大学硕士论文，2011。

② 董媛媛、王涪宁：《美国防止互联网色情信息侵害未成年人的法律体系评述》，载《国际新闻界》，2010（2）。

③ 参见张志铭、李若兰：《内容分级制度视角下的网络色情淫秽治理》，载《浙江社会科学》，2013（6）。

人，也就不能够很好地起到保护未成年人免受不良信息侵害的效果。不过，分级制度或者标识这种手段的最大优势也正是在于它尊重网络使用者自己的意愿，网络运营商也能够自己来选择如何控制网络色情信息，这就避免了在宪法上权利冲突的问题，从而有助于打破现有的监管困境。对于网络内容的治理不是依靠哪一种手段就能够奏效，而是要多管齐下，分级制度就为愿意对网络内容进行控制的人群提供了一种可能，包括家长等不愿意接受网络色情内容的人群就能够有所作为，而且这在一定程度上也缓解了政府在该问题上的国家义务。我国台湾地区是唯一强制推行内容分级的地区，由政府制定详细的电脑网络内容分级处理办法，具体规定了分级的标准和规制方向。这也能看出台湾地区在对待淫秽、色情信息上的政府态度。但在推广上，台湾地区依据《网络内容分级处理办法》第九条规定成立财团法人台湾网站分级推广基金会，由其负责推行网络内容分级制度，职责涉及订定网站分级系统，推动行业自我分级标示，提供分级标签产生器给内容提供者自我标示。即便依靠社会力量推行分级制度，台湾地区的这一做法也还是遭到了不少批评与指责，认为对于网络服务提供者、内容提供者等的限制，实质也是一种管制，与言论自由的精神是相悖的，这实质上是一种事前审查。比如，"不符合台湾当局认定标准的信息将会被标识或者事先过滤，这也剥夺了公民自主选择和自我判断的权利"①。网络淫秽色情如果通过技术方式过滤或限制之后，成年人的利益却无法保障，但是，如果不依靠强制推行，让网络使用者自己进行判断，就可能造成另一种现象——为了商业利益，很多网站不使用或者放开对于网络色情信息的控制。这就使治理网络色情信息陷于两难困境。因此，面对这一复杂的问题，就只能通过综合的思路来应对。

在英国，由政府牵头、200 个专业机构和网络服务提供商，以及各种专门的内容生产机构、青少年保护组织、家长组织、教育机构等组成多方探讨管理办法。但对于网络生产的这些内容如何判断是不是合适，这么多专业机构混在一起，包括那些大的互联网服务商，如谷歌、Facebook 等，探讨应该建立一个什么样的内容规范，也只是起到一个具有参考价值的作用，而非强制性的。此外，英国的大众媒体报纸、广播电视等也会制定对于色情内容的相关规则，对于自己的行为做出约束。其他组织当然也可以根据情况制定色情内容规制的规定。由此可见，网络色情信息的治理只能是疏堵结合、有所为有所不为。从国外的治理经验来看，主要是一种自下而上的治理模式，不同社会组织在自己的范围内，结合自身的需求、主体、所处环境等形成色情信息的自律组织，从而逐步改善整个社会的色情的状况。网络色情问题的解决并不会有一个十全十美的方案，但任何社会又都必须要面对色情网站对于青少年利益的侵害以及可能诱发的其他社会危害，因此，就只能寻找具有相对合理性的应对方法。

由于网络色情信息的数量庞大，现有的规制理念及思路上的不清晰，一方面导致企业面对网络色情信息承担了过重的责任；而且，一旦网络服务商、内容提供商等未能积极履行义务，当积累到一定的程度时就会受到监管部门的严厉处罚。另一方面，现有的网络色情监管方法存在着很大的缺陷使其并不能达到有效遏制网络色情信息的目的。我国在打击色情信息过程中做了很多的努力，但是标准一直非常不明确。从规则上来讲，先是引起挑逗意味的图片，后又提出一个更宽泛的标准就是有害社会良俗。然而很多宗教、艺术作品对社会是有价值的，对于这

① 参见张志铭、李若兰：《内容分级制度视角下的网络色情淫秽治理》，载《浙江社会科学》，2013（6）。

些作品，应该怎样去评判？所以，还是要在色情的概念上给一个明确的表述，当然这种明确不是说一板一眼一个规则，但最起码要比原来的规则更加准确一些，具有一定的可操作性。

由于对色情淫秽的界定不清楚的，在我国治理层面，这直接导致网络色情淫秽信息的治理手段与目标无法协调一致，治理效果不佳，往往“运动式”整治之后，色情网站很快又会死灰复燃，监管陷入恶性循环。所以说，对于网络淫秽色情治理也应当有新思路，对症下药。这就是要从国家治理能力现代化的角度，理解网络安全与信息化小组成立的使命，转变过去管理网络色情信息的惯性思维：一是对于网络色情信息进行深入研究，国家意志在治理中要找到合适的定位，对于该问题的解决要尽快进入适应国家治理能力现代化需要的“新常态”，而不是采取以往的权宜之计。二是在网络色情淫秽信息治理中摆脱“拍脑袋”决策的旧模式，真正掌握公众对于色情信息问题的关切点在哪里，由此出发，确立网络淫秽色情信息监管的目标与职责。这就要求从国家网络安全的视野下重新审视和谋划网络色情淫秽治理，提升政府的治理能力。对于网络色情淫秽信息的监管可以借鉴国际经验，但也要考虑本国国情。在淫秽信息治理问题上应当界定清楚政府与社会之间各自的责任，通过综合技术、法律等综合手段治理网络淫秽色情信息。一方面，政府通过刑法和行政法对于明确界定的确实具有社会危害的淫秽色情信息依法监管，坚守法律底线思维。政府在这方面应当“有所作为”，依法加强监管，从而达到“禁止向未成年人及不愿接受的成年人散布色情物品，禁止散布硬色情；对向自愿的成人散布软色情的无被害人犯罪采取管理措施”的监管效果。① 另一方面，除了在前面这些情形下权力需要强力介入之外，网络色情淫秽信息的治理更多地需要通过政府引导下的社会共同参与来解决，这就是“共治”理念的实践。监管思路确立之后，就应当建立网络内容分级制度，让公众掌握网络色情淫秽信息的控制权，由他们自己选择限定的范围，而政府主要是提供相关的技术支持与保障等服务。分级制度的实质是一种区别不同对象选择不同的管理方式，因此，也应包括对于学校、图书馆等场所强制安装过滤软件。结合中国的情况，政府在网络色情治理中，还可以借鉴新加坡的治理理念和方法，通过电视、报纸、政府网站媒体，以及选定一批网站要求其不得有色情信息，传播正能量。总之，政府应当根据分级制度背后“区别对待”的理念，不搞一刀切，而是从现实出发疏堵结合：区分愿意接受网络色情信息和不愿意接受的成年人，区分允许存在网络色情淫秽信息的场所（包括网络空间）与不允许存在的空间，由此针对不同情况摸索不同的治理方式，既体现对于网络色情淫秽信息政府主动作为的态度，又要做到“有所为，有所不为”，确保“作为”的真正效果。

第二节　禁止传播凶杀暴力内容

结合我国刑法对暴力犯罪的规定，有研究者将暴力分为广义的、狭义和最狭义的三种。

---

① 参见董玉庭、黄大威：《论传播淫秽、色情物品犯罪的刑事立法政策——以无被害人犯罪为视角》，载《北方法学》，2014（1）。

广义的暴力，即非法实施有形物理力或精神强制力的所有类型（包括威胁使用暴力）。其暴力的对象，既可以是人，也可是物；可以是针对被害人本人，也可以是针对在场的其他人；暴力的内容可包括从一般的殴打、轻微伤害到最严重的故意杀人、故意伤害，也可以是在网络上使用言语、信息制造情境，使人在现实中以受伤害状态生存、威胁到生存或无法生存。这种广义的暴力，不以达到直接抑制被害人的反抗的程度为判断的标准。

狭义的暴力，是指对人身施加有形物理力，即不包括对物体实施的有形力。暴力的程度也不要求对人身造成一定的伤害结果。狭义的暴力应具有比较强的对人身的强制性，而且不排除造成伤害、死亡的可能性。但是，是否具有足以抑制被害人的反抗的程度，并不影响对暴力的认定。

最狭义的暴力，同样是指对人身实加的有形物理力，不包括对物体实施，但暴力的程度则强于狭义的暴力。在通常情况下，暴力具有达到足以抑制被害人反抗的程度，但实际是否抑制被害人的反抗，则不影响犯罪的成立。①

从其字面含义理解，结合实践，暴力应该具有这样几种特点：

（1）从行为的性质上看，暴力是一种侵害行为。

（2）从形式上看，暴力采用的打击或强制是急速而猛烈的。

（3）从时间上看，暴力是一种突然实施的行为。

（4）从后果上看，暴力往往是凶狠、残酷的，极有可能造成严重的伤害后果。

（5）从主观方面看，行为人急于通过暴力达到某种目的，或取得某种利益，或满足某种欲望。

根据以上这些特点，对于“暴力”应做如下理解：所谓暴力，指行为人为了取得某种利益或满足某种欲望，而以急速猛烈的打击或强制形式，针对他人人身（包括精神受严重摧残）或财产突然实施的一种极易造成严重后果的非法侵害行为。②

一、法律对传播暴力内容的禁令

很多国家都致力于通过立法或一定的技术手段控制暴力内容以及媒介对暴力内容的传播，以减少其对青少年所造成的不良影响。我国的许多法律、行政法规、条例都规定面向青少年的出版物一律不得含有凶杀、暴力内容。《未成年人保护法》第三十四条就明确规定，禁止任何组织、个人制作或者向未成年人出售、出租或者以其他方式传播淫秽、暴力、凶杀、恐怖、赌博等毒害未成年人的图书、报刊、音像制品、电子出版物以及网络信息等。《出版管理条例》第二十六条也规定了以未成年人对象的出版物不得有恐怖、残酷等妨害未成年人身心健康的内容。《预防未成年人犯罪法》和与广播、电影、电视相关的法规以及大量的互联网行政法规、部门规章、通知等也都有类似的规定。广电总局下发的《关于加强涉案剧审查和播出管理的通知》，其主要目的也是为了减小影视剧中的暴力对青少年的不良影响。

我国法律对出版物中的凶杀、暴力做出比较简单的定义，并列举了其表现形式。新闻出版

① 参见林亚刚：《暴力犯罪的内涵与外延》，见法律教育网，2003－12－31。

② 参见黄立辉：《浅析刑法条文中涉及的暴力犯罪》，见中国大学生网，2005－02－26。

总署颁布的《关于部分应取缔出版物认定标准的暂行规定》指出，宣扬凶杀、暴力的出版物是指以有害方式描述凶杀等犯罪活动或暴力行为，足以诱发犯罪、破坏社会治安的出版物，具体包括五个方面：(1) 描写犯罪形象，足以引起青少年对犯罪同情或赞赏的；(2) 描述罪犯践踏法律的行为，唆使人们蔑视法律尊严的；(3) 描述犯罪方法或者细节，会诱发或鼓动人们模仿犯罪行为的；(4) 描述荒诞离奇、有悖人性的残酷行为、令普通人感到恐怖、会对青少年造成心理伤害的；(5) 正面肯定抢劫、偷窃、诈骗等具有犯罪性质的行为。

二、媒介传播暴力内容严重影响青少年

国外半个多世纪的实证研究证明，暴力是大众媒介中常见的内容之一。

作为信息交流的重要方式，新闻传媒会对受众产生示范效应，在 100 多年前，“近代犯罪学之父”切萨雷·龙勃罗梭在解释传媒与犯罪之间的“恶性规律”时就描述道：报刊对犯罪的报道扩大了他们的发行量，而报刊发行量的扩大，又使更多的人进行犯罪模仿，导致更多的犯罪的产生；不断地模仿最终会导致一种成熟的价值观的形成，受众不再是简单的模仿，而是将原本属于媒介人物的思想转化为自己的意识，自觉不自觉地用这种意识来指导自己的行为。[①] 对于鉴别能力差、模仿能力强的青少年来说，媒介文化的示范效应更为强烈，其中最直接的表现就在于青少年暴力犯罪行为与影视节目或图书所描述的情节很相似。一些有攻击倾向的青少年在观看暴力节目时，往往对节目中的攻击和侵略的方法很感兴趣，当他们想要采取攻击行为时，便自然会运用他们认为行之有效的那些暴力节目中的方法。而现在的影视节目等为了追求情节合理，也为了满足观众的猎奇心理，往往对犯罪过程、犯罪环境、反侦查手段甚至是犯罪分子的心理都进行全面、详尽的描述，这在客观上给青少年以诱导、“指南”作用。传媒暴力的冲击不仅刺激暴力行为的发生，更是对青少年的价值观和思维、行为方式也进行渗透，使青少年逐渐偏离正常的成长轨道。因此，禁止暴力内容的传播就成为法律规范的重点。

案例9—2

儿童模仿《喜羊羊与灰太狼》烧伤同伴 制作方被判赔偿

2013 年 4 月 6 日下午，7 岁的冉冉（化名）和 4 岁的浩浩（化名）与 10 岁的顺顺（化名）一起玩耍，并就地取材模仿《喜羊羊与灰太狼》动画剧情做“绑架烤羊”游戏，顺顺将冉冉、浩浩绑在一棵树上，用随身携带的打火机点燃树下竹叶，导致二人被火烧伤。医院诊断结果显示，冉冉全身多处烧伤 40%、浩浩全身多处烧伤 80%。2013 年 12 月 18 日，该案在江苏省东海县人民法院一审宣判。法院判决被告烧伤同伴儿童顺顺的监护人赔偿原告损失的 60%；被告《喜羊羊与灰太狼》的制作、发行人广东原创动力文化传播有限公司赔偿原告损失的 15%，对该公司辩称不应承担侵权赔偿责任

---

① 胡钰：《大众传播效果：问题与对策》，94 页，北京，新华出版社，2000。

的意见不予支持。

除被告顺顺监护人应当承担责任外，被告《喜羊羊与灰太狼》的制作、发行人广东原创动力文化传播有限公司是否应为这起惨剧担责一直是各界关注的焦点。法院认为，《喜羊羊与灰太狼》的传播对象主要是未成年人这个特殊群体，制作发行方除应遵守《音像制品管理条例》的相关规定外，还应受到未成年人权益保护的相关法律法规的制约，主动严格审查、过滤未成年人不宜的情节和画面，并负有提示风险、警戒模仿的注意义务。而其在制作、发行的涉案音像制品中，仍存在捆羊、用火煮羊等暴力情节和画面，对本案未成年人的行为认知产生了不良影响，误导本案未成年人模仿其情节，导致冉冉、浩浩被烧伤的严重后果。

法院认为，虽然该片的制作、发行经过了行政许可，但实际造成了损害的客观后果，该后果与被告广东原创公司的发行行为存在法律上的因果关系，被告广东原创公司未尽应有的注意义务，对损害事实存在过错，应当承担相应侵权责任。此外，两原告的监护人没有尽到相应的监护责任，也应承担相应的责任。

资料来源：《儿童模仿〈喜羊羊与灰太狼〉烧伤同伴案一审宣判 制作方被判赔偿》，见新华网，2013-12-19。

正是察觉了新闻传媒中的不良文化对青少年的腐蚀作用，世界各国普遍对视听作品、文学作品等实行内容审查和分级制度，并且通过专门的立法对审查分级工作进行保障和规范。例如，美国电影联合会将一般电影院放映的电影分为五个等级，严格区分观看者的年龄段，从而达到屏蔽暴利内容的效果。

三、网络暴力及其禁止

网络暴力又被称为网络欺凌、网络霸凌、网上暴力等。网络暴力的施加者一般都是群体，所以也可被视为与网络舆论暴力概念等同，其最核心的特点是对于事件的当事人进行言语上的攻击、威胁，甚至通过公布其隐私或者私人信息等，引发一些网民对当事人进行骚扰等行为上的侵犯，给当事人造成生活工作上的不便。也会对其本人以及相关亲朋好友造成一定程度的伤害。网络暴力是一种反社会行为，通常会造成受害人精神创伤、扭曲，也可能逼迫受害人产生报复性攻击行为，或使受害人转而施暴他人甚至引发悲剧。其主要包括以下几种行为：

（1）重复并且不断地对特定网民使用言语暴力。

（2）重复并且不断地对特定网民或网络群体进行抵制。

（3）模仿特定网民外表及行为特征，并且加以羞辱。

（4）将与受害人相关的个人资料（如真实姓名、照片等）公开（该行为又称“起底”）。但如果是受害者公布加害者的个人资料是以自我保护为目的，则涉及言论自由、隐私权保护问题。

（5）将受害人容貌移花接木至他人照片中，或在这些照片图片上加入诽谤性文字（该行为又称 PS，即通过软件 photoshop 美化或者合成照片）。

（6）重复并且不断地在网络平台（如论坛、微信朋友圈等）上以各种方式公开侮辱受害人。

(7) 重复并且不断地伤害与受害人相关的人士与朋友，从而达到孤立受害者的目的，又称为关系暴力。

使用不同的账户及身份攻击同一名受害人，导致受害人误以为受到很多人讨厌和攻击。

(8) 对他人进行“人肉搜索”致人死亡或严重伤害，是一种严重的网络暴力。“人肉搜索”是指区别于计算机电脑搜索引擎，用“人找人”的方式通过网络传递相关人信息的一种搜索方式，当然也是需要借助电脑网络完成的。“人肉搜索”又可以理解为是一种“网上非官方通缉”或称“网上民间通缉”。因为官方全国“通缉”的必定是犯有重罪的人，因此网上通缉也自然是网民心目中“有罪之人”，这里所谓的“有罪之人”的“罪”不能或没有被法律处罚，人们觉得不平，于是就在网络上形成舆论进行谴责。这种做法的兴起当然是由于科学技术的发展，使得网民们有条件实施他们的舆论谴责。其存在的深层原因当然是人们希望能在网络找到“公正”和“正义”或由自己发出“公正”和“正义”之声。

在网络信息时代，“人肉搜索”是一把双刃剑，如果使用恰当，可以为公民的生活提供便利，能够结合大众力量和群体智慧来解决问题，同时也能为公众的言论自由提供平台，为监督公权力行为提供渠道。但如果使用不当，就变成了网络暴力，网络监督就变成了私刑的实施。因此，政府应该在保障公民信息权利、维护公民传播自由的同时，限制网络侵权和暴力伤害。

案例9—3

广东“人肉搜索”第一案：网络暴力怎么判

2013年12月初，在连续发出“第一次面对河水不那么惧怕”、“坐稳了”两条微博后，高三女生丽丽（化名）从望洋河桥上一跃而下。而在结束自己年仅18岁生命前的最后两天，她经历了一场来势汹汹的“人肉搜索”。网络世界里到处都是她的个人信息，以及网友对她的指责。

法院审理查明，被告人蔡某因怀疑丽丽在陆丰东海镇金碣路某服装店试衣服时偷了一件衣服，于2013年12月2日18时许，将丽丽在该店的视频截图配上“穿花花绿绿衣服的是小偷，求人肉，经常带只博美小狗逛街，麻烦帮忙转发”的字幕后，上传到其新浪微博上。微博发出仅一个多小时，迅即展开的“人肉搜索”就将丽丽的个人信息，包括姓名、所在学校、家庭住址和个人照片全部曝光，这些信息随后也被服装店主蔡某用微博发出。一时间，对丽丽的各种批评甚至辱骂开始在网络上蔓延，迅速引发很多同校同学和社会人士对她的非议。两天后，丽丽跳河自杀。丽丽的父亲向公安机关报案，称其女儿因被他人在微博上诽谤是小偷，造成恶劣影响而自杀，警方随后对蔡某进行盘问，并将其抓获归案。

被告蔡某辩称，其发微博的行为是正常的网络寻人，现有证据只能说明其行为和死者的自杀结果在时间上有先后关系，无法直接证明二者存在刑法上的因果关系。法官进行调查发现，多名证人证言证实这次微博事件对死者伤害很大，直接导致了死者当时情绪低落；且蔡某在没有向公安机关报案、调查取证的情况下，擅自将死者贴上“小偷”的标签，并发图片微博求“人肉”，又将死者的个人信息公布，导致网友对死者进行批评谩骂，死者作为一个未出校门的少女，面对“人肉搜索”的网络放大效应及众多网民居高临下的道德审判，容易对未来生活产生极端恐惧，最终导致了自杀身亡的严重后果，因此二者具有刑法上的因果关系。

丽丽的父亲希望用诽谤罪对蔡某提起诉讼，但最后公安机关以侮辱罪进行立案侦查，究竟是侮辱还是诽谤？黄海钦法官认为，侮辱罪和诽谤罪最重要的区别在于，诽谤是捏造并散布有损于他人名誉权的虚假事实来对他人的人格进行侵犯，而侮辱是利用当事人的某种情况，公然地对他人人格进行损害，前者强调的是伤害他人人格和尊严的方式，后者强调的是对人格和尊严的伤害。虽然死者的父亲认为被告人发微博进行“人肉搜索”指责女儿是小偷属于无中生有，但由于死者已逝，无法查清其是否有盗窃行为。退一步说，假设死者确实具有盗窃行为，也只应当受到法律制裁，而不应该在人格、名誉上对其进行侮辱。本案中，被告人在微博上明确指责死者是小偷并要求“人肉搜索”，该行为就是一种公然侮辱他人人格的行为，而且主观上属于直接故意，只不过其使用的方法与传统手段不同，利用了互联网这一新兴媒体，因此以侮辱罪追究被告人的刑事责任。

2014年9月7日，汕尾中院对蔡某犯侮辱罪一案进行公开宣判，维持了一审以侮辱罪判处被告人蔡某有期徒刑一年的判决。这一判决得到了业界的广泛认可。最高法要求汕尾中院撰写案例材料并上报，一个月后，最高法发布《关于审理利用信息网络侵害人身权益民事纠纷案件适用法律若干问题的规定》，广东“人肉搜索”第一案成为与之配套推出的一宗指导性判例。

在此类案件中，一方对“网络暴力”的失控预估不足、超出个人想象；另一方因为毫无社会经验，面对“网络审判”束手无策，直至绝望，加上个人性格等因素最终酿成命案。问题的根源是，双方都缺乏法律意识，不懂得用法律武器保护自身合法权益，值得人们反思。

资料来源：陈捷生、洪继宇：《广东“人肉搜索”第一案：网络暴力怎么判》，见南方网，2015-01-15。

网络暴力对未成年人的危害更大。美国佛罗里达州莱克兰市的12岁初中女孩丽贝卡·塞德威克看起来和同龄人没有什么两样，但在网络世界里，她在生命的最后一年，曾遭受长达一年的折磨，而“施暴者”正是她的同学。“你应该喝漂白剂去死”、“没人喜欢你”、“你应该自杀”……丽贝卡的某社交网站个人页面上，类似这样恶意攻击她的留言层出不穷。据悉，这些流言大多出自她的两名12岁和14岁的女同学之手。

2013年9月10日，不堪承受巨大精神压力的丽贝卡，爬到学校附近的一座废弃水泥厂的顶层，纵身跳下，结束了自己的生命。案发之后，两名在网络上欺凌丽贝卡的女孩被当地警方拘留。但由于她们均未成年，在法律规定的21天拘留期满后都被释放了。当地警方表示，佛罗里达州没有关于网络暴力的具体处罚规定。

丽贝卡的不幸让她的母亲诺曼痛不欲生。她说：“我要她们对此付出代价，因为她们夺走了我的孩子。”然而，即使丽贝卡已经离开这个世界，曾用言语欺凌她的那名14岁女生仍然没有表示出一丝愧疚，而是发出了这样冷酷的留言：“是的，我欺负了丽贝卡”、“她自杀了，但我根本不在乎”。在悲剧之后看到这样的话，不少美国人为之痛心。他们无不反思：是什么夺走了少女的生命？又是什么让一些青少年变得如此冷酷？

据美国媒体报道，有超过25%的美国未成年人曾遭受过类似的网络暴力。在美国，基本上每个人都有一个网络社交账户。由于在网络上发言时面对的不是真实的人，甚至很多时候发言者可以隐藏自己的真实身份，这让一些人在语言表达方面非常随意。然而，就是这种随意的语言，可能已经构成了对他人的骚扰，触犯了法律。

美国法律人士认为，欺凌者之所以有恃无恐，主要是没有具体法律的约束。美国网络法律师卡尔·明斯称，“如果家长有枪，孩子拿枪杀了人，家长要为此负责。但是，家长却不需要为（子女对他人实施的）网络暴力负责”，因为“这很难界定。有些留言，也许你认为是骚扰，但其他人不觉得是”。虽然在美国将近半数的州均有涉及网络暴力的条文，量刑也由三个月到十几年不等，但这些条款太过笼统，很难针对具体个案解决问题。针对这一现实，卡尔·明斯表示，每个州都应该使关于网络暴力的法律更加明确并细化，这样在对网络暴力实施人做出惩罚时更容易做到有法可依，也能更好地进行量刑，进而解决网络暴力对社会的侵害。[①]

第三节　禁止传播邪教和其他危害社会的内容

禁止在媒介上传播的危害社会的内容，除了淫秽色情、暴力内容外，还有邪教和封建迷信等。

一、禁止宣扬邪教

我国最高人民法院和最高人民检察院在相关司法解释中对邪教下了这样的定义：“冒用宗教、气功或其他名义建立，神化首要分子，利用制造、散布迷信邪说等手段蛊惑、蒙骗他人，发展、控制成员危害社会的非法组织。”邪教不属宗教概念，而是社会法律概念；邪教组织不是宗教组织，而是一种邪恶的社会势力。反人类、反社会、反科学是一切邪教组织的基本特征和丑恶本质。

如果说在过去禁止宣扬邪教内容只有行政制裁，那么经过1999年和2001年最高人民法院和最高人民检察院两次发布的司法解释，对宣扬邪教的行为增加了刑事制裁，明显加大了打击力度。比如，其专门规定“制作、传播邪教宣传品，宣扬邪教，破坏法律、行政法规实施”的行为按《刑法》相关条款进行处罚。此处的“宣传品”是指传单、标语、喷图、图片、书籍、报刊、录音带、录像带、光盘及其母盘或者其他有宣传作用的物品；“制作”，是指编写、印制、复制、绘画、出版、录制、摄制、洗印等行为；“传播”，是指散发、张贴、邮寄、上载、播放以及发送电子信息等行为。这基本上覆盖了宣扬邪教内容的所有行为及方式。

---

① 参见《美国一12岁女孩因不堪网络暴力自杀》，见央视网，2013-12-20。

二、禁止传播的其他内容

其他禁止传播的内容主要有宣扬封建迷信、破坏民族团结的内容等。这些内容败坏社会风气，助长违法犯罪现象，严重损害社会主义精神文明的建设，特别是会对尚在成长中的未成年人造成很大的毒害。

新闻出版署制定的《关于部分应取缔出版物认定标准的暂行规定》对相关应取缔的内容做了具体界定。另外关于涉及宣扬破坏民族团结内容的犯罪，《刑法》第二百四十九条规定了煽动民族仇恨、民族歧视罪，《刑法》第二百五十条还规定了出版歧视、侮辱少数民族作品罪，主要指“在出版物中刊载歧视、侮辱少数民族的内容，情节恶劣，造成严重后果的，对直接责任人员，处三年以下有期徒刑、拘役或者管制”。本罪属于侵犯公民人身权利、民主权利罪。犯罪主体是自然人，包括作者和负有责任的编辑者、出版者。犯罪侵犯客体是少数民族群体的人格尊严。犯罪的主观方面必须出于故意，即明知作品内容有歧视、侮辱少数民族的性质，仍然蓄意印制出版，而不论其动机是招揽读者、提高发行量、牟取经济利益还是出于其他目的。犯罪的客观行为是在出版物中刊载了贬低、嘲弄、蔑视、羞辱少数民族人格、风俗习惯或民族传统的内容，同时必须是情节恶劣、造成严重后果，这是指严重伤害了少数民族的感情和自尊心，破坏了民族之间的和睦关系，甚至引起民族纠纷等。

《中华人民共和国刑法修正案（九）》于2015年8月29日第十二届全国人民代表大会常务委员会第十六次会议通过，11月1日起正式施行。其中规定：以制作、散发宣扬恐怖主义、极端主义的图书、音频视频资料或者其他物品，或者通过讲授、发布信息等方式宣扬恐怖主义、极端主义的，或者煽动实施恐怖活动的，处五年以下有期徒刑、拘役、管制或者剥夺政治权利，并处罚金；情节严重的，处五年以上有期徒刑，并处罚金或者没收财产。

上述修正案将《刑法》第三百条修改为：“组织、利用会道门、邪教组织或者利用迷信破坏国家法律、行政法规实施的，处三年以上七年以下有期徒刑，并处罚金；情节特别严重的，处七年以上有期徒刑或者无期徒刑，并处罚金或者没收财产；情节较轻的，处三年以下有期徒刑、拘役、管制或者剥夺政治权利，并处或者单处罚金。”

关键词

严禁传播　黄色出版物　暴力内容　宣扬邪教

思考题

1. 简述我国有关严禁传播淫秽色情作品的法律法规。
2. 简述网络色情淫秽信息政府监管面临的问题。
3. 暴力内容概念及严禁传播的规定有哪些？
4. 邪教和其他危害社会的内容有哪些？

第十章

商业信息传播规范

不正当竞争行为是针对市场竞争中的正当竞争行为而言的，它泛指经营者为了争夺市场竞争优势，违反公认的商业习俗和道德，采用欺诈、混淆等经营手段排挤或破坏竞争，扰乱市场经济秩序，并损害其他经营者和消费者利益的竞争行为。

我国于 1993 年正式实施《反不正当竞争法》，对不正当竞争行为的界定采用了世界各国的通常做法。首先，在该法的总则部分规定了市场交易的基本准则，实际上是把违背这些基本准则的行为界定为不正当竞争行为。其次，对不正当竞争行为做了概括性的界定，即“经营者违反本法规定，损害其他经营者的合法权益，扰乱社会经济秩序的行为”，在分则部分又规定了七种不正当竞争行为，它们分别是仿冒混淆行为、商业贿赂行为、虚假宣传行为、侵犯商业秘密行为、不正当有奖销售行为、诋毁商誉行为、串通勾结投标行为。

《网络交易管理办法》已经由中华人民共和国国家工商行政管理总局局务会审议通过，自 2014 年 3 月 15 日起施行。该办法指出，在网络交易中，通过博客、微博等网络社交载体提供宣传推广服务、评论商品或者服务并因此取得酬劳的，应当如实披露其性质，避免消费者产生误解。

第一节　传播与不正当竞争防止

随着我国信息化建设的不断推进，信息网络的快速发展在为人们的生活提供便利的同时，也产生了一些问题。许多不正当竞争手段在网络空间有了新的表现形式。网络不正当竞争事件发生频率提高，已涉及客户端软件、搜索服务、安全软件、用户信息保护、商誉诋毁等各个领域。这不仅会直接侵害同业竞争者的合法权益，也会影响到经济市场的秩序，更会侵犯广大消费者的利益。就网络不正当竞争行为的本质而言，其与现实市场环境下的不正当竞争行为并无二致，但网络服务商的介入、网络技术体系的独特使得网络不正当竞争行为的责任认定在某些情况下显得更为复杂。此外，网络的开放性、互动性、虚拟性决定了网络不正当竞争在法律适用上的特殊需求。这就需要法律在介入网络不正当竞争的各个阶段时要充分考虑其特殊性，以更好地实现规制效果。就目前的状况而言，不正当竞争行为有传统企业之间利用网络进行经营活动过程中发生的不正当竞争行为、网络服务商与传统企业之间的不正当竞争行为以及网络服务商之间的不正当竞争行为。其中既包含传统不正当竞争行为在网络环境中的新表现，也有互联网络条件下独有的不正当竞争形态，具体来讲，主要有以下几类。

一、仿冒混淆行为

仿冒行为是指生产者或经营者为了争夺竞争优势，在自己的商品或者营业标志上不正当地使用他人的标志，使自己的商品或者营业与他人经营的商品、营业相混淆，以牟取不正当利益的行为。从广义上讲，仿冒行为包括对产品、质量、价格、广告以及一切代表企业商品或者企业商誉的外在标志的仿冒。狭义的仿冒行为仅指经营者在其商品或商品包装上对他人的注册商标、包装、装潢、名称、质量标志、产地等的仿冒行为。这类仿冒混淆行为对媒体来说主要是抢注媒介品牌问题。

媒介品牌系媒体栏目或节目的名称和标志的组合。从内涵来看，媒介品牌蕴涵着媒介信息传播的质量和形式、媒介的市场占有率和市场回报率等要素，是媒介名称、属性、个性、风格、知名度、美誉度、价值的组合。媒介通过努力打造的知名品牌栏目具有高收视率、知名度和美誉度，不仅有加强舆论导向的传播效果，而且有巨大的市场价值。这些品牌栏目拥有大量受众，同时也为媒介赢得广告客户，为新闻媒体带来同行业平均利润以上的超额利润。

网络环境下侵犯商标权及商业混同行为主要表现在将他人的注册商标尤其是驰名商标注册为域名，利用他人商标的知名度进行不正当竞争。如采用图像链接时为增加其醒目性和识别性，设链者有时会使用他人的文字或图形商标作为链接标识，这种情况下极有可能导致商标侵权。特别是涉及某些驰名商标，因为法律对驰名商标的保护力度更大，严禁跨类使用。设链者可以在框中任意添加他人的文字和图案商标，以扩大自己网站的影响，提高自己网络服务的知名度或可识别性。虽然我国商标法中没有反淡化的条款规定，但可以适用《反不正当竞争法》有关规制引人误解、市场混淆行为的条款来调整。《反不正当竞争法》第五条规定经营者不得采用下列不正当手段从事市场交易，损害竞争对手：

（1）假冒他人的注册商标；

（2）擅自使用知名商品特有的名称、包装、装潢，或者使用与知名商品近似的名称、包装、装潢，造成和他人的知名商品相混淆，使购买者误认为是该知名商品；

（3）擅自使用他人的企业名称或者姓名，引人误认为是他人的商品。

（4）在商品上伪造或者冒用认证标志、名优标志等质量标志，伪造产地，对商品质量做引人误解的虚假表示。

网络域名争议是网络纠纷类型之一，受商业利益的驱动和域名注册管理制度薄弱环节的影响，一些单位和个人将他人的商标、厂商名称、国际组织名称、网站名称、名人姓名等注册为自己的域名，再高价出售给商标、厂商名称所有者牟利或利用他人知名商标、名称的良好商誉达到混淆、引诱、误导消费者访问以攫取不正当商业利益的目的。这些欺诈性网站的不正当竞争行为受到权利人的反对，诸如国际奥林匹克委员会、国际足联等的网上打假活动都得到了WIPO的支持。另外对他人已注册并已取得一定影响的域名或网站名称“搭便车”，进行不正当竞争的行为在我国亦已出现，如2000年8月上海东方网股份有限公司（www. eastday. com）诉济南开发区梦幻多媒体网络技术开发中心 eastdays. com 域名纠纷案。

在该“真假东方网案”中，原告的域名是“EASTDAY. COM东方网”，被告的域名是“EASTDAYS. COM东方网”，原告起诉至法院要求禁止被告使用与原告相近的域名，但最后却被法院驳回。其原因固然有域名本身的技术特点原因，即域名系统对于多一个“S”的域名能够精确识别，不会发生错误，但是这也与“东方网”名称已经在网上到处流传、原告对此没有专有权有很大关系。“东方网”名称在网络上已经被很多公司采用作为名称或者注册为域名，成为公有领域之物。但本案原告可能出于地域因素考虑，刻意选取了这个自己不拥有专有权的名称，由此埋下了祸根。一旦发生类似“域名模仿”案件，则因为上述原因无法制止他人的“搭便车”行为。

虽然该案最后以原被告双方和解、被告停止使用诉争域名的结果使原告得到了胜利，但一审生效判决中关于驳回原告要求被告停止使用诉争域名的判决，仍然使原告难以安枕。如果将来继续发生类似事件，原告仍将面临类似该案的尴尬局面。

域名纠纷往往与其他权利纠纷发生竞合，应适用不同的法律如《商标法》、《反不正当竞争法》等分别予以处理。《反不正当竞争法》对于恶意的域名抢注行为以及其他纠纷是可以施加救济的，只要行为人违反了公平竞争、诚实信用的基本原则，其域名与他人的在先权利冲突，并通过损害他人的经济利益来谋取利益，就可以认定该行为构成不正当竞争。与《商标法》相比，用《反不正当竞争法》来调整恶意域名抢注行为其标准比较客观，保护的对象更加全面，同时法律适用上更为灵活、开放。但《反不正当竞争法》不能调整善意的域名冲突，只是保护公平有序的市场秩序，而不保护某项具体权利，对经营者之外的侵权者无法适用，这也是《反不正当竞争法》调整域名抢注的缺陷。

二、商业贿赂行为

商业贿赂是以获得商业交易机会为目的，在交易之外以回扣、促销费、宣传费、劳务费、报销各种费用、提供境内外旅游等各种名义直接或间接给付或收受现金、实物和其他利益的一种不正当竞争行为。

《反不正当竞争法》第八条对商业贿赂行为做出了禁止性规定，即“经营者不得采用财物或者其他手段进行贿赂以销售或者购买商品。在账外暗中给予对方单位或者个人回扣的，以行贿处；对方单位或者个人在账外暗中收受回扣的，以受贿论处。经营者销售或者购买商品，可以以明示方式给对方回扣，可以给中间人佣金。经营者给对方折扣、给中间人佣金的，必须如实入账。接受折扣、佣金的经营者必须如实入账”。

商业贿赂行为具有以下四个方面的基本特征，实际上这也是构成商业贿赂行为的要件。

其一，主体包括行贿者和受贿者双方在内的经营者及其相关人员。

其二，主观上是以排斥商业竞争为目的。商业贿赂是以不正当方式进行的行为。就媒体来说，不正当的方式表现为向媒介单位或单位的有关人员提供财物或其他利益。其他利益的范围很广，包括高消费招待、娱乐、提供出国机会和风景旅游观光，也包括为对方安装电话、装修住房以及为对方提供明显可营利的业务项目、合同等。这里的有关人员包括单位的社长、总编、部门负责人、记者、代理人及对某项交易具有影响力的责任人等。

其三，商业贿赂的主要表现形式。

（1）商业回扣。在经济生活中，商业贿赂的主要表现形式是被称做“回扣”的贿赂方式，即在商品交易过程中，一方交易人为争取交易机会和便利的交易条件，在暗中从账外向交易相对人或有影响有决定权的经办人员秘密支付钱财及其他报酬的行为。

（2）佣金。是指单位支付给为其经营活动提供服务的中间人（包括经纪人、介绍人）的劳务报酬，是发生在企业与中介人之间，而并非交易双方当事人之间的一种经济关系。它与商业贿赂的区别之一在于是否明示公开，佣金的支付者与介绍人、经纪人一般订有服务合同，单位支付佣金必须公开入账，收受人也必须如实入账，依法纳税。区别之二在于收取佣金的中间人必须是有合法经营资格的中介机构，他既可以从买方处接受佣金，也可以从卖方处收受佣金，还可以接受双方给予的佣金。可见，合法佣金和价格折扣一样都不是商业贿赂的形式，而是受法律允许的属于商业惯例的一种交易手段，不能简单地把它们与回扣混淆起来。

其四，对商业贿赂行为的查处。在我国现行法律体系中，反商业贿赂的基本权力在工商总局手中。事实上，市场交易过程出现的商业贿赂问题不仅工商机关有权查处，相关的法律法规同时赋予其他一些行业监管部门执法的权力。这种政出多门、多头执法的混乱状况导致了不同部门在对查处商业贿赂的标准把握上存在分歧，执法尺度不一，“或争或推”，加大了执法成本。另外我国刑法规定，受贿主要是追究国家工作人员以及公司的经营行为，对事业单位的个人等的受贿行为都缺乏相应的法律约束。

三、虚假宣传行为

现代社会，广告已经渗透到了人们的日常生活之中，老百姓的吃穿住行无不与广告存在或多或少的联系。广告“骗人”，轻者让老百姓花点冤枉钱，重者不但破坏市场经济的秩序，甚至还会危害人们的健康和生命。

虚假宣传的形式形形色色，主要表现为：对没有定论的性能、功效等做定论性宣传，对产品性能做夸大宣传，将专利申请号作为专利号宣传，没有事实依据的“忠告”宣传，假冒他人名义、商誉等的宣传，对对手的经营、资金状况等的恶意宣传，采用未经认可的“首创”、“独家经营”等用语宣传，在未经比较的情况下采用“换代产品”、“第二代”等说法宣传。

虚假广告具有以下几个特征：（1）行为的违法性。虚假广告违反了我国《广告法》、《消费者权益保护法》和《反不正当竞争法》等法律的有关规定，违背了公序良俗，损害了消费者或者其他生产经营者的合法权益，具有一定程度的社会危害性。（2）内容的不真实性。虚假广告之所以虚假，其根本在于广告的内容未能真实客观地介绍有关商品或服务的情况，即广告内容与实际商品或服务情况明显不符。（3）手段的欺骗性。虚假广告采取虚构事实、隐瞒真相等手段，故意欺骗或误导消费者，使其产生错误的认识，进而购买其宣传的商品或接受其宣传的服务。（4）主体的复杂性。虚假广告的主体既包括广告主，也包括广告经营者，还包括广告发布者。

网络世界中的虚假宣传行为与传统方式虽有区别，但所要达到的目的是一样的，即通过贬低别人、抬高自己来引诱消费者购买其产品或服务。电子商务经营者同样应遵守自愿、平等、公平、诚实信用的基本原则，欺诈、不实广告、虚假宣传等网络不正当行为违背了这一基本原则，不但损害了其他经营者的合法权益，还妨害了正常的市场竞争秩序，应受到《广告法》、《反不正当竞争法》、《消费者权益保护法》等法律的禁止和制裁。

四、侵犯商业秘密行为

（一）商业秘密定义及其特征

《反不正当竞争法》对商业秘密做出了定义：商业秘密是指不为公众所知悉，能为权利人带来经济利益，具有实用性并经权利人采取保密措施的技术信息和经营信息。

商业秘密是一类特殊的知识产权客体，既不同于专利、版权等一般知识产权，也不同于个人隐私等一般秘密。商业秘密具备以下一些基本特征。

（1）秘密性。秘密性又称非公开性，它是商业秘密最核心的特征。

（2）管理性。由于商业秘密的秘密性是相对的，所以要求权利人采取合理的保密管理措施进行自我保护。

（3）经济性。经济性也称为价值性，商业秘密的经济性是指商业秘密的使用可以为权利人带来经济上的利益，使权利人拥有比不知晓或不使用该商业秘密的同行业竞争者更有利的地位和竞争优势，从而能在竞争中领先取胜。

（4）实用性。商业秘密的实用性是指商业秘密能在工农业生产和经营中应用，这使得商业秘密区别于一般的生产技术和经营管理的理论成果。

（二）侵犯商业秘密的行为

商业秘密作为一种信息，具有无形资产的特征，其权利人不像物的所有权人那样对物容易控制和占有，其权利人极易为人所侵害。因此，对商业秘密的侵害行为与物权的侵权行为就有所不同。

（1）以不正当手段获取他人商业秘密。“不正当手段”是指一切违反诚实信用、公平竞争原则，直接从权利人处获取商业秘密的行为。《反不正当竞争法》将“不正当手段”具体规定为“盗窃、利诱、胁迫或者其他不正当手段”。

（2）恶意披露、使用或允许他人使用以违法行为获得的商业秘密。这是行为人获取商业秘密后的继续行为。非法获取他人的商业秘密的行为人将其所获取的商业秘密转告第三人或利用各种方式将其公布于众，自己使用或允许他人使用该商业秘密，这些都会使权利人受到的损害进一步扩大，使后果更加严重。《反不正当竞争法》第十条第（二）项对此明确规定：披露、使用或者允许他人使用以前项手段获取的权利人的商业秘密是侵犯商业秘密的行为。

（3）违反约定或者违反权利人的要求，披露、使用或允许他人使用商业秘密的行为。《反不正当竞争法》所规定的违反“保密约定”和“权利人有关保守商业秘密的要求”应该包括明示和默示两种情况。因为这里强调的是对商业秘密持有人的意志的违背，而无论明示的或默示的许可都是持有人的真实意志，只要缺乏这种许可，披露、使用或者允许他人使用商业秘密都应认定为侵害他人的商业秘密的行为。

（4）第三人侵犯商业秘密的行为。这是指第三人明知或应知转让人获得该商业秘密为不当取得，或未经授权取得后披露、使用或者准许他人使用，仍予以受让或泄漏的行为。在现实世界中，商业秘密的法律保护已经引起了国际社会的广泛关注，面对互联网的挑战，商业秘密的保护更加成为一个突出的问题，通过网络侵害商业秘密的后果往往更为严重。电子邮件的普及、国际信息网的运用与电子商务的开展，以及尔虞我诈的虚拟商场、不择手段获取商业利益的情形使得商业秘密时时处于岌岌可危的状态之中。例如利用管理网站的优势，随意窃取、泄露或使用上网企业与个人的具有商业价值的保密性资料信息；员工利用电子邮件有意或无意地传送企业秘密商业信息；以 FTP 传输文件、BBS 电子公告板、新闻组和远程登录等方式都可能造成对商业秘密的侵害；而可归属于计算机网络犯罪行为的黑客入侵、破坏等行为更是商业秘密的大敌，可能被追究刑事责任。根据《反不正当竞争法》第十条，经营者利用互联网通过不正当手段获取、披露、使用或者允许他人使用权利人的商业秘密也可以构成不正当竞争行为，应受到该法的调整和规范。

五、利用互联网侵害竞争对手商誉

商业信誉和商品声誉是竞争者获得市场竞争优势的基本保证，企业法人在市场竞争中应遵守诚实信用原则，不得采用诋毁他人商业信誉和商品声誉的手段牟取竞争优势。商誉作为企业无形财产直接关系到经营者在社会经济生活中的地位，影响甚至决定着经营者的经营业绩和经济收益。网络环境下信息传播的迅捷、覆盖领域的广阔使得企业的商誉权显得尤为重要，诋毁商誉的行为不仅对经营者造成严重影响，也扰乱了社会经济的良好竞争秩序，因此实践中法院对于侵权人故意制造散布虚假事实、诋毁竞争对手使其减弱或丧失竞争能力的行为都依据《反不正当竞争法》责令其停止侵害，赔礼道歉，赔偿损失。利用电子邮件、BBS 等互联网工具造谣诽谤、捏造散布虚假事实，诋毁损害竞争对手的商业信誉、商品声誉，误导消费者的行为也是偶有发生的，如案例 10—1 北京市普天新能源技术开发公司诉北京市中北高科机电公司司法文书上网不正当竞争案。

案例10—1

利用互联网诋毁竞争对手终败诉

北京市普天新能源技术开发公司（简称普天公司）与中北高科机电公司（简称中北公司）均为生产有源音箱的生产厂家，在市场销售过程中，普天公司使用“狂人”注册商标，中北公司使用“润宝轻骑兵”注册商标，两公司的产品性能近似，且均在国内市场销售。自 1997 年 7 月起，普天公司在其产品的外包装上使用了“轻骑兵换代产品”的用语，被中北公司诉至北京市海淀区人民法院［案号为（1998）海知初字第 73 号］。经法院调解，双方达成调解协议，约定普天公司在经营活动中停止使用“轻骑兵换代产品”的用语，在《北京日报》上刊登声明向中北公司赔礼道歉并赔偿经济损失。双方均签收了法院的调解书，普天公司亦依约履行了自己的义务。此后，中北公司在其网站（网址为 http：//www.cnortek.com，下同）的主页上发布消息，称“润宝轻骑兵打假取得重大突破”、“‘狂人’的无耻做法属于欺骗消费者”等；同时中北公司还将73号案的起诉书、调解书制作成网页，使用超链接技术与上述主页相链接，时间为自1998年10月20日至1999年1月10日，共计83天。起诉书中含有未经法院认定的、体现中北公司自身意志的如“被告生产的轻骑兵音箱为不合格产品”等内容。普天公司遂诉至北京市海淀区人民法院。

该案审结后，《北京日报》、《北京青年报》、《北京晨报》均对此案进行了报道和评论，文章署名作者均为报社记者等案外人。

北京市海淀区人民法院经审理认为，被告侵权成立，理由如下。

第一，本案被告作为原告的同行业经营者，在明知原告已就其不正当竞争行为按双方在73号案中的约定承担了侵权责任的情况下，出于商业竞争目的，在其网站的主页上发布含有针对原告的、带有贬义词汇的消息，并制作专门的网页，将该案的起诉书和调解书通过超链接技术与主页相链接，在网络空间进行传播。在此过程中，被告虽然未改变调解书、起诉书的原本内容，但因起诉书中含有未经法庭认定的、体现其自身意志的如“被告生产的轻骑兵音箱为不合格产品”等内容缺少足够证据支持，足以损害原告的商业信誉和商品声誉，该行为有悖于商业道德和国家法律规定，已构成不正当竞争，故被告应停止侵害，依法承担侵权责任。

第二，当事人对自己的主张有提举证据的义务，新闻机构和新闻记者亦有进行新闻报道、实施舆论监督的权利。原告诉称被告向《北京青年报》、《北京晨报》等提供了新闻线索，造成新闻单位对案件进行报道、评论，诋毁其商业信誉的后果，并要求被告赔偿其经济损失138 400元，但原告对以下主张（1）被告提供了新闻线索并影响了新闻单位、记者的意志，（2）有关新闻单位进行新闻报道的过程中参与了被告的市场竞争行为，并从中获利，（3）原告受到了138 400元的经济损失，并未举证证明，故对此本院不予支持。

综上，依据《中华人民共和国民法通则》第一百三十四条第一款第一项，《中华人民共和国反不正当竞争法》第二条第一款、第十四条之规定，判决如下：第一，自判决生效之日起，被告停止对原告商业信誉和产品声誉的侵害；第二，自判决生效之日起10日内，被告在其网站的主页上刊登声明，向原告公开致歉，致歉内容须经合议庭审核，刊登的期限为83天，自刊登之日起计算；第三，驳回原告的其他诉讼请求。案件受理费4 278元，由原告负担1 711元，被告负担2 567元。

一审宣判后，原被告均未提起上诉。

六、利用网络技术措施实施不正当竞争行为

网络技术是互联网发展的基础和支撑，新型的网络技术也会被不当利用进行不正当竞争，其中链接就是被经常使用的一种技术手段。例如利用深度链接方式绕过他人网站发布广告的页面（一般是主页），而直接进入次一级页面访问，导致被链网站的用户访问量和广告点击率下

降，广告访问量及广告收入大为减少，还可以引诱用户阅读设链者主页上的广告，从而通过这种不正当竞争手段损害被链接网站的经济利益和竞争能力。甚至还可以利用视框链接将他人的网页内容作为自己页面的一部分，同时用户浏览器显示的仍是设链者的网站地址，导致用户极可能认为阅读信息是当前页面所提供，其搭便车以及不劳而获的企图更加明显。

应通过法律赋予合法网站正当实施链接技术的权利，以实现资源和信息最大范围的共享，另外应禁止链接权利的滥用，设链者应遵守诚实信用原则，不损害他人和社会公众的合法利益，尊重被链接网站不同意链接的声明或通知，双方亦可通过合同方式进行授权许可。

网络中还有一类特殊的行为人以谋求不正当利益或贬损竞争对手的商业信誉为目的，将他人的商标、企业名称等埋设为自己网页的关键词，当用户利用搜索引擎工具进行搜索时，便会被导引至与搜索内容不相关的网页，或设计软件屏蔽或关闭正当的商业信息链接，给正当权利人带来不容忽视的负面影响，也是一种典型的不正当竞争行为。

案例10—2

全国首例浏览器针对视频网站的不正当竞争纠纷案审结

全国首例浏览器针对视频网站的广告快进、小窗播放等不正当竞争纠纷案，由北京海淀法院审结。

当UC浏览器播放爱奇艺网站的免费视频时，可实现广告快进、小窗播放及在线下载，北京爱奇艺科技有限公司（简称爱奇艺公司）以不正当竞争为由将UC浏览器的经营者优视科技有限公司（简称优视公司）、被告广州市动景计算机科技有限公司诉至法院（简称动景公司）。

爱奇艺公司诉称，其公司是爱奇艺网站的所有者和经营者，当前主要的经营模式是向用户提供“广告＋免费视频”播放服务，当用户点播视频时播放广告，由此取得广告收益以弥补视频版权费等网站经营成本。原告主张两被告经营的UC浏览器，可以实现对爱奇艺网站视频广告的快进、小窗播放以及在线视频下载行为，对其构成不正当竞争，主张被告赔偿其经济损失500万元等。

优视公司辩称，其公司非本案适格被告，未参与UC浏览器的开发运营和市场推广等行为。

动景公司辩称，其公司与爱奇艺公司不具有直接竞争关系；UC浏览器使用自研播放器实现视频广告快进和小窗播放功能，符合行业惯例，不构成对爱奇艺公司的不正当竞争；UC浏览器提供的小窗播放功能及自带播放器的缓存下载功能，不构成对爱奇艺公司的不正当竞争，请求法院驳回爱奇艺公司的全部诉讼请求。

法院经审理认为，爱奇艺公司经营爱奇艺网站，当前主要的经营模式是向用户提供“广告＋免费视频”播放服务，该经营模式不违反法律、法规的强制性规定，具有正当性、合法性。尽管广告快进未完全排除视频广告被呈现的机会，相较于将视频广告直接过滤或屏蔽，广告快进在对待视频广告方面已经有所缓和，但仍然是两被告通过UC浏览器改变爱奇艺网站对视频广告所做的专门设置的行为，破坏了爱奇艺公司的重要经营模式，对爱奇艺公司构成不正当竞争。

另外，法院还认定两被告开发的UC浏

览器采用相关技术措施才能找到并使用爱奇艺网站中受下载限制的视频地址，对下载限制设置进行了改变。两被告通过UC浏览器实施对爱奇艺网站视频广告快进、在线视频下载的行为，无合法理由，破坏爱奇艺公司正常的经营模式，对爱奇艺公司构成不正当竞争。

同时，法院对原告主张的两被告通过UC浏览器实现爱奇艺网站小窗播放行为进行评述，认为用户需要借助一些第三方工具来访问视频网站并获取相关服务，视频网站应当适度容忍第三方工具在不改变其服务内容和模式的情况下所做的有益于用户体验方面的改进。小窗播放使用户在观看爱奇艺网站视频的同时，有可能切换至爱奇艺网站中其他网页或跳出爱奇艺网站浏览其他网站，增加了用户选择机会，充实了用户可获得网站内容的信息量，也激励爱奇艺公司为降低网站跳出率提高服务质量和水平。因此，法院认为UC浏览器提供小窗播放行为不构成对爱奇艺公司的不正当竞争。

北京海淀法院认为，工具类软件具有用户登录入口的角色性质，相关经营者需要约束自己的行为，以满足必要功能为主，在经营业务的扩展中也要严格自律，不能以用户需要为借口，利用自己的角色优势，任意评判其他经营者经营模式的优劣，破坏其他经营者的正常经营模式，损害他人的合法权益。北京海淀法院审结该案，判决两被告停止涉案广告快进、在线视频下载行为，赔偿原告经济损失100万元及合理费用等。

当然，视频网站主要的竞争利益还应从正常的经营活动中取得，维权诉讼仅是补充。很显然，两被告开发可快进广告的浏览器，在一定程度上迎合了目前部分网络用户对视频广告在时长、内容、无法跳过等方面不满而产生的现实需求。视频网站应重视该部分需求，尽可能提供多样的用户选择，提升用户体验，只有在充分尊重用户利益的基础上，才能广泛吸引并留住用户，其广告收入才能得以保证，从而实现其自身利益的最大化。

资料来源：文海：《海淀法院审结首例广告小窗播放不正当竞争案》，载《民主与法制时报》，2015-09-30。

第二节　证券信息规范

《中华人民共和国证券法》（简称《证券法》）1998年12月29日由第九届全国人民代表大会常务委员会第六次会议通过，2004进行了第一次修正；2013年6月29日第十二届全国人民代表大会常务委员会第三次会议《关于修改等十二部法律的决定》第二次修正；2014年8月31日第十二届全国人民代表大会常务委员会《关于修改保险法等五部法律的决定》第三次修正。2015年4月20日上午，第十二届全国人大代表大会常务委员会第十四会议审议了《证券法》的修订草案，该修订草案共16章338条。

我国对证券信息的披露和传播的管理是对证券市场的管理的重要组成部分，关于证券信息和新闻的传播原则主要有以下几点。

一、公开、公平、公正的原则

我国《证券法》(修订草案)第四条规定：证券的发行、交易活动，必须实行公开、公平、公正的原则。证券市场信息的披露与传播是证券发行交易实行“三公”原则的重要条件，同时证券市场信息的披露与传播自身也要遵循这一原则。

信息的公开还要遵循公平、公正原则。即公布信息不仅要及时、准确，而且对接受信息的公众来说还必须是机会均等的。所以证券信息的披露和传播还要遵循以下规则。

(一) 重要信息和文件限时公布制度

发行人及法律、行政法规和国务院证券监督管理机构规定的其他信息披露义务人应当及时履行信息披露义务。依法披露的信息应当真实、准确、完整，不得有虚假记载、误导性陈述或者重大遗漏。

按有关法律、法规，要求发行人将招股书或说明书预先披露时间提前到反馈意见落实后初审会之前，约为发审会召开前一个月。公司年度报告在财政年度结束后四个月内公告，中期报告在两个月内公告，临时发生的重大事件立即报告，等等。

依法披露的信息应当简明清晰，通俗易懂。依法披露的信息涉及国家秘密、商业秘密，披露可能违反国家保密法律法规或者损害公司利益的，可以申请豁免披露；申请豁免披露的，应当说明豁免披露事项、豁免披露理由和期限。申请豁免披露的信息应当符合以下条件：(1) 有关信息尚未泄露；(2) 有关信息知情人已书面承诺保密；(3) 涉及的证券交易价格未发生异常波动。豁免披露申请未获同意、豁免披露的原因已经消除或者豁免披露的期限届满的，应当及时披露。信息披露义务人可以按照一致性原则自愿披露其他与投资者做出价值判断和投资决策有关的信息。发行人、控股股东、实际控制人，发行人的董事、监事、高级管理人员等做出公开承诺的，应当依法披露。依法披露的公开承诺，应当及时、全面、适当地履行。改变公开承诺内容的，应当经股东大会做出决议。不履行承诺给投资者造成损失的，应当依法承担赔偿责任。

(二) 重大事件报告制度

当发生可能对上市公司、股票在国务院批准的其他证券交易场所公开交易的股票交易价格产生较大影响的重大事件，投资者尚未得知时，公司应当立即将有关该重大事件的情况向国务院证券监督管理机构和证券交易场所报送临时报告，并予以公告，说明事件的起因、目前的状态和可能产生的法律后果。

当公司认为有必要通过新闻媒介披露时，应当在公开该重大事件前向证监会报告其披露方式和内容，然后由各家传媒同时公开发布。如果证监会认为有必要可对披露时机、方式与内容提出要求，公司应当按证监会的要求进行披露。

重大事件包括：(1) 公司的经营方针和经营范围的重大变化；(2) 公司的重大投资行为和重大的购置财产的决定，公司营业用主要资产的抵押、出售或者报废一次超过该资产的百分之三十；（3）公司订立重要合同、从事关联交易或者公司债务担保的重要变更，可能对公司的资产、负债、权益和经营成果产生重要影响；（4）公司发生重大债务和未能清偿到期重大债务的违约情况；（5）公司发生重大亏损或者重大损失；（6）公司生产经营的外部条件发生的重大变化；（7）公司的董事、三分之一以上监事或者经理发生变动，董事长或者经理无法履行职责；（8）持有公司百分之五以上股份的股东或者实际控制人，其持有股份或者控制公司的情况发生较大变化，公司的实际控制人及其控制的其他企业从事与公司相同或者相似业务的情况发生较大变化；（9）公司分配股利、增资的计划，公司股权结构的重要变化，公司减资、合并、分立、解散及申请破产的决定，或者依法进入破产程序、被责令关闭；（10）涉及公司的重大诉讼、仲裁，股东大会、董事会决议被依法撤销或者宣告无效；（11）公司涉嫌违法行为被有关机关调查，公司的控股股东、实际控制人或者公司的董事、监事、高级管理人员涉嫌违法行为被有关机关调查或者被限制自由或者被采取强制措施的，公司的董事、监事、高级管理人员的行为可能依法承担重大损害赔偿责任；（12）国务院证券监督管理机构规定的其他事项。公司的控股股东或者实际控制人对重大事件的发生、进展产生较大影响的，应当及时将其知悉的有关情况书面告知公司，并配合公司履行信息披露义务。

当发生可能对公开交易债券的交易价格或者发行人的偿债能力产生较大影响的重大事件，投资者尚未得知时，发行人应当立即将有关该重大事件的情况向国务院证券监督管理机构和证券交易场所报送临时报告，并予以公告，说明事件的起因、目前的状态和可能产生的法律后果。

重大事件包括：（1）发行人股权结构或者生产经营状况发生重大变化；（2）债券信用评级发生变化；（3）发行人重大资产抵押、质押、出售、转让、报废；（4）发行人发生未能清偿到期债务的违约情况；（5）发行人新增借款或者对外提供担保超过上年末净资产的百分之二十；（6）发行人放弃债权或者财产超过上年末净资产的百分之十；（7）发行人发生超过上年末净资产百分之十的重大损失；（8）发行人分配股利，作出减资、合并、分立、解散、申请破产决定，或者依法进入破产程序、被责令关闭；（9）发行人涉及重大诉讼、仲裁或者受到重大行政处罚；（10）发行人涉嫌违法行为被有关机关调查，发行人的控股股东、实际控制人或者发行人的董事、监事和高级管理人员涉嫌违法行为被有关机关调查或者被限制自由或者被采取强制措施，发行人的董事、监事、高级管理人员的行为可能依法承担重大损害赔偿责任；（11）国务院证券监督管理机构规定的其他事项。

（三）有重大影响的内幕信息公开前的限制

在证券交易活动中，涉及发行人的经营、财务或者对该发行人证券的市场价格有重大影响的尚未公开的信息，为内幕信息。证券交易内幕信息的知情人和非法获取内幕信息的人，在内幕信息公开前，不得买卖该公司的证券，或者泄露该信息，或者建议他人买卖该证券。

国务院证券监督管理机构认定的对证券交易价格有重大影响的其他重要信息皆属内幕信息，主要包括上述列举的各项重大事件信息。

（四）重要文件审查验证制度

公开披露文件涉及财务会计、法律、资产评估等事项的，应当由具有从事证券业务资格的会计师事务所、律师事务所和资产评估机构审查验证，并出具意见；承销股票的证券经营机构必须对招股说明书内容的真实性、准确性、完整性进行查核，都应保证有关内容没有虚假、严重误导性陈述或重大遗漏，并对其负有责任部分承担连带法律责任。上述范围的信息未经验证不能公开报道或作为报道的依据。

公开发行证券，发行人以及承销的证券经营机构不得实施下列行为：

（1）进行虚假的或者误导投资者的广告或其他宣传推介活动；

（2）以不正当竞争手段招揽承销业务，开展销售活动；

（3）违反发行公告披露的原则和方式组织开展询价、申购、配售等活动；

（4）国务院证券监督管理机构规定的其他行为。

二、证券信息的真实性、准确性、完整性

《证券法》（修订草案）第九十七条规定：禁止任何单位和个人编造、传播虚假信息，扰乱证券市场。禁止证券交易场所、证券经营机构、证券登记结算机构、证券服务机构及其从业人员，证券业协会、国务院证券监督管理机构及其工作人员，在证券交易活动中作出虚假陈述或者信息误导。各种传播媒介传播证券市场信息必须真实、客观，禁止误导。编造、传播虚假信息给发行人或者投资者造成损失的，行为人应当依法承担赔偿责任。中国证监会《关于加强对地方报刊及其他媒体传播证券期货市场信息的监管的通知》也规定，地方报刊及电台、电视台等不得误传或编造有关证券主管部门的信息，不得误传或编造公司发行、上市、配股等有关事项的信息，不得刊播明显误导市场的股评信息等。《关于加强证券期货信息传播管理的若干规定》规定，传播证券期货信息必须坚持客观、准确、完整和公正的原则，禁止任何单位和个人制造和传播证券期货市场的虚假信息，主要可归纳为四点：禁止不实、虚假信息；不得有重大遗漏；不得断章取义；不得片面诱导，特别是在证券新闻包括评论中体现的不同观点应当保持平衡。

三、刊播证券信息的指定披露报刊制度

《股票发行与交易管理暂行条例》第六十三条规定，上市公司应当将要求公布的消息刊登在证监会指定的全国性报刊上。依照《证券法》规定公开发行证券豁免注册或者核准的，发行人应当按照国务院证券监督管理机构的规定，披露招股说明书或者公开发行证券募集说明书。非公开发行证券的，发行人应当按照国务院证券监督管理机构的规定或者与投资者的约定，向投资者披露或者提供必要的经营、财务和其他信息。发行人应当保证披露或者提供的信息真实、准确、完整。发行人披露或者提供的信息有虚假记载、误导性陈述、重大遗漏，给投资者造成损失的，应当承担赔偿责任。

依法注册或者核准公开发行证券的，发行人、上市公司、股票在国务院批准的其他证券交易场所公开交易的公司应当依照法律、行政法规、国务院证券监督管理机构的规定以及证券交易场所的业务规则，在国务院证券监督管理机构指定的媒体披露证券发行文件、定期报告、临

时报告以及其他报告。

现在中国证监会指定的披露上市公司信息的共有七报一刊，包括《经济日报》、《金融时报》、《中国日报》、《中国证券报》、《上海证券报》、《证券时报》、《中国改革报》和《证券市场周刊》。指定披露报刊制度是中国证券界实行的与各国不同的一项独特制度，其主旨是为了保证信息统一披露和信息的真实、准确、完整，使投资者能够公平地在几乎同一时间内阅读并充分消化有关信息。

为进一步强化新闻发布管理，提高监管工作透明度，完善与新闻媒体沟通机制，中国证监会于2005年发布了《中国证监会新闻发布暂行办法》，就证监会对外新闻发布的工作原则、内容、发布方式等做出明确规定。该文件规定，证监会新闻发布的主要内容包括：证监会出台的证券期货市场监管法规、规章和办法等；证监会采取的重要监管措施，证监会组织的重要工作会议以及重要活动等，证券期货市场的整体运行情况信息，证监会法定职责范围内的重大突发事件信息发布等。上述事项将由证监会新闻发布归口管理部门根据工作需要适时发布。

新闻发布将采用下述方式：向新闻媒体提供报道材料，包括可供新闻报道的文字和影音材料等；定期或不定期召开情况通报会；定期或不定期举行新闻发布会；在证监会网站（www.csrc.gov.cn）上登载各类信息；根据工作需要，安排媒体采访；通过《中国证券监督管理委员会公告》发布。

四、传媒投资咨询文章作者资格审查制度

中国证监会、新闻出版总署等六部门颁布的《关于加强证券期货信息传播管理的若干规定》中把可以刊播证券期货信息的新闻媒介限定为：经批准公开发行的证券期货专业报刊，经批准公开发行的综合类、经济类报刊，各类通讯社、经批准设立的电台、电视台、有线台。证券期货专业报刊、电台、电视台不得向任何机构和个人出租版面或节目时间开设证券期货栏目（节目），不得与个人合办证券期货栏目（节目）。与机构合办栏目（节目），稿件终审权在报刊社或电台、电视台，合作方工作人员不得以记者身份从事采访活动。综合类报刊开设证券期货专刊、专版或刊发投资咨询文章，需经新闻出版总署审批。

行政法规《证券期货投资咨询管理暂行办法》把“在报刊上发表证券、期货投资咨询的文章、评论、报告，以及通过电台、电视台等公众传播媒体提供证券、期货投资咨询服务”列为投资咨询活动。该行政法规规定，从事证券期货投资咨询业务的人员必须取得证券期货投资咨询的从业资格，并且加入一家有从业资格的投资咨询机构，方可从事投资咨询活动。《关于加强证券期货信息传播管理的若干规定》把投资咨询文章规定为“分析并预测证券期货市场及个股、期货品种或合约的行情走势，提供具体投资建议的文章、评论、报告”，并规定有关报刊刊发这类文章，必须对撰稿人是否具有投资咨询业务的执业资格进行审查，撰稿人不能提供证明文件，其稿件不得刊发。刊发时必须署明作者所在的投资咨询机构的名称和自己的真实姓名。电台、电视台聘请个人做证券期货节目主持人播发有关投资咨询内容的，也必须进行资格审查。

在信息披露活动中，对违反信息披露规则非法牟利行为的制裁，主要有下列两种情况：

一是编造并且传播影响证券交易的虚假信息，扰乱证券市场交易的行为。这类虚假信息不只限于上市公司和证券交易活动中公布的各种文件、公告，也包括各种新闻报道和评论。《证券法》把新闻传播媒介的从业人员列为可能实施此类行为的主体之一。这种行为应出于故意，即有意编造出来或者明知信息虚假或是谣传仍然予以散布传播，其目的是要扰乱证券市场交易，以便从中谋取利益或者减少损失。出于过失听信谣言误加传播不能构成此类欺诈行为。《证券法》（修订草案）第二百八十九条规定，扰乱证券市场的，没收违法所得，并处以违法所得一倍以上五倍以下的罚款；没有违法所得或者违法所得不足十万元的，处以十万元以上一百万元以下的罚款。《刑法》第一百八十一条第一款规定了“编造并传播虚假证券信息罪”，对造成严重后果的当事人追究刑事责任。

二是泄露内幕信息或证券内幕交易行为。新闻记者依照《证券法》已不属内幕人员，只能与广大公众享有同等的知情权，他们获知内幕信息是非法的。但新闻记者获知内幕信息的机会还是比较多的，当他们获知内幕信息后又实施利用内幕信息买卖股票、把内幕信息泄露给别人，或者虽然没有泄露信息内容却建议别人去买卖与信息相关的某种股票等活动，就构成上述违法行为。《证券法》（修订草案）第二百八十七条规定，从事内幕交易的，责令依法处理非法持有的证券，没收违法所得，并处以违法所得一倍以上五倍以下的罚款；没有违法所得或者违法所得不足二十万元的，处以二十万元以上二百万元以下的罚款。单位从事内幕交易的，还应当对直接负责的主管人员和其他直接责任人员给予警告，并处以二十万元以上二百万元以下的罚款。国务院证券监督管理机构工作人员从事内幕交易的，从重处罚。利用未公开信息进行交易的，依照前款的规定处罚。《刑法》第一百八十三条规定了“内幕交易、泄露内幕信息罪”，对情节严重或特别严重的追究刑事责任。

对于新闻媒介披露证券市场信息的一般违规行为，主要适用新闻出版管理的行政处罚。处罚执行者是国家的新闻出版行政管理部门。

第三节　广告信息规范

广告信息传播是一种社会性的活动，在广告传播过程中会发生各种各样的社会关系。要使发生在广告传播活动中的各种社会关系正常，彼此间的活动规范有序，有益于整个社会机体的正常运转，就必须利用各种规范形式与规范手段对这种社会关系加以调整，对广告传播行为进行有效的控制。

2015年修订后的《中华人民共和国广告法》（简称《广告法》）已正式执行，该法立足我国广告业发展实际，针对广告领域出现的新情况、新问题，着重解决公众关注的虚假违法广告治理问题，加大对虚假违法广告的惩治力度；充实和细化重点商品、服务广告内容准则和广告活动规范，修订或新增食品、药品、医疗、教育培训、招商投资等类型广告的准则；完善广告经营者、广告发布者经营行为规范；明确广告荐证者的法律义务和责任；同时强化工商机关及有关部门对广告市场监管的职责职权，明确以工商机关为主、各部门分工配合的管理体制；并对提升广告特别是公益广告在引导社会良好风尚中的积极作用做出了明确规定。

一、广告的一般准则

广告准则又称广告标准，是指发布广告的一般原则与限制，是判断广告内容是否合法的依据，是广告法律、法规规定的广告内容与形式应符合的要求，也是判断广告能否发布的依据。《广告法》调整的对象侧重于商业性广告，但其中有关广告准则的规定，对中国所有的广告活动和广告内容都有规范性的指导作用，所以《广告法》中的广告准则不仅适用于商业广告，同时也适用于商业广告之外的所有其他广告。广告准则又包括一般准则和特殊商品准则，《广告法》中规定的一般广告准则，是任何单位和个人在从事广告活动、实施广告行为时都必须遵守的。

广告准则的一般标准是关于在一切广告作品中就广告内容禁止性的规定，《广告法》第九条做了具体规定。

（一）禁止性内容

（1）不得使用或者变相使用中华人民共和国的国旗、国歌、国徽，军旗、军歌、军徽。

（2）不得使用或者变相使用国家机关、国家机关工作人员的名义或者形象。

（3）不得使用“国家级”、“最高级”、“最佳”等用语。

（4）不得损害国家的尊严或者利益，泄露国家秘密。

（5）不得妨碍社会安定，损害社会公共利益。

（6）不得危害人身、财产安全，泄露个人隐私。

（7）不得妨碍社会公共秩序或者违背社会良好风尚。

（8）不得含有淫秽、色情、赌博、迷信、恐怖、暴力的内容。

（9）不得含有民族、种族、宗教、性别歧视的内容。根据我国《劳动法》的有关条款，企业不得因员工的外形、性别等因素，而予以待遇差别。以此类推，招聘广告中也不得出现性别歧视的字眼。

（10）不得妨碍环境、自然资源或者文化遗产保护。广告中不得有不利于保护改善环境，破坏生态平衡的内容，任何广告都不得出现有碍环境和自然资源保护的内容、文字、画面。

（11）法律、行政法规规定禁止的其他情形：禁止发布将人民币变相作为奖券的广告；严格控制评比类广告；禁止发布移民广告。

（二）对广告发布形式的规定

（1）广告不得损害未成年人和残疾人的身心健康。

（2）广告内容涉及的事项需要取得行政许可的，应当与许可的内容相符合。广告使用数据、统计资料、调查结果、文摘、引用语等引证内容的，应当真实、准确，并表明出处。引证内容有适用范围和有效期限的，应当明确表示。

（3）广告中涉及专利产品或者专利方法的，应当标明专利号和专利种类。未取得专利权的，不得在广告中谎称取得专利权。禁止使用未授予专利权的专利申请和已经终止、撤销、无效的专利做广告。

（4）广告不得贬低其他生产经营者的商品或者服务。

二、特殊商品广告准则

有些产品与人民的身体健康息息相关，属于国家实行特殊管理的产品，如药品、医疗器械、农药、食品、酒类、化妆品及烟草等，如果宣传、利用不当，会给消费者带来严重的危害，《广告法》第十五条至第十九条对这些商品的广告内容和表现形式分类做了具体的规定。

（一）对药品、医疗器械广告的规定

（1）麻醉药品、精神药品、医疗用毒性药品、放射性药品等特殊药品，药品类易制毒化学品，以及戒毒治疗的药品、医疗器械和治疗方法，不得做广告。

前款规定以外的处方药，只能在国务院卫生行政部门和国务院药品监督管理部门共同指定的医学、药学专业刊物上做广告。

（2）医疗、药品、医疗器械广告不得含有下列内容：

1）表示功效、安全性的断言或者保证；

2）说明治愈率或者有效率；

3）与其他药品、医疗器械的功效和安全性或者其他医疗机构比较；

4）利用广告代言人作推荐、证明；

5）法律、行政法规规定禁止的其他内容。

药品广告的内容不得与国务院药品监督管理部门批准的说明书不一致，并应当显著标明禁忌、不良反应。处方药广告应当显著标明“本广告仅供医学药学专业人士阅读”，非处方药广告应当显著标明“请按药品说明书或者在药师指导下购买和使用”。

推荐给个人自用的医疗器械的广告，应当显著标明“请仔细阅读产品说明书或者在医务人员的指导下购买和使用”。医疗器械产品注册证明文件中有禁忌内容、注意事项的，广告中应当显著标明“禁忌内容或者注意事项详见说明书”。

（3）除医疗、药品、医疗器械广告外，禁止其他任何广告涉及疾病治疗功能，并不得使用医疗用语或者易使推销的商品与药品、医疗器械相混淆的用语。

（4）保健食品广告不得含有下列内容：

1）表示功效、安全性的断言或者保证；

2）涉及疾病预防、治疗功能；

3）声称或者暗示广告商品为保障健康所必需；

4）与药品、其他保健食品进行比较；

5）利用广告代言人做推荐、证明；

6）法律、行政法规规定禁止的其他内容。

保健食品广告应当显著标明“本品不能代替药物”。

（5）广播电台、电视台、报刊音像出版单位、互联网信息服务提供者不得以介绍健康、养生知识等形式变相发布医疗、药品、医疗器械、保健食品广告。

《广告法》第二十条规定禁止在大众传播媒介或者公共场所发布声称全部或者部分替代母乳的婴儿乳制品、饮料和其他食品广告。

（二）其他特殊商品广告规定

（1）农药、兽药、饲料和饲料添加剂广告不得含有下列内容：

1）表示功效、安全性的断言或者保证；

2）利用科研单位、学术机构、技术推广机构、行业协会或者专业人士、用户的名义或者形象做推荐、证明；

3）说明有效率；

4）违反安全使用规程的文字、语言或者画面；

5）法律、行政法规规定禁止的其他内容。

（2）禁止在大众传播媒介或者公共场所、公共交通工具、户外发布烟草广告。禁止向未成年人发送任何形式的烟草广告。

禁止利用其他商品或者服务的广告、公益广告，宣传烟草制品名称、商标、包装、装潢以及类似内容。

烟草制品生产者或者销售者发布的迁址、更名、招聘等启事中，不得含有烟草制品名称、商标、包装、装潢以及类似内容。

（3）酒类广告不得含有下列内容：

1）诱导、怂恿饮酒或者宣传无节制饮酒；

2）出现饮酒的动作；

3）表现驾驶车、船、飞机等活动；

4）明示或者暗示饮酒有消除紧张和焦虑、增加体力等功效。

（4）教育、培训广告不得含有下列内容：

1）对升学、通过考试、获得学位学历或者合格证书，或者对教育、培训的效果做出明示或者暗示的保证性承诺；

2）明示或者暗示有相关考试机构或者其工作人员、考试命题人员参与教育、培训；

3）利用科研单位、学术机构、教育机构、行业协会、专业人士、受益者的名义或者形象做推荐、证明。

（5）招商等有投资回报预期的商品或者服务广告，应当对可能存在的风险以及风险责任承担有合理提示或者警示，并不得含有下列内容：

1）对未来效果、收益或者与其相关的情况做出保证性承诺，明示或者暗示保本、无风险或者保收益等，国家另有规定的除外；

2）利用学术机构、行业协会、专业人士、受益者的名义或者形象做推荐、证明。

（6）房地产广告，房源信息应当真实，面积应当表明为建筑面积或者套内建筑面积，并不得含有下列内容：

1）升值或者投资回报的承诺；

2）以项目到达某一具体参照物的所需时间表示项目位置；

3）违反国家有关价格管理的规定；

4）对规划或者建设中的交通、商业、文化教育设施以及其他市政条件做误导宣传。

（7）农作物种子、林木种子、草种子、种畜禽、水产苗种和种养殖广告关于品种名称、生产性能、生长量或者产量、品质、抗性、特殊使用价值、经济价值、适宜种植或者养殖的范围和条件等方面的表述应当真实、清楚、明白，并不得含有下列内容：

1）做科学上无法验证的断言；

2）表示功效的断言或者保证；

3）对经济效益进行分析、预测或者做保证性承诺；

4）利用科研单位、学术机构、技术推广机构、行业协会或者专业人士、用户的名义或者形象做推荐、证明。

三、广告行为规范

广告主、广告经营者、广告发布者之间在广告活动中应当依法订立书面合同。不得在广告活动中进行任何形式的不正当竞争。

（一）基本行为规范

广告主或者广告经营者在广告中使用他人名义或者形象的，应当事先取得其书面同意；使用无民事行为能力人、限制民事行为能力人的名义或者形象的，应当事先取得其监护人的书面同意。对在虚假广告中做推荐、证明受到行政处罚未满三年的自然人、法人或者其他组织，不得利用其作为广告代言人。

广告发布者向广告主、广告经营者提供的覆盖率、收视率、点击率、发行量等资料应当真实。

广告代言人在广告中对商品、服务做推荐、证明，应当依据事实，符合本法和有关法律、行政法规规定，并不得为其未使用过的商品或者未接受过的服务做推荐、证明。

（二）涉及未成年人广告规范

不得利用不满十周岁的未成年人作为广告代言人。

不得在中小学校、幼儿园内开展广告活动，不得利用中小学生和幼儿的教材、教辅材料、练习册、文具、教具、校服、校车等发布或者变相发布广告，但公益广告除外。

在针对未成年人的大众传播媒介上不得发布医疗、药品、保健食品、医疗器械、化妆品、酒类、美容广告，以及不利于未成年人身心健康的网络游戏广告。

针对不满十四周岁的未成年人的商品或者服务的广告不得含有下列内容：

（1）劝诱其要求家长购买广告商品或者服务；

（2）可能引发其模仿不安全行为。

（三）户外广告规范

有下列情形之一的，不得设置户外广告：

（1）利用交通安全设施、交通标志的；

（2）影响市政公共设施、交通安全设施、交通标志、消防设施、消防安全标志使用的；

（3）妨碍生产或者人民生活，损害市容市貌的；

（4）在国家机关、文物保护单位、风景名胜区等的建筑控制地带，或者县级以上地方人民政府禁止设置户外广告的区域设置的。

（四）涉及互联网广告规范

任何单位或者个人未经当事人同意或者请求，不得向其住宅、交通工具等发送广告，也不得以电子信息方式向其发送广告。

以电子信息方式发送广告的，应当明示发送者的真实身份和联系方式，并向接收者提供拒绝继续接收的方式。

利用互联网发布、发送广告，不得影响用户正常使用网络。在互联网页面以弹出等形式发布的广告，应当显著标明关闭标志，确保一键关闭。

公共场所的管理者或者电信业务经营者、互联网信息服务提供者对其明知或者应知的利用其场所或者信息传输、发布平台发送、发布违法广告的，应当予以制止。

四、新闻、广告必须严格区分

新闻与广告的区别主要表现在：新闻必须客观公正，广告则是自我宣传；新闻的取舍处理取决于新闻事实本身固有的新闻价值，广告只要广告主付费即可发布（违反法律的除外）；新闻以满足人们的多层次、多方面的信息需要为目的，广告以实现广告主推销自己产品或服务的需要为目的；新闻是从客观的新闻事实产生的，广告是按广告主的主观意图制作的；新闻是公益行为，广告是市场行为；等等。把广告混同于新闻，发布“广告新闻”，在受众看来似乎是新闻，但其内容和价值取向则是广告。这实质上就是把广告主的自我需求、自我宣传冒充为具有普遍新闻价值的信息，把市场行为冒充为公益行为，把广告主个体的、局部的利益冒充为社会公共利益，是对受众的误导和欺骗。而新闻单位如果把新闻报道活动与广告活动混同起来，对新闻报道的取舍不是以新闻价值为标准而是像登广告那样以收费多少为标准，钱多多登，钱少少登，无钱不登，新闻就不成其为新闻，势必声誉扫地。

《广告法》第十四条规定：广告应当具有可识别性，能够使消费者辨明其为广告。大众传播媒介不得以新闻报道形式变相发布广告。通过大众传播媒介发布的广告应当显著标明“广告”，与其他非广告信息相区别，不得使消费者产生误解。广播电台、电视台发布广告，应当遵守国务院有关部门关于时长、方式的规定，并应当对广告时长做出明显提示。

据此，所有新闻媒介发布的所有广告，都应当标明“广告”、“广告专版”、“广告专页”、“广告专栏”、“广告节目”等字样。有的新闻媒介使用“企业之窗”、“为您服务”、“榜上有名”、“电视商场”、“经济信息”等标志来刊登广告，都是不符合法律法规规定的，因为这些用语并不能起广告标志的作用。

（一）禁止以报纸形式做广告

以报纸的形式印制的广告宣传品，多数印上“某某报”、“某某专刊”的报头，精心编排，图文并茂，免费散发。有的在街道、路口、车站、商场等公共场所向过往群众发送，有的雇人到公寓、住宅小区挨家挨户分送，有的还通过邮局或报刊零售点随报传递。有些功能比较复杂、使用方法比较严格的商品如保健用品、家庭电器等，通过这种报形广告可以予以详细介绍，其成本当然大大低于在新闻媒介上做广告。由于它的印制没有经过严格的广告审查程序，其中不乏违背广告法规禁止的内容，新闻出版总署和国家工商局发布的《禁止以报纸形式印送广告宣传品及对印刷品广告加强管理的通知》，规定以报纸形式编印的这种广告宣传品，应视为非法出版物，由新闻出版管理部门予以查禁。广告经营单位连续发送某种固定形式的印刷品广告，须经工商管理部门批准。印刷品广告不得出现任何非广告内容，必须标明承办单位名称、工商登记号等，各页均须标明“广告”字样，有固定名称的印刷品广告，名称中必须含有“广告”字样。

（二）禁止用新闻形式进行企业形象广告宣传

一段时间以来，有些新闻媒介以“企业家风采”、“企业形象策划”、“公关专版”、“企业专访”等名目发布广告，号称“软广告”。其内容是以类似典型报道的形式介绍有关企业及其负责人的业绩、经验、事迹等，颇多溢美之词，标题往往使用“侧记”、“纪实”、“报告”、“访谈”，甚至还有“答记者问”、“采访札记”等用语，这种形式属于用新闻形式宣传企业形象，也是必须禁止的。

（三）制止以调查采访形式发布广告

一些电视广告采用调查采访的形式做广告，即在“市场调查或采访”的特定场景中，通过“记者”或“市场调查人员”与“消费者”双方问答进行调查采访，由“消费者”讲述自身体验与感受，介绍产品的优点、特点。这是典型的以新闻报道的形式发布广告，极易对消费者造成误导。对于这种形式的电视广告，无论是否具有广告标记，均应制止。

（四）广播电视广告播出规定

国家广播电影电视总局发布的《广播电视广告播出管理办法》规定：广播影视行政部门对广播电视广告播出活动实行属地管理、分级负责。管理的对象包括在广播电视播放的公益广告和商业广告（含资讯服务、广播购物和电视购物短片广告等）。

1. 广播电视禁止播出的广告

禁止播出下列广播电视广告：

（1）以新闻报道形式发布的广告；

（2）烟草制品广告；

（3）处方药品广告；

（4）治疗恶性肿瘤、肝病、性病或者提高性功能的药品、食品、医疗器械、医疗广告；

（5）姓名解析、运程分析、缘分测试、交友聊天等声讯服务广告；

（6）出现“母乳代用品”用语的乳制品广告；

（7）法律、行政法规和国家有关规定禁止播出的其他广告。

时政新闻类节（栏）目不得以企业或者产品名称等冠名。有关人物专访、企业专题报道等节目中不得含有地址和联系方式等内容。投资咨询、金融理财和连锁加盟等具有投资性质的广告，应当含有“投资有风险”等警示内容。除福利彩票、体育彩票等依法批准的广告外，不得播出其他具有博彩性质的广告。

2. 对广播电视广告播出的限制

广播电视广告播出不得影响广播电视节目的完整性。除在节目自然段的间歇外，不得随意插播广告。播出机构每套节目每小时商业广告播出时长不得超过12分钟。其中，广播电台在11:00至13:00之间、电视台在19:00至21:00之间，商业广告播出总时长不得超过18分钟。在执行转播、直播任务等特殊情况下，商业广告可以顺延播出。

播出机构每套节目每日公益广告播出时长不得少于商业广告时长的3%。其中，广播电台在11:00至13:00之间、电视台在19:00至21:00之间，公益广告播出数量不得少于四条（次）。播出电视剧时，不得在每集（以45分钟计）中间以任何形式插播广告。播出电影时，插播商业广告的时长和次数参照前款规定执行。除电影、电视剧剧场或者节（栏）目冠名标识外，禁止播出任何形式的挂角广告。

电影、电视剧剧场或者节（栏）目冠名标识不得含有下列情形：

（1）单独出现企业、产品名称，或者剧场、节（栏）目名称难以辨认的；

（2）标识尺寸大于台标，或者企业、产品名称的字体尺寸大于剧场、节（栏）目名称的；

（3）翻滚变化，每次显示时长超过5分钟，或者每段冠名标识显示间隔少于10分钟的；

（4）出现经营服务范围、项目、功能、联系方式、形象代言人等文字、图像的。

电影、电视剧剧场或者节（栏）目不得以治疗皮肤病、癫痫、痔疮、脚气、妇科、生殖泌尿系统等疾病的药品或者医疗机构做冠名。当转播、传输广播电视节目时，必须保证被转播、传输节目的完整性。不得替换、遮盖所转播、传输节目中的广告；不得以游动字幕、叠加字幕、挂角广告等任何形式插播自行组织的广告。

电台、电视台在播出商业广告时应当尊重公众生活习惯。在6:30至7:30、11:30至12:30以及18:30至20:00的公众用餐时间，不得播出治疗皮肤病、痔疮、脚气、妇科、生殖泌尿系统等疾病的药品、医疗器械、医疗和妇女卫生用品广告。

播出机构应当严格控制酒类商业广告，不得在以未成年人为主要传播对象的频率、频道、节（栏）目中播出。广播电台每套节目每小时播出的烈性酒类商业广告，不得超过两条；电视台每套节目每日播出的烈性酒类商业广告不得超过12条，其中19:00至21:00之间不得超过两条。

在中小学生假期和未成年人相对集中的收听、收视时段，或者以未成年人为主要传播对象的频率、频道、节（栏）目中，不得播出不适宜未成年人收听、收视的商业广告。

播出电视商业广告时不得隐匿台标和频道标识。

广告主、广告经营者不得通过广告投放等方式干预、影响广播电视节目的正常播出。

经批准在境内落地的境外电视频道中播出的广告，其内容应当符合中国法律、法规的规定。

五、传播违法广告的法律责任

《广告法》第五章规定了广告活动中违法行为的法律责任。承担法律责任的形式包括民事责任、行政责任和刑事责任，行政责任包括停止发布广告、公开更正、没收广告费用、罚款、停止广告业务等。执行行政处罚的机关是县以上各级工商管理部门。这是着重介绍广告经营者、发布者的责任。他们成为责任主体，基本上遵循过错责任原则。

（一）虚假广告的认定及责任

广告以虚假或者引人误解的内容欺骗、误导消费者的，构成虚假广告。虚假广告应从两个方面加以认定：一是广告所宣传的产品和服务本身是否客观、真实；二是广告所宣传的产品和服务的主要内容（包括产品和服务所能达到的标准、效用，所使用的注册商标、获奖情况等）是否属实。

1. 虚假广告的认定

凡利用广告捏造事实，以并不存在的产品和服务进行虚假宣传，或者广告所宣传的产品和服务主要内容与事实不符的，均应认定为虚假广告，具体如下：

（1）商品或者服务不存在的；

（2）商品的性能、功能、产地、用途、质量、规格、成分、价格、生产者、有效期限、销售状况、曾获荣誉等信息，或者服务的内容、提供者、形式、质量、价格、销售状况、曾获荣誉等信息，以及与商品或者服务有关的允诺等信息与实际情况不符，对购买行为有实质性影响的；

（3）使用虚构、伪造或者无法验证的科研成果、统计资料、调查结果、文摘、引用语等信息作证明材料的；

（4）虚构使用商品或者接受服务的效果的；

（5）以虚假或者引人误解的内容欺骗、误导消费者的其他情形。

2. 传播虚假广告的责任

《广告法》第五十五条规定发布虚假广告的，由工商行政管理部门责令停止发布广告，责令广告主在相应范围内消除影响，处广告费用三倍以上五倍以下的罚款，广告费用无法计算或者明显偏低的，处二十万元以上一百万元以下的罚款；两年内有三次以上违法行为或者有其他严重情节的，处广告费用五倍以上十倍以下的罚款，广告费用无法计算或者明显偏低的，处一百万元以上二百万元以下的罚款，可以吊销营业执照，并由广告审查机关撤销广告审查批准文件、一年内不受理其广告审查申请。

医疗机构有前款规定违法行为，情节严重的，除由工商行政管理部门依照本法处罚外，卫生行政部门可以吊销诊疗科目或者吊销医疗机构执业许可证。所谓“负有责任”，就是指主观上有过错：或是故意，即明知广告主利用广告作虚假宣传，仍然设计制作和发布该广告；或是过失，即应当知道广告主利用广告作虚假宣传，因为疏忽大意没有预见到；或是已经预见到却不认为是虚假广告，而设计、制作和发布该广告。

广告经营者、广告发布者明知或者应知广告虚假仍设计、制作、代理、发布的，由工商行政管理部门没收广告费用，并处广告费用三倍以上五倍以下的罚款，广告费用无法计算或者明显偏低的，处二十万元以上一百万元以下的罚款；两年内有三次以上违法行为或者有其他严重情节的，处广告费用五倍以上十倍以下的罚款，广告费用无法计算或者明显偏低的，处一百万元以上二百万元以下的罚款，并可以由有关部门暂停广告发布业务、吊销营业执照、吊销广告发布登记证件。

广告主、广告经营者、广告发布者行为，构成犯罪的，依法追究刑事责任。关于刑事责任，《刑法》第二百二十二条定义了虚假广告罪，属于扰乱市场秩序罪。该罪的犯罪主体是广告主、广告经营者、广告发布者，在主观上必须出于故意，即有利用广告作虚假宣传、欺骗消费者以牟取非法利益的目的。换言之，广告经营者、发布者构成本罪必须与广告主通谋，成为共犯。该罪侵犯的客体是正常的市场秩序。在客观上必须实施违反法律规定做虚假广告并且情节严重。情节严重是指非法所得数额巨大或造成恶劣社会影响等严重后果，需要由司法解释予以规定。情节是否严重是区分虚假广告行为罪与非罪的重要界限。

3. 发布虚假广告的连带责任

《广告法》第五十六条规定，发布虚假广告，欺骗、误导消费者，使购买商品或者接受服务的消费者的合法权益受到损害的，由广告主依法承担民事责任。广告经营者、广告发布者不能提供广告主的真实名称、地址和有效联系方式的，消费者可以要求广告经营者、广告发布者先行赔偿。

关系消费者生命健康的商品或者服务的虚假广告，造成消费者损害的，其广告经营者、广告发布者、广告代言人应当与广告主承担连带责任。

虚假广告，造成消费者损害的，其广告经营者、广告发布者、广告代言人，明知或者应知广告虚假仍设计、制作、代理、发布或者做推荐、证明的，应当与广告主承担连带责任。

《广告法》第七十条规定，因发布虚假广告，或者有其他本法规定的违法行为，被吊销营业执照的公司、企业的法定代表人，对违法行为负有个人责任的，自该公司、企业被吊销营业执照之日起三年内不得担任公司、企业的董事、监事、高级管理人员。

（二）其他广告的责任

《广告法》第六十九条还规定，广告主、广告经营者、广告发布者违反本法规定，有下列侵权行为之一的，依法承担民事责任：

（1）在广告中损害未成年人或者残疾人的身心健康的；

（2）假冒他人专利的；

（3）贬低其他生产经营者的商品、服务的；

（4）在广告中未经同意使用他人名义或者形象的；

（5）其他侵犯他人合法民事权益的。

另外，广播电台、电视台、报刊音像出版单位发布违法广告，或者以新闻报道形式变相发布广告，或者以介绍健康、养生知识等形式变相发布医疗、药品、医疗器械、保健食品广告，工商行政管理部门依照本法给予处罚的，应当通报新闻出版广电部门以及其他有关部门。新闻出版广电部门以及其他有关部门应当依法对负有责任的主管人员和直接责任人员给予处分；情节严重的，可以暂停媒体的广告发布业务。

新闻出版广电部门以及其他有关部门未依照前款规定对广播电台、电视台、报刊音像出版单位进行处理的，对负有责任的主管人员和直接责任人员，依法给予处分。

关键词

反不正当竞争　虚假宣传　违法广告　广告准则　特殊商品广告

思考题

1. 传播证券信息需要注意哪些规范？
2. 简述新闻、广告必须严格区分的正确做法。
3. 说明广播电视广告的播出规定。
4. 简述虚假广告的认定及责任。

第十一章

传播与人格权

人格权是作为主体的自然人和法人所固有的、以人格利益为客体内容的、为维护主体生存和尊严所必备的权利。人格权自公民出生之日起、自法人成立之日起，即由公民、法人所享有，公民不分年龄、智力、民族、种族、社会地位，都平等地享有人格权。法律规定，人格权专属于公民和法人所有，不得由主体转让、抛弃和继承，也不受他人的非法干涉和限制。

人格利益是指主体的人身和行为安全、自由以及精神自由、尊严等方面的利益。具体包括主体的人身自由、人格尊严、生命、健康、姓名或名称、名誉、肖像、隐私等。人格利益不具有直接的财产内容，多体现为一定的精神利益，尤其是名誉、肖像、隐私、自由、贞操等利益，是以人的精神活动为核心而构成的，是典型的精神利益。而即使如生命、健康等人格利益，虽然侵害它们对人身这一物质性客体造成了损害，但伤害人身给公民造成的精神痛苦无疑也侵害了公民的精神利益。

人格利益虽然多表现为一定的精神利益，并不具有直接的财产内容，但人格权仍与财产权具有关联性。对人格权的损害往往间接给受害人财产带来损失，如侵害生命健康权造成受害人的医疗费、丧葬费等损失。侵害人格权的责任方式也包括赔偿损失，受害人还可以提出精神损害赔偿。人格权是维护主体的独立人格所必备的权利。如果主体不具有独立的法律人格，不具有民事权利能力，公民就不能享有人格权；但公民享有人格权后，就能更好地维护和实现主体的人格独立和自由。

第一节　传播侵权的特点

传媒侵权行为特指新闻传播活动中发生的侵害他人（自然人、法人）人格权的行为。传媒侵权的法规是侵权行为法的组成部分，又是新闻传播法的重要部分。传媒侵权法包含保护言论、出版、新闻自由的法律和保护人格权的法律，在人格权法中，又包含关于保护人格权和制裁侵害人格权行为的一般规定和约束新闻传播媒介维护人格权的特殊规定。

一、传播侵权的构成要件

在传媒侵权法律纠纷中，行为人在什么情况下才构成侵权，或具备什么条件才应承担民事责任？中国许多学者认为传媒侵权的民事责任与一般侵权行为一样都须具备四个要件，即要有损害事实、行为的违法性、行为与损害结果之间的因果关系以及行为人的过错。

（一）损害事实

在传媒侵权案件中，损害事实就是指侵害行为的客观存在。即行为人通过大众传播媒介刊载、播出有损特定人权利的文字、语言、图像的行为已经发生。由于新闻媒介的影响力是公认的，对于自然人和法人来说，侵权新闻发表和播出就足以表明损害事实已经发生。关于这一点，有以下一些问题必须了解。

这里的大众传播媒介是指公开发行的报纸、刊物及面向社会公众播放的广播、电视等媒介。所谓“刊载”和“播出”，是指刊载和播出的内容有效地到达读者和观众群中。这一点和一般的侵害名誉权等不同。一般的侵害名誉权，损害名誉的内容只要为受害者以外的第三人得知即可构成侵权。但传媒侵权则不同，传媒侵害名誉权行为是由多个主体的合作行为完成的，其中包括撰稿、编辑、印刷、发行等步骤，这些合作行为应视为一个整体，只有这些合作行为均已完毕，侵权内容已公之于社会，才能认为传播行为完成。

行为人传播的内容对特定人造成了直接或间接的损害。所谓直接损害指侵权内容发表后，社会公众对特定人产生贬损性议论，朋友、相识对其疏远、排斥、蔑视，家庭成员间产生误解、不和，等等。这些直接后果是显现的，可以使特定人作为损害事实证据提交法庭。还有一种情况是，涉嫌侵权的内容发表后，公众并没有对特定人进行贬损性议论，特定人也没有搜集到公众对受害人的不利反映。在这种情况下有两种可能，一种是后果可能是间接的，即暂时还没有显现出来，但新闻内容已经在一些受众的心目中留下了对受害人不利的印象；或由于公众的价值观、道德观的差异，对于某些行为表现的评判标准并不一致，但这只是在有条件的和特定的情况下。另一种情况就是对涉嫌侵权的内容的认定只是特定人自己的看法，而其自身的看法又是有偏差的。在这种情况下，对侵权内容的认定应由社会一般人通常具有的眼光和判断来认定发表内容的性质，这种情况下发表的内容也可能不被认定为侵权。所以，并不如有人所述的那样，涉嫌侵权的内容只要发表，就应视为损害事实已经发生，而必须看其是否造成了直接或间接的后果。

一般认为，传媒侵害名誉权的损害结果包括三个方面，即名誉损害、精神损害和财产损失。

1. 名誉损害

名誉是特定人的人格特征和社会表现所受到的社会的公正评价。名誉权是特定人有依法要求社会给以公正评价的权利。侵害名誉权行为，其侵害客体是特定人的名誉权，而不是他的名誉，名誉的损害是侵权行为产生的结果。也就是说名誉损害的原因不仅仅是由于侵权，对某人的不良行为加以揭露和批评，自然也会造成他的名誉减损，但这种揭露和批评是与他的不良行为本应受到的社会评价完全一致的，因而是公正的，他的名誉减损是他本身行为造成的，而不是名誉权遭到了侵害。这里所述的名誉损害是指因侵害名誉权行为造成、特定人名誉权受到侵害从而导致其名誉受到减损。

侵害名誉权行为造成的损害首先是特定人本应有的正当的社会评价的降低。这种损害事实不因特定人主观精神痛苦的有无而独立存在，属于外在的非财产损害。在认定侵害名誉权损害时，这一损害事实基本上被认定为第一位的。特定人内在的非财产损害，即精神痛苦以及财产上的损失，是由前者派生出来的。

所谓评价，并不能理解为是社会上每一个人的评价，而是指不特定的多数人的评价，范围可大可小，要视特定人的社会地位、声望、影响而定。对某人名誉的评价是一种观念上的活动，存在于人的内心之中。它可以通过行为表现出来，也可以没有显露在外。所以侵害名誉权行为发生后，受害人可能感受到公众对自己的贬低性议论或周围人对自己的疏远、排斥、蔑视，但也可能感受不到。按照目前民事责任的一般原理，损害事实应由受害人提供证据证明。受害人应证明其因侵权行为招致真实的损害。

2. 精神损害

精神损害是自然人特有的一种损害表现，是指受害人因遭受侵害名誉权而导致生理上、心理上和精神上的创伤和痛苦，如受害人遭受心理上的悲伤、羞辱、失望、忧虑、愤怒、仇恨等精神痛苦和折磨。因为精神痛苦纯粹是受害人的主观体验，随受害人的心理承受能力的不同因人而异。也正是由于精神损害这种难以衡量的特点，在确定传媒侵权后果时，不能将受害人有无精神痛苦作为主要的判断标准。

3. 财产损失

传媒侵害名誉权行为还可能造成受害人财产上的损失。这种财产上的损失既包括财产上的直接损失，也包括财产上的间接损失，即可得利益的丧失。名誉权本身不具有财产性质，但由于名誉受损往往导致本来有利于权利人的社会关系发生变化，这种变化可能导致权利人财产的损失。如因名誉受损被降职、降级和解雇，从而导致收入减少、继承权被剥夺等财产损失。受害人的直接财产损失是指因名誉受损造成的财产的支出，如因精神损害所致疾病的治疗费、误工费，为澄清事实消除影响而支出的差旅费、刊登声明的广告费以及诉讼费等。受害人的间接财产损失是指因名誉受损导致的本应得到的财产收益的丧失或减少。法人名誉受损的财产损失通常是间接财产损失，如货物被退回、合同被解除、贷款申请被拒绝等。

与自然人的财产损失相比，法人的财产损失一般数量大，认定也较为困难。确认法人的财产损失要根据不同情况具体加以分析。对于货物被退回、合同签订解除、顾客减少等导致营销额下降的损失，可以直接计算得出；对于贷款申请被拒，企业股票下跌等所造成的损失，可以通过名誉受损前后的对比、同类企业同期收益的比较等方法来衡量。对间接损失额的确定应本着宜低不宜高的原则谨慎推算，以防不适当地将损失夸大，加重侵权行为人的经济赔偿负担。受害人主张财产上遭受损失，应提供证据证明这种财产损失的种类和数量。

（二）行为的违法性

违法是指客观的行为或结果，判断行为的违法性要看行为是否侵害了法律所保护的正当利益。就传媒侵权而言，只要行为违反了法律对人格权的一般性保护条款，使他人的人格利益受到侵害，就应视为违法。当然违法行为只是责任的构成要件之一，其自身并不当然带来责任，还要与过错等要件相结合才能最终确定责任。

传媒侵权中具有违法性的行为一般表现为诽谤、侮辱和不当揭露隐私。诽谤是传媒侵权中最常见的方式，学术界一般把散布虚假事实损害他人名誉的行为称为诽谤。侮辱又可分为辱骂和丑化，用“非人”言词詈骂他人即辱骂，而通过文字、图像等手段将他人描写的可憎、可鄙、可恶即丑化。擅自公布和宣扬他人隐私、窃取个人信息、侵入私生活领域等行为是侵犯他人隐私权的主要方式。此外，还有不当使用肖像等行为。这几种行为在本章后几节中重点探讨，此处不再赘述。

（三）行为与结果间的因果关系

侵权行为与损害结果之间的因果关系是指二者之间具有前因后果的关联性。它是传媒侵害名誉权民事责任的构成四个要件之一。

民法理论认为，因果关系是现象之间存在的客观、必然的联系，传媒侵害名誉权行为与损害结果之间的因果关系也同样应该是客观的、必然的联系。这种客观性表现在侵害行为造成损害是一个客观事实，不以人的主观意志为转移。虽然对名誉损害要用事实推定来确认，但这种推定是建立在客观事实的基础上的，推定所依据的基础事实是客观的，推定的规则是人们长期实践经验的总结，具有一定的客观规律性。

传媒侵害名誉权与损害结果因果关系的必然性表现在两个方面：一方面，只要有行为就必然要造成损害，如名誉损害的发生；另一方面，如果没有行为则必定不会产生损害结果，如精神损害和财产损失。

对于传媒侵权案件，法律所调整的是特定的当事人间因侵权行为所产生的权利义务关系，所以传媒侵权行为必须指向特定的侵害对象。如传媒侵害名誉权诉讼的原告必须证明侵权作品是侵害了自己的名誉权。如果侵权文章陈述的内容是指某一类人，即使包括原告在内，也不构成侵害原告的名誉权，因为这类陈述并未指明原告。如有文章内称“现在的医生不负责任”、“他们单位的领导有的是外行”等就属此种情况。有的新闻纯属捏造，影响恶劣，但由于其没有特定的指向，所以并不构成侵权。

这里所说的“特定的指向”，并不一定限于指名道姓。如果侵权文章中所用的称呼或陈述的方式，或内容中涉及的特征和背景情况等足以使一般人能合理推断出其所指为某一特定人，即可构成特定指向。在此类诉讼中，受害人应就侵权内容指向自己负举证责任，证明一般人能够从文章内容中得出指向受害人本人的结论。

侵权作品的特定指向不仅包括特定的自然人，还应包括特定的法人。另外，根据《民法通则》第二十六条和第三十三条规定，个人合伙、个体工商户可以起字号，享有名称权这样的人格权，其他有组织、有目的而非短暂存在的非法人团体，如法人之间的合伙、法人与公民之间的合伙一般也有名称权。也就是说，中国民法在一定程度上是承认个人合伙、个体工商户以及其他非法人团体独立人格的。

由于传媒侵害名誉权行为造成的损害结果有名誉损害、精神损害和财产损失三种，所以传媒侵害名誉权同这三种损害结果之间的因果关系就具有不同的特点。特定人受到的名誉损害可以通过证明侵害行为的存在而推定其存在，无须受害人举证，所以侵权行为与名誉损害之间的因果关系是不言而喻的，同样无须受害人加以证明；传媒侵害名誉权行为与受害人精神损害、财产损失之间的因果关系，则要由受害人举证，法院审查核定后方能确定。

如果像前文分析的，侵害名誉行为并不总是导致受害人的精神损害和财产损失，是否可以认为行为产生损害似乎有一定的偶然性？这样理解是不准确的。因为应该看到，在这种情况下行为不仅是损害发生的必要原因，同时根据常识，行为人也应该知道或已经知道了行为产生损害的极大可能性。所以从已发生的损害来看，行为与之存在着一种必然的联系。认识传媒侵害名誉权行为与损害结果之间因果关系的客观必然性特征，对准确确定行为人责任范围有着重要的实践意义。如报刊登载了侵害特定人名誉的文章，使特定人的配偶因羞辱、气愤而致病，因文章内容并非指向特定人的配偶，可能有人认为行为人无须对特定人的配偶致病承担责任。但按因果关系法则，侵害行为与此结果之间存在客观必然的因果关系，故该责任应该由行为人承担。

传媒侵害名誉权导致的损害还可能出现多因一果的情形。例如，报纸载文指责某单位有违法经营行为，司法机关据此对该单位进行调查并查封账号、扣压物资，造成该单位巨大的经济损失。如果报道被认定是不实的，侵害了被报道对象的名誉权，该单位的损失是由媒介和司法机关共同造成的，则应由媒体和该司法机关分担责任。

（四）行为人的过错

过错是指行为人具有一种应受责罚的心理状态。过错要依据客观标准来衡量并通过外部行为体现出来，但过错并不是行为本身。

依行为人心理状态的不同，可将过错分为故意和过失两种。曾有人提出并讨论认为，过失不能构成传媒侵权。但从实践来看，新闻单位及从业人员因过失侵害他人人格权的亦应承担民事责任。因为正如本书中前章所述，从理论上看，《刑法》注重惩罚的是行为人的主观恶意，所以《刑法》中的侮辱诽谤罪只能以故意构成；民事法律注重的是对损害的恢复，所以对民事纠纷来说，过失侵害和故意侵害给当事人造成的损害并无不同。

但在这里区分行为人的故意和过失是必要的，具有特殊的法律意义：(1) 有助于划清民事侵权与刑事犯罪的界限。故意侵害他人人格权并达到严重的程度，还可能构成刑事犯罪。(2) 在某些特殊情况下，行为人的故意与过失可以作为判断是否构成侵害人格权的依据。如新闻媒介对公务人员的批评报道失实，只有在行为人主观上具有故意或重大过失时，才构成侵权。(3) 有助于确定民事责任的范围和赔偿数额的大小。

1. 故意的过错

传媒侵权行为人的故意是指行为人已经预见到传播的内容可能或肯定会对他人造成损害结果，却希望或放任这种结果的发生。希望结果发生为直接故意，放任结果发生为间接故意。

所谓希望结果发生，是指行为人通过一定的行为努力追求行为后果，并努力造成行为后果的发生。所谓放任结果发生，是指行为人虽然不希望其行为后果发生，但并不采取避免后果发生的措施，以致造成了损害后果。放任的态度虽不像希望的态度那样在主观上积极追求某种结果发生，但行为人基于放任的态度而选择有害他人的行为并造成损害他人的结果，所以应负故意责任。放任结果的发生与过失在都不希望后果发生这一点上有相似之处，二者的区别则在于过失行为人并未在已预见到损害结果发生的基础上选择侵害行为。基于这一点，区分直接故意与间接故意对正确判断行为人的过错究竟是故意还是过失有一定意义。

故意虽是典型的主观过错，但只能以客观的标准来判定，即通过考察行为人的外部行为表现来完成。如在刑事诽谤罪中，行为本身就是行为人主观故意的明确证明，因为捏造事实诽谤他人本身就足以构成故意。在传媒侵害名誉权案件中，行为人主观上的故意有时也是可明确判断的，如行为人通过受害人或其他方面已经知道所传播的内容为虚假的或极有可能是虚假的，还继续将其传播出去，说明行为人对损害结果的发生持放任态度，这就是故意。

新闻媒介造成他人名誉损害后刊登掩饰自己错误的更正启事或文章，也可能构成主观上的故意。如在发表有损他人名誉的文章后，受害人已向有关单位提出看法，或已向法院提起诉讼，并持有能证明所刊播文章内容不实的确凿证据，但有些记者和报刊社还要继续发表重申有关毁人名誉的言辞，使受害人的名誉造成更大的损害，这也应被认定行为人主观上存在故意。

判定行为人故意的另一个方法是查明行为人有无针对受害人的不正当动机。行为人的不正当动机可能已经在文字或同他人的谈话中有所显露，也可能暂时没有显露，还须通过细致的调查才能发现。总之，故意作为一种最严重的过错，在认定时应采取慎重的态度。

2. 过失的过错

在民事法律中，过失分为疏忽大意的过失和过于自信的过失。前者是指行为人对自己的行为结果应当预见或者能够预见，却因疏忽而未预见。后者是指行为人虽然已经预见到自己的行为可能发生损害结果，却轻信这种结果可以避免。不管是哪一种过失，行为人在主观意志上都不希望或放任损害结果的发生，即结果与意志相违背。这是过失与故意的区别。

在实践中，传媒侵害名誉权行为大都由于过失过错构成。过失的判断应依据客观标准，即将行为人对受害人应负的注意义务的违反作为行为人负过失责任的根据，不多考虑行为人当时的主观状态。这一点是民事过失与刑事罪过的区别。个人在社会中都要约束自己的行为，尊重他人的合法权利，努力尽到对个人的注意并避免对他人的损害。违反对他人的注意义务而致他人损害即为有过失。

关于行为人对他人权利的注意应该达到何种程度，对于新闻活动行为人来说，首先应该承担与社会一般人同样的注意义务，即法律所规定的不得侵害他人合法权利的义务。同时，由于新闻事业的特点，新闻活动行为人还应负有对他人的特殊义务，即应比一般人承担更高的注意义务。如一般人转述听来的有损他人名誉的信息不构成侵权，而新闻活动行为人通过新闻媒介发表未经核实的相同内容的文字则会造成对他人的侵害，是法律所不容许的。

新闻活动行为人注意义务的内容源于这几个方面：宪法、法律和法规的规定，国家管理部门制定的新闻事业工作准则和规章制度，新闻事业普遍采用的技术性规则和工作习惯。职业上的技术性规则和工作习惯一般是由新闻单位和团体自行设立并自觉执行的，如记者对听来的消息要经过调查核实才能报道，报道涉及犯罪等执法、司法问题要依司法机关的文件和判决为依据，等等。当然，这些技术性规则和工作习惯并不一定十分合理，判断传媒侵权行为人过失也不能完全以此为依据，而是应该综合考察行为人应负担的各种注意义务。另外，一般人具有的社会经验、社会常识，新闻从业人员也应具有。行为人做出有违这些社会常识的行为也是对注意义务的违反，如使用某些字眼、提法和暗示是否对特定人产生损害，根据常识，行为人应该清楚，这时行为人就不能以自己认为这些因素不具损害名誉性质为由推卸责任。

民事法律中又将过失分为重大过失、轻微过失或一般过失。如果行为人稍加注意或采取起码的预防措施就能避免结果的发生，但却没有注意和采取；或是当行为人的职业、环境对其行为有特殊注意义务要求时，行为人不仅没有尽到特殊注意义务，反而连一般人的注意义务都未尽到，这都属于重大过失。记者对听来的消息未加任何核实便发表，或者对相反的消息充耳不闻，都应视为重大过失。当行为人主观上有重大过失时，可令其承担较重的民事责任，以督促其今后更加谨慎地尽到对他人的注意义务。而当报道涉及公务人员和与公共利益有重大关系的事件时，行为人主观上只在存在重大过失或故意时才应承担民事责任，以保护公民合法的民主权利和舆论监督的正常进行。

根据过错责任原则，只有有过错的行为人才承担责任。传媒侵权一般涉及消息来源、作者以及新闻单位等多个行为人。作者一般都是有过失的，但提供消息者是否有过失则要视具体情况而定，如果提供消息者并无借作者发表和传播侵权作品的意图，应认为其对侵权内容的进一步扩大无过错。刊播作品的新闻单位，在多数情况下是知道或应该知道作品的内容具有损害他人权利的性质的，所以刊播单位是有过错的，但对含有侵权内容的文学作品则另当别论。由于一般文学作品允许虚构，新闻单位不应负对其内容真实性的审查责任，所以对一般文学作品侵权，新闻单位通常是无过失的。但对某些纪实性文学作品，因涉及真人真事，新闻单位对其主要事实应承担真实性和准确性的审查责任，如未尽此责任则构成过错。

新闻媒体对来稿真实性的审查义务是法律规定的义务。这种义务是以新闻媒体主观上有否尽心尽意，客观上有否采取积极的、现有条件下可能采取的方式而为之。如记者所采取的看来稿作者单位有无盖章的习惯做法，并不能成为其已依法尽了真实性审查义务的代名词。因为来稿作者所在单位的盖章，在其法律行为指向上只能表示盖章证明了文章作者身份属于盖章单位，并不能起到对稿件内容真实与否的证明作用。在自由撰稿人已大量出现的现实环境中，新闻单位倘若还是以有无作者单位盖章作为对来稿真实性审查的唯一手段，实际上是对来稿内容失实可能性的一种放任，也是对社会公众的不负责任，更是在参与市场竞争机制条件下对其自身生存与发展的不负责任。

3. 过失的推定

过失的推定是一种特殊的过失，是指当原告证明其所受损害是由被告所造成时，若被告不能证明自己没有过失，法律上就应推定被告有过失并应负民事责任。过失推定是法律考虑到在某些情况下，原告证明被告存在过失有困难，为了保护受害人而采取的过失举证责任倒置，由被告承担证明其无过失的一种制度。

我国《侵权责任法》第六条规定：行为人因过错侵害他人民事权益，应当承担侵权责任。根据法律规定推定行为人有过错，行为人不能证明自己没有过错的，应当承担侵权责任。

《民法通则》对一般侵权行为都采用普通的过错原则。对某些特殊侵权行为如产品质量不合格致人损害等，规定过失推定的适用。我国法院在实践中也早已采用一般过失推定来确定民事责任，过失推定范围的扩大也是现代侵权行为法发展的一个趋势。所以有人主张过失推定在传媒侵权行为人过失的认定中适用，传媒侵权人的过错可以推定得知。① 因为新闻业的特点使

① 参见魏永征：《被告席上的记者》，88页，上海，上海人民出版社，1994。

得受害人难以对传媒侵权行为人的主观过错加以判断。受害人可以证明自己的名誉受到损害，也可以证明这种损害结果是由侵害内容的刊播造成的，但他却很难弄清侵害行为是如何完成的，甚至不知道是作者还是新闻单位的错误造成的。侵害内容的刊播一般要经过采访、写作、编辑、印刷等多个环节，任何一个环节有误都可能对特定人造成侵害，让受害人举证证明损害到底是哪个环节的差错造成的是不合理的。另一方面，有人认为，保证新闻作品的真实性、准确性、合法性是对新闻单位和新闻从业人员的基本要求，新闻从业人员如果严格遵守规章制度和职业道德是能够达到这一要求的，因而也可以合理推断出，如果行为人无过错是不会发生对他人的损害的。另外，行为人若认为自己确无过失，由于其了解行为发生的过程、清楚自己应尽何种注意义务，也较容易提出自己无过失的证据。基于种种原因，在确定传媒侵权行为人过错时可以，也应当采用过失推定制度。

但过失推定并非适用于所有传媒侵权行为。如在涉及公务人员和与重大公共利益相关的事件时，传媒侵权行为人因疏忽造成了特定人的名誉损害，出于保护公民合法民主权利和舆论监督的需要，即使行为人不能提出证据证明自己完全没有过失，也不应该让其承担民事责任。当然这里主要是指行为人轻微的过失；如过失重大，则没有特别保护的必要。

在西方判例法国家的诽谤案中，侵权成立的要件之一也是“过错”，这里的“过错”又包括两类：一是疏忽，即未能做到合理的谨慎；二是实际恶意，即明知报道失实或不计后果地无视其真实性。

疏忽意味着未能做到正常的谨慎。在判断什么是疏忽时，美国有些州采取了“合理的谨慎”原则。如果被告在判断一个陈述是否失实、是否会招致错误印象时没有做到合理的谨慎，那么被告将被认定为犯有疏忽的过失。美国田纳西州最高法院采取了“理性谨慎人的测试”方式：一个理性的谨慎人在同样的环境下会做什么？不会做什么？一个理性的、谨慎的记者会更充分地检查报道的真实性吗？这样一位记者会为了获得更多信息而再等上一天吗？一个理性的、谨慎的记者会更努力地工作、会在报道发表前尽量与原告取得联系吗？[①] 在亚利桑那州，疏忽的定义是：疏忽就是指未能做到一个理性的、谨慎的记者会在类似情况下做到的谨慎。而法院通常会问的问题是：记者是否曾努力判断报道的真假？

此外，可以证明被告疏忽的更普遍的原因，是看记者或行为人是否涉及以下几点：依赖不可靠的消息来源；不读相关文献或误读相关文献；未能取得明显的消息来源的证实，这个明显的消息来源可能就是报道的主人公；在编辑和处理新闻时粗心大意。[②]

另外，我国《侵权责任法》第七条规定：行为人损害他人民事权益，不论行为人有无过错，法律规定应当承担侵权责任的，依照其规定。此条规定的侵权责任归责的无过错原则，并不适用侵犯人格权行为，我国规定采取无过错原则的侵权行为相关的法律规范是由《民法通则》第一百二十一条至一百二十五条，第一百二十七、一百三十三条，以及《食品卫生法》、《药品管理法》、《环境保护法》等明确规定的，主要是指机关或其工作人员执行职务中的侵权行为、无行为能力人或限制民事行为能力人的侵权行为、法人工作人员的侵权行为，缺陷产

---

① see *Memphis Publishing Co. v. Nichols*, 569 S. W. 2d 412 (1978) .

② 参见［美］唐·R·彭伯：《大众传媒法》，185页，北京，中国人民大学出版社，2005。

品、高度危险作业、环境污染侵权行为，因地面施工引起的侵权行为，因饲养的动物引起的侵权行为等特殊侵权行为。

网络传播侵权也适用过错责任原则。《侵权责任法》第三十六条规定：网络用户、网络服务提供者利用网络侵害他人民事权益的，应当承担侵权责任。网络用户利用网络服务实施侵权行为的，被侵权人有权通知网络服务提供者采取删除、屏蔽、断开链接等必要措施。网络服务提供者接到通知后未及时采取必要措施的，对损害的扩大部分与该网络用户承担连带责任。网络服务提供者知道网络用户利用其网络服务侵害他人民事权益、未采取必要措施的，与该网络用户承担连带责任。

二、网络侵害人身权益相关规定

2014 年 6 月 23 日最高人民法院审判委员会通过《关于审理利用信息网络侵害人身权益民事纠纷案件适用法律若干问题的规定》，2014 年 10 月 10 日正式执行。该规定所称的利用信息网络侵害人身权益民事纠纷案件，是指利用信息网络侵害他人姓名权、名称权、名誉权、荣誉权、肖像权、隐私权等人身权益引起的纠纷案件。

（一）诉讼地管辖及诉讼条件

利用信息网络侵害人身权益提起的诉讼，由侵权行为地或者被告住所地人民法院管辖。

侵权行为实施地包括实施被诉侵权行为的计算机等终端设备所在地，侵权结果发生地包括被侵权人住所地。

依据《侵权责任法》第三十六条规定，原告起诉网络用户或者网络服务提供者的，人民法院应予受理。

网络服务提供者知道网络用户利用其网络服务侵害他人民事权益，未采取必要措施的，与该网络用户承担连带责任。原告起诉网络用户或者网络服务提供者的，人民法院应予受理。

在上述两种情况下，原告仅起诉网络用户，网络用户请求追加涉嫌侵权的网络服务提供者为共同被告或者第三人的，人民法院应予准许。原告仅起诉网络服务提供者，网络服务提供者请求追加可以确定的网络用户为共同被告或者第三人的，人民法院应予准许。

（1）原告起诉网络服务提供者，网络服务提供者以涉嫌侵权的信息系网络用户发布为由抗辩的，人民法院可以根据原告的请求及案件的具体情况，责令网络服务提供者向人民法院提供能够确定涉嫌侵权的网络用户的姓名（名称）、联系方式、网络地址等信息。

网络服务提供者无正当理由拒不提供的，人民法院可以依据《民事诉讼法》第一百一十四条的规定对网络服务提供者采取处罚等措施。

原告根据网络服务提供者提供的信息请求追加网络用户为被告的，人民法院应予准许。

（2）被侵权人以书面形式或者网络服务提供者公示的方式向网络服务提供者发出的通知，包含下列内容的，人民法院应当认定有效：

1）通知人的姓名（名称）和联系方式；

2）要求采取必要措施的网络地址或者足以准确定位侵权内容的相关信息；

3）通知人要求删除相关信息的理由。

被侵权人发送的通知未满足上述条件，网络服务提供者主张免除责任的，人民法院应予支持。

（3）人民法院认定网络服务提供者采取的删除、屏蔽、断开链接等必要措施是否及时，应当根据网络服务的性质、有效通知的形式和准确程度，网络信息侵害权益的类型和程度等因素综合判断。

（4）其发布的信息被采取删除、屏蔽、断开链接等措施的网络用户，主张网络服务提供者承担违约责任或者侵权责任，网络服务提供者以收到通知为由抗辩的，人民法院应予支持。被采取删除、屏蔽、断开链接等措施的网络用户，请求网络服务提供者提供通知内容的，人民法院应予支持。

（5）因通知人的通知导致网络服务提供者错误采取删除、屏蔽、断开链接等措施，被采取措施的网络用户请求通知人承担侵权责任的，人民法院应予支持。

被错误采取措施的网络用户请求网络服务提供者采取相应恢复措施的，人民法院应予支持，但受技术条件限制无法恢复的除外。

（6）人民法院依据《侵权责任法》第三十六条第三款认定网络服务提供者是否“知道”，应当综合考虑下列因素：

1）网络服务提供者是否以人工或者自动方式对侵权网络信息以推荐、排名、选择、编辑、整理、修改等方式作出处理；

2）网络服务提供者应当具备的管理信息的能力，以及所提供服务的性质、方式及其引发侵权的可能性大小；

3）该网络信息侵害人身权益的类型及明显程度；

4）该网络信息的社会影响程度或者一定时间内的浏览量；

5）网络服务提供者采取预防侵权措施的技术可能性及其是否采取了相应的合理措施；

6）网络服务提供者是否针对同一网络用户的重复侵权行为或者同一侵权信息采取了相应的合理措施；

7）与本案相关的其他因素。

（7）人民法院认定网络用户或者网络服务提供者转载网络信息行为的过错及其程度，应当综合以下因素：

1）转载主体所承担的与其性质、影响范围相适应的注意义务；

2）所转载信息侵害他人人身权益的明显程度；

3）对所转载信息是否作出实质性修改，是否添加或者修改文章标题，导致其与内容严重不符以及误导公众的可能性。

（二）诉讼范围

（1）网络用户或者网络服务提供者采取诽谤、诋毁等手段，损害公众对经营主体的信赖，降低其产品或者服务的社会评价，经营主体请求网络用户或者网络服务提供者承担侵权责任的，人民法院应依法予以支持。

(2) 网络用户或者网络服务提供者利用网络公开自然人基因信息、病历资料、健康检查资料、犯罪记录、家庭住址、私人活动等个人隐私和其他个人信息，造成他人损害，被侵权人请求其承担侵权责任的，人民法院应予支持。但下列情形除外：

1) 经自然人书面同意且在约定范围内公开；

2) 为促进社会公共利益且在必要范围内；

3) 学校、科研机构等基于公共利益为学术研究或者统计的目的，经自然人书面同意，且公开的方式不足以识别特定自然人；

4) 自然人自行在网络上公开的信息或者其他已合法公开的个人信息；

5) 以合法渠道获取的个人信息；

6) 法律或者行政法规另有规定。

网络用户或者网络服务提供者以违反社会公共利益、社会公德的方式公开自然人自行在网络上公开的信息或者其他已合法公开的个人信息、以合法渠道获取的个人信息，或者公开该信息侵害权利人值得保护的重大利益，权利人请求网络用户或者网络服务提供者承担侵权责任的，人民法院应予支持。但国家机关行使职权公开个人信息的，不适用本条规定。

(3) 网络用户或者网络服务提供者，根据国家机关依职权制作的文书和公开实施的职权行为等信息来源所发布的信息，有下列情形之一，侵害他人人身权益，被侵权人请求侵权人承担侵权责任的，人民法院应予支持：

1) 网络用户或者网络服务提供者发布的信息与前述信息来源内容不符；

2) 网络用户或者网络服务提供者以添加侮辱性内容、诽谤性信息、不当标题或者通过增删信息、调整结构、改变顺序等方式致人误解；

3) 前述信息来源已被公开更正，但网络用户拒绝更正或者网络服务提供者不予更正；

4) 前述信息来源已被公开更正，网络用户或者网络服务提供者仍然发布更正之前的信息。

(4) 被侵权人与构成侵权的网络用户或者网络服务提供者达成一方支付报酬，另一方提供删除、屏蔽、断开链接等服务的协议，人民法院应认定为无效。

擅自篡改、删除、屏蔽特定网络信息或者以断开链接的方式阻止他人获取网络信息，发布该信息的网络用户或者网络服务提供者请求侵权人承担侵权责任的，人民法院应予支持。接受他人委托实施该行为的，委托人与受托人承担连带责任。

(5) 雇用、组织、教唆或者帮助他人发布、转发网络信息侵害他人人身权益，被侵权人请求行为人承担连带责任的，人民法院应予支持。

第二节　传播与名誉权

名誉是对特定人（包括自然人和法人）的社会评价。名誉权是公民、法人享有应该受到社会公正评价的权利和要求他人不得非法损害这种公正评价的权利。

一、名誉和名誉权

传媒侵害名誉权的对象，也就是名誉权的权利主体。名誉权的主体是特定的自然人和法人。我国《民法通则》第一百零一条规定：公民、法人享有名誉权。两者都有可能成为传媒侵权行为的侵害对象，都有权对传媒侵害名誉权行为提起权利主张。除此之外，非法人组织也有可能成为名誉权侵害对象。

（一）自然人

每个人从出生起到死亡止，不论性别、年龄、种族、财产、职业、社会经历、社会地位等，所享有的人格权和名誉权都是平等的。在人格权中，名誉权属于人格尊严权或称精神性的人格权。与生命健康权等身体性的人格权不同，名誉权受到损害的主要后果是造成受害人的精神痛苦，有时由于名誉权所保护的社会关系遭到破坏还会带来一定的经济损失。

（二）法人

法人包括企业法人、事业单位法人、社会团体法人和机关法人。法人也依法享有名誉权。由于法人没有自然人所特有的精神活动，所以法人名誉权也不同于自然人纯粹的精神权利，在实质上是一种具有财产内容的权利。

法人名誉权与公民名誉权相比，在内容上、侵权方式上和同财产权的关系上都有很大的不同，最重要的区别是，法人活动是社会公共活动的一个组成部分，与公众利益密切相关，因而要更广泛地置于社会的监督之下。对企业法人的产品和服务，消费者有评论之权，这些评论可能存在失误和不够准确，也可能由于带有评论者的主观好恶而显得过于激烈，但这同损害企业法人的名誉显然不是一回事。最高人民法院《关于审理名誉权若干问题的解释》规定：消费者对生产者、经营者、销售者的产品质量或者服务质量进行批评、评论，不应当认定为侵害他人名誉权。但借机诽谤、诋毁，损害其名誉的，应当认定为侵害名誉权。这表明消费者承担侵害企业名誉权的责任必须是出于故意。但新闻单位仍然适用过错责任原则：新闻单位对生产者、经营者、销售者的产品质量或者服务质量进行批评、评论，内容基本属实、没有侮辱内容的，不应当认定为侵害其名誉权；主要内容失实、损害其名誉的，应当认定为侵害名誉权。

案例11—1

利用互联网恶意攻击他人绝对不行！

泉州市任达斯制衣有限公司与泉州盛联轻工企业有限公司下属的旗牌王水洗厂自2003年3月发生大量“水洗免烫”纯棉裤加工业务往来关系。期间，因对水的质量以及加工费问题发生纠纷，被告因其网上言论涉嫌对原告构成名誉侵权而诉上法庭。原告诉称，“截至3月27日，任达斯公司共欠我方水洗承揽加工费56 120.75元，他们多次到任达斯公司催讨，任达斯公司提出水洗有质量问题而拒不付款”。任达斯公司认为联盛公司的上述说法完全是扭曲事实的。事实是任达斯公司在与‘旗牌王水洗厂的水洗业务中，任达斯公司陆续发现水洗西裤质量烂如草纸，2003年3月、4月间，任达斯公司一方面回收西裤，一方面找旗牌王公司协商，旗牌王公司也表示愿意赔偿损失。

原告称，2003年3月至2004年5月中旬，正当任达斯公司与联盛公司协商如何以任达斯公司西裤折价所欠联盛公司加工费时，任达斯公司名誉董事长兼网络管理员郑明辉却于2004年5月27日至6月5日先后在泉州晚报网站“来宾留言”、“记者热线”、“今周刊焦点”以及泉州信息超市网友BBS加油站网页发表题为《向意大利名牌旗牌王董事长施清体先生讨个说法》等的含有攻击性的文章，其矛头指向旗牌王公司以及总经理施清体本人。

任达斯公司辩解称，自2003年发生水洗业务以来，从未拖欠加工费，联盛公司的起诉是颠倒是非、捏造事实、倒打一耙，纯属诬告。2004年9月22日，泉州市中级人民法院开庭审理此案。泉州市人民法院认为，任何单位和个人不得利用国际互联网制作复制查阅和传播侮辱他人或者捏造事实诽谤他人的信息。被告任达斯公司、郑明辉因对加工水洗的休闲裤质量持有异议，未采取合法途径，却在国际互联网上发布文章，使用了大量侮辱性的语言，将矛头指向“旗牌王”和施清体本人，使这些公布于国际互联网上的信息传播，并为社会公众所熟知，在客观上造成了两原告社会评价的降低和名誉的贬损，其行为已经构成了对两原告名誉权的损害，两被告对此应承担相应的法律责任。

2004年10月19日，泉州市中级人民法院依法判决，被告泉州市任达斯制衣有限公司及名誉董事长郑明辉停止侵害，表示道歉，并应于判决生效后10日内赔偿原告联盛公司及其总经理施清体经济损失、精神损害两项合计1.5万元。

（三）非法人组织

个体工商户、个人合伙和其他非法人的经营性组织，都是独立的经营者，根据《反不正当竞争法》规定，他们在经营活动中形成的商业信誉、商品声誉同样受到法律的保护。我国也出现过个体户名誉权受到侵害而请求司法救济的案件。

（四）死者

人格权始于出生，终于死亡。自然人死亡后理应不再享有名誉权。但是死者在世时的名誉还有现实的影响，死者名誉受到非法损害，会使他的近亲属遭受精神痛苦，以致造成利益损害。最高人民法院《关于审理名誉权案件若干问题的解答》规定：死者名誉受到损害的，其近亲属有权向人民法院起诉。这条规定实际上是把死者名誉视为死者近亲属的一种合法利益加以保护，同时也包含了时限规定，即死者名誉保护到第三代为止。2001年最高人民法院《关于确定民事侵权精神赔偿若干问题的解释》再次重申了这个原则。在我国，损害死者名誉的传媒侵害名誉权诉讼已发生过多起。

二、侵害名誉权的方式

我国把侵害名誉权行为分为诽谤和侮辱两种，并做出了如下界定：因新闻报道严重失实，致他人名誉遭到损害的，应按照侵害他人名誉权处理。对因撰写、发表批评文章引起的名誉权纠纷区分为三种情况：

文章反映的问题基本真实，没有侮辱他人人格的内容的，不应认定为侵害他人名誉权。

文章反映的问题虽基本属实，但有侮辱他人人格的内容，使他人名誉受到损害的，应认定为侵害他人名誉权。

文章的基本内容失实，使他人名誉受到损害的，应认定为侵害他人名誉权。

上述内容实际上规定了新闻和其他新闻传播内容侵害名誉权的两种方式：新闻或其他作品严重失实或基本内容失实，损害了他人名誉，这就是诽谤；新闻或其他作品有侮辱他人人格的内容，损害了他人名誉，这就是侮辱。

（一）诽谤

学术界通常把散布虚假事实损害他人名誉的行为称为诽谤。我国大多称侵害名誉权，而不称诽谤，是因为在司法实践和习惯上，诽谤特指故意捏造和散布虚假事实损害他人名誉的行为的概念，而过失诽谤称则为侵害名誉权。

按照前述传媒侵权的四个要件来衡量新闻诽谤行为，要注意以下特点。

1. 陈述虚假事实

诽谤的表现形式是对事实的陈述，在传播内容中仅仅是表达某种意见、情感或者情绪而不涉及任何事实的，如果造成损害他人，那也不是诽谤，而可能是侮辱。

陈述事实的主要方式是语言、文字。根据语言文字陈述的意思，一般都可以判断什么是真实的，什么是虚假的。图像，包括静态的照片和动态的录像，也可以表现事实，多数情况下图像表现事实要有语言、文字的配合，当然纯粹的图像也可以表现事实。对于同一个事件，截取的场面、景观、采取的角度和剪辑不同，表示的意思也会不同，有时甚至会有很大的出入。判断图像性新闻的真实性，主要不是看图像本身是否真实而是应当看图像所表示的意思是否真实。如果图像是真的，但是它所表示的意思却不符合实际情况，那么这样的图像新闻仍然是虚假的。

陈述是否虚假应该以多数人对内容的理解为准，而不在于陈述人是否真的要表达有关意思。构成诽谤的言论必须在陈述事实方面有虚假的内容，所谓虚假，就是同实际情况不相符。判断真实还是虚假，在日常生活中看起来十分简单明白，但是进入法律程序就相当复杂。事实是正确审判的基础。而任何审判都只能面对过去的事实，任何过去的事实都不可能重演，判断事实真假的唯一根据就是证据。在法律上，只有有证据支持的事实才能确认为真实的事实。而在诉讼案件中，不同的诉讼参加人所要证明的事实的责任是不同的。在刑事案件中，公诉人和自诉人有责任证明被告人有罪，而被告人没有责任自证无罪。在民事案件中，实行“谁主张，谁举证”的原则，就是当事人对于自己所主张的事实有提出证据加以证明的义务。这就是所谓民事案件的举证责任。于是在新闻传播诽谤案件中，对于如何确认真实还是虚假，就会有两种意见。

一种意见是按照法律对于事实的理解，要求涉讼作品的内容必须有证据加以证实。如果作品没有合法的证据证明，那么作品的作者、传播者等责任人就会承担诽谤（侵害名誉权）的法律责任。因为诽谤诉讼所涉及的往往是关于相对人的一些负面事实，如果法院以判决的方式肯定作品中的事实属实，也就无异于以判决的方式肯定作品的相对人有某种应受社会谴责的、不道德的、违法的甚至可能构成犯罪的行为的事实，所以如果证据不足，作品就不应得到法律支持。这就意味着，作为被告的作者、新闻媒介等对内容的真实负有举证责任。

另一种意见是按照法律关于诽谤构成要件的规定，要求涉讼作品的内容必须有证据证明其虚假，方可判断构成诽谤（侵害名誉权）、判决责任人承担责任。这是因为，既然虚假或失实是诽谤的构成要件，如果不能证明事实虚假，要件不具备，诽谤当然不能成立。这就意味着，指控诽谤的原告人负有举证责任。

2. 严重失实或基本内容失实

因为新闻采访不同于国家机关的调查活动，手段有局限，而且新闻报道又有时效性，不许出一点差错，这等于取消新闻报道和新闻批评，所以应主张"微罪不举"。有关司法解释对构成侵害名誉权的虚假陈述的程度做了进一步界定：把非法侵权的界限划在新闻和批评文章严重失实和基本内容失实上，而把局部的、轻微的失实划入法律可以宽容的范围内。

要求法律再对严重失实或基本内容失实做量化界定也许是难以做到的，法官在区分严重的、基本的失实和轻微的、局部的失实上有一定的自由裁量权。在学理上可以认为，严重失实和基本内容失实不是量的概念（主要不是看篇幅、文字的比例），而是质的概念，是指新闻和其他文章中失实的内容足以使人对有关问题的性质产生不正确的贬损性认识这样一类失实。

（二）侮辱

依照中国法律，侮辱是另一种侵害名誉权的方式。在大陆法系的一些国家，也将侵害名誉权的行为分为诽谤和侮辱。侮辱是从语义上说，就是使人蒙受耻辱。侮辱的方式包括暴力方式、口头方式和书面方式。这里的书面，既包括文字，也包括图像。新闻媒介发生的侮辱是书面方式的侮辱行为，按国际惯例，广播、电视的内容都算做书面。

按照侮辱性言词与陈述事实的关系，侮辱又可具体分为辱骂和丑化。辱骂不需要任何陈述事实的形式，如公然用"非人"的语词詈骂他人。而丑化则看起来具有陈述某些事实的形式，但其实还是与事实是否存在无关。丑化就是通过夸张和歪曲的文字或图像手段，把特定人的形象描写得可憎、可恶、可鄙。

侮辱和诽谤的侵害客体是不同的。诽谤是贬低他人某一方面或若干方面的社会评价，造成名誉减损。侮辱则是贬损他人的整个人格和人格尊严。侮辱行为的侵害客体有别于维护自己公正评价不受非法贬低意义上的名誉权，而是一般的人格权和人格尊严。如前所述，中国《宪法》规定公民的人格尊严不受侵犯，《民法通则》把人格尊严作为一项重要的民事权利加以规定，所以侮辱也是一种违背法律的行为。

案例11—2

北大知名教授为啥败诉?

2012年5月6日，北京大学中文系教授孔庆东在自己的新浪实名认证加V微博"孔庆东V"上发表了一篇博文《立春过后是立夏》，称"写了一首七律"：

晨起披衣出草堂，轩窗已自喜微凉。

余春只有二三日，烂醉恨无千百场。

芳草自随征路远，游丝不及客愁长。

残红一片无寻处，分付年华与蜜房。①

博文上传后，中国劳动关系学院在校学生关凯元，用@rushiwolai2012的网名对这篇博文提出了意见。曾获得过2010年北京大学生人文知识竞赛一等奖的关凯元对这首诗歌进行评价，认为"诗已经不错，可确实格律不对，就算不严格按照古人韵部，好歹孤仄孤平不该犯"。

这个评价惹来了中文系教授孔庆东的不满："你不要装作懂格律好不好？你说的驴唇不对马嘴，你连原诗都没看，你就是个狗汉奸，你当我不知道啊!"以及其他一些侮辱性句子五分钟后，关凯元的微博上出现了这样一条评论，其来源显示"孔庆东V"。此网页已经过公证，作为证据材料。

网络发生的事，并不完全虚拟，微博实名注册，孔庆东、关凯元均为实名。

随后关凯元向法院起诉孔庆东，经历四个月，最终立案。一年后的2013年5月，北京市海淀区人民法院做出一审判决：法院认为，孔庆东的言辞明显含有侮辱性语言，通过网络传播、转发、继续传播，造成了认识关凯元的人会对他降低社会评价。孔庆东的行为属于侵权情节较轻，法院一审判决其在全国发行的报刊上道歉，并赔偿精神抚慰金200元及公证费1 000元。

三、网络传播侵犯名誉权

网络名誉侵权成立不仅具备上述一般名誉侵权的要件，而且同一般侵害名誉权的方式相比，还具有以下特点：一是网络名誉侵权的责任者界定相对复杂一些。与一般名誉侵权的责任者相比较，网络名誉侵权的责任者除了侵权言论的发表者，还有可能是网站的经营者。二是侵权言论的危害后果估计也相对复杂。一般侵害名誉的行为是通过报纸、杂志等传统媒体进行传播，传播的速度与范围有限，而网络名誉侵权由于互联网传播速度的迅捷性与广泛性，对于受害人的伤害也大。

网络名誉侵权的主要方式如下：(1) 通过发送电子邮件，内容涉及侮辱、诽谤；(2) 通过网络散布他人隐私，使其社会评价降低；(3) 在网络论坛和留言板（BBS）上发表侵犯他人名誉权的言论；(4) 在博客、微博、微信等刊播对他人有侮辱、诽谤的言论和图片。

有研究者认为博客和网络游戏中的网络虚拟主体并非民法中所称的受到名誉侵权的"他

---

① 孔庆东这篇博文后续内容中其实透露了七律作者并不是他自己，这里限于篇幅未全文引用，有兴趣的研究者可以搜索资料进一步了解。

人”，即民法上所指称的民事主体，或称为具有民事权利能力、民事行为能力的社会个体。网民只代表网络行为与形象，与其社会现实立场上的行为观点一般不直接画等号，特别是一些博客写手，虽然在网络上非常有名气，在本单位或是工作部门如果不是刻意宣传很难为人所知。[①]

上述观点有一定道理，特别适用于那种网民名称形象与现实社会中其人其事无任何关联的情况。但随着网络传播的普及、网络实名制的实施，以及社区网络的兴起，网民在网上的名称、形象现实社会之间的关系逐渐密切起来，因此也就使网民成为名誉权主体。另外，网络侵犯名誉权的形式也不断增多，除了语言外，还可能有图片、视频等，这使得名誉权主体变得明确。

案例11—3

利用互联网侵犯他人名誉权

秦女士与石先生同住一个小区，开发商为小区业主出行方便，在小区门口提供了去地铁站的固定班车。2008年8月，秦女士母女与石先生为乘车排队顺序发生争执。时隔一年之后，秦女士意外在网上发现她那天乘车排队的照片出现在小区业主论坛上，并附侮辱性的标题，小区的部分业主都在论坛上陆续发表了关于此事的评论。秦女士随即报警，派出所对石先生做出罚款200元的行政处罚。在秦女士提出删除帖子的要求后，网站也删除了此帖内容。

2010年4月，秦女士以侵害名誉权为由向一审法院提起诉讼，要求石先生赔礼道歉，并与论坛版主共同赔偿精神损害抚慰金5万元。为平息矛盾，法院根据秦女士要求，由她邀请了小区六位业主在现场见证，由石先生当面向她进行赔礼道歉。然而几日后，秦女士写信给法院认为，石先生的握手道歉并非自愿，也不诚心。而且她女儿并没有插队，石先生是过错者。请求法院判令石先生赔偿。一审败诉后，秦女士上诉至市一中院。市一中院认为，由于石先生在一审中已向秦女士进行了赔礼道歉，所以在石先生对该部分民事责任已经履行完毕的情况下，秦女士再次要求石先生承担赔偿责任的上诉请求，法院不予支持。

资料来源：《母女坐车插队照片被曝光 得理不饶人重复索赔》，载《解放日报》，2010-11-10。

这一案例所体现的是网民利用博客、贴吧、论坛等平台发表的针对现实人名或法人名称的文字、图像、音频和视频等信息，侵犯了他人的名誉权。

网民利用博客、贴吧、论坛等平台发表的针对虚拟的网名的文字、图像、音频和视频等信息，也会侵犯他人的名誉权。例如，张某网名“红颜静”，主持管理某网站的一个文学版块。被告俞某以“大跃进”为网名，在网站上活动。2004年11月，张、俞等网友们在南京聚会交流，并打牌娱乐到深夜。回家之后，张某打开电脑，发现刚刚还在一起玩的俞某以“大跃进”的网名在公开版块上发出侮辱她的帖子，称“红颜静”是网上的“交际花”，内容极为下流。

① 参见王盘明：《关于首例博客告博客侵犯名誉权案的几点法律分析》，见法律案例网，2006-10-23。

张某当即回帖要求对方不要侮辱他人。在此后的几个月时间里，“大跃进”在网上发表了大量帖子，侮辱“红颜静”，并以另一网名“华容道”的名义发帖，对“红颜静”进行侮辱和诽谤。后张某起诉俞某，在法庭上，原告及代理人当庭出示证据证明原、被告的网友关系和被告进行诽谤的事实。被告主张自己不是“大跃进”，并否认侵权事实；同时指出，网络是一个虚拟空间，网民与网民间的对骂乃至侮辱，与面对面的对骂、侮辱有着本质的区别，因为是虚拟的，所以不构成侵权。

在网络上针对虚拟网名或法人机构名称进行的诋毁、诽谤、侮辱侵犯当事人合法权益的，需要从两个角度进行判定。

（1）考察相关网名与真实身份个体明确的关联度和指向性程度。若在真实社会中，与某人相识或有交往的人都不知道其网名，网络传播侮辱、诽谤事件对其社会生活和交往并没有带来困扰，则不应判断为名誉权受到侵害；反之，在其社交圈或熟知的人中多数都知道其网名，并知道发生的网络传播侮辱、诽谤事件，则表明侵权行为客体的存在。

（2）考察传播范围内网民对该网名的认同度。这是指网名在相应网络传播环境里的影响力。网民用此网名的频度、时间等都将影响网民对其网名的认同度。由于他人或自身对该网名认同度的深度不同，针对网名主体的侮辱、诽谤会影响对象自身的感受。如果认同度高，应认定为名誉权主体存在。

上述案例中的张某和俞某虽然各自以虚拟的网名登录网站并参与网站的活动，但在现实生活中通过见面互相认识并知道对方网名，且张某的网名和真实身份还被其他网友知悉，俞某在网站中多次以“大跃进”的网名发表针对“红颜静”的议论，其间多次使用侮辱性语言，主观上具有对张某名誉权进行毁损的恶意，客观上实施了侵犯他人名誉权的行为，应当承担民事责任。

此外需要提到的还有提供相关信息发布平台的网站服务商在这两类侵权案件中应负的责任。《侵权责任法》中明确指出，网络服务提供者知道网络用户利用其网络服务侵害他人民事权益，未采取必要措施的，与该网络用户承担连带责任。网络用户利用网络服务实施侵权行为的，被侵权人有权通知网络服务提供者采取删除、屏蔽、断开链接等必要措施。网络服务提供者接到通知后未及时采取必要措施的，对损害的扩大部分与该网络用户承担连带责任。

另外，还有一种情况是网站直接发表的针对现实人名或法人名称的文字、图像、音频和视频等信息，从而侵犯他人名誉权的。在这种情况下，网站可以被视为与传统媒体同样的传播主体，网站面对批评、投诉亦可采取删除信息或发表更正等做法。如果发生纠纷，网站的行为亦会被法官考量，如采取补救措施的可能减轻侵权的责任。

四、侵害名誉权的抗辩和排除

对于新闻诽谤指控的抗辩，体现了为了维护言论自由、新闻自由而对他人名誉权予以适度抑制的理念。在西方，全面抗辩最有力的理由就是“真实”。另外，“公正评论”、新闻报道的“特许权”也是可靠的免责理由。局部抗辩理由有：业已更正、消息源具有相当权威度、原告名誉原本不佳、原告也有错等。有些西方国家在新闻诽谤诉讼中更多地向新闻自由倾斜，如对政府官员和“公众人物”起诉新闻媒介诽谤实行更严格的标准等。

尽管我国传媒侵权法同西方国家是不同的，但是表达权和人格权之间的冲突和平衡，则是任何国家都存在的问题。在我国，公民的言论自由、对国家机关及其工作人员的批评建议权以及舆论监督受到法律的保护。按照相关实践经验，参照国际上的一些合理做法，我国媒介在面临侵害名誉权指控时经常采用的抗辩手段主要有以下几种：

（一）真实

严重失实和基本内容失实是构成新闻诽谤的一个要件，新闻的真实性得到证明，诽谤自然不存在。

根据《民事诉讼法》第六十三条的规定，证据有当事人的陈述、书证、物证、视听资料、电子数据、证人证言、鉴定意见、勘验笔录等八项。记者在采访中搜集的被采访对象的谈话记录、录音，有关照片、录像，有关机关的法律文书和其他正式文件，以及有关实物（如假冒伪劣商品原件等），都可以作为在可能发生的诉讼活动中提交法院的证据。当然，这些证据必须由法院查证核实作为有效的诉讼证据。新闻传媒在面临侵害名誉权诉讼时，首先要做的就是搜集整理足以证明文章内容真实性的证据。在诉讼中，凡是能够证明待证事实存在或者不存在的一切客观事实材料都是诉讼证据。证据问题在诉讼中至关重要，新闻传播活动是报道客观事实的信息传播活动，从理论上说，一切真实的新闻都应当是有证据加以支持的，这就要求记者在采写稿件时注意搜集和保存证据。

关于对真实的理解，司法界同新闻报道的常规有一定距离。新闻报道的信念是，凡是发生的事实，就都是真实的。比如有人在会上说或是打电话举报，这些事情是发生过的，是真实的，只是"说"和"举报"的内容未经核实。把新闻媒介核实新闻内容的要求无限推广，必须把别人提供的情况全部一一核实才可以报道，这几乎是不可能做到的。

为了解决新闻报道、批评同名誉权保护的冲突，有的国家实行在涉及公共利益（比如批评官员）的诽谤诉讼中以"确信真实"的抗辩来代替真实抗辩。就是说，新闻媒介或记者只要能够证明自己是确实地、真诚地相信自己文章的内容是真实的，那么即使不能证明真实或者被证明失实，也可以不负诽谤的责任。

美国在1964年《纽约时报》上诉警官萨利文指控自己诽谤的案件中提出一个原则：公务人员如要在新闻诽谤起诉中胜诉，不仅要证明普通法要求的有关内容已经发表，给自己造成了损害，而且要证明被告具有"实际上的恶意"或者毫不顾及是真是假而予以发表。后来这个原则又被扩大到"公众人物"起诉的新闻诽谤案中。不存在"实际上的恶意"的心理状态就是"确信真实"。在另一些国家，就实行由作为被告的新闻媒介来证明自己"确信真实"。澳大利亚在1994年对某国会议员控告某报诽谤案中提出，如果被告能够证明以下几点，就可以免于责任：不知道发表的材料是不真实的；不是不负责任地发表文章，即不是毫不顾忌文章内容真实与否；出版物是在合理情况下出版的。法国诽谤案件也有"诚实"的抗辩理由，如果被告能够证明自己是诚实的，是谨慎行事的，那么他就可能免责或者减责。

为了有利于发挥新闻媒介舆论监督功能和保护公民批评权，中国传媒侵权法似可借鉴国外的这个原则。"确信真实"的抗辩实际上是把新闻媒介和公民的诽谤责任限制在故意和严重过失的范围以内。另外，实行这个原则必须局限于与社会公共利益有关的案件以内。

例如，2002年6月16日，上海《东方体育日报》第一版中刊出题名《中哥战传闻范志毅涉嫌赌球》的报道，该文开篇转载了另一家媒体的文章，接着对文章中涉及的球员进行排除式分析后，指明涉嫌球员为范志毅，同时又报道了范志毅本人的否定意见及足协和国家队其他球员的反应，并引用了网友的文章，最后注明将进一步关注这一事件。

该文刊登后，《东方体育日报》于2002年6月17日、6月19日又对该事件进行了连续报道，刊登了对范志毅父亲的采访及范志毅没有赌球的声明。

2002年6月21日，《东方体育日报》以《真相大白：范志毅没有涉嫌赌球》为题，为整个事件撰写了编后文章，指出“在社会上包括网络中所流传的所谓范志毅赌球的谎言已不攻自破。本报通过连续报道为范志毅澄清事实真相，洗刷无端罪名的目的已达到”。

2002年7月，范志毅以《东方体育日报》刊登的《中哥战传闻范志毅涉嫌赌球》一文侵害其名誉权为由，向上海市静安区人民法院提起诉讼，要求《东方体育日报》赔礼道歉并赔偿精神损失费5万元。

此案历经五个月的审理后，上海市静安区人民法院于2002年12月18日作出了“不予支持”原告范志毅的诉讼请求的一审判决。法院认为，传媒必须遵守新闻出版法规，刊载新闻报道必须真实、准确、公正。不得刊载虚假、失实报道，更不能侵害他人名誉权。同时，传媒有行使新闻报道自由的舆论监督权。法律既要保护公民的名誉权，又要依法支持新闻单位行使舆论监督权。

法院认为“综合案件具体情况，按照民事侵权责任构成要件衡量”，本案涉及的被告这则新闻报道并未构成对范志毅的名誉侵权。其理由有三：

其一，被告主观上不存在过错，行为也不违法。中国国家足球队第一次打进世界杯，在世界杯举行期间，中国国家队的表现是社会各界关注的焦点，本案原告系中国著名球星，自然是社会公众人物，在此期间关于中国国家队和原告的任何消息，都将引起社会公众和传媒的广泛兴趣和普遍关注。此“赌球传闻”也足以影响到整个中国足球队的形象，乃至中国足球的纯洁性。在这种情况下，被告作为新闻单位有义务行使舆论监督权，报道该事件的真相。本案争议报道的消息来源并非被告主观臆造，且从其文章的结构和内容来看，旨在连续调查“赌球传闻”的真实性，故被告主观上并不存在过错。虽然作为新闻单位媒体发表稿件，负有审查新闻来源真实性，防止侵害他人名誉权的积极义务，但是由于新闻报道时效性的特点，不能苛求其内容完全反映客观事实，原告涉嫌赌球的传闻在被告未作报道前，已在社会中流传，被告正是为了求证这一新闻事实的真实性和客观性，才刊出了包括争议报道在内的系列调查报道，争议报道中没有对原告进行批评、诽谤，不存在恶意、故意行为，也无违法性。

其二，被告的报道并未对原告名誉权造成损害后果。被告的报道内容并不是一种肯定的主观判断，而是根据新闻传闻做的求证式的报道，且被告经过一系列的报道后，最终又及时地以《真相大白：范志毅没有涉嫌赌球》为题为原告澄清了传闻，还社会公众以真相，端正了视听。被告的系列报道是有机的、连续的，它客观地反映了事件的全部情况，是一组完整的连续报道，就本案的情况而言，不应当将该组报道割裂开来审读。被告的报道并未造成原告社会评价降低的后果。

其三，被告的新闻报道是以为社会公众利益进行新闻宣传和舆论监督为目的，应当受到法律保护。本案争议的报道是被告处在“世界杯”的特定背景下，遵循新闻规律，从新闻媒体的社会责任与义务出发，为满足社会大众对公众人物的知情权而采写的监督性报道。关于原告赌球的传言，从表面上看，是涉及原告个人的私事或名誉，但原告这一私事或名誉与社会公众关注的“世界杯”、关心中国足球相联系时，原告的私事或名誉就不是一般的个人之事，而是属于社会公共利益的一部分，当然可以成为新闻报道的内容。被告作为新闻媒体，对社会关注的焦点进行调查，行使报道和舆论监督的权利，以期给社会公众一个明确的说法，并无不当。即使原告认为争议的报道点名道姓称其涉嫌赌球有损其名誉，但作为公众人物的原告，对媒体在行使正当舆论监督的过程中，可能造成的轻微损害应当予以容忍与理解。

范志毅一案的意义是明确地提出了“公众人物的忍受义务”这一对新闻报道名誉侵权案件至关重要的概念。所谓公众人物的忍受义务，就是新闻媒体在报道与公众人物有关的公共事件时，该公众人物对报道可能对其名誉造成的轻微损害应当予以忍受。这种忍受的义务的实质，是将涉及公众关注的公共事件的公众人物与一般组织和普通百姓区别开来，要求公众人物承担更大的社会责任，接受更严格的社会监督。

或许有人会说，公众人物首先也是公民，他们同样享有宪法和法律赋予的包括人格权在内的各项权利。对他们在名誉侵权案件当中实行“严格要求”，岂不有违法律面前人人平等的社会主义法制原则？其实这种担心是多余的，因为并不是法律或者法院变相削减了对公众人物的权利保护，而是公众人物的“公众”性质给他们的权利附加了与普通人不同的义务。①

范志毅一案之所以能有这样的一审判决，据该案主审法官说，是因为在合议时引进了英美法系里“微罪不举”的比较先进的理念，确定了“当公众人物的名誉权与舆论监督权发生冲突时，都要服从公众利益，公众利益最大”的原则，从而使中国的司法审判开始了与国际的对接。

另外，通过这个案例，使“新闻更正”理念受到重视。“新闻更正”是当新闻媒介对已发表的不准确、不客观或不公正的报道，可能或已经给公民、法人及组织造成损失时，所采取的对当事人有效的、必要的补救措施。新闻更正和答辩制度一样，已经受到世界各国立法的重视。在英、美等国的司法实践中，新闻界的及时有效的更正，有助于减轻处罚或免责。

把“新闻更正”的理念贯穿于舆论监督，有着更大的意义。当某个新闻事件发生后，新闻记者到达现场初步了解了事实，但由于新闻发布的时效性，很多时候不允许记者完整、全面地了解真相，这时候是不是要发布新闻呢？如果发布，就有可能出现偏差，因为怕承担责任，于是大多媒体选择了暂不发布；而不发布有关信息，公众的知情权就难以得到保障，实际上也损害了广大民众的利益。

（二）公正评论

国际上把“公正评论”作为对新闻媒介诽谤指控进行全面抗辩的重要理由。新闻媒介上传播的内容基本上可以分为事实和意见两大类。评论就是对于某一特定事实所发表的意见。任何事物，一旦进入社会公共领域，必定要受到公众的评论。评论的对象，可以是人，即所谓“公众人物”；也可以是事，包括各种与公共利益相关因而受到公众关注的事项；还可以是物，包

① 参见查庆九：《从范志毅案谈舆论监督与“公众人物的忍受义务”》，载《法制日报》，2002-12-23。

括各种物质产品和精神产品，后者如文学、艺术、科学作品等。事实只有一个，既被各方评论，总是带有评论者的主观标准与好恶，难免众说纷纭，还会发生争执论战。各种意见当然有对有错，如果把错的意见等同于侵权，那就无异取消了发表意见的自由。所谓“公正”包括以下含义：

（1）评论所依据的事实是真实的，有可靠的事实来源（包括报章的报道）；事实是评论的基础，如果评论所依据的事实是虚假的，自然不会得出客观结果、公正的推论。

（2）评论者主观上应出于诚意，是诚实的（相信自己正确）。评论意见是评论者在态度庄重、立场公正的情况下做出的结论，并非出于偏袒、讽刺和嘲弄。

（3）评论的事项与社会公共利益有关。

（4）可识别为评论（意见和事实分开）。

在以上前提下，即使是片面的、偏激的甚至具有诽谤性的评论，也不应追究法律上的责任。西方媒介法理论认为，“公正评论”的抗辩理由体现在舆论和公民名誉之间，应对与社会公益有关的评论予以优先的保护。涉及评论作品的诽谤诉讼，一般都可以适用“公正评论”抗辩。

我国传媒侵权法虽然没有明确规定“公正评论”的原则，但对批评文章引起的名誉权纠纷规定了“反映的问题真实”和“没有侮辱人格”的内容两项条件，表明评论只要是有真实的事实依据、不侮辱他人的，意见分歧同侵害名誉权就没有关系，这同国际的“公正评论”原则是接近的。

我国法规对关于产品质量和服务质量的评论做出这样的规定：消费者对生产者、经营者、销售者的产品质量或者服务质量进行批评、评论，不应当认定侵害他人名誉权，但借机诽谤、诋毁，损害其名誉的，应当认定为侵害名誉权。新闻单位对生产者、经营者、销售者的产品质量进行批评、评论的，内容基本属实，没有侮辱内容的，不应当认定为侵害其名誉权；主要内容失实，损害其名誉的，应当认定为侵害名誉权。据此，关于产品质量和服务质量的合法评论的界限主要也分为两条：一是所依据的事实基本属实，如果事实不存在，批评、评论没有根据，就得不到法律的保护；二是不得侮辱生产者、经营者、销售者的人格。在此范围内，评论观点分歧，言词偏激，或者爱好各异，都不应成为侵权依据。还要留意，这一条文对消费者个人和新闻单位的责任在措辞上是不一样的。从文意看，消费者对评论侵权只承担故意责任，而新闻单位则故意和过失都要承担责任。

至于对于其他社会公共事务和文化、艺术、学术作品的评论，也可以根据 1993 年《关于审理名誉权案件若干问题的解答》（最高人民法院审判委员会 1993 年 6 月 15 日第 579 次会议讨论通过 ）的规定，按事实基本真实和不侮辱他人这两条界限予以规范。一种情况是，如果评论过于夸张，致使意见同事实相差甚远，公众有可能把意见误认为事实，就会造成非法名誉损害。要是批评意见确有一定事实依据，那么即使意见不当，亦可适用公正评论抗辩。另一种情况是，评论虽然不涉及事实问题，但却使用辱骂和丑化的语句侮辱了对方的人格，也不能适用“公正评论抗辩”。在“公正评论抗辩”中，表达意见过于偏激、夸张同诽谤、侮辱之间很难找到一条泾渭分明的界限。正如英国的一篇经典性的判词写道：“尽管他有很大的偏见，尽管他的主意很夸张和固执，一个普通人（即合理人）是否可能说出这样的指责呢？若果有此可能，无论他的指责是怎样错误、怎样偏颇，都仍然在法律容许的范围之内。”① 这就是说，按照普通人包括评论者本人的认识水平来衡量，某种意见虽然过于夸张，同实际有距离，但只要是属于正常认识的范围之内，就应当为法律所容许。

（三）特许权

国际上通行的特许权是指为了公众利益或保护个人合法权益，可以做诽谤性的陈述而不需承担法律责任。这种特许权分为绝对特许权和有限特许权。享有绝对特许权的言论可以受到法律的绝对豁免，如议员在议会的发言、诉讼当事人法庭陈述、官方职务往来之文书等，通常不得提起诽谤诉讼。享有有限特许权的言论包括为完成公共或私人责任、为保护自身合法利益、为答辩所发表的言论，若要起诉，原告必须对行为人具有恶意负有举证责任。关于诽谤的特许权抗辩原则被经常运用于媒介诽谤案中，新闻报道的特许权主要是指报道官方文书和行为、报道公共组织及其会议的特许权利，一般限于有限特许权，例如议员在议会发言享有绝对特许权，而新闻媒介报道议会辩论就只享有有限特许权。新闻媒介的有限特许权有三项原则，一是公正、准确，二是所报道事项应与公益有关，三是不具有恶意。特许权实质是为新闻记者和媒介对新闻的调查核实留下空间，因为要求记者对新闻材料全都从事实发生的最初源头进行核实几乎是不可能的。官方正式提供的信息就应由官方负责，记者只需公正而准确地予以报道。面对诽谤指控，通常的新闻报道不能只要求证明与新闻源提供的材料相符，而是要求证明与事实的本来面貌相符，而享有特许权的新闻只需证明与新闻源提供的材料相符（即公正而准确）即可。

我国法律明确规定了新闻单位报道国家机关行为的特许权：新闻单位根据国家机关依职权制作的公开的文书和实施的公开的职权行为所作的报道，其报道是客观准确的，不应当认定为侵害他人名誉权。新闻报道的依据是国家机关的文书和行为，必须是该机关职权范围之内的，是予以公开的，例如法院的判决、裁定，公安检察机关的逮捕，行政机关的行政处罚，审计机关、技术管理部门的鉴定等，新闻单位据以做出报道。如果事后发现有关文书和职权行为有误，不应由新闻单位承担侵害名誉权责任。国家机关行为的相对人若有异议，应当依照法律程序要求有关机关纠正，而不应状告新闻单位侵权。但是，这类报道必须是客观准确的。客观，就是不带主观倾向，不使用带有主观感情色彩甚至侮辱色彩的语句；准确，就是与国家机关的文书或职权行为完全一致，不歪曲，不夸大，也不添加别的意思。否则发生侵权损害，新闻单位或记者就要为这些自己外加的内容单独承担责任。

新闻单位在享有报道国家机关行为特许权的同时又承担着义务。报道失实，或者前述文书和职权行为已公开纠正而拒绝更正报道，致使他人名誉受到损害的，应当认定为侵害他人名誉权。这就是说，如果国家机关的行为发生变更或者纠正，比如二审判决改变一审判决，行政诉讼判决改变行政处罚决定等，新闻单位报道了前一行为，就应对后一行为做连续报道，以消除对被改变了的前一行为的报道所造成的影响。如果拒不报道，就构成侵权，这是对法定义务不作为所造成的侵权行为。

① 梁伟贤、陈文敏：《传播法新论》，321页，北京，商务印书馆，1995。

第三节　传播与隐私权

隐私权是指自然人享有的私人生活安宁与私人信息秘密依法受到保护，不被他人非法侵扰、知悉、收集、利用和公开的一种人格权，而且权利主体对他人在何种程度上可以介入自己的私生活、对自己是否向他人公开隐私以及公开的范围和程度等具有决定权。

隐私权包括的内容主要有以下几项。

第一，公民个人隐私保密权。公民对自己的隐私进行保密，不让他人知晓是隐私权首要的权利。保密权是隐私权的本质所在，如果不能拥有保密权，隐私权亦无存在的必要了。一是公民对于自己与社会公共生活无关的私人事项，有权要求他人不打听、不搜集、不传播，也有权要求新闻媒介不报道、不评论以及不非法获得。二是公民对于自己与社会公共生活无关的私生活，有权要求他人不得任意干扰，包括自己的身体不受搜查，自己的住宅和其他私生活区域不受侵入、窥探。

第二，公民在合法范围内对其隐私有支配权。公民有在合法范围内对其隐私进行支配的权利，如将自己的某种嗜好进行公开、将自己个人或家庭的生活方面的有关内容进行公开、同意他人将自己的某种隐私进行合法利用——如拍成电影电视、自己或同意他人以自己的某些隐私为蓝本撰写小说或戏剧等——均属于公民支配自己的隐私行为。但是，公民在支配自己的隐私时，不得违反法律法规的规定，不得有悖于社会公序良俗，不得侵犯他人权利。

第三，公民个人通信自由与通信秘密权。根据宪法规定，中华人民共和国公民的通信自由和通信秘密受法律保护。这条权利涉及公民的自由权及隐私权。具体到隐私问题上，这条权利的范围可扩展至通信、电报、电话、传真、电子邮件等。我国刑法对妨害通信自由情节严重的，要追究刑事责任。

第四，公民在隐私权被侵害时，有司法保护请求权。公民的隐私权受法律保护，当其隐私权被他人以披露、干涉、干扰、传播等方式侵害时，有权向司法机关寻求保护，请求侵权者进行赔偿。隐私权的权利主体只能是自然人。死者隐私也受法律保护。法人也有自己的秘密，如商业秘密、技术秘密，但这是与社会公共生活无关的秘密，应由相应法律加以保护，不属隐私权保护的范围。

一、我国法律对隐私权的保护

在我国，公民的主要私人事项一贯受法律保护，“隐私”这个概念进入法律比人格尊严、名誉等还要早一些，但是我国法律将隐私权作为一项独立的人格权来加以规定却比较晚。我国现行法律对隐私权的保护主要有以下几种情况。

一是对公民的人身、人格尊严、家庭、住宅等最基本的隐私事项予以保护。如现行《宪法》规定了公民人身自由不受非法侵犯和限制，人身不受非法搜查，人格尊严不受侵犯，公民住宅不受侵犯，公民的通信自由和通信秘密受法律保护，婚姻、家庭受法律保护。严重侵犯上述权利的行为会构成犯罪，《刑法》规定有非法搜查罪，非法侵入住宅罪，侵犯通信自由罪，私自开拆、隐匿、毁弃邮件电报罪等。对于不构成犯罪的，有行政制裁措施，比如《治安管理处罚条例》对非法侵入他人住宅、非法开拆他人信件、电报等行为有处罚条款。以上各项权利是隐私权的基础，表明我国公民的隐私权基本上受法律保护，这同国际人权法也是接轨的。

二是对属于隐私的事项以专门立法予以保护。如《民事诉讼法》规定离婚案件，当事人申请不公开审理的，可以不公开审理，体现了把当事人不愿公开的婚姻、家庭的有关情况视为隐私。《刑事诉讼法》和《未成年人保护法》规定未成年人犯罪案件不公开审理，可以理解为把个人在未成年时的犯罪违法劣迹视为隐私。《未成年人保护法》还规定对未成年人犯罪案件，在判决前，新闻报道、影视节目、公开出版物不得披露该未成年人的姓名、住所、照片及可能推断出该未成年人的资料。《预防未成年人犯罪法》则取消了“在判决前”的限制，其第四十五条规定：“对未成年人犯罪案件，新闻报道、影视节目、公开出版物不得披露该未成年人的姓名、住所、照片及可能推断出该未成年人的资料。”这在保护隐私权方面无疑更加严格。最高人民检察院 2014 年 1 月 6 日发布修订后的《人民检察院办理未成年人刑事案件的规定》对检察机关办理未成年人刑事案件的程序予以进一步完善、细化，并规定开展社会调查应当尊重和保护未成人名誉，避免向不知情人员泄露未成年犯罪嫌疑人的涉罪信息。此外，法律规定不得公开的个人事项还有个人的邮件和使用邮政业务情况，收养秘密，个人储蓄情况，私人、家庭的单项资料，如某些疾病等。

三是明文规定禁止擅自公布和宣扬他人隐私。现行的《民事诉讼法》、《刑事诉讼法》、《行政诉讼法》都有个人隐私案件不公开审理的规定。有关法解释还规定在公开审理案件时，如果公诉人或诉讼参与人提出涉及个人隐私的证据，审判长应当制止，或转入不公开审理程序。

最初我国《民法通则》规定了公民的各种人格权，却没有规定隐私权。后来根据法学界和各界人士要求对隐私权进行法律保护的主张，立法部门采取变通的办法，以司法解释的形式对侵害隐私权行为做了如下规定：以书面、口头形式宣扬他人的隐私，造成一定影响的，应当认定为侵害名誉权行为。对未经他人同意，擅自公布他人的隐私材料或以书面、口头形式宣扬他人隐私，致他人名誉受到损害的，按照侵害他人名誉权处理。由于基本法律没有把隐私权作为独立的人格权加以规定，司法解释无权自行设立，只好采取类推的方法把隐私权纳入名誉权范围加以保护。这意味着公民的某些不愿为他人所知的私事遭到他人宣扬，只有在造成名誉损害的情况下，才可以请求法律保护。这样做，好处是不必另作规定，凡是侵害名誉权的制裁措施，对侵害隐私权同样适用。比如对于侵害隐私权，可以与侵害名誉权一样要求承担民事责任或予以行政处罚。损害死者名誉可由近亲属起诉的原则当然也适用于宣扬死者隐私而造成死者名誉损害的行为。其缺陷是对隐私的保护范围有所局限，受到法律保护的隐私就只能限于个人与社会公共生活无关而有损于名誉的私事。

此外《妇女权益保障法》和《未成年人保护法》中有对妇女和未成年人的隐私加以特别保护的内容。《妇女权益保障法》（修正）第四十二条规定：妇女的名誉权、荣誉权、隐私权、肖像权等人格权受法律保护。禁止用侮辱、诽谤等方式损害妇女的人格尊严。禁止通过大众传播媒介或者其他方式贬低损害妇女人格。未经本人同意，不得以营利为目的，通过广告、商标、展览橱窗、报纸、期刊、图书、音像制品、电子出版物、网络等形式使用妇女肖像。这与间接保护的模式完全相同。而《未成年人保护法》则在第三十条规定：任何组织和个人不得披露未成年人的个人隐私。这种规定，则含有将隐私权视为独立的人格权的意味。

《关于审理名誉权案件若干问题的解释》规定：违反社会公共利益、社会公德，侵害他人隐私或者其他人格利益，受害人以侵权为由向人民法院起诉请求赔偿精神损害的，人民法院应当依法予以受理。关于“侵害他人隐私”应当理解为包括宣扬隐私、窃取个人资讯、侵入私生活领域等多种情形，“侵权”表明在事实上已经把隐私权视为一项独立权利，从而在操作层面上把隐私权置于全面的保护之下。只是由于司法解释不能超越法律，所以没有使用“隐私权”的词语。这是中国隐私权法的一个重大突破。2010 年 7 月 1 日起施行的《侵权责任法》第二条明文将隐私权列入民事权益予以直接保护。这标志着我国从法律上正式确立了隐私权概念，与此同时《民法通则》司法解释中关于“凡侵害公民隐私权的，一律按照侵犯公民名誉权认定”的规定正式被废止了。

四是网络“人肉搜索”侵犯隐私权责任。

《关于审理利用信息网络侵害人身权益民事纠纷案件适用法律若干问题的规定》从正反两个方面划清非法利用个人信息和合法利用个人信息的司法界限，对保护个人信息做出了准确的界定。其列举出的隐私信息包括基因信息、病历资料、健康检查资料、犯罪记录、家庭住址和私人活动信息等六种，并列举了可以公布信息的情况（参见本章第一节网络侵害人身权益的相关规定）

二、隐私权是一项独立的人格权

隐私权是一项不同于名誉权的独立的人格权。

第一，隐私权和名誉权的保护客体不同。两者虽然都属于人格权中的人格尊严权，但在内涵上各有不同。名誉权保护的是个人正常的社会评价，是个人的客观表现见之于社会主观认识的东西。隐私权保护的是个人与社会无关的那一部分私生活区域，是个人不愿公开、不愿他人干预的那一部分私事，是纯属客观的东西。名誉权保护的是个人与他人的正常的社会交往，不让个人受到社会的疏远和歧视。隐私权保护的是个人内心世界和生活的安宁，使私生活领域与社会隔离，不让他人知悉和侵扰。简言之，名誉权是个人不受歪曲的权利，隐私权是个人不受干扰的权利。

第二，隐私权与名誉权保护的范围不同，名誉反映了个人的真实社会表现，这种表现应当受到社会的公正评价。隐私是个人与社会公共生活无关而又不愿公开的那一部分私生活，根本不需要也不应当由社会来评价。

第三，侵害隐私权行为与侵害名誉权行为构成要件不同。侵害名誉权行为以散布虚假的事实为特征，侵害隐私权行为则以当事人的主观愿望为转移。侵害名誉权行为与当事人的主观愿望无关，符合事实的、正当的新闻批评，即使当事人强烈反对，也不得认为构成侵害名誉权，因此主要看新闻中的事实和评论同相对人的客观实际情况是否相符。而隐私恰恰是真实的、客观存在的，不是捏造出来的，至于是否予以公布，应当由当事人决定，违背当事人意愿将其擅自公开便构成侵害隐私权行为，因此主要看是否违背当事人主观意愿。侵害名誉权的言论一般都含有贬义，而披露隐私不论褒贬都可能构成侵权。侵害名誉权行为在行为人主观上也往往可以发现有贬损他人的动机，或是所据事实不实（过失），或是捏造事实（故意）。侵害隐私权行为也有出于贬义的，但很多是无意甚至是出于褒义，但这种无意或褒义同样是一种过失。在损害后果方面，虽然两者都包含了受害人主观上精神痛苦和客观上不利于受害人的社会关系变动两个方面，但侵害隐私权的损害更主要地表现在主观方面：造成精神痛苦。这是侵害隐私权行为的最主要的损害事实和后果，因而侵害隐私权行为具有更强烈的损害人格尊严的特征。侵害隐私权和侵害名誉权往往是共生的，有些受害人往往不愿将自己的隐私公之于众，单以侵害名誉权为由请求法律保护，也是可以的，但这并不意味着可以在理论上将侵害名誉权与侵害隐私权混同起来。

第四，侵害隐私权行为与侵害名誉权行为承担责任的方式不同。对于侵害名誉权行为一般有五种责任方式：停止侵害、恢复名誉、消除影响、赔礼道歉、赔偿损失。而隐私是一种客观存在的事实，一旦宣扬公布就无法收回了，所以加害人不可能采取恢复名誉、消除影响的方式来承担责任，主要应该强调停止侵害、赔礼道歉和赔偿损失的责任方式。

第五，从新闻传播活动的角度说，保护名誉权的核心问题是确保传播内容的真实性、准确性，避免各种与实际情况不符的、有损他人社会评价的、虚假的事实和评论。保护隐私权的核心问题是传播内容的公开性和透明度必须有一定的限度，避免涉及那些不应该擅自公开的私生活领域。

三、侵害隐私权的方式

保护隐私权问题是随着新闻事业的发展而提出来的，这绝非偶然。新闻传播就是以公开性为要旨，而且要求信息量大，时效性快，而个人隐私则需保守秘密，两者关系处理不当，就会发生冲突。因此虽然任何自然人和法人都可能成为侵害他人隐私权的主体，但新闻传播媒介和传媒从业人员往往是最常见的侵权主体。研究媒介侵害隐私权问题，对于保护公民隐私权是十分重要的。

美国法律把侵害隐私权行为分为四项，分别是：侵入，即侵入原告身体的和精神的与外界隔离的、隐蔽的区域；公开揭露私事；公共误认，即因公开某事使公众对原告产生错误认识；盗用，指盗用原告的姓名、肖像等牟利。这四项分类流传甚广。但是根据我国法律规定，第三项属于侵害名誉权问题，第四项属于侵害姓名权、肖像权问题。所以新闻传播活动中侵害他人隐私权的行为主要有两种，一是在传播内容中公布、宣扬隐私；二是在采集信息的活动中侵入私生活区域。

（一）公布、宣扬隐私

按我国有关法律规定，从中国新闻传播活动的实际情况看，以新闻或其他作品公布、宣扬他人隐私的方式侵害隐私权的常见行为主要有：

（1）未经公民许可，公开其姓名、肖像、住址和电话号码；

(2) 非法刺探他人财产状况或未经本人允许公布其财产状况;

(3) 私拆他人信件,偷看他人日记,刺探他人私人文件内容,以及将它们公开;

(4) 调查、刺探他人社会关系并非法公之于众;

(5) 干扰他人夫妻性生活或对其进行调查、公布;

(6) 将他人婚外性生活向社会公布;

(7) 泄露公民的个人材料或公之于众或扩大公开范围;

(8) 搜集公民不愿向社会公开的纯属个人的情况。

另外,由于国情的不同,隐私所包含的内容也会有所不同。在西方国家,个人私事是指那些纯属个人的、与他人无关、不危害社会的私事,政府和其他的团体、个人均无权干涉,例如,公民达到结婚年龄以后是否结婚,婚后是否生育等。法学界所普遍认同的个人私事的范围也相当广泛,主要包括婚姻、生育、避孕、堕胎、家庭关系、养育子女和教育等内容。但是在我国,因为国情的不同,对于个人私事所包含的内容必须重新加以考虑。比如,在我国,生育问题已不是单纯的个人私事,而是事关国计民生的大事。国家对生育、堕胎等问题加以适当干预是必要的,是为了人民更好地生活,是为了使人民的各种权利与自由得到更大的保障。因此,在我国目前情况下,个人私事所包含的内容与西方国家所谓个人私事的内容是不完全相同的。

(二) 侵入私生活区域

媒介侵害隐私权的另一种表现,就是大众传媒的记者在采访活动中未经许可侵入私生活区域。私生活区域不仅包括私人场所,还包括公共场所的私人场合。所谓侵入,包括强制侵入和秘密侵入,不仅指亲身进入,也包括进行窥探、偷听、监视,未经许可摄影、录音和录像或者秘密摄影、录音和录像,以及骚扰。新闻记者应恪守这样的基本原则:新闻的采访报道是对公开的社会信息的搜集和传播活动,新闻记者所允许接触的信息范围与普通人并无不同,记者只是把公众尚不知悉的信息告知公众。记者可以接触的,也就是公众有权了解的;公众无权了解的,记者一般说来也不应当接触。新闻记者不是执法者,采访活动不是法定的执法行为,不享有执法者和执法行为的特权,不能任意侵入他人的私生活区域。侵入私生活的领域的行为包括:

(1) 非法侵入、搜查他人住宅,或以其他方式破坏他人居住安宁;

(2) 非法跟踪他人,监视他人住所,安装窃听设备,私拍他人私生活镜头,窥探他人室内情况;

(3) 骚扰,通过不断地打电话,或者以追逐、跟踪、监视等方式对他人纠缠不休,严重地影响了他人的生活安宁;

(4) 窃听电话和偷拆偷看他人的信件;

(5) 侵入公共场所的私人场合;

(6) 侵入互联网私生活区域。

上述种种侵入行为本身就是非法的,是独立的侵害隐私权行为,并不因为没有在新闻传播媒介上公开披露就可以改变其性质。其造成的非法损害是:首先,隐私是个人不愿被外人知悉的隐私事项,个人的隐私由于记者侵入私生活区域而被探知,违背了本人的意愿,即可视为他的隐私权已受到侵犯。其次，个人的人身自由和私生活安宁也会因记者的侵入而受到干扰。最后，上述许多行为还违反了相应的单行的法律规定。如果记者又将以非法手段探知的隐私予以公开报道，那就是双重的侵害隐私权行为。

《中华人民共和国刑法修正案（九）》第二百五十三条之一修改为："违反国家有关规定，向他人出售或者提供公民个人信息，情节严重的，处三年以下有期徒刑或者拘役，并处或者单处罚金；情节特别严重的，处三年以上七年以下有期徒刑，并处罚金。违反国家有关规定，将在履行职责或者提供服务过程中获得的公民个人信息，出售或者提供给他人的，依照前款的规定从重处罚。窃取或者以其他方法非法获取公民个人信息的，依照第一款的规定处罚。单位犯前三款罪的，对单位判处罚金，并对其直接负责的主管人员和其他直接责任人员，依照各该款的规定处罚。"

四、侵害隐私权的排除

个人和社会之间即对立又统一。社会是由一众多个人所组成的，传播社会信息必定要涉及个人信息，把所有个人信息全都封锁起来，几乎等于取消新闻传播活动；但如果将个体的一切都暴露无遗，既是无必要的，也是不人道的。隐私权反映了人的社会性和个体间的矛盾。由于个人与社会既有联系又有分离，所以隐私就具有相对性和伸缩性，既确定又不确定，在不同的场合，隐私的边界会发生变化。新闻传播活动就要正确处理人的社会性和个体性的矛盾，既能充分反映社会公共生活，又能有效避免侵害隐私权的发生；即使发生纠纷，也能予以排除。

1. 公共利益

所谓公共利益的原则，是指凡是与社会公共利益有关的事项，或者出于社会公共利益需要必须公开的事项，不受隐私权保护。新闻传播媒介不应揭发与社会和政治生活无关的一般个人的私事。但是如果这种个人的私事涉及或妨碍了社会生活，或者这个人处于政治生活之中，那么他个人的活动就不属于不应公开的个人私事，而成为新闻报道的对象。政府官员和其他知名人士即所谓"公众人物"，由于他们的行为与社会公共利益密切相关，因此隐私的范围就比普通人要小。

案 例11—4

"私闯民宅"还是舆论监督?

2010年8月1日，北京电视台记者周广甫因调查采访郭德纲别墅侵犯小区公共绿地，遭到郭德纲徒弟李鹤彪的殴打。对于是否侵占小区公共绿地，郭德纲在博客中称"当初买房时，开发商将小院用木桩围起，我未扩寸地，仅将旧桩换做新桩而已"。对于殴打记者一事，郭德纲说"中国从汉朝的法律就规定：私闯民宅打死勿论"，记者"私闯民宅偷拍”就该打，但涉嫌侵占绿地显然关系到小区公共利益，已成为一个公共事件。该别墅是新闻发源地，从当事双方提供的现场录像上看，记者遵守了敲门、叫门的礼节，李鹤彪也在别墅过厅里与记者交谈了若干回合，甚至出示了记者需要的证物，因此可以视为一次正常的、已被接受的采访，谈不上“私闯民宅”。

本案例中，“私闯民宅”这一原本侵犯他人隐私的行为，因公共利益而正当化。郭德纲作为公众人物，相较于普通人更有接受舆论监督的义务。就事而论，普通人的有些本来纯属私人事务的事情在一定条件下也会转化为同公共生活有关而成为非隐私，这主要是指某些私事会对社会公共生活发生影响乃至损害的情况。

资料来源：李蒙：《从“郭德纲事件”看明星的社会责任》，载《民主与法制》，2010（18）。

2. 当事人同意

隐私权具有自主性的特征。当事人只要自愿或者亲自将自己的某一私事公之于众，这一私事就成为非隐私，他就不能再对所有传播此事的行为主张隐私权。所以，当事人同意是排除侵害隐私权的一个重要抗辩理由。然而征得同意不适用于未成年人，未成年人是无行为能力人或限制行为能力人，应当征得其监护人的同意。①

3. 使不可辨认

有一些私人事件确有报道的价值，但当事人又不可能同意。一个变通的办法就是使公众不可能从新闻中辨认或推断有关当事人，如略去当事人的姓名、容貌与当事人的身份等。

第四节 传播与肖像权

我国《民法通则》第一百条规定：公民享有肖像权，未经本人同意，不得以营利为目的使用公民的肖像。由此可见，构成侵犯公民肖像权的行为，通常应具备两个要件：一是未经本人同意；二是以营利为目的。常见的侵犯公民肖像权的行为，主要是未经本人同意、以营利为目的使用他人肖像做商业广告、商品装潢、书刊封面及印刷挂历等。对于侵犯肖像权行为，受害人可自行制止，例如请求交出所拍胶卷、除去公开陈列的肖像等；也可以依法请求加害人停止侵害、排除妨碍、消除影响或赔偿损失等。赔偿损失请求权，不以财产损害为要件。

最高人民法院《关于贯彻执行〈中华人民共和国民法通则〉若干问题的意见》第139条规定：以营利为目的，未经公民同意利用其肖像做广告、商标、装饰橱窗等，应当认定为侵犯公

① 《中华人民共和国未成年人保护法》（2012修正）第三十九条规定：“任何组织或者个人不得披露未成年人的个人隐私。对未成年人的信件、日记、电子邮件，任何组织或者个人不得隐匿、毁弃；除因追查犯罪的需要，由公安机关或者人民检察院依法进行检查，或者对无行为能力的未成年人的信件、日记、电子邮件由其父母或者其他监护人代为开拆、查阅外，任何组织或者个人不得开拆、查阅。”在新闻职业道德层面，记者应该关注未成年人隐私保护问题，如应洞察到有的监护人别有用心地利用散播未成年人隐私牟利或其他，并杜绝配合。

民肖像权的行为。

一、肖像与肖像权

（一）肖像

美术意义（或摄影）上的肖像，是指通过绘画、摄影等艺术手段，使肖像权人的人物形象在物质载体下再现的一种观赏造型作品，其有以下特点。

1. 肖像是艺术地再现自然人的外貌形象

通常，我们判断人物的外部形象表现是否构成肖像，应结合其表现的形式和表现的部位来看待。

（1）人物形象必须具有肖像特征：第一，其表现形式即通过摄影反映出特定公民的图像；第二，肖像还必须反映出特定公民的姿态、容貌、表情等主要特征；第三，肖像必须真实可辨，熟知的人一看就知道是谁。

（2）必须是特定的公民肖像的事实。公民肖像在图片中，应占整个图像中被凸显的主体地位，被作为特定对象来表现，而不是作为陪衬体；同时它也不是通过肖像使用（手段）来达到某种目的。这里指的肖像是自然人包括面部在内的外部形象的再现，但如果表现为侧面或其他部位，只要一般人能据以判断其身份的也构成肖像。

2. 肖像具有物的属性

肖像被艺术地再现，应是具体地、独立地被固定在某一特定的物质载体上（如相纸、电视屏幕、报纸杂志等），它是来源于肖像权人又独立于肖像权人的客观视觉形象，能够为人所支配、控制和处分，并具有一定的财产利益。

3. 肖像是肖像权的客体，表现了自然人特有的人格利益

所谓的“财产利益”并非产生于自然人外貌特征本身，而是基于肖像产生的人格利益所派生的，并体现了不同的人格利益需求。对自然人的肖像权给予法律上的保护，实际上就是对人格利益保护的需要。

（二）肖像权

肖像权是人格权的重要组成部分，是指自然人享有的、以自己肖像为内容的专有的人格权。其所具有的法律意义是：自然人对自己通过造型艺术或者其他形式，在客观物质载体上的再现自己的形象（肖像）所拥有的不可侵犯的专有权。

公民在自己的肖像上所体现的人格利益，是我国法律规定保护肖像权的对象。它包含基于肖像所体现出的人格利益上之精神利益和财产利益。它的特点包括以下几点。

1. 肖像权的权利主体只能是自然人

只有自然人才拥有肖像及其肖像权利。法人或其他社会组织，由于不存在客观的、能够独立反映其容貌的“肖像”，因此不享有肖像权（法人的“企业形象”不是指人的肖像，而是有关法人的经营、规模、管理、效益、资信以及产品质量等综合状况及社会评价）。

2. 肖像权也具备一种财产利益

这种财产利益是通过肖像权人的人格利益所派生的，它允许肖像权人在一定的范围内有限度地转让肖像权，允许他人制作和使用自己的肖像，并从中获得应有的使用价值。

3. 肖像权还是一种标识性人格权，具有基层性

肖像权基本作用在于以外貌形象标识人格，借以辨识每一个特定的自然人。

（三）肖像权的内容

1. 肖像制作权

肖像的制作，是指通过一定的艺术手段将自然人的外部形象通过某种物质载体表现出来的全部活动。肖像制作权是指自然人通过一定的艺术手段再现其形象的专有权。肖像制作权内容包括：一是肖像权人可以根据自己的需要或他人、社会的需要，自己有权决定自我制作肖像或由他人制作自己的肖像，他人均不得干涉；二是肖像权人有权禁止他人未经自己的同意或授权，擅自制作自己的肖像。非法制作他人的肖像，构成侵权行为。

有人认为只要不公开肖像权人的肖像，就不构成侵权行为，这是对法律的一种误解。是否侵害肖像制作专有权，取决于制作人在制作时是否取得了肖像权人的许可，未经许可进行制作的，即使是以私藏为目的，也同样构成侵害制作肖像的专有权。自然人肖像制作的方式多种多样，有绘画、摄影、雕刻、塑像、刺绣等，但无论采用何种方式，均须事先取得肖像权人的同意。

2. 肖像使用权

肖像使用权，是指肖像权人对自己的肖像所享有的专有使用权。肖像一旦固定在一定的物质载体（制作出来）上，就可以为人们所支配、利用。尽管肖像的利用价值有普遍的意义，但享有使用专有权的只能是肖像权人。其基本内容是：

（1）自然人有权以任何方式使用自己的肖像，并通过使用取得精神上的满足和财产上的收益，他人不得干涉（但不得违反法律和公序良俗）。

（2）自然人有权允许他人使用自己的肖像，并决定从中获得报酬（这需要与使用人平等协商，签订肖像使用合同）。

（3）自然人有权禁止他人非法使用自己的肖像。同时，肖像权的使用要受法律和社会公共利益的限制。

3. 肖像利益维护权

肖像利益维护权，是指肖像权人享有的维护自己肖像利益的权利。肖像权是一种绝对权，是公民专有的人格利益，他人不得干涉和侵犯。除肖像权人外，其他任何人都负有不得侵害他人肖像权的义务。肖像利益维护权的内容是：一是公民有权禁止他人未经自己允许制作自己的肖像；二是公民有权禁止他人未经允许使用自己的肖像；三是公民有权禁止他人对自己的肖像进行毁损、玷污、丑化和歪曲。在自己的肖像权受到不法侵害时，肖像权人有权采取任何一种受法律保护的手段加以维护等。

二、侵害肖像权的方式及对其判断应注意的问题

（一）侵害肖像权的方式

从严格意义上来说，在摄影活动中，只要有下列情形之一，即可被视为侵害他人肖像权。

1. 擅自制作他人肖像（包括拥有他人照片）

擅自制作他人肖像指未经本人同意，擅自创制、占有他人肖像（照片）的行为。对于摄影人来说，就是偷拍他人照片的行为。肖像是公民“人格”的外在表现，只有本人有权决定是否再现自己的形象。至于制作（拍摄）的肖像作品，是为了公开发表还是以私藏为目的，并不影响侵害肖像权行为的构成。

2. 在没有阻却违法事由的情况下，未经肖像权人的同意使用其肖像的行为

未经肖像权人同意而使用其肖像的行为，也称为“不当使用他人肖像”。我国民法有关肖像权的法律规定基本上是针对肖像的“不当使用”行为的。这种不当使用可以区分为“以营利为目的”的非法使用和“非以营利为目的”的非法使用。我们不能认为只要不以营利为目的，或者虽经肖像权人同意，就可以非营利地任意使用公民的肖像。在未经本人同意、非以营利为目的的使用他人肖像的行为中，只有具有阻却违法事由的行为才是合法行为，如为新闻报道、公安机关为缉拿犯罪嫌疑人而发的“通缉令”等。

肖像权与姓名权一样，具有专有权，对于自己的肖像的占有、使用和处分，只能归公民本人所有；未经本人同意，他人不得享有。侵犯肖像权的行为不在于是否以营利为目的使用公民肖像，而在于不尊重公民对其肖像的专有权。因此，无论出于何种目的，将公民肖像予以复制、传播、展览等，都应征得公民的同意，否则就构成对肖像权的侵害。

3. 恶意侮辱、污损他人肖像

恶意侮辱、污损他人肖像即不法行为人恶意的以侮辱、丑化、玷污、毁损等方式，侵害他人的肖像或破坏他人肖像的完整性，包括涂改、歪曲、焚烧、撕扯或倒挂他人照片等行为，这样的行为不仅构成对肖像权的侵害，还往往会构成对名誉权的侵害。

（二）判断侵犯肖像权行为应注意的问题

对侵犯肖像权行为的判断应注意以下几个方面的问题。

第一，“以营利为目的”必须同时具备两个条件：一是未经本人同意，而使用他人的肖像；二是是以营利为目的的行为，侵犯了他人的肖像权，即使用者在主观上，希望通过对他人的肖像的使用，获得经济利益。但是，所谓的“营利”并不是我们通常理解上的要有营利实事，只要有营利的主观意图、有客观营利的行为，无论行为人是否实现营利目的，都构成“营利”事实。

第二，以任何形式侵害他人的肖像权（名誉权、荣誉权），同样要承担法律责任。

第三，肖像权人虽然同意使用其肖像作品，但是使用人超出了肖像权人许可的使用范围、使用区域、使用时限。这种情况无须考察是否存在给肖像权人造成的实际损害，都构成侵权责

任。当然，这种情况一般属于合同的违约责任问题。

三、侵害肖像权的抗辩

一般而言，未经肖像权人同意，不得擅自使用其肖像，但在某些情况下，虽未经肖像权人同意，仍可使用其肖像，而并不构成侵害肖像权，这便为使用他人的肖像的人提供了抗辩的事由。这些抗辩的事由为使用人提供了合理使用的条件，阻却了未经肖像权人同意使用其肖像的违法性。我国虽未在这方面制定具体的法律规定，但在司法实践中，一般情况有以下几种情况。

一是为维护国家的利益和社会的需要，使用具有新闻价值的社会公众人物的肖像，如对于国家领导人、政治活动家的肖像使用。具有新闻价值的人物，一般多为社会各界知名人士，他们的活动往往涉及国家的政治、经济、社会生活、文化娱乐等方方面面，因此为报道其事迹而使用其肖像，应为合理使用。

二是使用在特定场合出席特定活动的人物的肖像，如参加各种集会、游行、仪式、庆典等活动的人的肖像。这类活动往往具有新闻报道价值，参加者身处其中，已说明其在一定程度上放弃了其肖像权，任何人参加此类活动均不得主张其肖像权。对利用这些特定场合形成的肖像，应不属构成侵害肖像权，而属对肖像的合理利用。

三是在风景区的摄影创作，将人物作为点缀，或者拍摄照片将他人摄入照片内，在这些场合并不以人物为主体，不属于侵害肖像权。为行使正当的舆论监督权（宪法规定：公民有监督权），为批评某种不文明的行为、举止，以谴责行为人的不法行为或不道德行为，教育公众遵纪守法、尊重社会公德、维护社会秩序等，登载其不文明行为而使用公民肖像，如拍摄破坏社会公共财物、环境污染的行为等，也不属于侵害肖像权。

四是为肖像权本人的利益、其他自然人利益和其他社会公益目的需要而使用其肖像，如为寻找下落不明的人而在报刊、电视上刊登寻人启事时所用的本人照片。

五是在诉讼活动中作为证据而使用公民肖像，国家机关为执行公务而强制使用公民的肖像。如公安机关为追捕逃犯或其他犯罪嫌疑人而使用其肖像制作通缉令等。

六是国家机关为执行、适用法律而使用公民肖像。

七是为了科学研究和文化教育目的而在一定范围内使用他人的肖像（主要是指社会公开的范围），如出于临床医学教学和科学研究目的，而在特定场合或专业报刊上展示病人照片等。

第五节　传播侵权的民事责任

《民法通则》第一百二十条规定，公民的姓名权、肖像权、名誉权、荣誉权受到侵害的，法人的名称权、名誉权、荣誉权受到侵害的，有权要求停止侵害，恢复名誉，消除影响，赔礼道歉，并可以要求赔偿损失。发生传媒侵权行为，应按上述规定承担相应的法律责任。

承担民事责任有非讼程序和诉讼程序两种途径。非讼程序包括新闻单位等侵权人主动履行和侵权人同受害人协商达成协议后履行两种。诉讼程序就是打官司，经法院调解或者判决，确认传媒侵权，由侵权人履行或责令侵权人履行。

一、更正与答辩

这里所说的更正和答辩包括两种情况：进入诉讼程序之前的对具有侵权性质的新闻的补救措施；经法院判决后责令一方必须发表的更正与答辩内容。

（一）更正

更正就是新闻单位发现新闻差错以后，及时发表公告，对差错做实事求是的纠正。在法律上，更正也是对侵权新闻的相对人承担民事责任的一种方式，具有《民法通则》规定的停止侵害、消除影响、恢复名誉、赔礼道歉等性质。《出版管理条例》第二十七条第一款规定，出版物的内容不真实或者不公正，致使公民、法人或者其他组织的合法权益受到侵害的，其出版单位应当公开更正，消除影响，并依法承担民事责任。这使更正成为发表失实新闻或有其他侵权性质各种作品的新闻单位的一项法定义务。

（二）答辩

答辩是新闻报道和其他作品的相对人对于涉及自己的内容提出的公开说明或异议。更正是新闻单位的作为，答辩则是作品相对人的作为。对不利于本人的指责必须给其以申述意见的机会，这是现代社会公正原则的一个重要体现。《出版管理条例》第二十七条第二款规定：报纸、期刊发表的作品内容不真实或者不公正，致使公民、法人或者其他组织的合法权益受到侵害的，当事人有权要求更正或答辩，有关出版单位应当在其近期出版的报纸、期刊上予以发表；拒绝发表的，当事人可以向人民法院提起诉讼。这就是法定的侵权新闻相对人的请求更正权和答辩权。

新闻单位履行更正和发表相对人答辩的义务并不以自身有过错为前提，就是说，媒介发表侵权作品无论主观上有无过错，一旦发现，都有公开更正或发表答辩以消除影响的义务。没有正当的理由而违反这一义务，既不更正，又不发表答辩，将构成不作为的侵权行为。在我国传媒侵权法中，更正和答辩并不是提起传媒侵权诉讼的前置程序。就是说，侵权作品一经发表，相对人可以向新闻单位要求发表更正或答辩，也可以不向新闻单位交涉直接就向法院起诉，而并非一定要在新闻单位拒绝更正后才可以起诉。也就是说，新闻单位发现差错主动发表更正或者应相对人要求发表更正或答辩以后，如果相对人还是不满意，仍然可以向法院起诉。

1999年新闻出版总署颁布的《报刊刊载虚假失实报道处理办法》，就更正和答辩做了具体规定：凡公开更正的，应自虚假、失实报道和纪实作品发现之日起，在其最近一期报纸、期刊的同等版位上发表；凡按当事人要求进行更正或发表答辩的，应自当事人提出要求之日起，在其最近出版的一期报纸、期刊上，予以发表。

二、精神抚慰

传媒侵权行为首先造成的是精神损害，精神抚慰的作用是平复损害，使受害人的精神状况和精神利益尽可能恢复原状。精神抚慰的方式有以下几种。

（一）停止侵害

如对侵权作品不再重复刊播，连续发表的停止刊播，有侵权内容的报刊书籍不再出售等。

（二）消除影响、恢复名誉

这主要是通过发表更正或者相对人答辩，使公众知悉前面发表的新闻或其他作品存在着不真实或其他违法内容，不足置信，应予纠正，从而改变由于侵权作品而形成的关于受害人的不正确的看法，使受害人非正常减损的名誉恢复到正常状态，达到消除影响的目的。恢复名誉、消除影响的范围，一般应与所造成的不良影响的范围相当。由于新闻媒介在一定时期内的覆盖面基本是稳定的，所以一般要求更正或答辩应当发表在同一新闻媒介的与侵权作品相同的版面或者播出时段。如果侵权作品影响很大，也可以要求更正或答辩另外再在有较大的覆盖范围的新闻媒介上刊播，其费用由侵权人承担，但这种方式对侵害隐私权行为不宜采用。

（三）赔礼道歉

侵权人向受害人做出赔礼道歉的意思表示，表明侵权人对侵害他人合法权益的违法性和后果已经有所认识，从而取得受害人的谅解，是承担民事责任的题中应有之义。赔礼道歉既可以是书面的，也可以是口头的，一般就在侵权人的更正声明中含有赔礼道歉的内容。

当恢复名誉、消除影响、赔礼道歉是以法院判决责令履行时，其内容须事先经人民法院审查。

侵权人拒不执行法院已经发生法律效力的判决，不为受害人恢复名誉、消除影响，法院可以强制执行。这就是采取公告、登报等方式，将判决的主要内容和有关情况公布于众，费用由被执行人承担。法院还可以按照《民事诉讼法》第一百一十一条第（六）项的规定，对拒不履行人民法院已经发生法律效力的判决、裁定的，可以根据情节轻重予以罚款、拘留。

在网络传播侵权案件中，人民法院判决侵权人承担赔礼道歉、消除影响或者恢复名誉等责任形式的，应当与侵权的具体方式和所造成的影响范围相当。侵权人拒不履行的，人民法院可以采取在网络上发布公告或者公布裁判文书等合理的方式执行，由此产生的费用由侵权人承担。

三、赔偿损失

据《民法通则》第一百二十条的规定，在公民名誉权等精神权利受到侵害时，赔礼道歉等精神抚慰手段是主要责任方式，金钱赔偿属于辅助的责任方式。

我国相关法律对侵害名誉权行为赔偿损失是这样规定的：公民、法人因名誉权受到侵害要求赔偿的，侵权人应赔偿侵权行为所造成的经济损失；公民并提出精神损害赔偿要求的，人民法院可根据侵权人的过错程度、侵权行为的具体情节、给受害人造成精神损害的后果等情况酌定。据此，传媒侵权行为赔偿损失分为两部分，一是侵权行为所造成的经济损失的赔偿，二是精神损害赔偿。

经济损失赔偿，是指赔偿受害人因侵权行为而造成的财产损失。财产损失通常分为积极损失和消极损失两个方面。积极损失是指受害人因侵权行为造成的现有物质财富的减少，比如财产被侵占、毁坏等。消极损失是指受害人因侵权行为而失去了应该得到的利益，在未发生侵权行为情况下应该增加的财富由于侵权行为而没有增加。传媒侵权行为作为侵害人格尊严权利行为，造成受害人的积极损失，包括因精神痛苦而患病就医支付的费用等，造成受害人的消极损失表现为由于名誉减损、隐私公开等而失去了实际上应该获得的利益。

网络用户或者网络服务提供者侵害他人人身权益，造成财产损失或者严重精神损害，被侵权人依据《侵权责任法》第二十条（侵害他人人身权益造成财产损失的，按照被侵权人因此受到的损失赔偿；被侵权人的损失难以确定，侵权人因此获得利益的，按照其获得的利益赔偿；侵权人因此获得的利益难以确定，被侵权人和侵权人就赔偿数额协商不一致，向人民法院提起诉讼的，由人民法院根据实际情况确定赔偿数额）和第二十二条（侵害他人人身权益，造成他人严重精神损害的，被侵权人可以请求精神损害赔偿）的规定请求其承担赔偿责任的，人民法院应予支持。

在网络侵权案件中，被侵权人为制止侵权行为所支付的合理开支，可以认定为侵权责任法第二十条规定的财产损失。合理开支包括被侵权人或者委托代理人对侵权行为进行调查、取证的合理费用。人民法院根据当事人的请求和具体案情，可以将符合国家有关部门规定的律师费用计算在赔偿范围内。

被侵权人因人身权益受侵害造成的财产损失或者侵权人因此获得的利益无法确定的，人民法院可以根据具体案情在50万元以下的范围内确定赔偿数额。

精神损害赔偿，又称非财产损害赔偿，是对侵权行为所造成精神损害所作的赔偿。精神损害赔偿具有抚慰性、补偿性和惩戒性等多重意义。精神损害赔偿制度的确立，使人格尊严权利成为一种完整的民事权利而得到全面的保护，是我国法制建设的重大进步。

对于传媒侵权行为中的侵害人格尊严权、名誉权、肖像权、姓名权、荣誉权和侵害隐私等行为，受害人都可以请求赔偿精神损害。死者的名誉、肖像、姓名、荣誉遭受侮辱、诽谤、贬损、丑化，或者死者隐私被非法披露、利用，其近亲属可以请求精神损害赔偿。我国法律对此有如下规定。

（一）请求精神损害赔偿的主体只能是自然人

法人或其他组织以人格权利遭受侵害为由，向人民法院起诉请求赔偿精神损害的，人民法院不予受理。在大陆法系国家，通常认为精神损害主要表现为精神痛苦，法人不会产生精神痛苦，所以无从赔偿。

（二）赔偿精神损害只是辅助的责任方式

因侵权致人精神损害，但未造成严重后果，受害人请求赔偿精神损害的，一般不予支持。只有侵权致人精神损害，造成严重后果的，人民法院才可以根据受害人一方的请求判令其赔偿相应的精神损害抚慰金。对于“严重后果”，法律没有明确界定。

精神损害的赔偿数额，依据《关于确定民事侵权精神损害赔偿责任若干问题的解释》第十条的规定予以确定：

（1）侵权人的过错程度，法律另有规定的除外；

（2）侵害的手段、场合、行为方式等具体情节；

（3）侵权行为所造成的后果；

（4）侵权人的获利情况；

（5）侵权人承担责任的经济能力；

（6）受诉法院所在地平均生活水平。

法律、行政法规对残疾赔偿金、死亡赔偿金等有明确规定的，适用法律、行政法规的规定。

关键词

人格权　名誉权　隐私权　肖像权　侵权责任　精神损害赔偿

思考题

1. 简述新闻传播侵犯人格权构成要件。
2. 简述网络侵害人身权益的诉讼范围。
3. 简述公民名誉权、隐私权的概念及特点。
4. 简述新闻传播侵犯名誉权、隐私权排除应注意的事项。

第十二章

传播与著作权

著作权，即版权，是指公民、法人依照法律规定对于自己创作的科学或文学、艺术等作品所享有的专有权利，包括人身权和财产权两方面。

著作权法是确认和保护作者对自己创作的作品的权利以及规定因创作、传播和使用作品而产生的权利和义务关系的法律规范的总称。著作权法属于民法部门。《民法通则》第九十四条规定“公民、法人享有著作权（版权），依法有署名、发表、出版、获得报酬等权利”，第一百一十八条规定“公民、法人的著作权（版权）……受到剽窃、篡改、假冒等侵害的，有权要求停止侵害，消除影响，赔偿损失”，这是著作权法的具体法律依据和原则。

1991 年 6 月我国《著作权法》实施生效，同时还公布了《著作权法实施条例》，以及其他有关法规、规章。1997 年《刑法》规定了侵犯著作权罪和销售侵权复制品罪。2000 年最高人民法院公布了《关于审理涉及计算机网络著作权纠纷案件适用法律若干问题的解释》，并于 2003 年和 2006 年两次修订。2005 年公布《互联网著作权行政保护办法》。2006 年通过《信息网络传播权保护条例》，并于 2013 年修订。2010 年 2 月，第十一届全国人大常委会通过了修订的新的《著作权法》。2012 年最高人民法院公布《关于审理侵害信息网络传播权民事纠纷案件适用法律若干问题的规定》。此外我国于 1992 年还分别加入了《世界版权公约》和《伯尔尼保护文学和艺术作品公约》。2014 年，十二届全国人大常委会第八次会议批准《视听表演北京条约》。

新闻媒介作为一种传播媒介，必然会经常涉及著作权法所要调整的社会关系和法律关系。主要有两个方面：一方面，新闻单位及其编辑、记者，以及在新闻媒介上发表作品的作者，都是著作权的权利主体，他们的有些作品是著作权法保护的客体；另一方面，新闻媒介又是作品的传播者，在传播过程中应当遵守著作权法的规定，尊重著作权人的合法权益，保障他们的合法权益不受侵害。

第一节　著作权法律关系的要素

著作权制度是市场经济的产物，其前提是承认公民或法人创作的文学、艺术和科学作品是一种商品，具有价值和使用价值，可以进入市场进行交换，作者或法人在自己的智力劳动成果被社会使用的过程中理应享有和主张合理的人身权利和财产权利。

一、著作权法律关系的主体

著作权主体就是指作品的著作权人或著作权所有者。著作权产生于作品完成之日。

(一) 著作权人

1. 作者

即创作作品的公民。创作活动是一种智力活动，智力活动主要用大脑进行，所以著作权最基本的权利主体就是自然人，著作权法首先要保护的是自然人的合法权益。

2. 法人或其他组织

法人或其他组织也可以视为作者。这里主要是针对具备以下三个条件的创作作品：(1) 由法人或其他组织主持创作；(2) 代表了法人或其他组织的意志；(3) 由法人或其他组织承担责任。对于这样的作品，法人或其他组织被视为作者。在新闻传播活动中最常见的就是报刊的社论、评论员文章，这类作品的作者就是报刊社。整体的报刊作为一件编辑作品，其作者也是报刊社。

3. 不是作者的自然人或组织

依照法律规定接受转让、赠与、继承以及通过委托等获得他人的著作权，也可以成为著作权的主体，称为“继受著作权人”。“继受著作权人”只能享有著作权中的财产权，不能享有著作权中的人身权。

4. 国家

在特殊情况下，国家也可以成为著作权的主体。比如作者或享有著作权的公民把作品赠与国家，法人或其他组织作品在法人或其他组织终止后没有继受人，这些作品的著作权就归国家所有。

(二) 著作权的归属问题

有些作品在创作和传播过程中会涉及多个主体，这样就有著作权的归属问题。

1. 职务作品的著作权人

《著作权法》第十六条规定“公民为完成法人或者其他组织工作任务所创作的作品是职务作品”。怎样界定新闻职务作品呢？首先，职务作品的作者应是同本单位存在着隶属关系、具有一定的岗位职责的人员，在新闻单位主要是指编辑、记者，也可以是由新闻单位聘用、借用在新闻单位见习、实习的人员。新闻单位向社会作者约稿，即使思想内容完全出于新闻单位的授意，但除非另有约定（比如约定撰写社论、评论员文章），约稿者和作者不存在隶属关系，不是为这家新闻单位完成的职务作品。非新闻单位作者的作品只可能是他所在单位的职务作品。其次，职务作品应是有关人员接受上级布置，或者虽然上级并未布置但是属于自己岗位职责范围内应当完成并且体现了岗位职责要求的作品。

根据《著作权法》规定，一般情况下，职务作品的著作权由作者享有。但作者所在的单位有权在其业务范围内优先使用。作品完成两年内，未经单位同意，作者不得许可第三人以与本单位使用的同样方式使用该作品。如某记者完成了一篇职务作品，首先应当供本报（台）发表，只有本报（台）明确表示不用并允许其自行处理，才可以向外投稿。如在本报（台）发表的职务作品次年又被出版社选入某文集，还应征得自己所在新闻单位的同意。

有两种情况，职务作品的作者只享有署名权，著作权的其他权利（指发表权、修改权、使用权、获得报酬权等）由法人单位或者其他组织享有，后者可以给予作者奖励：第一种是“主要是利用法人或者其他组织的物质技术条件创作，并由法人或者其他组织承担责任的工程设计图、产品设计图、地图、计算机软件等职务作品”。第二种是“法律、行政法规规定或者合同约定著作权由法人或者其他组织享有的职务作品”。新闻工作者的职务作品一般不属于这类情况。

2. 演绎作品的著作权人

演绎作品是指对原初作品进行汇编、改编、翻译、注释、整理而产生的作品。汇编、改编、翻译、注释、整理也是一种创作活动，所以从事汇编、改编、翻译、注释、整理的人对演绎作品享有著作权。

但是原初作品的作者对自己的作品仍然享有完整的著作权，演绎者在演绎前必须征得原初作品作者的同意并支付报酬。演绎作品著作权人在对演绎作品行使著作权时，不得损害原初作品作者的著作权。

3. 合作作品的著作权人

《著作权法》第十三条规定：“两人以上合作创作的作品，著作权由合作作者共同享有。没有参加创作的人，不能成为合作作者。”新闻传播活动是群体活动，在一篇新闻作品的采、写、编、发的全过程中，会有不少人对这篇作品做出贡献，有时还是很重要的贡献，比如审稿者和新闻源（即新闻材料提供者），但他们不应成为新闻作品的著作权人。

审稿者的活动包括新闻单位内部总编辑、责任编辑等审改本单位记者或外单位作者的新闻作品，党政机关领导人审改新闻单位送审的社论、评论员文章和某些重要新闻作品，被报道单位的领导审改有关本单位的新闻作品等，他们对新闻作品未定稿提出的意见或做出的修改，往往纠正了某些可能存在的错误，或是加强了作品的思想深度或表现力度，提高了作品的质量，有时还要在政治上或在事实方面对作品承担责任，但他们并不对作品拥有任何权利。《著作权法实施条例》有这样的说明：“为他人创作进行组织工作，提供咨询意见、物质条件，或者进行其他辅助活动，均不视为创作。”

新闻源提供的新闻线索和新闻事实材料是新闻作品的基础，没有事实就没有新闻。但是著作权法所保护的，并不是客观存在的事实，而是客观事实经过作者思维见诸他笔下的表现形式。除了单纯事实消息，同样一件新闻事实，不同的记者会写出迥然不同的新闻作品，这就是通过智力活动形成的创作成果的独创性。新闻源提供线索和事实，只是直观地转述客观事实，同后来形成的新闻作品的独特表现形式没有关系，所以并非参加新闻作品的创作，不能对作品享有智力成果权。有时新闻单位也可以给新闻源支付一点报酬，但这只是劳务费用，而不是稿酬。除非新闻源同记者事先有约定，双方共同合作新闻作品。但那样新闻源就不是新闻源而是合作者了。

4. 汇编作品和其中被使用作品的著作权人

《著作权法》第十四条规定：汇编作品的著作权归汇编人享有。最常见的汇编工作就是报刊的编辑工作。比如每张报纸、每本期刊均是一件完整的汇编作品。报刊的编辑工作是一项富有创造性的智力劳动，这种创造性，是通过版面内容和编排体现出来的。报刊的编辑工作虽然由报刊的编辑人员具体实施，但他们是在报刊编辑部主持下、代表编辑部意志进行编辑，整份报刊又是由报刊社承担责任，以报刊社的名义向社会发行，所以报纸、期刊作为整体的汇编作品的著作权，应归各自的报刊社所有。此外，体现了独创性的广播电视节目、互联网网页等也应属于汇编作品，其制作者享有汇编著作权。

按《著作权法》规定，作品的著作权属于作者，汇编人在行使权利时不得侵犯原作品的著作权，即汇编人对汇编作品中的任何独立作品并不享有著作权。新闻单位在实施编辑工作过程中和日后行使对汇编作品的著作权时，都不得侵犯原作品作者的著作权。

5. 委托作品的著作权人

按《著作权法》第十七条规定，委托他人创作作品，著作权的归属由委托人和受托人通过合同约定。如合同未做明确约定或者没有订立合同的，著作权属于受托人。

二、著作权法律关系的客体

著作权的客体是指作者创作的以某种具体形式表现出来的文学、艺术和自然科学、社会科学、工程技术等作品。

关于著作权客体的种类，《著作权法》第三条已有明确规定："本法所称的作品，包括以下列形式创作的文学、艺术和自然科学、社会科学、工程技术等作品：（一）文字作品；（二）口述作品；（三）音乐、戏剧、曲艺、舞蹈、杂技艺术作品；（四）美术、建筑作品；（五）摄影作品；（六）电影作品和以类似摄制电影的方法创作的作品；（七）工程设计图、产品设计图、地图、示意图等图形作品和模型作品；（八）计算机软件；（九）法律、行政法规规定的其他作品。"对新闻工作来说，其中的（一）、（二）、（四）、（五）、（六）等项，关系最为密切。

（一）受著作权法保护的作品

作为著作权客体的作品，根据《著作权法实施条例》的规定，必须具备两个条件。

1. 独创性

著作权法所要求的独创性，并不是前无古人的新颖性，而只是可以同他人作品区别开来的个性特征。作品是作者智力劳动的成果，智力劳动是人的主观的、精神的活动，因而作品必定表现出作者个性的创造，具有所谓"独创性"。独创性是受著作权法保护的作品的首要条件。具有独创的表现形式，就可以同其他同类作品区分开来，也才可以具有专有性；因此，抄袭他人作品而形成的所谓"作品"，不能构成著作权的客体。

传统理论认为著作权法只保护作品的外在表现形式不保护思想，现在有一种意见认为著作权除了保护作品的表现形式之外，还保护确属作者创造的思想内容。至于作品中的题材、概念、事实和素材等，则不受保护，因为它们不具有独创性。

2. 可复制性

可以复制的前提是作品必须以某种有形的物质形态存在，必须使人们能够感知作品、使用作品。如果作品内容只是停留在作者的脑子里，不管是怎样前无古人的创造，只要不可复制，也就不能成为著作权的客体。

复制，是指通过印刷、影印或其他物理手段按照作品的原来表现形式和内容把一件作品变成另一件或许多件。复制主要是同一种物质形态内的，也有将一种物质形态转换成另一种物质形态的，如将口头作品通过记录转换成文字作品，将文字作品转换成以无线电波传输的广播作品。复制是没有独创性的行为，如果具有某种独创性，就成为另一件演绎作品。

（二）著作权法不予保护的作品

1. 不受著作权法保护的作品

不受著作权保护的作品就是依法禁止出版、传播的作品。我国现行新闻出版法规、规章对哪些作品应当禁止出版、传播已有具体规定。

2. 不适用著作权法保护的作品

《著作权法》第五条规定："本法不适用于：（一）法律、法规，国家机关的决议、决定、命令和其他具有立法、行政、司法性质的文件，及其官方正式译文；（二）时事新闻；（三）历法、通用数表、通用表格和公式。"

新闻媒体上发表的各种体裁的新闻作品，如评论、杂文、散文、通讯、特写、述评、调查报告、采访札记、报告文学、理论文章、小品文以及有相当成分带有记者研究思考的分析性新闻、解释性新闻等，或是具有不同程度的文学色彩，或是具有一定的对现实社会的科学研究价值，具有独创性，都不属于时事新闻，适用著作权法的保护。

三、著作权法律关系的内容

著作权法保护的著作权人的专有权利分为人身权和财产权两个部分。

（一）著作权中的人身权

著作权中的人身权，又称精神权利，包括发表权、署名权、修改权和保护作品完整权。人身权由作者独享，既不能转让也不能继承，除发表权外，其受保护期是不受限制的。

著作人身权并不等于民法上的人格权，而是兼有人格权、身份权双重属性。著作人身权也不同于民法中的人身权概念，因为在权利的产生上，民法中的人身权以权利主体出生的法律事实为依据，以人的生命存续为前提，而著作人身权则以权利主体创作行为的完成为依据。因此，著作人身权的取得、享有及保护都与作品紧密联系在一起。

1. 发表权

发表权是作者享有发表或者不发表自己作品的权利，也就是作者决定是否将自己的作品公之于众的权利。其中包括（1）作者有权决定是否将其作品发表；（2）作者有权决定在什么时候发表其作品；（3）作者有权决定在什么区域、多大范围内发表其作品；（4）作者有权决定以何种形式发表其作品。

发表是将作品首次公之于众，所以必须是向足够多的、不特定的多数人传播。如果某一诗人写完一首诗后首先将该作品朗诵给朋友听，但并未向朋友以外的其他不特定多数人公开，则其行为不能被认为是发表。

按照我国惯例，把作品提交学术会议研讨、请某些专家审议、供内部简报摘登等，只是在特定的少数人中间传播，不属发表。每种作品只能发表一次，发表权也只能实施一次。

发表总是要同一定的使用方式相结合，例如交报刊社刊登，交出版社出版，交广播电台广播等。作者将作品交到这些单位发表，对这些单位来说，就是获得使用作者作品的权利。

广播电台、电视台播放他人未发表的作品，不论是完整播放还是作为节目的一部分播放，都是发表，必须取得著作权人许可，并支付报酬。

2. 署名权

署名权是指作者表明身份，在作品上署名的权利。作者可以在作品上署真名，也可以署笔名，还可以不署名。在一般情况下，作者有权决定如何对自己的作品署名。署名的主要作用在于确定作品著作权的归属，只要没有相反证明，在作品上署名的就是作者。

法人或其他组织为著作权人的作品，署名权为法人或其他组织享有。单位有权决定只署本单位的名称，或者同时署上参加创作的人的姓名。比如现在许多报刊都署责任编辑、专版专栏编辑的姓名，也有报刊根本不署，署还是不署，主要由报刊社决定。

署名权是著作权中的基本人身权。即使在可以不经许可、不付报酬的“合理使用”中，仍然必须指明原作者姓名，不得侵犯作者的署名权。

在电子网络环境中，署名权发展为权利管理信息的概念。权利管理信息是指识别作品及其作者、对作品拥有任何权利的所有人的信息，以及有关作品使用的条款和条件的信息，这些信息都必须在作品的每件复制品上或向公众传播时出现，未经许可不得删除或改变。《著作权法》规定，未经著作权人或者与著作权有关的权利人许可，故意删改权利管理信息的行为构成侵权。

3. 修改权

修改权是作者对作品进行修改或者授权他人对作品进行修改的权利。作者有权按照自己的意愿修改自己的作品、不采纳某些意见修改自己的作品，有权禁止他人未经自己同意修改自己的作品。

这里要注意著作权中修改权与出版者领接权中相似内容的区别。《著作权法》第三十四条涉及图书出版者和报刊社修改作品时的不同规定。该条第一款规定：“图书出版者经作者许可，可以对作品修改、删节。”第二款规定：“报社、期刊社可以对作品作文字性修改、删节。对内容的修改，应当经作者许可。”可见，出版社对于作品的任何修改、删节，都必须征得作者许可，报刊社则要比出版社宽松一些。这是因为，报纸、杂志通常都有明确的宣传方针和切合形势的宣传口径，出版发行又有很强的时效性，还有严格的版面限制，有的文章不作修改删节就无法刊出，而这时候再去找作者商量，时间又不允许。因此，《著作权法》就给报刊编辑一定的修改删节的权限，也就是对作者的修改权做了一些限制。但报刊编辑对稿件的修改只能限于作文字性的修改删节，不能修改作者的政治观点和学术观点，不能改变作品的基本内容和基本精神，不能因作品的修改而损害作者的声誉。

4. 保护作品完整权

保护作品完整权，又称同一性保持权，有时也称为作品尊重权，是保护自己作品不受歪曲、篡改的权利。作品是作者创作思想和观点的反映，保护作品的完整也就是保护自己思想、精神活动的自由权和自主权。保护作品完整权与修改权不同在于，即使作者同意他人对作品作修改以及改编、翻译等演绎，修改、演绎后的作品仍然不许对作者在作品中表达的原意有所歪曲和篡改。

新闻媒介从业人员在对来稿做修改时，可以不赞成作者的观点，可以不采用自己认为观点不正确的作品，可以要求作者修改文中那些明显不正确的观点，但是绝不可以把自己的观点（哪怕是最权威的、不容置疑的观点）擅自加到别人的作品里去。编辑要对他人作品做较大的修改，必须同作者商量，是否修改、由谁修改，决定权只能在作者。

（二）著作权中的财产权

著作权中的财产权又称著作权中的经济权利。我国《著作权法》规定，财产权主要包括使用权和获得报酬权两项。使用权又包括复制、表演、播放、展览、发行等使用作品的方式。2010 年修订后的《著作权法》第十条则直接列举了以下财产权：复制权、发行权、出租权、展览权、表演权、放映权、广播权、信息网络传播权、摄制权、改编权、翻译权、汇编权以及应当由著作权人享有的其他权利，而将行使这些权利的行为概称为"使用"。著作权人可以许可他人使用这些权利，也可以部分或者全部转让这些权利，许可使用或转让都应当依照约定或者有关规定取得报酬。

"使用"包括自行使用和许可他人使用。首先，著作权人对自己作品行使各种使用的权利，不受他人干预；其次，他人以任何一种方式使用著作权人的作品，必须取得著作权人的许可；再次，著作权人有权禁止他人未经许可使用自己的作品。

许可使用分为专有许可使用和非专有许可使用。专有许可使用是独占性的使用，指著作权人允许被许可人在约定的期限内排他地使用自己作品的著作权。非专有许可使用是共享性的使用，是指著作权人允许被许可人以一定方式使用自己的作品，但著作权人自己仍然可以使用，也可以再允许第三人以同样的方式同时使用。专有许可和非专有许可按照合同约定，除法律有规定的以外，书面合同中未明确约定授予专有使用权的，或者没有订立书面合同的，使用者只能取得非专有使用权，口头的专有许可是无效的。

报刊发表他人作品应当取得作者许可，但一般不须同作者订立书面合同或采用其他书面许可形式，所以报刊社获得的作品许可使用，是非专有使用权。报刊社稿件来源通常是接受投稿和约稿。投稿是一种默示的许可使用，被约稿人同意为约稿的报刊社写稿，也当然意味着许可约稿者使用。报刊社若要获得专有使用权，应该同作者专门订立书面合同并在报刊上声明。

转让包括对前列各项著作财产权的部分转让和全部转让，全部转让就是所谓"买断"。无论是非专有使用还是专有使用，都不是著作权的转让。著作权转让的标的物是部分或全部的著作财产权，转让的结果是使得受让人在法律上成为部分或全部著作财产权的所有人，原作者相应地就丧失了部分或全部的著作财产权。而使用许可的标的物只是对著作财产权的行使，财产所有权并不随之转移，获得使用许可的人并不是著作财产权的所有人，作品的财产权仍然属于作者。比如获得专有许可的使用人仍然无权将作品许可给第三人使用，而必须征得作者的同意并付给作者报酬。而转让的受让人则可以自行把作品许可他人行使受让的权利，还可以把受让的权利再转让给他人。有的报刊把取得专有使用权称为“买断”版权，是概念的混淆。

财产权和人身权中的发表权的保护有一定期限：自然人作品保护期为作者终生及其死亡后50年，截至作者死亡后第50年的12月31日。合作作品以最后一位去世者为准。法人或其他组织作品的财产权保护期为作品发表后至第50年的12月31日。作品过了保护期，只保留除发表权外的人身权，财产权和发表权则失效。

随着网络时代的到来，与著作权相关的部分经济权利概念也发生了一些新的变化，向人们提出了新的需要思考的问题。

1. 复制权

要构成著作权法中的复制行为，应当满足以下两个条件：一是该行为是在有形物质载体之上再现作品。这是复制行为与其他再现作品行为如表演、广播、放映等的区别。二是该行为使作品相对稳定和持久地固定在有形物质载体之上，形成作品的有形复制件。我国《著作权法》规定的复制权主要是：以印刷、复印、拓印、录音、录像、翻录、翻拍等方式将作品制作一份或者多份的权利。

(1) 复制行为。复制权是著作权人的一项专有权利，指著作权人有权自行或授权他人对作品进行复制。从广义来看，翻译、改编、广播等都有“复制”的成分，但著作权法只将特定的再现作品的活动定义为复制，增加的新内容的再现由演绎权进行调整。因此，传统著作权法对“复制”行为规定的要件是：被再现的作品必须被固定在某种物质形式上，从而形成复制作品。

国家版权局发布的《关于制作数字化制品的著作权规定》中强调：数字化制品是指将著作权法保护的作品以数字代码形式固定的有形载体，包括激光唱盘（CD)、激光视盘（LD)、数码激光视盘（VCD)、高密度光盘（DVD)、软磁盘（FD)、只读光盘（CD-ROM)、交互式光盘（CD-I)、照片光盘（Photo-CD)、高密度只读光盘（DVD-ROM)、集成电路卡（IC-Card）等。将已有作品制成数字化制品，都是复制行为。

因此，数字环境中的复制行为包括：将作品以各种技术手段固定在芯片、光盘、硬盘和软件磁盘等媒介上；将作品上传到网络服务器，或者将作品置于BBS、博客等空间，这将导致作品以数字化格式在网络服务器硬盘中形成永久性复制件；将作品从网络服务器或他人计算机中下载到本地计算机中；通过网络向其他计算机用户发送作品，如以电子邮件的附件方式发送，同样，以手机短信的方式将作品发送给他人，也是著作权法意义上的复制行为。

(2) 临时复制。在计算机网络时代，以下几种行为可以导致对作品的复制：网络在线阅读、浏览、收听收视、欣赏置于网站上的数字化作品，这些作品会被计算机自动调入内存或缓存中，形成复制件。当用户关机或调用其他信息时，该复制件会自动消失。计算机内存或缓存中的复制是客观技术现象，没有独立的经济价值，不构成著作权法意义上的复制行为，也不构成版权侵权。

2. 发行权

传统的发行权是指通过转移作品的有形载体的占有或所有权向公众提供作品原件或复制件的行为。我国《著作权法》中的发行权是指著作权人享有的“以出售或者赠与方式向公众提供作品的原件或者复制件的权利”。

著作权法中发行行为的主体并不限于出版社，方式也不限于销售，需要符合以下条件：一是该行为应当面向“公众”提供作品的原件或复制件，即公开发行。非公开地提供作品原件或复制件不构成发行行为。二是该行为应当以转移作品的有形物质载体所有权的方式发生。这一方面是区别于表演、广播和展览。另一方面也区别于出租，出租只是临时转移作品有形载体占有的行为。在各国著作权法中，要构成“发行”，必须通过作品有形载体的流通提供作品复制件。

网络技术给著作权法造成的最大冲击是彻底改变了作品的流通途径，即网络提供作品与传统作品发行方式最大的不同，在于其不会导致作品复制件的转移。网上传送的结果并非作品复制件物理位置的变更，而是作品复制件数量的绝对增加。因此，网络传播并不能导致作品有形载体所有权或占有的转移，通过网络向公众传播作品的行为就不构成“发行”，不受“发行权”控制。

3. 广播权

《世界知识产权组织版权条约》[①] 缔结之前，《伯尔尼公约》已经赋予了作者“广播权”。所控制的行为包括对作品的无线广播，以及以有线方式对无线广播进行转播或公开播放接收到的广播。虽然该公约签订时还没有有线传播技术，但绝大多数国家都根据技术的发展，将“广播权”定义为通过无线（包括通过卫星）和有线方式传播作品的权利。

广播权有两个特征：一是作品传播是由传播者单方发起的，受众只能被动接收，不能对内容和时间进行主动选择。二是传播模式属于大众传播，即“点对多”，受众是不特定的多数。对于无线传播来说，信号覆盖的区域内任何人都可以同时接收；对于有线传播来说，有线节目的订户都能同时欣赏。

4. 信息网络传播权

《信息网络传播权保护条例》第二十六条规定：信息网络传播权，是指以有线或者无线方式向公众提供作品、表演或者录音录像制品，使公众可以在其个人选定的时间和地点获得作品、表演或者录音录像制品的权利。

信息网络传播权所指的网络传播行为须具备以下条件。

（1）通过网络向公众提供作品，其中“提供作品”是指提供使公众获得作品的可能性，而不要求实际将作品发送至公众手中。即只要将作品“上传”至或者放置在网络服务器中供网络用户下载或浏览，就构成“提供”，无论是否实际有人进行过下载或浏览。“获得作品”包括在线阅读、收听、观看、在线安装、运行等。

（2）应该是“交互式传播”行为，即“点对点”。并非由传播者指定受众获得作品的时间和地点，而是公众可以在其个人选定的时间和地点获得作品。这就与传统的广播电视传播行为的单向性相区别。传统的广播电视节目利用数字化技术进行网络播放，但其仍按传播者的时间

---

① World Intellectual Property Organization Copyright Treaty，简称《WIPO 版权条约》（WCT），是 1996 年 12 月 20 日在由世界知识产权组织主持、有 120 多个国家代表参加的外交会议上缔结的，主要为解决国际互联网络环境下应用数字技术而产生的版权保护新问题提供适当的解决办法。

表播出节目，不能构成信息网络传播权所指的“网络传播行为”。

如某网站将受著作权保护的作品在某个时间段（比如14：00—21：00），或限于某局域网内（如图书馆网），或限定阅读人数（如5名用户同时阅读）等均不能成为侵权免责的理由。其前提是在网络上提供作品的方式是交互的。如果不符合网络传播行为的“交互性”，则可依据《著作权法》第十条第一款第（十七）项“应当由著作权人享有的其他权利”进行调整。

《信息网络传播权保护条例》第二条规定：权利人享有的信息网络传播权受著作权法和本条例保护。除法律、行政法规另有规定的外，任何组织或者个人将他人的作品、表演、录音录像制品通过信息网络向公众提供，应当取得权利人许可，并支付报酬。

第二节 传播者的邻接权

作品要进入社会，必须要经过传播者的传播，传播者在传播产品的过程中要投入大量人力、财力和物力，特别是投入自己的智力劳动，赋予作品新的传播形式。邻接权是传播者在传播产品的过程中，在保持作品内容不变或者基本不变的前提下，对于它以某种特定方式所赋予作品的独有形式所享有的类似于著作权的一种权利。由于这种权利是在传播原有作品的过程中形成的，是与原有作品相邻接的，故而被称为邻接权（neighboring rights），又称“有关权”（related rights），也就是我国《著作权法》所说的“与著作权有关的权益”。

邻接权与著作权保护的内容是不同的。著作权保护的是作品创作者的权利，所要保护的客体是原初作品。邻接权保护的是传播者的权利，权利人是作品的传播者，包括出版者、表演者、制作者等，所要保护的客体是作品经过传播者再创造后形成的产品。著作权的实现必须依赖于各种传播手段，要保护著作权，必须保护邻接权，邻接权得不到保护，著作权的保护也就很难确保。作品只有经过传播才能获得经济效益，而传播者在传播产品时也进行了再创造，也应当获得经济效益。保护邻接权有利于更好地保护著作权，有利于作品更广泛地传播。

传播者与原有作品作者是平等的民事关系，邻接权与原有作品的著作权是平行的关系。邻接权只是在传播过程中滋生的权利，只是对传播者创造的传播形式享有的权利，除了作者与传播者另有约定外，传播本身并不意味着传播者对于原始作品著作权的任何承让、占有、分享，即它只是邻接在作品著作权旁的，而不涉及作品著作权本身。例如图书出版社的权利，只是对它所出版的图书的版本、编排、装帧的权利，而不是对书稿内容的权利；报刊社的权利，只是对它所出版的整张报纸、整本刊物的权利，而不是对报刊当中文字、图画作品的权利；电台、电视台的权利，只是对它所制作、播放的整个节目形式的权利，而不是对其中剧本、乐曲、表演等的权利。传播者传播他人作品只是取得使用作品的权利，而不得侵犯作者的其他全部权利，如不得擅自修改，须保护作品完整不受歪曲，使用未发表的作品必须征得许可并付酬。报刊转载其他报刊发表的作品、录音制作者使用已经合法录制的音乐作品制作录音制品、电台或电视台播放他人已发表的作品和已经出版的录音制品，虽然可以不必征得许可但是必须付酬，等等。另外，除有约定外，原来作品的作者仍然可以独立行使对自己作品的一切权利，媒介无权干预。

一件作品可以被多次传播，会形成多层次的传播产品，这样传播者权也是多层次的。比如一首歌曲经过演唱，表演者就是歌曲的传播者；演唱又被制作成录音制品，录音制作者就是歌曲和表演产品的传播者；电视台又播放了录音，它就是歌曲、表演产品和录音产品的传播者；后面层次的传播者，不仅要尊重它所利用的传播产品的传播者权，而且要尊重原始作品作者的著作权和前面层次传播产品传播者的邻接权。比如对他人表演录音录像，不但要取得表演者许可并付酬，还要取得所表演的作品的著作权人许可并付酬；复制、发行录音录像制品，不仅要取得录音录像制作者许可并付酬，还要取得作品的著作权人和表演者许可并付酬。

一、出版者权

《著作权法》把出版限定于图书、报刊的出版。按《出版管理条例》规定，报刊、图书必须由出版单位出版，对设立出版单位实行审批制。在我国，自然人和非出版单位都不能成为出版者。

报刊、图书出版者权主要是指报刊社、图书出版社对其出版的报刊、图书的版式设计所享有的专有权。出版者权的客体就是它出版的报刊、图书的某些独有的形式，而不是报刊、图书的内容，也不是指整张报纸、整本期刊的汇编作品。

版式设计包括出版物正文版面全部格式的安排，还有出版物的装帧，就是它的外观形式，如封面图案设计等。报、刊、书的版面和装帧设计不管是报社、期刊社、图书出版社编辑完成的，还是委托社外人员完成的，一经采用，就属报社、期刊社、图书出版社专有，未经许可，其他任何人不得擅自按原样进行复制。如果被模仿抄袭，报社、期刊社可以维护自己的合法权益。

在我国，作者不能自己出版自己的作品，必须把出版权委托给出版社方能出版。按照《著作权法》规定，图书出版者按照图书出版合同的约定享有专有出版权，这是一种排除包括著作权人在内的一切他人另行出版该作品的权利。本来按照合同法的平等原则，作者委托图书出版者出版作品是授予专有出版权还是非专有出版权，应由合同双方自行商定。现在以法律强制规定出版社通过合同获得一定期限的专有出版权，是对出版社的一种扶植和对著作权人权利的一种限制。从这个意义上说，图书出版者依法享有专有出版权的权利，也属于它所特有的出版者权。

这里需要说明，版权、出版权、出版者权这些概念是有严格区别的。版权，即著作权。出版权，在我国新闻出版法规里有两个含义：一是行政法概念，指国家赋予特定主体出版合法出版物的特许权；二是著作权法概念，大致包含《著作权法》规定的人身权中的发表权和财产权中的复制权加发行权，这些权利归著作权人享有，在我国必须由作者授予出版者行使。出版者权就是这里说的邻接权，包括对图书版式设计的权利、拥有专有出版权的权利等。出版社获得专有出版权，所取得的只是作品在一定期限内的专有使用权，而不是作品的著作权（版权），是作者对作品使用权的有限授予，而不是著作权的转让，在合同期满后，使用权即回归著作权人。

对报刊社而言，除了拥有对于报刊版式设计的出版者权外，还拥有一些图书出版者没有的权利。如对作品做文字性的修改权和删节权、在时事新闻中对他人作品的引用权、对公众集会上的讲话的发表权，以及报刊之间的互相转载转摘权等。报刊上的内容，其中时事新闻不适用著作权法的保护，关于政治、经济、宗教的时事性文章在新闻媒介之间互有合理使用权，其他作品在报刊之间以及同网络之间又享有法定许可的相互转载转摘权，不同媒体上的内容得以在各家媒体上自由流通，这无疑大大有利于新闻信息和其他作品的传播与宣传。

按照《著作权法》规定，对作品的许可使用是专有使用还是非专有使用由合同约定。凡在合同中对专有使用权还是非专有使用权未做明确表达的，视使用者只享有非专有使用权。报刊发表他人文章一般没有书面合同，所以不能获得专有使用权。也就是说，报刊社对于发表的作品只拥有一次使用的权利。此后若要再次使用，比如把本报刊的文章汇编成书，必须再次征得作者许可，并且另行支付稿酬。报刊社也没有排除他人使用在本报刊发表作品的权利，因为作者在把作品交报刊发表以后，仍然享有对作品的完整的使用权。

现在有些报刊以编辑部的名义声明有关文章他人不得转载，是没有法律效力的，并且有侵权之嫌。只有作者自己的声明才能对他人使用自己发表在报刊上的作品做出有效的限制。但是愿意做这样声明的作者是不多的，因为只要法定许可严格依法进行，作者的作品可以广为传播，并获得可观的转载稿酬，对作者是有利的。这种声明妨碍了作者通过法定许可使用获得收益的机会。国家版权局早在1991年就发布批复明确指出："未经著作权人授权，报刊刊登对其发表的作品享有专有出版权的启事，不符合著作权法的规定。"因为使用作品是有偿的。一次性使用、专有使用或是著作权的转让，价款自然不同。想通过支付一次性使用的稿费，获得专有使用的权利甚至著作权，一纸声明就实现"本刊发表文章的版权归本刊所有"，是不符合公平原则的。

报刊社若要取得对自己发表的作品的专有出版权，必须同作者订立书面合同，取得正式授权。获得作品的专有出版权，不等于获得了作品的版权（著作权）。获得专有出版权仅仅是获得对作品排他性的使用权。若有第三方使用，必须征得专有使用者和作者双方的同意，并且给作者支付报酬。有的首发报刊把"作品使用费"完全充作自己的收入，是不符合《著作权法》的规定的。

如果要获得作品的版权（严格说是获得作品著作权中的财产权），就必须同作者订立著作权转让合同。由于报刊不可能再版，报刊社又没有出版图书的权利，所以收购作品著作权是没有意义的。

按照非专有使用的原则，著作权人有权把自己的作品交由多个主体同时使用，这样"一稿多投"、"一稿多用"应该是合法的。但是《著作权法》对向报刊社投稿规定了一个期限："著作权人向报社、杂志社投稿的，自稿件发出之日起十五日内未收到报社通知决定刊登的，或者自稿件发出之日起三十日内未收到杂志社通知决定刊登的，可以将同一作品向其他报社、杂志社投稿。双方另有约定的除外。"这一条款对作者投稿做出了一定限制，也就是要求一件作品一次只能向一家报（刊）社投稿，在这家报（刊）社不拟采用后方可向别的报（刊）社投稿。这实际上是授予报刊对作品首次发表的专有权。但是如果报（刊）社长期压着来稿不发，会损害作者的利益。现在对报（刊）社处理来稿的期限做一个限定，作者在期满后没得到报刊社答复，即视为报（刊）社不拟采用此稿，当然有权另做处理。其目的在于协调作者和报（刊）社之间的关系，使双方的利益都得到保护。从作者与报刊社之间的法律关系上说，作者投稿，就是向有关报（刊）社发出了许可使用的要约，而在一定期限内没有得到对方同意使用的承诺，作者方才有权向别家报（刊）社发出另外的要约。

不过投稿、用稿毕竟是作者和报刊社之间的民事关系，在时限上还应取决于双方的意愿。“双方另有约定”是指双方通过某种方式达成的谅解。比如，如果报（刊）社觉得 15 天或 30 天的期限太短，执行起来有困难，可以在约稿启事中声明一个较长的处理期限，投稿者在投稿时若未表示异议，就可视为接受这个约定。当然，投稿者也可以在投稿时要求报（刊）社按照法律规定的 15 天或 30 天期限甚至比这个期限更短的时间内答复。

二、表演者权

表演者权是对作品进行艺术表演而获得的权利。它与表演权不同，表演权是著作财产权的一种，是著作权人享有的公开表演作品，以及用各种手段公开播送自己作品的表演的权利，表演者权是演员、歌唱家、音乐家、舞蹈家等通过表演作品获得的权利。表演是对文字作品进行直观性的形象（视觉、听觉）塑造，具有很大的创造性，表演者理所当然对自己的表演享有权利。表演者的主要义务是：使用他人作品演出，应当取得著作权人许可并付酬；使用演绎作品演出，应当取得演绎作品著作权人和原作品的著作权人许可并付酬。

2014 年，全国人大常委会批准了《视听表演北京条约》。该条约是第一个在我国缔结并以我国城市命名的国际知识产权保护条约，也是在中国诞生的第一个国际知识产权条约。该条约规定了缔约方可视具体情况规定针对“视听录制品”中表演的出租权、广播和以其他方式进行传播的权利；规定了关于技术措施和权利管理信息的相关义务；规定了缔约方应当提供执法程序，以确保能够采取有效措施及时制止侵权，并遏制进一步侵权。但该条约对我国《著作权法》的影响很小：条约中要求成员国必须给予表演者的权利，我国《著作权法》都做了规定，而对我国现行法律、法规中尚未规定的该条约第十一条第一款和第二款关于“广播和向公众传播的权利”，我国予以了保留。

三、录音录像制作者权

录音录像制作者权，指录音录像制作者享有对录音录像制品的专有权利。录音录像制品包括唱片、激光唱盘、录音带、录像带等。

录像制品同电影、电视、录像作品是有严格区别的。一般说来，录像制品是指直接摄录的制品，如对演讲、学者讲座、舞台表演以及文艺晚会的摄录等，录制者对摄录对象基本上不作加工，独创性较低，受邻接权保护。电影、电视、录像作品则主要是制片者的创作，摄录内容体现了制片者的独创性，受著作权保护。

录音录像制作者在制作录音录像制品时使用他人作品，无论是否发表，都应当取得著作权人许可并付酬，唯一例外是使用已经合法录制为录音制品的音乐作品，可以适用法定许可。另外还应当同表演者订立合同并付酬。

表演者权和录音录像制作者权这两项邻接权主要存在于艺术领域。对于电台、电视台和互联网内容服务提供者来说，维护这两项邻接权，还是很重要的。

四、广播电台、电视台播放权（广播组织权）

广播电台、电视台播放权是指对其播放享有的专有权利。这项邻接权的主体就是广播电台、电视台，国际上统称为广播组织，并把这项权利称为广播组织权。

播放权同广播权也是不同的。广播权是一项著作权，是指著作权人通过无线、有线以及扩音器等方式向公众传播其作品的权利。播放权是一项邻接权，是广播组织对自己通过无线或有线等方式向公众播放内容的一种控制权。电台、电视台播放的内容有的是自己对事件、人物、景物进行现场直接播放或者录音、拍摄后播放，有的是通过合法程序对他人的各类作品和录音录像制品以及其他信息资料进行完整播放或者经过剪辑、加工、编排后播放，还有更多的则是综合两者进行播放，这些都必须付出一定的创造性劳动并且投入相当的资金。而随着技术的发展，对广播电视的翻录复制已变得非常容易。因此对电台、电视台的有关权益必须予以切实保护。

2001 年修订《著作权法》时，在规定电台、电视台邻接权客体时，不再使用“节目”一词，意味着对广播、电视邻接权保护的扩大。就是说，只要是通过广播、电视播放的具有该广播组织独创形式的录音、拍摄、剪辑、编排等，都应受该广播组织的控制，受邻接权的保护。而所谓“节目”，按行政法规《广播电视管理条例》的概念，包括了电视剧和其他录音录像作品，这些具有较高的独创性可以称为作品的节目，则受著作权保护。

广播组织播放内容是通过无形的电子载体传播的，所以它对播放的控制包括从无形到无形，即对它的播放进行转播；从无形到有形，即把它的播放固定到各种音像载体上这样两个方面。《著作权法》第四十五条规定：“广播电台、电视台有权禁止未经其许可的下列行为：（一）将其播放的广播、电视转播；（二）将其播放的广播、电视录制在音像载体上以及复制音像载体。”据此，无论是对电台、电视台的播放进行转播，还是对播放进行录制，或者在录制后进行复制，当然包括进入市场发行，都必须征得电台、电视台的许可，并按电台、电视台的要求支付报酬，合理使用的情形除外。

电台、电视台播放后形成的是一种传播产品，传播产品的一个重要特征是作品的有机组合。行使传播者权的一个基本原则就是不得损害所传播的原初作品作者的权利。电台、电视台应该注意这样一些义务：

（1）播放他人未发表的作品，应当取得许可并付酬。

（2）播放他人已发表的作品（不包括电影作品和类似摄制电影的方法创作的作品、录像制品），适用法定许可。合理使用不必付酬。著作权人已声明不许使用的，不得使用。

（3）电视台播放电影作品和类似摄制电影的方法创作的作品、录像制品，应取得制片者或录像制作者许可并付酬；播放他人的录像制品，还要取得著作权人许可并付酬。

（4）使用经过改编、翻译等产生的演绎作品，既要向改编者、翻译者等付酬，又要向原初作品的作者付酬。

(5) 对于表演，若要现场直播，必须征得表演者许可并付酬；录制播放同样要征得许可并付酬，还应当同表演者订立合同。

(6) 邀请表演者表演进行播放或录制节目，不仅要向表演者付酬，还要向被表演的作品的作者付酬。

(7) 广播电视节目被复制发行，除电台、电视台获得报酬外，节目中作品的作者、表演者也有权获得报酬，他们报酬的支付者是被许可的复制发行的录音录像制作者。

五、互联网内容服务者的邻接权

互联网内容服务者（ICP）从事互联网内容的传输，是否也应该享有传播者的权利呢？互联网内容服务者在传输内容时必定会赋予有关作品新的形式，符合传播产品的特征。《世界知识产权组织版权公约》（WCT）第五条规定："数据或其他资料的汇编，无论采用何种形式，只要由于其内容的选择或排列构成智力创作，其本身即受到保护。"这种保护同对编辑作品或传播产品的保护相同，即不延及数据或资料本身，亦不得损害数据或资料的已有任何权利。我国《著作权法》规定汇编作品除了汇编作品及其片断外，还包括汇编不构成作品的数据或者其他材料，只要体现了独创性，即为汇编作品。互联网内容服务者和众多上网者在传播过程中合法制作的网页版式特别是首页版式，以及各种链接设置、数据文件汇编等，只要具有独创性，就可以成为汇编作品受到著作权保护。

互联网内容服务者对它所传播的作品也可以取得权利，即专有使用权。同时，互联网内容服务者和接入服务者也负有维护他人著作权的义务。除了互联网内容服务者自己发布的内容不得侵犯他人的著作权和出版者、表演者、录音录像制作者和广播组织的邻接权外，由于互联网服务者传输自身的特点，互联网服务者还应对用户在网上的侵犯著作权行为负有一定义务，这已由最高人民法院2000年司法解释规定了一些原则，并在后续出台的相关文件中加以重申：

(1) 互联网服务者（包括ICP和ISP）参与他人侵犯著作权行为，或者教唆、帮助他人实施侵犯著作权行为，承担共同侵权的连带责任。

(2) 互联网内容服务者明知用户通过网络实施侵犯著作权行为，或者经著作权人提出确有证据的警告，但是仍然不采取移除侵权内容等措施以消除侵权后果，承担共同侵权的连带责任。

(3) 互联网内容服务者应当按著作权人的要求，向他提供侵权人在网上的注册资料以追究其侵权责任，没有正当理由拒绝提供的，承担不履行义务的民事责任。

(4) 著作权人向互联网服务者提出侵权信息警告或者索取侵权人注册资料，必须出示自己的身份证明、著作权权属证明和侵权情况证明；如果不能提供，视为没有提出警告或索取请求。

(5) 互联网服务者按照著作权人提出的确有证据的警告，采取移除被控侵权内容的措施，不承担对被控侵权的人的违约责任。

(6) 如果著作权人指控侵权不实，被控侵权的人因互联网服务者采取措施而遭受损失，请求赔偿，由指控侵权的人承担赔偿责任。

第三节　著作权与公共利益的平衡

著作权是对著作权人智力成果的保护，这对于保障智力劳动者在良好环境下从事创造性劳动并且获得应有的报酬，促进社会的文化艺术、社会科学、自然科学和技术的繁荣发展，是完全必要的。但是任何智力成果又必须为社会共享，作品中蕴涵的信息和知识是公民知情权的对象，公民对于社会公共信息和人类文化成果有知悉的资格并可以运用它去获取某种利益。但这里也存在着问题。如果一味地强调著作权，人们使用时动辄“侵权”，那么就会丧失了众多公民获取信息和知识的机会。但是如果片面强调信息公共化，反对“知识私有”，著作权不要保护了，作者的智力成果得不到合理回报，又势必损害作者的创作热情和积极性，不利于文化艺术科学的繁荣，“版权不是河坝，它是河流”①。

一、著作权限制的正当性

对著作权进行限制主要基于以下三种理由：一是基本权利和自由，主要是人之为人所必须具备的权利和自由，其中最重要的就是公民的表达自由权和隐私权；二是公共政策，主要指国家为了实现某种社会管理目标而采取的一系列行动准则和规定，如将促进知识传播和规范竞争目标纳入公共政策制定的范围；三是经济理由，这主要是基于作品作为公共物品的经济属性以及由此造成的市场失灵问题。

（一）基本权利对著作权的限制

1. 表达自由对著作权的限制

表达自由权是指公民可以通过各种手段表述各种思想和见解的自由权利，是民主社会的基础，也是社会进步和个人自我实现的基本条件。由于它是一项基本人权，因此具有一种逻辑上的先在性，即自由表达权优先于其他权利。

自由表达权实现的前提是获得信息的自由，即公民能够自由地选择、接受思想和信息。信息是思想的载体，公民自由地获取思想和信息，在此基础上形成自己的观点，再自由地运用各种媒介和各种表现方式进行表达和传播。传播是表达自由的目标，如果允许著作权人能够控制对作品思想的使用，表达自由就无法实现。因此，著作权法确定了思想和表达两分法的原则。但有时还需要使用他人的表达形式，法律还设计了著作权的限制和例外。它们是法律为实现表达自由采取的必要措施。“由于表达自由属于极其重要的公共利益，其重要性远远超过了著作权人的经济利益，立法者在特定情况下不仅会排除著作权人的控制权，还经常排除获得经济补

① Daniel Gervais，“Towards a New Core International Copyright Norm: the Reverse Three-step Test”，*Marquette Intellectual Property Law Review*，Vol. 9，p. 1，Spring 2005.

偿的权利。因而体现表达自由的著作权限制和例外通常采用自由使用的方式，例如引用、滑稽模仿、刊登和广播政治、经济、宗教问题的时事性文章或公共集会的讲话等。”①

2. 隐私权对著作权的限制

当著作权人企图获取使用者在私人空间中的知识消费信息、控制使用者在私人空间中的消费行为时，著作权与使用者的隐私权就可能发生冲突。这种冲突在传统社会中并不明显，因为版权人不可能、也没有条件拥有对作品消费的绝对控制，使用者总是能够对合法获得的作品进行阅读、浏览、聆听、复制。在理论上，版权从来也不禁止个人的消费、接受或使用作品的行为。但在数字信息社会，有的著作权人想要确定私人空间是否存在侵权行为，可能进入、搜查私人空间，查封私人资料，这就侵犯了使用者的空间隐私权。在具体的限制和例外之外，基本权利和自由能否对著作权构成独立的抗辩？即在法律没有明确规定的情况下，基本权利和自由能否对著作权起到限制作用，或者说，当两者发生冲突时，表达自由权和隐私权是否优先于著作权的权利主张？有学者认为可以把基本权利和自由作为确证行为正当性的独立抗辩：（1）该使用行为涉及表达自由或者隐私权；（2）该行为对于实现表达自由或者保护隐私权非常必要或者重要；（3）该行为对于作者的创作激励没有造成严重影响。②

（二）公共政策对著作权的限制

1. 促进知识和信息的传播

在著作权限制和例外中，我国规定了自由使用的方式，有三种类型的限制与传播知识和信息有关。

（1）教育和研究机构。教育机构担负着为社会培养人才的任务，为了对学生进行知识传播、思想启蒙，可以运用便利的手段施行教育。教育者可以利用书籍、报刊、录音录像、广播电视等多媒体提升教学效果；研究机构担负着知识创新的任务，运用科学研究成果推动社会发展；研究者需要运用大量的最新知识和经验以提升自身的创新能力。因此对教育和研究者使用著作权作品的行为有例外非常必要。

《伯尔尼公约》第十条规定：通过出版物、无线电广播或录音录像使用文学艺术作品作为教学解说的权利，只要是在为达到正当目的所需要的范围内使用，并且符合正当习惯，即可由本联盟成员国法律以及成员国之间现已签订或将要签订的特别协议加以规定。

（2）公共图书馆和档案馆等特殊群体、机构。图书馆和档案馆为了实现支持教育学习、知识创新等社会功能，向读者提供在线检索、视听服务，有时还需要对原始作品进行复制等。一般认为非营利性的、公共性质的、对公众开放的图书馆才能成为这些限制和例外的受益者。如欧盟《著作权指令》规定，只有公共图书馆、教育机构、博物馆或档案馆进行的“无直接或间接经济或商业利益的特定复制”才能适用复制权的限制和例外。

社会中某些无法与正常人一样自由地获取知识和信息的人，如视觉有障碍者，或由于历史和经济的原因，获取知识和信息方面缺乏充分手段，或某些机构具有公益目的，或与某些特殊

---

① 朱理：《著作权的边界——信息社会著作权的限制与例外研究》，27～28页，北京，北京大学出版社，2011。

② 参见上书，33页。

群体有联系，如医院、监狱等，法律对这些群体和机构有优惠的措施。

（3）私人复制、网络传播。为了保障作者的权利与广大公众的利益平衡，著作权限制和例外的边界一般采用被称为“三步检验法”的国际标准，表12—1是三个重要的知识产权保护法律文件的相关表述对比。

表12—1　　知识产权法律文件表述对比

	《伯尔尼公约》	《TRIPS协定》[①]	《WCT》[②]
第一步	本联盟成员国的立法可以允许在某些特殊情况下复制上述作品	全体成员均应将专有权的限制或例外局限于某些特殊的情形	缔约各方在某些特殊情况下，可以在其国内立法中对依本条约授予文学和艺术作品作者的权利规定限制或例外
第二步	这种复制不与该作品的正常使用相冲突	不与该作品的正常使用相冲突	不与该作品的正常使用相冲突
第三步	不致不合理地损害作者的正当利益	不应不合理地损害作者的正当利益	也不无理地损害作者的合法利益
适用范围	复制权	著作专有权	著作专有权

1998年美国的《千禧年数字版权法》中允许版权人使用“自动复制控制技术”和“彩条复制控制技术”防止付费电视节目、版权人制作的视听作品被录制和复制。这也意味着消费者为“改变观看时间”而录制免费电视节目变为一种法定权利。通过“三步检验标准”中的第三步检验认为，免费频道播放的都是过了热销期的老电影，不会严重影响版权人从电影公映、录像带和DVD中获得利润。与此相关的判断原则，还有美国《千禧年数字版权法》第一百零七条中的五个要素：第一，使用的目的和性质，即新作品是否或在多大程度上具有转换性，是商业性的还是非商业性的；第二，所使用版权作品的性质，具有创造性的作品比描述事实的作品受到更大程度的版权保护；第三，使用的部分，大量复制本身并不意味着就不是合理使用，但对作品进行完整的复制却会妨碍认定为合理使用；第四，该使用对于市场的影响，合理使用仅限于不实质影响原作品市场的复制；第五，特殊使用，如试听、空间转换，或是许可复制。[③]

在美国，在电影院用摄像机将电影拍摄下来供亲朋好友观看是犯罪行为，要判处三年以下监禁，再犯则判六年以下监禁。将录音录像制品完整地上转到网上供用户下载会严重影响版权人的市场销售，这种行为不能作为“介绍、评论”构成合理使用。介绍、评论必须对原作品有“转换性使用”，如模仿讽刺就构成合理使用。

书籍进行销售后，适用发行权一次用尽原则，版权人无权阻止书籍拥有者转售、出租、出借，如图书馆可以进行出租或出借。但将书籍进行数字化复制，受复制权的控制，将其上传到网上供用户欣赏或下载，虽然是交互行为，但构成著作权侵权。因为会对权利人利益产生影

---

① TRIPS协定的英文全称是AGREEMENT ON TRADE-RELATED ASPECTS OF INTELLECTUAL PROPERTY RIGHTS, INCLUDING TRADE IN COUNTERFEIT GOODS。译为中文即《与贸易（包括假冒商品贸易在内的）有关的知识产权协定》。

② 《世界知识产权组织版权条约》（WCT），1996年12月20日于日内瓦议定，2002年3月6日起生效。

③ 参见王迁：《网络版权法》，290～291页，北京，中国人民大学出版社，2008。

响，严重影响市场销售。如果此行为是数字图书馆所为，还向读者收费，那性质就更为严重。

2. 保护管理产业实践和自由竞争

（1）管理产业实践。有些产业是以对作品的使用为基础的，著作权法中的一些限制和例外是对这些产业的保护，如：允许广播电视等传播组织制作时的录音录像制品；允许为公开展览、交易、拍卖制作目录或宣传页或电子宣传品时复制艺术作品，或附带使用、临时复制、已合法获得计算机软件的用户制作软备份等。

《伯尔尼公约》第十一条之二第（三）项规定："本联盟成员国法律可以就广播机构为用于自己的广播电视节目而通过自己的设备制作短时录制品做出规定。对于具有特殊文献性质的暂录制品，本联盟成员国法律可以准许交付官方档案馆保存。"

城市中的雕塑、户外广告或其他作品可能是著作权保护的客体，这给电影、电视节目制作者、摄影师等的自由拍摄造成潜在的隐患。为此，一些国家的立法或司法实践承认"附带使用"这种著作权例外。欧盟著作权指令规定对于"在其他材料中附带包含的作品或其他客体"，成员国可以规定复制权和公开传播权的限制或例外。

（2）保护自由竞争。根据思想和表达两分法，计算机程序设计原理和思想是不受著作权法保护的。但如果不能获得程序的源代码，就无法了解程序的设计思想。但程序之间的兼容性是维护软件产业自由竞争必不可少的条件。为了实现程序间的兼容性，同样需要获得程序的源代码。为了获得源代码，就需要复制程序并对其进行反向编译或"黑箱分析"（指将数据输入软件并观察输出结果，并根据不同数据输入引起的变化来分析软件的工作原理）。

允许反向工程可能会造成削弱版权制度的根本宗旨，即激励创新性和创造性。因此，各国对于反向工程也附加了一些限制条件。例如《欧共体计算机程序指令》第六条第一款规定实施反向工程需要满足以下条件：反向工程是实现独立创作的计算机程序与其他程序之间的兼容所必需，该行为由被许可人以及其他有权使用程序复制件的人所实施，反向工程的对象必须限于实现兼容所必需的原程序部分，实现兼容所必需的信息在此前必须是不能轻易获得的。

3. 经济学理由

知识产品具有历史继承性和有益外部性特点。作品生产和消费的社会收益远远大于私人收益，维护知识的共有性对于人类社会而言是必要的，也是人类社会生存和进步的基础。

作品具有公共物品的特征，即消费上大量排他性和非竞争性，信息可以被共享的特点使消费者的边际成本接近于零，也使作品的价值最大化。但另一方面，作品的生产过程又是个体的，"如果农夫约翰不在地里种马铃薯，农夫史密斯还可以种。但是莎士比亚却不能写出《失乐园》，而弥尔顿也写不出《仲夏夜之梦》。正是他们不同的天赋才赋予这些伟大作品以不同凡响的品格和个性，尽管这些大师们所使用的语言都是源自英伦前辈们的文化积淀"①。

为了保护和激励作品生产者的积极性，著作权法通过授予作者专有权来达成目标；为了向其他创作者提供可利用的资源，立法者不得不在保护期限、思想和表达两分法等制度之外，还设计著作权的限制和例外，其目的就是允许作品以非竞争性产品的社会最佳需要价格被消费。

从理论上看，著作权人和作品使用者就作品的使用达成协议是最合规范的，但协议的达成

---

① 转引自朱理：《著作权的边界：信息社会著作权的限制与例外研究》，43页，北京，北京大学出版社，2011。

受交易成本的影响，如果使用者寻找著作权人比较困难（确认成本高）、交易谈判过程超出了使用所得（谈判成本高）、履行协议有障碍（执行成本高），市场就会失灵。在这种情况下，应该允许使用者在自由使用作品的基础上，对著作权人给予经济补偿，即著作权法规定的法定许可或强制许可的限制和例外情形。这时所依据的原则为：(1) 存在市场失灵；(2) 把使用权授予使用者对社会有益；(3) 授予自由使用不会对版权人的激励造成实质性损害。

另外，还存在更深层次的自由使用正当化理由，即表达自由权的优先。如作品使用者是为了达到评论的目的，但评论也可能是批评性的，在这种情况下使用者可能无法从著作权人处获得作品，这也可以说造成另一种市场失灵。但从社会利益的角度分析，如果没有限制和例外，也可能就没有全面的对作品的评价，而读者就会对一边倒的好评价产生怀疑，反而会限制作品的销售，进而也会对这种制度带来负面的影响；反之，如果评论者可以自由地引用和评价作品，读者会认为更可信，增强购买愿望，会提高著作权人的知名度，带来利益，同时也会增加出版业的利润。

因此，著作权法的一项重要内容，就是通过对著作权做出必要的合理的限制来实现著作权同社会公共利益之间的合理的平衡。

二、著作权的限制

根据我国《著作权法》第五条规定的不适用本法保护的各项中有：法律、法规、国家机关的决议、决定、命令和其他具有立法、行政、司法性质的文件，及其官方正式译文；时事新闻；历法、通用数表、通用表格和公式。在此我们重点讨论一下与新闻传播活动关系最密切的时事新闻。

（一）时事新闻不适用著作权法保护，这是国际社会的惯例

《伯尔尼公约》规定："本公约的保护不适用于日常新闻或纯属报刊信息性质的社会新闻。"许多国家的著作权法或是没有把新闻列入受著作权保护的作品之内，或是明文规定允许无限制地复制、传播新闻媒介发布的每日新闻。

我国《著作权法实施条例》把"时事新闻"界定为"通过报纸、期刊、电台、电视台等传播媒介报道的单纯事实消息"，同"报刊信息"、"日常新闻"的含义相同。

时事新闻不适用著作权法，首先是因为时事新闻往往不具有著作权客体必须具有的独创性。时事新闻是单纯对新闻事实的直观记录。时事新闻当然也是要由记者写出来的，从这个意义上说也是新闻作品，但是这种作品太单纯了，单纯得只有事实，而没有或者基本上没有作者主观上的加工，没有独创性的特点，那就称不上是著作权法意义上的"作品"。著作权法不能去保护客观发生的事实，而只能保护作者通过自己的智力劳动对事实做出的有创造性的表述，包括描写、分析等。某政要今日视察某部门，某城市今日举行体育运动会，诸如此类的消息，除了特定的授权发布以外，所有的记者和传媒都可以报道，而这些报道在文字上往往大同小异。如果新闻只是单纯地报道事实，没有独创性也就没有专有性，无法加以区分，所以无法保护。由于时事新闻必须以最快的速度传播出去，只要求说明事实，不需要刻意追求表现形式的

独创性，因而通过作品形式很难将不同记者和传媒的报道区分开来，无从予以著作权法保护。

（二）时事新闻不适用著作权法保护，并不等于它不受任何保护

信息是一种资源，经过人的劳动加工就成为一种财产。时事新闻不是智力成果，传播者不能享有知识产权，但是由于传播者投入了劳动，理应享有一般意义上的财产权。

对时事新闻采写者个人来说，采写时事新闻也是一种劳动，劳动者的民事权利仍然应当得到承认和尊重。实际上，时事新闻一经刊用，作者都可以获得稿酬，并在新闻上署名。但是时事新闻的财产权同知识产权不同的是，采写者只能像一般的财产交易那样一次获酬，而不像著作权是一种“连续的权利”，著作权人在作品发表后在每一次再使用中都有权获得报酬。现在有的人以专事摘抄新闻为业，冒充自己的作品到处投寄牟取稿费，报刊明知是抄袭之作也以时事新闻不受著作权法保护而照登不误。有的编辑记者收到别人提供的新闻稿略加改写就署上自己的姓名发表。这不仅意味着时事新闻真正的采写者、编发者的劳动成果被他人掠夺，而且由于辗转传抄难免出错，受众不知新闻的出处而无从查考以致以讹传讹。这是一种民事欺诈行为，对此应该予以道德上的揭露谴责并予以一定的制裁。

作为单纯事实消息的时事新闻在媒介上虽然天天都有，其实所占比例并不大。著作权意义上的时事新闻，同新闻学教科书里把凡是国内外最新发生的重大政治和社会事件的报道都称作时事新闻，内涵相差甚远，或者说范围要小得多。新闻媒介上发表的各种体裁的新闻作品，如通讯、特写、述评、采访札记、调查报告、评论、杂文、散文、报告学、小品文以及带有记者研究思考的成分的分析性新闻、解释性新闻，有一定艺术性的摄影作品，录音录像作品等，都不是单纯事实消息。这些作品或是具有不同程度的文学艺术色彩，或是具有对现实社会的一定科学研究见解，体现了独创性，都适用著作权法的保护，作者对这些作品拥有完整的著作权。除了法律规定的一些限制（包括合理使用和法定许可使用）之外，记者的（著作权意义上的）作品的任何一项权利受到侵犯，都可以请求法律救济，以维护自己的合法权益。至于那些与新闻无关的作品，如小说、诗歌、理论文章等，当然受著作权法保护。

新闻单位的主要产品就是新闻，为了采写编新闻投入很多人力、物力和其他资源，如果不从新闻的产出中通过商品交换获得回报，那么任何新闻单位都难以发展。世界上包括我国在内没有一家通讯社是无偿提供新闻的。一家新闻单位以自己的活劳动和物化劳动所获得的新闻，无偿被另一新闻单位使用，是显失公平的。有的国家在著作权法里规定对新闻予以另行保护。例如意大利著作权法规定，在通讯社对它的新闻公报注明了发布日期和时间的情况下，他人在实际公报发布 16 小时内，或在通讯社授权发布的报刊发行前，转载或广播通讯社的新闻公报的，视为非法。有些国家以其他法律如反不正当竞争法加以规范。例如美国在 20 世纪初就确认新闻是“准财产”。在美联社诉国际新闻服务社案中，法院判决后者剽窃前者的新闻传送给自己用户的行为构成不正当竞争。在另一些判例中，法院禁止电台在通讯社未能将新闻送到用户手中之前就广播通讯社的新闻。法院还认为未经允许地使用他人新闻中的故事必须在报纸出版 20 小时以后才可以。法院指出，这类案件中原告的权利并不是著作权，而是基于信息是耗费了劳力、技能、金钱等而获得的这样一个事实。新闻的这种财产性决定它是不可被盗用的。我国新闻界提出所谓“信息产权”的概念，与专利技术信息的权利无关，指的也正是这种财

产权。

（三）时事新闻没有知识产权

《互联网新闻信息服务管理规定》第五条将互联网新闻信息服务单位分为三类：（1）新闻单位设立的登载超出本单位已刊登播发的新闻信息、提供时政类电子公告服务、向公众发送时政类通讯信息的互联网新闻信息服务单位；（2）非新闻单位设立的转载新闻信息、提供时政类电子公告服务、向公众发送时政类通讯信息的互联网新闻信息服务单位；（3）新闻单位设立的登载本单位已刊登播发的新闻信息的互联网新闻信息服务单位。要求第（1）、（2）类互联网新闻信息服务单位转载新闻信息，应当与中央新闻单位或者省、自治区、直辖市直属新闻单位签订书面协议，体现了对新闻单位权益的某种保护，但不是“保护新闻单位的知识产权”，因为时事新闻没有知识产权。而且正因为时事新闻的作者不享有著作权，新闻单位方才有权去签订许可他人使用的协议，并且收取一定费用。对于新闻单位发表的那些有著作权的新闻作品，其中大多数作品包括职务作品，其著作权应归作者所有，许可还是不许可他人使用的权限是在作者而不在新闻单位。根据 2000 年《关于审理涉及计算机网络著作权纠纷案件适用法律若干问题的解释》，网站转载已在报刊上刊登或者网络上传播的作品时，适用“法定许可”，即可以不先征得作者许可，但是必须付给作者报酬。但 2006 年修订该解释时删除了这一规定，所以在同新闻单位签订协议时，应该明确对于那些受著作权保护的新闻作品，是由收取费用的新闻单位把一部分费用转交作者作为稿酬还是由网站另行付作者稿酬，否则以后有可能发生著作权纠纷。

三、合理使用及要注意的问题

“合理使用”，就是使用人根据著作权法的规定，在一定范围内，不经著作权人许可，不支付报酬，基于正当目的而使用他人作品。《著作权法》第二十二条规定了“合理使用”的 12 种情况。

（一）合理使用的情况

1. 为学习、研究和教学科研目的而使用

就个人而言，主要是第一项“为个人学习、研究或者欣赏，使用他人已经发表的作品”；第二项“为介绍、评论某一作品或者说明某一问题，在作品中适当引用他人已经发表的作品”，但其条件一是限于个人（家庭）使用，二是没有商业目的。

就单位而言，主要是第六项“为学校课堂教学或者科学研究，翻译或者少量复制已经发表的作品，供教学或者科研人员使用，但不得出版发行”。其条件一是使用方式限于翻译和少量复制。二是范围在学校、科研单位之内，新闻单位的研究部门也可适用。三是不得出版发行，如以教学为名，大量翻印，向学生出售，则超越了合理使用的范围。

2. 为新闻传播而使用

第三项是“为报道时事新闻，在报纸、期刊、广播电台、电视台等媒体中不可避免地再现或者引用已经发表的作品”。所谓“不可避免”，是指在新闻报道中必然和必须出现的内容，如广播报道音乐会播出一段音乐旋律、电视报道画展出现某些画面等。《伯尔尼公约》第十条之二第（二）项有关新闻报道对他人作品的合理使用，限定于“在事件过程中看到或听到的文学或艺术作品，且符合报道目的正常需要的范围内”，可以看做是对“不可避免”的具体表述。如果不属于不可避免，比如报道某画家生平时整幅刊登他的作品，就不能作为合理使用对待。

第四项“报纸、期刊、广播电台、电视台等媒体刊登或者播放其他报纸、期刊、广播电台、电视台等媒体已经发表的关于政治、经济、宗教问题的时事性文章，但作者声明不许刊登、播放的除外”。在1990年《著作权法》里，这项合理使用只是限于社论、评论员文章，2001年《著作权法》放宽到关于政治、经济、宗教问题的时事性文章，是一个很大的改变。这个新规定是同《伯尔尼公约》相衔接的。该公约第十条之二第（一）项规定：“本同盟各成员国的法律得允许通过报刊、无线电广播或对公众有线广播，转载发表在报纸、期刊上的讨论经济、政治或宗教的时事性文章，或具有同样性质的广播作品，但以对这种转载、广播或转播并未明确予以保留的情况为限。然而，均应明确说明材料出处；对违反这一义务的制裁由被要求给予保护的国家的法律确定。”

本项合理使用的范围是在新闻媒介上已经发表的关于政治、经济、宗教问题的时事性文章，时事性文章就是关于当前发生的事件的文章，这些事件限于政治、经济、宗教三个方面。本条表述是穷尽式列举，所以这三类以外的内容不属合理使用范围。而理论的、历史的、艺术的等类文章也不属合理使用。

合理使用的方式是其他新闻媒介予以刊登或播放。不是新闻媒介，不能对这些文章做合理使用。还要留意本条在列举四大媒介后有一个“等”字，还包括别的什么媒介，值得研究。若包括互联网新闻网站，那么前述新闻网站登载新闻要同新闻单位签订协议的做法将同这一规定发生冲突。

对三类时事性文章的合理使用与时事新闻不适用著作权法保护是完全不同的。这三类时事性文章属于有著作权的作品，只是为了便于新闻信息的传播，才把它们归于合理使用的范围。因此在合理使用时，对作者的著作权仍然必须予以切实保护和尊重。同时本条还有保留规定，即作者声明不许其他媒介刊登、播放的则不得刊登、播放，表明作者对于自己的作品是否允许合理使用仍有最后决定权。有权做出这样的声明的只是作者，而发表文章的媒介要做这样的声明则是无效的，因为它们并不享有这些文章的著作权。

“报纸、期刊、广播电台、电视台等媒体刊登或者播放在公众集会上发表的讲话，但作者声明不许刊登、播放的除外。”公众集会一般指公众可以自由出入的场所的集会，包括政治性集会或庆典活动性集会，不包括学术活动和学术演讲。新闻媒体刊播公众集会上的讲话，不需征得讲话者的同意，但如演讲者事先有不许刊播的声明，则不能予以刊播。

3. 其他公益使用

关于公务使用，我国《著作权法》第二十二条第七项规定为“国家机关为执行公务在合理范围内使用已经发表的作品”。关于图书馆使用，第八项规定为“图书馆、档案馆、纪念馆、博物馆、美术馆等为陈列或者保存版本的需要，复制本馆收藏的作品”。关于公开陈列使用，第十项规定为“对设置或者陈列在室外公共场所的艺术作品进行临摹、绘画、摄影、录像”。

上述行为均无商业目的。

4. 免费表演

我国《著作权法》第二十二条第九项规定为"免费表演已经发表的作品，该表演未向公众收取费用，也未向表演者支付报酬"。

5. 特定群体使用

《著作权法》第第二十二条第十一项规定为"将中国公民、法人或者其他组织已经发表的以汉语言文字创作的作品翻译成少数民族语言文字作品在国内发行"。其第十二项规定为"将已经发表的作品改成盲文出版"。

在新闻报道中，合理使用行为中比较难以把握的是适当引用和抄袭、剽窃的界限。此前的《图书、期刊版权保护试行条例实施细则》中有过两个"不得超过十分之一"的界限，即在篇幅上不得超过被引用作品的十分之一，或者不得超过引用者自己作品的十分之一（诗歌作品除外），超过其中的一个界限，就有可能被认为抄袭、剽窃。现行《著作权法》则不再有数量的界限，而是在其实施条例中规定了三项条件：一是引用目的仅限于介绍、评论某一作品或者说明某一问题；二是所引用的部分不得构成引用者作品主要部分或者实质部分；三是不得损害被引用作品著作权人的利益。这些条件具有很大的灵活性。一般说来，适当引用只是为了证实、介绍、说明、烘托或者反驳的需要，去掉引用的部分，引用者作品仍然不失为一件独立存在的作品；如果去掉引用的部分，自己的作品就不复存在或难以独立存在，那么引用的部分就成了引用者作品的主要部分或实质部分，就有抄袭、剽窃之嫌。而"剽窃是智识欺诈的一种类型。其构成要素包括未经权利人许可的复制，且复制者宣称（不论该宣称的方式是明示还是默示，也不论其主观心理是故意还是无意）复制的内容属自己的原创，而这一宣称又使复制者作品的受众采取了一些如果知道真相就不会采取的行为。这种行为上的变化，如果其表现形式是读者误以为复制者的书是原创的因而买下来，那么就既会伤害到被复制者，又会伤害到复制者的竞争者。不过在复制作品未发表的情况下，同样可能构成剽窃，例如学生论文剽窃"①。

作品的"原创性"和"创造性"也是有区别的，"一件原创的作品仅仅是一件与现存作品有足够大的差异、不会引起混淆的作品。从审美的角度来说，该作品未必值得创作出来。它可能是一件缺乏想象力的粗制滥造之作。但在商业社会之中，任何填补了什么空白的东西，不论多么微不足道，在市场上都有其价值，而剽窃会减少这种价值"②。当然，并不是所有非原创性的作品都是剽窃。写作或创作中所谓"参考"，就是在创作过程中借鉴他人已经发表的作品，模仿其结构、行文等方式，甚至利用其中的某些事实和观点，用自己的语言说出来，这是允许的。著作权法保护的主要是作品表现的形式，而不是作品陈述的事实。如果两件新闻作品只是叙述的事实相同，那么同样的事实谁都可以写，就不存在著作权问题。即使作品中有关事实参考了其他作品，只要是用自己的语言表达出来的，也不是抄袭。

（二）合理使用要注意的问题

（1）合理使用必须有法律依据。

---

① ［美］理查德·波斯纳《论剽窃》，125页，北京，北京大学出版社，2010。

② 同上书，112页。

（2）合理使用的作品必须是已经发表的。

（3）合理使用必须出于正当目的，主要是为了个人学习研究和出于信息传播、教育、科学等社会公共利益的需要，并非以营利为目的。

（4）合理使用必须说明作品的名称、作者的姓名和作品的出处。

（5）合理使用不得损害作者的其他权益，如不得对作品进行歪曲、篡改等。

四、法定许可使用及要注意的问题

“法定许可使用”又称“非自愿许可使用”，是使用人根据著作权法规定的范围，可以不经作者同意而使用作品，但使用人必须向作者支付报酬。“法定许可使用”和“合理使用”都是不经著作权人同意可以使用作品，所使用的作品都必须是已经发表的作品，但前者必须支付报酬，而后者则不必支付报酬。

（一）法定许可的使用

《著作权法》关于法定许可使用的规定有以下几项。

1. 报刊相互转载法定许可

我国《著作权法》第三十三条第二款规定：“作品刊登[①]后，除著作权人声明不得转载、摘编的外，其他报刊可以转载或者作为文摘、资料刊登，但应当按照规定向著作权人支付报酬。”前引《著作权法》第二十二条第（四）项，已将新闻媒介上发表的关于政治、经济、宗教的时事性文章可由其他新闻媒介刊登、播放列为合理使用，所以此处法定许可主要是指这三类文章以外的作品。

根据《著作权法》规定，著作权人声明不得转载、摘编的，其他报刊就不能转载、摘编，体现了著作权人对于法定许可的最后决定权。在报刊上发表作品的著作权人声明不得转载、摘编其作品的，应当在报刊首次刊登该作品时附带声明。

按照著作权法的原则，作品每被使用一次都应获得报酬。有的人以为作品首次发表已经付过稿酬，再次使用就可以不必付酬，这种看法是没有根据的。有的报刊行使法定许可时只给摘录者付报酬，不给原作者付报酬，这也是不对的。严格说来，付给摘录者的只是一种劳务报酬而不是稿酬，摘录者的摘录工作由于不具有独创性因而与著作权毫不相关。原作者才是被摘录作品的著作权人。

至于转载、摘编已出版的图书作品或是把报刊上的作品摘编成图书，都不适用“法定许可使用”，都应事先征得专有使用人和著作权人的同意。包括报刊社将本报刊发表的文章汇编成书交出版社出版，也必须征得原作者的同意，如果未经原作者同意擅自转交出版社出版图书，就超出了“法定许可使用”的范围，也需承担侵权责任。

这个规定的出发点是积极的：每家报刊由于发行时间、范围等原因，一次刊登并不能完全满足作品广泛传播的需要，报刊之间相互转载、摘编作品有利于让更多的受众了解有关信息。

---

① 指在报刊上刊登。

但是如果转载、摘编都需要获得著作权人许可，不仅不利于信息的迅速、广泛传播，而且操作也十分烦琐，缺乏可行性，因此报刊之间相互转载实行法定许可，有利于满足社会公众对信息共享和迅速、广泛地寻求、获取信息的需要，体现了社会公益和著作权人的权益之间的平衡。

2. 电台、电视台播放法定许可

《著作权法》第四十三条第二款规定："广播电台、电视台播放他人已发表的作品，可以不经著作权人许可，但应当支付报酬。"这里的播放包括单独完整地播放他人已发表的作品，也包括在另一个完整的节目或作品中采用他人已发表作品的全部或部分进行播放。

3. 电台、电视台播放已出版录音制品法定许可

《著作权法》第四十四条规定："广播电台、电视台播放已经出版的录音制品，可以不经著作权人许可，但应当支付报酬。当事人另有约定的除外。具体办法由国务院规定。"录音制品，包括唱片、录音带等，大量的是音乐作品。在1990年版的《著作权法》中，这一项属于合理使用。许多音乐作品被大量使用于广播电视播放，但是作者却毫无收益。在修改著作权法讨论时，人们认为，这不仅与著作权法基本精神即作者对自己作品拥有使用权和收益权的规定不一致，而且同国际著作权公约的规定也不一致；在中国参加国际公约后，外国人的音乐作品在中国使用必须付酬，而中国作者的作品在本国播放却什么也得不到，以致外国作者的待遇优于中国作者，损害了中国作者的自尊心和创作积极性。需要留意的是本条规定中的付酬只限于著作权人即作者，表演者、录音制品制作者不能获酬。

4. 录音制作者法定许可

《著作权法》第四十条第三款规定："录音制作者使用他人已经合法录制为录音制品的音乐作品制作录音制品，可以不经著作权人许可，但应当按照规定支付报酬；著作权人声明不许使用的不得使用。"在1990年版的《著作权法》中，这项法定许可范围包括使用所有他人已发表的作品制作录音制品，现在则仅仅限于录音制品中的音乐作品，而且必须是合法录制的，一般就是指正式出版的，范围大大收缩。至于在制作录音制品时使用非录音制品和录音制品中的非音乐作品，都必须事先征得著作权人许可。

5. 教科书出版法定许可

《著作权法》第二十三条规定了在教科书中汇编已经发表的作品片段或者短小的文字作品、音乐作品或者单幅的美术作品、摄影作品，适用法定许可。但由于支付标准一直未出台，大部分教科书仍处于免费使用作品状态。2013年12月1日起实施的《教科书法定许可使用作品支付报酬办法》标志着教科书使用已发表作品的支付问题有了明确规范。该办法规定了教科书使用文字、音乐、美术和摄影等各类作品和制品的支付标准，但该支付标准只适合于2013年12月1日之后的情况。该办法还规定了两种支付途径：第一，教科书汇编者应当自每年教科书出版之日起两个月内向著作权人支付一次报酬；第二，教科书汇编者未按照前款规定向著作权人支付报酬的，应当在每学期开学第一个月内将其应当支付的报酬连同邮资以及使用作品的有关情况交给相关的著作权集体管理组织。

6. 网络传播法定许可

2000年的《关于审理涉及计算机网络著作权纠纷案件适用法律若干问题的解释》中规定："已在报刊上刊登或者网络上传播的作品，除著作权人声明或者上载该作品的网络服务提供者

受著作权人委托声明不得转载、摘编的以外，网站予以转载、摘编并按规定支付报酬、注明出处的，不构成侵权。”这条规定在法定许可方面赋予网站与报刊同等的地位，报刊之间可以按法定许可原则相互转载、摘编作品，网站也加入这个行列，成为报、刊、网三者之间的相互转载、摘编。网络传播与报刊一样，都具有快速、及时、连续发布等特点，而比后者更为突出。网络传播倘若一律必须征得作者许可，它的这一优势就会受到很大的限制。该解释还规定：“网站转载、摘编作品超过有关报刊转载作品范围登载，应当认定为侵权。”这主要是指转载、摘编书籍、电影等非报刊媒体的内容，不能适用法定许可。但 2006 年修订该解释时删除了这一规定。

（二）法定许可要注意的问题

法定许可就是法律推定著作权人在某些情况下可能同意并且应该同意将已经发表的作品再次交由他人使用，因此可以不必征求作者意见而先行使用，使用后再付酬。关于法定许可要注意以下几个问题：

（1）法定许可必须合法。

（2）法定许可的作品只能是已经发表的作品。作品只有在发表后，才能推定作者同意他人再次使用。未发表的作品，必须由作者决定是否发表，不属法定许可范围。

（3）法定许可以作者在发表作品时未曾声明对他人使用的保留意见为限。如果作者事先声明不许使用的，就不能实行法定许可。

（4）法定许可必须向著作权人付酬，支付方式或是直接交付著作权人，或是由著作权集体管理机构转交。

（5）法定许可不得损害著作权人的其他权益，如必须注明作者姓名、作品原题和原载何处，并且不得歪曲、篡改作品的原意。

第四节　著作权侵权

在我国《著作权法》中明确赋予著作权人 16 项专有权利，每一项专有专利都控制着一类特定行为。如果未经权利人许可，又缺乏合理使用、法定许可使用等抗辩理由，实施了专有权控制的行为，即构成“直接侵权”。

我国的《民法通则》并未将著作权侵权作为特殊形态加以规定，而我国民事侵权又以过错为要件。但是在欧美版权法理论中，只要未经著作权人许可、也没有法律规定的免责理由，擅自实施受专有权控制的行为即构成直接侵权。至于行为人的心理状态如何，是否具有主观过错，只影响损害赔偿数额或救济方法，并不影响对行为构成直接侵权的认定。在司法实践中，法院对著作权案件的审理也深受西方理论影响，大幅度提高了注意义务，以至于只要未经许可实施了受专有权控制的行为，几乎都被认定为没有尽到合理注意义务，行为人不但被认定为直接侵权人，还要承担赔偿责任。

一、直接侵权

一项特定的行为是否构成直接侵权，关键是行为是否受到专有权利的控制以及是否存在特定的免责事由。如有人明知是盗版的书和软件光盘仍进行了购买、阅读、使用行为，行为的对象虽然都是盗版，但行为的性质有很大的区别。购买和阅读盗版书不构成著作权的直接侵权，而购买和使用盗版软件则构成直接侵权。因为购买和阅读盗版书籍并不构成对《著作权法》列举的16项专有权利中任何一项控制行为。而计算机软件在使用之前必须安装，而安装过程就是将软件复制到计算机硬盘中，这一行为形成了软件的永久性复制，受到复制权的控制。

再如，某报刊社通讯员甲采写了一篇通讯报道，另一通讯员乙将稿件拿出阅读，并在甲不知情的情况下，署上自己的名字交付报社刊登。显然，报社编辑并不知事实真相，也尽到了合理审查的义务，并无故意或过失的主观过错，但报社在未经著作权人甲许可的情况下刊登了其作品的行为受到三项专有权——发表权、复制权、发行权的控制，而报社和编辑的行为也不属于合理使用或法定许可使用的范围，因此，尽管报社编辑没有主观过错，其行为仍然构成对甲的发表权、复制权和发行权的直接侵权，应当承担相应的责任。

上述直接侵权者确无主观过错，其承担法律责任的方式与有过错的侵权者有所不同，无须承担损害赔偿责任。但如果出版者尽了合理注意义务，著作权人也无证据证明出版者应当知道其出版涉及侵权的，出版者承担停止侵权、返还其侵权所得利润的民事责任。

只有当网站的经营者中的网络用户将数字化作品上载或以其他方式将其置于向公众开放的网络服务中时，才构成我国著作权法意义上的信息网络传播行为。而提供“深层链接”不涉及上载，不可能构成对信息网络传播权的直接侵权。

在上述情况下，如果发生纠纷，网络服务提供者应当举证证明自己没有实施上载行为，只是提供了链接或供用户上载的信息平台。如果网络服务提供者未能举证，则法院可能推定是其实施了上载行为，因此构成直接侵权。

二、间接侵权

间接侵权是指行为人并未实施受专有权控制的行为，即构成“间接侵权”的各种行为都不在著作权专有权利的控制范围内，将其界定为对著作权的侵犯是出于适当扩大著作权保护范围的政策考量以及这些行为的可责备性，因此必须以行为人具有主观过错行为构成要件。间接侵权的类型包括以下两种。

（一）教唆、引诱他人侵权及故意帮助他人侵权

各国侵权行为法所普遍承认的规则是：明知、应知他人的行为构成侵权，但仍然给予实质性帮助的，应当对侵权的后果承担责任。这也被称为教唆、引诱他人进行侵权。

过错是间接侵权的构成要件。过错既可以表现为故意，即在明知一种行为构成侵权的情况下仍教唆、引诱他人侵权，或帮助他人实施这种行为；也可以表现为过失，即在应当知道他人

的某种行为构成侵权时，还提供实质性帮助。而过失总是与注意义务密切联系在一起的。如果行为人没有履行法律要求的或是一个处于同等情况下的理性的人应当尽到的注意义务，则应被认为具有过失，在帮助侵权中，就表现为应当知道他人的行为是侵权，还提供实质性帮助。

我国《著作权法》没有对“间接侵权”做出明确规定，但《关于贯彻执行〈民法通则〉若干问题的意见》第148条指出：教唆、帮助他人实施侵权行为的人，为共同侵权人，应当承担连带民事责任。在这种情况下，行为人主观上的过错是明显的，而且其教唆、引诱和帮助行为与损害结果之间存在因果关系，将该行为界定为侵权并要求行为人承担责任是合理的。这一规则适用于著作权侵权。

（二）“直接侵权”的预备行为和扩大侵权的后果

有些行为并未直接侵犯著作权人的专有权利，也不属于教唆、引诱或故意帮助他人侵权，但却极有可能导致“直接侵权”或扩大侵权行为的损害后果。一些国家的立法者出于防止“直接侵权”和避免其损害后果扩大的政策考虑，也将这类行为规定为“间接侵权”。

在网络环境中，由于侵权者匿名、侵权行为成本低、侵权材料传播迅速而广泛，因而为著作权的保护带来了新的挑战。目前已经澄清的规则包括：网络服务提供商没有监控网络活动的义务；网络服务提供商不知道或没有合理的理由知道侵权行为，或者知道后采取措施制止侵权行为的，没有主观过错。

最高人民法院公布的《关于审理侵害信息网络传播权民事纠纷案件适用法律若干问题的规定》（2012年11月26日最高人民法院审判委员会第1561次会议通过，自2013年1月1日起施行）规定：

> 第三条 网络用户、网络服务提供者未经许可，通过信息网络提供权利人享有信息网络传播权的作品、表演、录音录像制品，除法律、行政法规另有规定外，人民法院应当认定其构成侵害信息网络传播权行为。
>
> 通过上传到网络服务器、设置共享文件或者利用文件分享软件等方式，将作品、表演、录音录像制品置于信息网络中，使公众能够在个人选定的时间和地点以下载、浏览或者其他方式获得的，人民法院应当认定其实施了前款规定的提供行为。
>
> 第四条 有证据证明网络服务提供者与他人以分工合作等方式共同提供作品、表演、录音录像制品，构成共同侵权行为的，人民法院应当判令其承担连带责任。网络服务提供者能够证明其仅提供自动接入、自动传输、信息存储空间、搜索、链接、文件分享技术等网络服务，主张其不构成共同侵权行为的，人民法院应予支持。
>
> 第五条 网络服务提供者以提供网页快照、缩略图等方式实质替代其他网络服务提供者向公众提供相关作品的，人民法院应当认定其构成提供行为。
>
> 前款规定的提供行为不影响相关作品的正常使用，且未不合理损害权利人对该作品的合法权益，网络服务提供者主张其未侵害信息网络传播权的，人民法院应予支持。
>
> 第六条 原告有初步证据证明网络服务提供者提供了相关作品、表演、录音录像制品，但网络服务提供者能够证明其仅提供网络服务，且无过错的，人民法院不应认定为构成侵权。

第七条 网络服务提供者在提供网络服务时教唆或者帮助网络用户实施侵害信息网络传播权行为的，人民法院应当判令其承担侵权责任。

网络服务提供者以言语、推介技术支持、奖励积分等方式诱导、鼓励网络用户实施侵害信息网络传播权行为的，人民法院应当认定其构成教唆侵权行为。

网络服务提供者明知或者应知网络用户利用网络服务侵害信息网络传播权，未采取删除、屏蔽、断开链接等必要措施，或者提供技术支持等帮助行为的，人民法院应当认定其构成帮助侵权行为。

第八条 人民法院应当根据网络服务提供者的过错，确定其是否承担教唆、帮助侵权责任。网络服务提供者的过错包括对于网络用户侵害信息网络传播权行为的明知或者应知。

网络服务提供者未对网络用户侵害信息网络传播权的行为主动进行审查的，人民法院不应据此认定其具有过错。

网络服务提供者能够证明已采取合理、有效的技术措施，仍难以发现网络用户侵害信息网络传播权行为的，人民法院应当认定其不具有过错。

第九条 人民法院应当根据网络用户侵害信息网络传播权的具体事实是否明显，综合考虑以下因素，认定网络服务提供者是否构成应知：

（一）基于网络服务提供者提供服务的性质、方式及其引发侵权的可能性大小，应当具备的管理信息的能力；

（二）传播的作品、表演、录音录像制品的类型、知名度及侵权信息的明显程度；

（三）网络服务提供者是否主动对作品、表演、录音录像制品进行了选择、编辑、修改、推荐等；

（四）网络服务提供者是否积极采取了预防侵权的合理措施；

（五）网络服务提供者是否设置便捷程序接收侵权通知并及时对侵权通知作出合理的反应；

（六）网络服务提供者是否针对同一网络用户的重复侵权行为采取了相应的合理措施；

（七）其他相关因素。

第十条 网络服务提供者在提供网络服务时，对热播影视作品等以设置榜单、目录、索引、描述性段落、内容简介等方式进行推荐，且公众可以在其网页上直接以下载、浏览或者其他方式获得的，人民法院可以认定其应知网络用户侵害信息网络传播权。

第十一条 网络服务提供者从网络用户提供的作品、表演、录音录像制品中直接获得经济利益的，人民法院应当认定其对该网络用户侵害信息网络传播权的行为负有较高的注意义务。

网络服务提供者针对特定作品、表演、录音录像制品投放广告获取收益，或者获取与其传播的作品、表演、录音录像制品存在其他特定联系的经济利益，应当认定为前款规定的直接获得经济利益。网络服务提供者因提供网络服务而收取一般性广告费、服务费等，不属于本款规定的情形。

第十二条 有下列情形之一的，人民法院可以根据案件具体情况，认定提供信息存储空间服务的网络服务提供者应知网络用户侵害信息网络传播权：

（一）将热播影视作品等置于首页或者其他主要页面等能够为网络服务提供者明显感知的位置的；

（二）对热播影视作品等的主题、内容主动进行选择、编辑、整理、推荐，或者为其设立专门的排行榜的；

（三）其他可以明显感知相关作品、表演、录音录像制品为未经许可提供，仍未采取合理措施的情形。

第十三条 网络服务提供者接到权利人以书信、传真、电子邮件等方式提交的通知，未及时采取删除、屏蔽、断开链接等必要措施的，人民法院应当认定其明知相关侵害信息网络传播权行为。

（三）避免侵权的义务

1. 通知与移除规则

尽管由于网络服务提供者没有能力进行事先内容审查，事先对侵权信息的存在并不知情，但是当相关人提出异议时，应给予足够的重视并采取相应的措施，即采取“通知＋移除”规则。这也是对网络服务提供者间接侵权责任的限制。我国《信息网络传播权保护条例》中对此进行了具体的规定：

第十四条　对提供信息存储空间或者提供搜索、链接服务的网络服务提供者，权利人认为其服务所涉及的作品、表演、录音录像制品，侵犯自己的信息网络传播权或者被删除、改变了自己的权利管理电子信息的，可以向该网络服务提供者提交书面通知，要求网络服务提供者删除该作品、表演、录音录像制品，或者断开与该作品、表演、录音录像制品的链接。通知书应当包含下列内容：

（一）权利人的姓名（名称）、联系方式和地址；

（二）要求删除或者断开链接的侵权作品、表演、录音录像制品的名称和网络地址；

（三）构成侵权的初步证明材料。

权利人应当对通知书的真实性负责。

第十五条　网络服务提供者接到权利人的通知书后，应当立即删除涉嫌侵权的作品、表演、录音录像制品，或者断开与涉嫌侵权的作品、表演、录音录像制品的链接，并同时将通知书转送提供作品、表演、录音录像制品的服务对象；服务对象网络地址不明、无法转送的，应当将通知书的内容同时在信息网络上公告。

第十六条　服务对象接到网络服务提供者转送的通知书后，认为其提供的作品、表演、录音录像制品未侵犯他人权利的，可以向网络服务提供者提交书面说明，要求恢复被删除的作品、表演、录音录像制品，或者恢复与被断开的作品、表演、录音录像制品的链接。书面说明应当包含下列内容：

（一）服务对象的姓名（名称）、联系方式和地址；

（二）要求恢复的作品、表演、录音录像制品的名称和网络地址；

（三）不构成侵权的初步证明材料。

服务对象应当对书面说明的真实性负责。

第十七条　网络服务提供者接到服务对象的书面说明后，应当立即恢复被删除的作品、表演、录音录像制品，或者可以恢复与被断开的作品、表演、录音录像制品的链接，同时将服务对象的书面说明转送权利人。权利人不得再通知网络服务提供者删除该作品、表演、录音录像制品，或者断开与该作品、表演、录音录像制品的链接。

…………

第二十四条　因权利人的通知导致网络服务提供者错误删除作品、表演、录音录像制品，或者错误断开与作品、表演、录音录像制品的链接，给服务对象造成损失的，权利人应当承担赔偿责任。

2. 避风港原则

"避风港"原则条款是指在发生著作权侵权案件时，当ISP（网络服务提供商）只提供空间服务，并不制作网页内容时，如果ISP被告知侵权，则有删除的义务，否则就被视为侵权。如果侵权内容既不在ISP的服务器上存储，又没有被告知哪些内容应该删除，则ISP不承担侵权责任。《信息网络传播权保护条例》中具体规定内容如下：

第二十条　网络服务提供者根据服务对象的指令提供网络自动接入服务，或者对服务对象提供的作品、表演、录音录像制品提供自动传输服务，并具备下列条件的，不承担赔偿责任：

（一）未选择并且未改变所传输的作品、表演、录音录像制品；

（二）向指定的服务对象提供该作品、表演、录音录像制品，并防止指定的服务对象以外的其他人获得。

第二十一条　网络服务提供者为提高网络传输效率，自动存储从其他网络服务提供者获得的作品、表演、录音录像制品，根据技术安排自动向服务对象提供，并具备下列条件的，不承担赔偿责任：

（一）未改变自动存储的作品、表演、录音录像制品；

（二）不影响提供作品、表演、录音录像制品的原网络服务提供者掌握服务对象获取该作品、表演、录音录像制品的情况；

（三）在原网络服务提供者修改、删除或者屏蔽该作品、表演、录音录像制品时，根据技术安排自动予以修改、删除或者屏蔽。

第二十二条　网络服务提供者为服务对象提供信息存储空间，供服务对象通过信息网络向公众提供作品、表演、录音录像制品，并具备下列条件的，不承担赔偿责任：

（一）明确标示该信息存储空间是为服务对象所提供，并公开网络服务提供者的名称、联系人、网络地址；

（二）未改变服务对象所提供的作品、表演、录音录像制品；

（三）不知道也没有合理的理由应当知道服务对象提供的作品、表演、录音录像制品侵权；

（四）未从服务对象提供作品、表演、录音录像制品中直接获得经济利益；

（五）在接到权利人的通知书后，根据本条例规定删除权利人认为侵权的作品、表演、录音录像制品。

第二十三条　网络服务提供者为服务对象提供搜索或者链接服务，在接到权利人的通知书后，根据本条例规定断开与侵权的作品、表演、录音录像制品的链接的，不承担赔偿责任；但是，明知或者应知所链接的作品、表演、录音录像制品侵权的，应当承担共同侵权责任。

3.“红旗”标准

此标准来源于美国《千禧年数字版权法案》，是认定网络服务提供者主观过错的标准。即使权利人没有发出指称被存储或被链接的材料侵权的通知，但侵权行为的事实已经像一面红旗那样明显地在网络服务提供者眼前飘动，即网络服务提供者“意识到了或从明显的迹象中推断出侵权行为的事实或情况”，但没有“迅速移除材料或屏蔽对它的访问”，其行为也构成“帮助侵权”。

判断相关事实或情况是否构成“红旗”的标准，即一个在相同或类似情况下理性的人明显“感到”的客观标准，是指理性的人“应当知晓”侵权材料存在。如此订立标准的目的是针对有些网络服务提供者采取“鸵鸟政策”、假装对侵权事实不知情、不负责任的情况。该法案要求网络服务提供商在实际知悉或意识到后迅速删除或者断开链接侵权内容。

对此，我国《信息网络传播权保护条例》第二十二条规定我国信息存储服务提供商要符合五个条件才不承担赔偿责任，其中第三个条件是：不知道也没有合理的理由应当知道服务对象提供的作品、表演、录音录像制品侵权。这一点与美国 DMCA 规定的“在不实际知悉的情况下，没有从侵权的活动中意识到侵权的事实或者情况是明显的”精神基本一致。

第五节　侵犯著作权的法律责任

侵犯著作权行为的法律责任包括民事责任、行政责任、刑事责任。需要承担民事责任的有两种情况：一种是当事人不履行合同义务或履行合同义务不符合约定条件的，应承担民事责任，称为违约责任。另一种是侵权责任，《著作权法》规定有 11 项侵犯著作权和邻接权的行为应当承担民事责任。另外还规定有八项侵权行为在承担民事责任的同时还可以由著作权行政管理部门给以行政处罚；构成犯罪的，依法追究刑事责任。1997 年修订的《刑法》规定了侵犯著作权罪和销售侵权复制品罪。

一、民事责任

民事责任是对民事法律责任的简称，是指民事主体在民事活动中，因实施了民事违法行为，根据民法所承担的对其不利的民事法律后果或者基于法律特别规定而应承担的民事法律责任。民事责任属于法律责任的一种，是保障民事权利和民事义务实现的重要措施，是民事主体因违反民事义务所应承担的民事法律后果。它主要是一种民事救济手段，旨在使受害人被侵犯的权益得以恢复。

(一) 违约责任

使用他人作品应当同著作权人订立合同。合同对使用作品的方式、范围、期限、付酬标准和办法、违约责任以及是否专有使用等做出规定。违反合同的行为就是违约行为，应该依照法律规定和合同约定承担违约责任。

报刊使用他人作品一般不需订立书面合同，是否会发生违约问题呢？在这里口头合同也具有法律效力。报刊社与作者之间还是存在着合同关系。作者向报刊社投稿就是提出要约，若报刊社答复作者将要采用就是承诺，合同就告成立。报刊社向作者约稿是报刊社方面提出要约，作者同意写稿就是承诺，合同也告成立。如果报刊社已告知投稿人采用来稿，后来却因故未能采用，或者对约来的稿件并非由于稿件质量的原因而未予采用，就是民事违约行为。现在报刊社对这种情况通常是支付给作者一笔退稿费并向作者致歉，这是符合著作权法精神的，从法律上说，就是主动承担违约责任。

作者方面也会发生违约行为。《著作权法》关于报刊社处理来稿期限的规定，前提就是一件作品一次只能向一家报刊社投稿，作者向报刊社投稿时实际上包含着对一稿一投义务的默认的承诺，所以在报刊社处理期限之内的一稿多投也是一种民事违约行为，只是因为情节轻微，或者考虑双方友情，报刊社不予追究罢了。

(二) 侵权责任

我国《著作权法》第四十七条规定的应当承担停止侵害、消除影响、赔礼道歉、赔偿损失等民事责任的侵犯著作权行为有：(一) 未经著作权人许可，发表其作品的；(二) 未经合作者许可，将与他人合作创作的作品当做自己单独创作的作品发表的；(三) 没有参加创作，为谋取个人名利，在他人作品上署名的；(四) 歪曲、篡改他人作品的；(五) 剽窃他人作品的；(六) 未经著作权人许可，以展览、摄制电影和以类似摄制电影的方法使用作品，或者以改编、翻译、注释等方式使用作品的；(七) 使用他人作品，应当支付报酬而未支付的；(八) 未经电影作品和以类似摄制电影的方法创作的作品、计算机软件、录音录像制品的著作权人或者与著作权有关的权利人许可，出租其作品或者录音录像的；(九) 未经出版者许可，使用其出版的图书、期刊的版式设计的；(十) 未经表演者许可，从现场直播或者公开传送其现场表演，或者录制其表演的；(十一) 其他侵犯著作权以及与著作权有关的权益的行为。

此外，《著作权法》第四十八条又规定了应当承担民事责任还可以给予行政处罚直至追究刑事责任的侵犯著作权行为：(一) 未经著作权人许可，复制、发行、表演、放映、广播、汇编、通过信息网络向公众传播其作品的；(二) 出版他人享有专有出版权的图书的；(三) 未经表演者许可复制、发行录有其表演的录音录像制品，或者通过信息网络向公众传播其表演的；(四) 未经录音录像制作者许可，复制、发行、通过信息网络向公众传播其制作的录音录像制品的；(五) 未经许可，播放或者复制广播、电视的；(六) 未经著作权人或者与著作权有关的权利人许可，故意避开或者破坏权利人为其作品、录音录像制品等采取的保护著作权或者与著作权有关的权利的技术措施的；（七）未经著作权人或者与著作权有关的权利人许可，故意删除或者改变作品、录音录像制品等权利管理电子信息的；（八）制作、出售假冒他人署名的作品的。

赔偿损失民事责任主要适用于对著作权人财产权利的侵害，即赔偿著作权人因著作权受到侵害而造成的经济损失。但也可以用于赔偿著作权人人身权利遭受的损害，即精神损害。追究民事责任，采取告诉的才受理原则。

虽然《著作权法》对媒体发表有侵害著作权内容作品的责任没有明文规定，但一般采取民事归责中的过错责任原则，即媒体在主观上有过错的承担侵权的共同责任，没有过错的不承担侵权责任。如果明知来稿乃是侵犯他人著作权的作品，媒体仍然予以发表，或者应知来稿乃是侵权作品（比如剽窃抄袭行为已在重要媒介上公开披露），媒体不察，予以发表，则应承担相应的侵权责任。如果事先并不知情并且不可能知情，则不应承担侵权责任。这种处理原则同我国知识产权制度是一致的。如《商标法》规定：销售明知是假冒注册商标的商品的，属侵犯注册商标专用权。《专利法》规定：使用或者销售不知道是未经专利权人许可而制造并售出的专利产品的，不承担赔偿责任。可见过错责任原则是处理侵犯知识产权的通例。

但发表抄袭侵权作品的媒介即使在主观上并无过错，仍有采取一定补救措施的义务。这不仅是因为受侵害的著作权人通常只能找媒介，而不可能直接找到抄袭者，而且还由于从主观过错看，媒介发表侵权之作事先虽然不知情，但当著作权人主张权利并查明真相后，要是拒不采取更正措施，那么对著作权人的侵害在事实上就处于持续状态，就从无过错转化为有过错；如果著作权人提出请求，就有可能与侵权者共同承担责任。

从客观损害看，媒介发表侵权作品，实际上就是使用了该件作品，但却错误地将侵权行为人当做著作权人，当真正的著作权人提出权利主张并且查明真相以后，媒介理应按照著作权人的请求恢复其正当权利，如署名权、获得报酬权、保护作品完整权等，因此，对于发表侵权作品的媒介来说，支付著作权人稿酬、公开披露侵权真相等都是必须履行的补救措施。刊登抄袭作品的新闻媒介在收到著作权人投诉后不得借故推托。

二、行政责任

按我国《著作权法》第四十八条规定涉及的八项侵权行为都含有非法出版、发行、播放、传播活动性质，同时损害了社会公共利益，所以除要求侵权人承担民事责任外，还可以由著作权行政管理部门对侵权人进行行政处罚。处罚措施包括：警告、责令停止非法侵权行为、没收非法所得、没收侵权复制品及制作设备、罚款等。著作权管理部门在进行行政处罚时，也可以责令侵权人赔偿受害人的损失。

案例12—1

射手网侵犯著作权遭罚

2014年9月，根据美国电影协会投诉，上海市文化市场行政执法总队对射手网涉嫌侵犯著作权案进行调查。经查，射手网（www. shooter. cn）由上海射手信息科技有限公司经营，该公司在射手网上开设商城，以营利为目的，销售其复制于硬盘存储设备的“2TB高清综合影音合集资源”、“3TB高清超级影音合集”等产品，自2013年5月起共销售约100台。2014年10月20日，该公司主动向执法部门上缴“2TB高清综合影音合集资源”产品1台，内有其自行复制并可播放的200部电影作品，该公司无法提供上述电影作品的相关著作权许可证明材料。另查，该公司未经权利人许可，自2013年开始在射手网登载《驯龙高手》等影视作品的字幕，用户无须注册即可浏览、下载和使用，网站每日IP访问量20万左右，每日PV访问量40万左右，该公司无法提供上述影视作品字幕文件的相关著作权许可证明材料。经美国电影协会北京代表处认证，上述电影作品中79部、影视作品字幕文件中4部未经著作权人授权。上海射手信息科技有限公司在上海市文化市场行政执法总队开展调查后停止了侵权行为，并于2014年11月23日关闭了网站。目前，上海市文化市场行政执法总队依法对该公司做出罚款10万元的行政处罚。

在本案中，针对射手网未经许可复制发行他人作品（销售载有侵权电影作品的设备），以及通过信息网络向公众提供他人作品（未经许可通过网络传播侵权字幕文件）的两种侵权行为，上海市版权行政执法部门分别做出罚款7万元和3万元的行政处罚。

资料来源：《“剑网2014”专项行动十大案件公布》，见国家版权局网站，2015-01-15。

三、刑事责任

《刑法》规定了侵犯著作权罪名，这项犯罪行为的主体可以是个人，也可以是单位（法人或非法人单位）。犯罪人不仅侵犯了著作权人的合法权益，还扰乱了出版物市场秩序和文化管理秩序，侵害了社会公共利益。犯罪人在主观上必须是出于故意，即以营利为目的，明知自己的行为侵犯了他人和社会的合法权益而坚持加以实施来谋取非法利益。

侵犯著作权罪由《刑法》第二百一十七条规定：“以营利为目的，有下列侵犯著作权情形之一，违法所得数额较大或者有其他严重情节的，处三年以下有期徒刑或者拘役，并处或者单处罚金；违法所得数额巨大或者有其他特别严重情节的，处三年以上七年以下有期徒刑，并处罚金：（一）未经著作权人许可，复制发行其文字作品、音乐、电影、电视、录像作品、计算机软件及其他作品的；（二）出版他人享有专有出版权的图书的；（三）未经录音录像制作者许可，复制发行其制作的录音录像的；（四）制作、出售假冒他人署名的美术作品的。”

关键词

著作权　合理作用　法定许可使用　直接侵权　间接侵权　避风港原则

思考题

1. 简述合理使用、法定许可使用概念。
2. 说明著作权中邻接权的概念特点。
3. 简述对著作权限制的正当性及其原则。
4. 说明著作权中的直接侵权、间接侵权。

参考书目

一、马克思主义经典文章必读

1. 马克思．评普鲁士最近的书报检查令

2. 马克思．第六届莱茵省议会的辩论（第一篇论文）

3. 马克思．《莱比锡总汇报》的查封

4. 马克思．摩塞尔记者的辩护

5. 马克思致阿尔诺德·卢格（1843 年 9 月）

6. 恩格斯．共产主义者和卡尔·海因岑

7. 恩格斯．瑞士报刊

8.《新莱茵报》审判案

9. 马克思和恩格斯．“新莱茵报。政治经济评论”出版启事

10. 恩格斯致《每日新闻》编辑赫·季·林肯（1854 年 3 月 30 日）

11. 国际工人协会伦敦代表会议。1871 年 9 月 17—23 日　马克思、恩格斯关于工人阶级的政治行动的发言

12. 恩格斯致奥古斯特·倍倍尔（1879 年 12 月 16 日）

13. 恩格斯致约翰·菲力浦·贝克尔（1879 年 12 月 19 日）

14. 恩格斯致爱德华·伯恩施坦（1881 年 10 月 25 日）

15. 恩格斯．马克思和“新莱茵报”（1848—1849 年）

16. 恩格斯致爱德华·伯恩施坦（1884 年 6 月 5 日）

17. 恩格斯致康拉德·施米特（1889 年 12 月 9 日）

18. 恩格斯致格尔桑·特利尔（1889 年 12 月 18 日）

19. 恩格斯．给“社会民主党人报”读者的告别信（1890 年 9 月 12 日和 18 日之间）

20. 恩格斯致奥古斯特·倍倍尔（1892 年 3 月 8 日）

21. 恩格斯致维克多·阿德勒（1895 年 1 月 28 日）

二、著作

1. [法] 孟德斯鸠．论法的精神 [M]．北京：商务印书馆，1961.

2. [古罗马] 西塞罗. 国家篇 法律篇 [M]. 北京: 商务印书馆, 2010.

3. [荷] 斯宾诺莎. 知性改进论 [M]. 北京: 商务印书馆, 2011.

4. 万俊人编. 罗尔斯读本 [M]. 北京: 中央编译出版社, 2006.

5. [英] 霍布豪斯. 自由主义 [M]. 北京: 商务印书馆, 1996.

6. [英] 洛克. 政府论 (上篇) [M]. 北京: 商务印书馆, 1982.

7. [英] 洛克. 政府论 (下篇) [M]. 北京: 商务印书馆, 1996.

8. [英] 埃德蒙·柏克. 自由与传统 [M]. 南京: 译林出版社, 2012.

9. [美] 托马斯·内格尔. 理性的权威 [M]. 上海: 上海译文出版社, 2013.

10. [英] 戴维·赫尔德. 民主的模式 [M]. 北京: 中央编译出版社, 2008.

11. [美] 巴林顿·摩尔. 专制与民主的社会起源: 现代世界形成过程中的地主和农民 [M]. 上海: 上海译文出版社, 2013.

12. [德] 康德. 法的形而上学原理: 权利的科学 [M]. 北京: 商务印书馆, 1991.

13. [美] 罗斯科·庞德. 通过法律的社会控制 [M]. 北京: 商务印书馆, 1984.

14. [英] J. S. 密尔. 代议制政府 [M]. 北京: 商务印书馆, 1982.

15. [美] 卡多佐. 司法过程的性质及法律的成长 [M]. 北京: 北京出版社, 2012.

16. [英] 怀特海. 思维方式 [M]. 北京: 商务印书馆, 2010.

17. [法] 柏格森. 时间与自由意志 [M]. 北京: 商务印书馆, 1958.

18. [法] 笛卡尔. 谈谈方法 [M]. 北京: 商务印书馆, 2011.

19. [美] 小奥利弗·温德尔·霍姆斯. 霍姆斯读本 [M]. 上海: 上海三联出版社, 2009.

20. [英] 杰里米·边沁. 论道德与立法的原则 [M]. 西安: 陕西人民出版社, 2009.

21. [荷] 斯宾诺莎. 伦理学 [M]. 北京: 商务印书馆, 2011.

22. [美] 穆瑞·罗斯巴德. 自由的伦理 [M]. 上海: 复旦大学出版社, 2008.

23. [英] 约翰·莫雷. 论妥协 [M]. 上海: 上海社会科学院出版社, 2014.

24. [美] 富勒. 法律的道德性 [M]. 北京: 商务印书馆, 2005.

25. [英] 里德利. 美德的起源: 人类本能与协作的进化 [M]. 北京: 机械工业出版社, 2015.

26. [英] 亚当·斯密. 道德情操论 [M]. 北京: 中国城市出版社, 2008.

27. [美] 菲利普·帕特森等. 媒介伦理学: 问题与案例 [M]. 北京: 中国人民大学出版社, 2006.

28. [美] 詹姆斯·M·布坎南. 宪法秩序的经济学与伦理学 [M]. 北京: 商务印书馆, 2008.

29. [美] 伊恩·夏皮罗. 民主理论的现状 [M]. 北京: 中国人民大学出版社, 2013.

30. [美] 杰弗里·图宾. 九人: 美国最高法院风云 [M]. 上海: 上海三联书店, 2010.

31. 邱小平. 表达自由: 美国宪法第一修正案研究 [M]. 北京: 北京大学出版社, 2005.

32. [美] 安东尼·刘易斯. 言论的边界: 美国宪法第一修正案简史 [M]. 北京: 法律出版社, 2010.

33. [美] 罗伯特·A·达尔. 多元主义民主的困境：自治与控制 [M]. 长春：吉林人民出版社，2011.

34. [美] 约翰·罗尔斯. 政治自由主义 [M]. 南京：译林出版社，2011.

35. [美] 迈克尔·J·桑德尔. 自由主义与正义的局限 [M]. 南京：译林出版社，2011.

36. [美] 弗雷德里克·S·西伯特，[美] 西奥多·彼得森，[美] 威尔伯·施拉姆等. 传媒的四种理论 [M]. 北京：中国人民大学出版社，2008.

37. [美] 约翰·D·泽莱兹尼. 传播法判例：自由、限制与现代媒介 [M]. 北京：北京大学出版社，2007.

38. [美] 唐·R·彭伯. 大众传媒法 [M]. 北京：中国人民大学出版社，2005.

39. 魏永征. 新闻传播法教程（第四版）[M]. 北京：中国人民大学出版社，2013.

40. 陈绚，张文祥. 新闻传播与媒介法治年度研究报告（2011—2012）[M]. 北京：中国人民大学出版社，2013.

41. 陈绚，张文祥，李彦. 新闻传播与媒介法治年度研究报告（2014）[M]. 北京：中国人民大学出版社，2014.

42. [美] 安东尼·刘易斯. 批评官员的尺度：《纽约时报》诉警察局长沙利文案 [M]. 北京：北京大学出版社，2011.

43. 任东来等. 美国宪政历程：影响美国的 25 个司法大案 [M]. 北京：中国法制出版社，2013.

44. 吴飞. 平衡与妥协：西方传媒法研究 [M]. 北京：中国传媒大学出版社，2006.

45. 北京市互联网信息办公室. 国内外互联网立法研究 [M]. 北京：中国社会科学出版社，2014.

46. [德] Christopher Kuner. 欧洲数据保护法：公司遵守与管制 [M]. 北京：法律出版社，2008.

47. 马民虎. 欧盟信息安全法律框架：条例、指令、决定、决议和公约 [M]. 北京：法律出版社，2009.

48. Wayne Overbeck. Major Principles of Media Law [M]. Belmont：Thomson Wadsworth，2004.

49. John D. Zelezny. Cases in Communications Law：Liberties，Restraints，and the Modern Media [M]. Belmont：Thomson Wadsworth，2004.

50. Steve Jones. Virtual Culture：Identity and Communication in Cyber Society. London：Sage，1997.

51. [美] 戈登·塔洛克. 官僚体制的政治 [M]. 北京：商务印书馆，2010.

52. 王亚南. 中国官僚政治研究 [M]. 北京：商务印书馆，2010.

53. [美] 弗兰克·J·古德诺. 政治与行政：一个对政府的研究 [M]. 上海：复旦大学出版社，2011.

54. [美] 拉塞尔·哈丁. 群体冲突的逻辑. 上海：上海人民出版社，2013.

55. [美] 埃里克·尤斯拉纳. 信任的道德基础 [M]. 北京：中国社会科学出版

社，2006.

56. 丁香桃．变化社会中的信任与秩序：以马克思人学理论为视角［M］．杭州：浙江大学出版社，2013.

57. ［德］阿克塞尔·霍耐特．权力的批判：批判社会理论反思的几个阶段［M］．上海：上海人民出版社，2012.

58. ［荷］简·梵·迪克．网络社会：新媒体的社会层面［M］．北京：清华大学出版社，2014.

59. ［美］马克·波斯特．信息方式：后结构主义与社会语境［M］．北京：商务印书馆，2014.

60. ［英］斯各特·拉什．信息批判［M］．北京：北京大学出版社，2009.

61. ［美］曼纽尔．卡斯特尔等．移动通信与社会变迁：全球视角下的传播变革［M］．北京：清华大学出版社，2014.

62. ［英］尼克·库尔德利．媒介、社会与世界：社会理论与数字媒介实践［M］．上海：复旦大学出版社，2014.

63. ［丹麦］克劳斯·布鲁恩·延森．媒介融合：网络传播、大众传播和人际传播的三重维度［M］．上海：复旦大学出版社，2012.

64. ［美］克莱·舍基．人人时代：无组织的组织力量［M］．北京：中国人民大学出版社，2012.

65. 王法硕．公民网络参与公共政策过程研究［M］．上海：上海交通大学出版社，2013.

66. 文远竹．转型中的微力量：微博公共事件中的公众参与［M］. 广州：世界图书出版广东有限公司，2014.

67. 王春城．公共政策过程的逻辑：倡导联盟框架解析、应用与发展［M］．北京：中国社会科学出版社，2013.

68. 喻国明．中国社会舆情蓝皮书系列：中国社会舆情年度报告（2014）［M］．北京：人民日报出版社，2014.

69. 汤志伟．网络空间群体行为规律与政府治理研究［M］．北京：人民出版社，2014.

70. ［英］菲利普·鲍尔．预知社会：群体行为的内在法则［M］．北京：当代中国出版社，2010.

71. ［美］尼古拉斯·克里斯塔基斯等．大连接：社会网络是如何形成的以及对人类现实行为的影响［M］．北京：中国人民大学出版社，2013.

72. 李维杰，刘晖，吴世忠．互联网舆情理论分析［M］．北京：科学出版社，2015.

73. 党生翠．网络舆论蝴蝶效应研究：从“微内容”到舆论风暴［M］．北京：中国人民大学出版社，2013.

74. 唐涛．网络舆情治理研究［M］．北京：上海社会科学院出版社，2014.

75. 杨国斌．连线力：中国网民在行动［M］．桂林：广西师范大学出版社，2013.

76. ［美］比尔·科瓦奇等．真相：信息超载时代如何知道该相信什么［M］．北京：中国人民大学出版社，2014.

77. 郑晓松．技术与合理化：哈贝马斯技术哲学研究［M］．济南：齐鲁书社，2007.
78. ［美］詹姆斯·柯兰等．互联网的误读［M］．北京：中国人民大学出版社，2014.
79. ［委］莫伊塞斯·纳伊姆．权力的终结［M］．北京：中信出版社，2013.
80. ［英］阿兰·德波顿．新闻的骚动［M］．上海：上海译文出版社，2015.
81. ［德］阿克塞尔·霍耐特．自由的权利［M］北京：社会科学文献出版社，2013.
82. 邓瑜．媒介融合与表达自由［M］．北京：中国传媒大学出版社，2011.
83. 张化冰．网络空间的规制与平衡：一种比较研究的视角［M］．北京：中国社会科学出版社，2013.
84. ［美］艾伦·德肖维茨．你的权利从哪里来？［M］．北京：北京大学出版社，2014.
85. ［美］杰弗瑞·菲佛．权力：为什么只为某些人所拥有［M］．北京：中国人民大学出版社，2012.
86. 蔡文之．网络传播革命：权力与规制［M］．上海：上海人民出版社，2011.
87. 胡泳．众声喧哗：网络时代的个人表达与公共讨论［M］．桂林：广西师范大学出版社，2008.
88. 李永刚．我们的防火墙：网络时代的表达与监管［M］．桂林：广西师范大学出版社，2009.
89. 杨吉等．在线革命：网络空间的权利表达与正义实现［M］．北京：清华大学出版社，2013.
90. ［英］约翰·帕克．全民监控：大数据时代的安全与隐私困境［M］．北京：金城出版社，2015.
91. 王忠．大数据时代个人数据隐私规制［M］．北京：社会科学文献出版社，2014.
92. 张民安．信息性隐私权研究：信息性隐私权的产生、发展、适用范围和争议［M］．广州：中山大学出版社，2014.
93. ［美］汉娜·阿伦特．论革命［M］．南京：凤凰出版传媒集团，译林出版社，2011.
94. ［美］汉娜·阿伦特．极权主义的起源（第2版）［M］．北京：生活·读书·新知三联书店，2014.
95. ［美］汉娜·阿伦特．共和的危机［M］．上海：上海人民出版社，2013.
96. ［美］汉娜·阿伦特．反抗“平庸之恶”［M］．上海：上海人民出版社，2014.
97. ［法］朱莉亚·克里斯蒂瓦．汉娜·阿伦特［M］．南京：江苏教育出版社，2006.
98. ［英］戴雪．公共舆论的力量：19世纪英国的法律与公共舆论［M］．上海：上海人民出版社，2014.
99. ［法］耶夫·西蒙．权威的性质与功能［M］．北京：商务印书馆，2015.
100. ［美］汤姆·R·泰勒．人们为什么遵守法律［M］．北京：中国法制出版社，2015.
101. 国际新闻出版广电总局政策法制司．广播影视案例分析：传播内容篇［M］．北京．中国广播影视出版社，2014.
102. 童兵，陈绚．新闻传播学大辞典［M］．北京：中国大百科全书出版社会，2014.

图书在版编目（CIP）数据

新闻传播伦理与法规教程/陈绚著．—北京：中国人民大学出版社，2016.3
新编 21 世纪新闻传播学系列教材
ISBN 978-7-300-22658-3

Ⅰ.①新… Ⅱ.①陈… Ⅲ.①新闻学-传播学-伦理学-高等学校-教材②新闻工作-法规-中国-高等学校-教材 Ⅳ.①G210-05②D922.16

中国版本图书馆 CIP 数据核字（2016）第 053392 号

新编 21 世纪新闻传播学系列教材·基础课程系列
新闻传播伦理与法规教程
陈　绚　著
Xinwen Chuanbo Lunli yu Fagui Jiaocheng

出版发行 中国人民大学出版社
社　　址 北京中关村大街 31 号　　**邮政编码** 100080
电　　话 010－62511242（总编室）　　010－62511770（质管部）
010－82501766（邮购部）　　010－62514148（门市部）
010－62515195（发行公司）　　010－62515275（盗版举报）
网　　址 http://www.crup.com.cn
经　　销 新华书店
印　　刷 北京昌联印刷有限公司
开　　本 787 mm×1092 mm　1/16　　**版　　次** 2016 年 4 月第 1 版
印　　张 22　　**印　　次** 2024 年 12 月第 18 次印刷
字　　数 508 000　　**定　　价** 59.90 元

关联课程教材推荐

书号	书名	第一作者	定价	出书时间
978-7-300-30695-7	新闻传播法教程（第 7 版）	魏永征	59.90 元	2022-07
978-7-300-32362-6	网络传播法导论（第 2 版）	邵国松	49.80 元	2024-01
978-7-300-21414-6	广告伦理与法规	陈绚	45.00 元	2015-08
978-7-300-25442-5	媒介伦理学：问题与案例（第 8 版）	［美］菲利普·帕特森	69.80 元	2018-01
978-7-300-18068-7	媒介伦理：案例与道德推理（第九版）	［美］克利福德·G·克里斯琴斯	48.00 元	2013-10
978-7-300-29967-9	美国大众传媒法（第 19 版）	［美］唐·R. 彭伯	128.00 元	2022-04

配套教学资源支持

尊敬的老师：

衷心感谢您选择使用人大版教材！

相关的配套教学资源，请到人大出版社网站（www.crup.com.cn）下载，或是随时与我们联系，我们将向您免费提供。

欢迎您随时反馈教材使用过程中的疑问、修订建议并提供您个人制作的课件。您的课件一经采用，我们将署名并付费。让我们与教材共成长！

联系人信息：

地址：北京海淀区中关村大街 31 号 206 室　　龚洪训 收　　邮编：100080

电子邮件：gonghx@crup.com.cn　　电话：010-62515637　　QQ：6130616

如有相关教材的选题计划，也欢迎您与我们联系，我们将竭诚为您服务！

选题联系人：	电子邮件：	电话：
周　莹	383902102@qq.com.cn	010-62511612

俯仰天地　心系人文

人大社网站　www.crup.com.cn

专业教师 QQ 群：

723715191（全国新闻教师 2 群）

群名称:全国新闻教师2群

群　号:723715191

欢迎您登录人大社网站浏览，了解图书信息，共享教学资源

期待您加入专业教师 QQ 群，开展学术讨论，交流教学心得